《政治经济学研究》学术委员会
（以姓氏笔划为序）

丁任重　王　询　王振中　纪玉山
宋冬林　杨　军　张桂文　邹　薇
周　冰　柳　欣　赵学增　胡家勇
钱　津　焦方义　蔡继明　樊　明

中国社会科学院经济研究所主办

政治经济学研究

（2013卷　总第14卷）

RESEARCH IN POLITICAL ECONOMY

主编／王振中　胡家勇

社会科学文献出版社
SOCIAL SCIENCES ACADEMIC PRESS (CHINA)

目录

对"中等收入陷阱"问题的思索（代序）……………………… 王振中 / 1

第一篇 "中等收入陷阱"的一般理念分析

市场经济和发展道路上的"陷阱"……………………………… 周　冰 / 3
"群体效应"与现阶段我国农村的区域性"贫困陷阱"
……………………………………………… 邹　薇　方迎风 / 15
浅析"中等收入陷阱"形成机制及跨越对策………… 纪玉山　关丽洁 / 31
从"中等收入陷阱"命题合理性看中国发展模式的
　性质与问题………………………………… 龙　斧　王今朝 / 44
"中等收入陷阱"：认知和规避………………………… 韦　鸿　马敬桂 / 60

第二篇 动力转换与跨越"中等收入陷阱"

改革开放以来中国经济增长的动力转换过程………………… 武　鹏 / 75
跨越"中等收入陷阱"与经济发展动力探析…… 杨淑华　朱彦振　李应宁 / 92
为什么中国企业家会"不务正业"？
　——基于新制度经济学的视角…………………………… 李晓敏 / 103
跨越"中等收入陷阱"与构建消费主导型经济发展模式
　——中国特色社会主义消费理论的探究………………… 包亚钧 / 117
加快收入分配结构调整，扩大居民消费需求………………… 胡亚莲 / 134

运用科技进步政策跨越"中等收入陷阱" ………… 张明龙　章　亮 / 145
以技术创新引领我国跨越"中等收入陷阱"
　　——历史经验与现实分析 ……………………………………… 米　嘉 / 155

第三篇　结构变迁与跨越"中等收入陷阱"

人口城镇化与空间城镇化的不协调问题研究
　　——基于财政分权的视角 ………………………… 熊　柴　高　宏 / 173
中国财政支出对经济增长方式影响的实证研究：
　　1993～2008年 ………………………………………… 刘年康　皮天雷 / 187
逆城市化及其根源：中国农村工业化地区城市化滞后的一种解释
　　——以台州市路桥区为例 ………………………………… 陈雪娟 / 204
调整产业结构，跨越"中等收入陷阱"的思考 …………… 于凤芹 / 216
"刘易斯转折点"的讨论我们忽略了什么？ ……………… 张桂文 / 228

第四篇　缩小收入差距与跨越"中等收入陷阱"

缩小城乡收入差距与跨越"中等收入陷阱" ……… 王　询　于秋华 / 243
金融发展与城乡收入差距
　　——基于分省面板数据的实证检验 ……………… 杨新铭　王　博 / 252
职业分层、中产阶级与收入分配 …………………………… 张俊山 / 264
破解"中等收入陷阱"的路径选择
　　——土地收益分配视角 ……………………………… 杜书云　高　雅 / 275
跨越"中等收入陷阱"与收入分配创新 …………………… 郭正模 / 289
论收入分配调整手段的适用性 ……………………………… 贾后明 / 299
我国税收调节贫富差距的效果为何不够理想？ …………… 潘文轩 / 309
用民主恳谈的方法解决劳资的冲突和矛盾 ………………… 朱圣明 / 324

第五篇　国际比较

20世纪50年代以来发展中国家居民收入差距的
　　历史变迁及现状评价 ……………………………… 曾国安　洪　丽 / 337

经济结构演进的国际经验比较
　　——基于 Kohonen 算法的数据探索分析 ………… 陆梦龙　谢　珣 / 351
"福利赶超"、政府失灵与经济增长停滞
　　——"中等收入陷阱"拉美教训的再解释 ……… 时　磊　刘志彪 / 367

附录

跨越"中等收入陷阱"：从中等收入国家迈向高收入国家
　　——中国政治经济学论坛第十四届年会
　　　学术观点综述 …………………… 中国政治经济学论坛组委会 / 383

【 CONTENTS 】

Consideration on "Middle-income Trap" (Preface)   Wang Zhenzhong/1

Part 1   Analysis of the General Concept of "Middle-income Trap"

Traps on the Market Economy and the Development Path   Zhou Bing/ 3

Group Effect and Regional Poverty Trap in Rural China

                                       Zou Wei, Fang Yingfeng/ 15

Analysis of the Formation Mechanism of "Middle-income Trap"

   and Some Strategies   Ji Yushan, Guan Lijie/ 31

The Nature and Problems of China's Development Mode: From Perspective

   of the Rationality of the Proposition of "Middle-income Trap"

                                             Long Fu, Wang Jinzhao/ 44

"Middle-income Trap": Cognition and Evasion

                                             Wei Hong, Ma Jinggui/ 60

Part 2   The Conversion of Driving Force and Striding over "Middle-income Trap"

The Conversion Process of China's Economic Growth Driving Force

   since the China's Reform and Opening up   Wu Peng/ 75

An Analysis on the Striding over "Middle-income Trap" and the Driving
   Force of Economic Development
                        Yang Shuhua, Zhu Yanzhen and Li Yingning/ 92
Why Chinese Entrepreneurs Run Irrelevant Business? From Perspective
   of New Institutional Economics   Li Xiaomin/ 103
An Analysis onthe Striding over the "Middle-income Trap" and Building
   a Consumer-led Economic Development Model   Bao Yajun/ 117
Speeding up the Structural Adjustment of Income Distribution,
   and Expanding Consumer Demand   Hu Yalian/ 134
Using Technology Advance Policy to Stride over the "Middle-income Trap"
                            Zhang Minglong, Zhang Liang/ 145
Using Technological Innovation to Lead the Striding over the
   "Middle-income Trap"   Mi Jia/ 155

Part 3   Structural Changes and Striding over the "Middle-income Trap"

Research on the Discordance between the Population Urbanization
   and Spatial Urbanization   Xiong Chai, Gao Hong/ 173
An Empirical Study on the Impact of Chinese Financial Expenditure
   on the Mode of Economic Growth: 1993-2008
                                   Liu Niankang, Pi Tianlei/ 187
Counter-urbanization and Its Causes: An Explanation of the Urbanization
   Lag in Chinese Rural Industrialization Area   Chen Xuejuan/ 204
Reflection on Adjustment of the Industrial Structure across
   "Middle-income Trap"   Yu Fengqin/ 216
What We Ignore in the Discussion about the Lewis Turning-point?
                                             Zhang Guiwen/ 228

Part 4   Narrowing the Income Gap and Striding over "Middle-income Trap"

Narrowing the Income Gap between Urban and Rural Areas and
   Striding over "Middle-income Trap"   Wang Xun, Yu Qiuhua/ 243

Financial Development and Urban-rural Income Gap
                                    Yang Xinming, Wang Bo/ 252
Occupational Stratification, the Middle Class and Income Distribution
                                              Zhang Junshan/ 264
Solving the Path Selection of Striding over "Middle-income Trap": From
    Perspective of Land Revenue Allocation   Du Shuyun, Gao Ya/ 275
Striding over "Middle-income Trap" and Innovation of Income Distribution
                                                Guo Zhengmo/ 289
On the Applicability of the Income Distribution Adjustment Means
                                                 Jia Houming/ 299
Why is the Adjustment Effect of China's Tax on the Gap between
    the Rich and the Poor Not Ideal?   Pan Wenxuan/ 309
Using Democratic Consultation to Resolve Conflicts and Contradictions
    between the Employer and the Employee   Zhu Shengming/ 324

Part 5   The International Comparison

The Assessment on Historical Changes and Current Situation of the Residents'
    income Gap in Developing Countries since the 1950s
                                       Zeng Guo/an, Hong Li/ 337
The International Comparisonof Economic Structure Evolution Experience
                                       Lu Menglong, Xie Xun/ 351
"Welfare Catch Up", Government Failure and Economic Stagnation
                                       Shi Lei, Liu Zhibiao/ 367

Appendix

Striding over the "Middle-income Trap": Transform from a Middle-income
    Country towards a High-income Country-A Summary View of 14th Political
    Economy Forum of China
              Organizing Committee of Political Economy Forum of China/ 383

对"中等收入陷阱"问题的思索
（代序）

王振中

2007年"中等收入陷阱"这一概念出现时，并没有引起国内学者的兴趣，因为当年我国人均GNI（国民总收入）才2370美元，离中等收入经济体的平均水平2910美元有540美元的差距。2008年，我国人均GNI达2940美元，离中等收入经济体的平均水平3251美元仍有311美元的差距。2009年，我国人均GNI是3650美元，超过中等收入经济体的平均水平，但是仍属于中低收入经济体，因为中高收入经济体的标准是7502美元，我国与其的差距是3852美元。2010年，我国人均GNI为4270美元，离中高收入经济体的平均水平还有1614美元的差距。就在我国经济发展水平逐渐接近中高经济体的收入水平之际，社会矛盾有所激化，经济增长速度出现减缓趋势，面临这种局面，对"中等收入陷阱"问题的研究在我国逐渐升温。可是相当浮躁的氛围不利于对此问题的深入研究，甚至至今许多人连"中等收入陷阱"这一概念是谁在何时、在何处首先提出的都弄不清楚。例如，有相当多的人认为"中等收入陷阱"是2006年世界银行在《东亚经济发展报告》中提出的。[①] 事实是，"中等收入陷阱"这一概念是2007年由Gill等人首次在《东亚复兴：关于经济增长的观点》的研究报告中提出的。[②] 这说明，我们对"中等收入陷阱"问题的研究仍需深化。

---

① 《经济观察报》2012年12月31日第8版。
② 世界银行的原文如下：The term "middle-income trap" was first defined in Gill, Kharas, and others (2007)。

一 对于"中等收入陷阱"的模糊定义，我们需要谨慎对待和分析

Gill 等人在 2007 年的研究报告中指出："今天的东亚地区是与 20 世纪 90 年代初期完全不同、更为富裕的中等收入地区。""拉美地区在 20 世纪 70 年代进入中等收入水平时也具有同样光明的前景，但许多拉美经济体之后的表现却令人大失所望。本报告将着重强调三个潜在的陷阱——衰败的城市、冲突的社会和腐败的政府——东亚各国必须小心加以避免。"[①] 通观 Gill 等人的整个报告，研究者在提出避免"中等收入陷阱"这一观点时，并没有给出"中等收入陷阱"的明确定义和判断跨越"中等收入陷阱"的清晰标准。

从实证研究的角度，如果仅仅把一个国家和地区经过快速经济增长进入中等收入行列之后，由于种种原因，出现经济增长速度回落甚至长期停滞，因而没有进入高收入行列就被视为掉入"中等收入陷阱"，这未免显得过于笼统和模糊，使人难以检验。

尽管如此，但在世界银行等机构的其他诸多发展报告中，一直存在清晰判断中等收入经济体是否已经跨越了"中等收入陷阱"的数量标准，即看其人均收入水平是否已经达到了高收入经济体的水准。[②] 正是沿着这单一标准的思路，世界银行和中国国务院发展研究中心于 2012 年发表了《2030 年的中国：建设现代、和谐、有创造力的高收入社会（China 2030：Building a Modern, Harmonious, and Creative High-Income Society）》的研究报告。该报告认为：如果中国能在 2030 年前跻身高收入行列，用市场价格计算也将成为世界第一大经济体（如果用购买力平价计算，中国的 GDP 将超越美国）。在未来的 20 年，中国的人均收入将是今天水平的 3 倍，多达 16000 美元，接近今天斯洛文尼亚和韩国的水平，略高于今天美

[①] Indermit Gill and Homi Kharas, *An East Asian Renaissance: Ideas for Economic Growth*, The World Bank, 2007.

[②] 例如，《21 世纪经济报道》2012 年 11 月 9 日第 10 版报道："亚行和北大发展研究院近期完成的一份报告指出，目前 18 个国家陷入'中等收入陷阱'已有 40～50 年，人均 GDP 就是难以从中等收入国家跨入高收入国家。"

国水平的1/3。① 世界银行中国局局长罗兰德也说："中国取得的发展成就应该用人均收入这个标准来衡量。"② 令人略感遗憾的是，该报告的这一判断是不准确的。按照世界银行的数据，2010年斯洛文尼亚人均GNI是23900美元，韩国人均GNI是19890美元，我国人均GNI是4270美元。③ 即使2030年按世界银行报告所计算的我国人均GNI能达到16000美元，离今天斯洛文尼亚23900美元水平还差7900美元，离今天韩国19890美元还差3890美元，这难道是2030年中国"接近于今天斯洛文尼亚和韩国的水平"？至于有人说"如果中国能够保持8%左右经济增长，中国可能在10年左右的时间跨越中等收入阶段进入高收入阶段"④ 则更离谱。

经过计算可以得知，我国2010年人均GNI是4270美元，如果要在2030年达到16000美元，则意味人均GNI的年均增速不得低于6.8%。联系到我国1979～2011年的人均国内生产总值年均增速为8.8%，照此看来，似乎前景很乐观。也许正因为如此，有学者（张车伟，2012）认为我们今后只要实现两个"翻一番"就跨越了"中等收入陷阱"，他提出："目前我国人均GDP超过5000美元，翻一番意味着要超1万美元，要达到高收入国家水平，这个目标隐含中国有信心跨越'中等收入陷阱'，不会出现因经济发展自身矛盾难以克服等因素，经济增长回落或长期停滞。从现在开始到2020年是跨过'中等收入陷阱'的关键时期，如不能实现目标就可能陷入'中等收入陷阱'。"⑤ 也有学者（郑秉文，2012）做了更加乐观的测算，说在其他条件不变的情况下，按照目前的增长速度推测，中国跨越"中等收入陷阱"，顺利进入高收入组的时间大约在"十四五"规划期间，即从现在起大约需要12～14年的时间。⑥ 还有官员（郑新立，2012）甚至提出："根据日本、韩国和中国台湾省的经验，当人均GDP达到17000美元后，经济速度可能才会有明显下降。我国目

---

① 原文如下：If China achieves its goal of becoming a high-income society by 2030, it will be the world's largest economy using market prices (indeed, if GDP is measured by purchasing power parity, it could well outstrip the United States later this decade). China's incremental size in the coming two decades will be equivalent to 15 of today's Korea's. Even so, its annual per capita income will still be around $16,000, more than three times today's level, close to today's Slovakia or Korea, and slightly more than a third of today's United States。
② 《新京报》2012年11月16日A特52版。
③ 世界银行：《2012年世界发展指标》。
④ 中国国际经济交流中心经济研究部副部长张永军在京召开主题为"如何避免和跨越'中等收入陷阱'"的"经济每月谈"会议上的发言，中国宁波网2013年2月21日，http://www.cnnb.comm.cn。
⑤ 《京华时报》2012年11月10日第8版。
⑥ 《21世纪经济报道》2012年11月9日第5版。

前人均 GDP 才 5400 美元，低于全世界平均水平，所以高速增长并没有结束。如果现在就掉入中低速增长阶段，就正好掉入了'中等收入陷阱'。"① 但有一报告（Michael Spence，2008）研究结果却在提醒我们："一个低收入国家即使以 7% ~ 10% 这样的高速度增长，要跃居较高收入行列也必须花上数十年的工夫。"② 实际上，跨越"中等收入陷阱"并不仅是时间长短的问题，还取决于世界银行制定的高收入经济体的标准。实际是，世界银行制定的高收入经济体的标准几乎是一年一变。例如，1994 年高收入经济体的标准是人均收入 8956 美元及以上，2011 年为人均收入 12475 美元或以上，即 17 年期间高收入经济体标准的增速为年均 2.2%。假设今后 20 年的高收入经济体标准还以年均 2.2% 增速提高，则 2030 年的高收入经济体的标准大约是 18000 美元。也就是说，即使按照世界银行报告的乐观估计 2030 年我国的人均收入达到 16000 美元，仍然进入不了高收入经济体的行列。这是否验证了两位学者（Eeckhout 等人，2007）的预测："由于今天世界全球化日益增加，避免'中等收入陷阱'可能更加困难。"③

二 对于跨越"中等收入陷阱"范例，我们需要全面斟酌和分析

到目前为止，到底有多少个经济体跨越了"中等收入陷阱"？世界银行和中国国务院发展研究中心的《2030 年的中国：建设现代、和谐、有创造力的高收入社会（China 2030: Building a Modern, Harmonious, and Creative High Income Society）》研究报告认为，20 世纪的六七十年代的 101 个中等收入经济体，在 2008 年时只有 13 个达到了高收入水平。④ 对于研究报告的这

---

① 《新京报》2012 年 11 月 16 日 A 特 54 版。
② 世界银行：《增长报告：可持续增长和包容性发展的战略》，2008。
③ 原文如下：In today's increasingly globalized world, escaping the middle-income trap may be even more difficult。
④ 原文如下：The concept of a middle income trap has some empirical backing. Latin America and the Middle East provide compelling support for the trap hypothesis: in these two regions, most economies reached middle income status as early as the 1960s and 1970s and have remained there ever since. Of 101 middle income economies in 1960, only 13 became high income by 2008 — Equatorial Guinea; Greece; Hong Kong SAR, China; Ireland; Israel; Japan; Mauritius; Portugal; Puerto Rico; Republic of Korea; Singapore; Spain; and Taiwan, China。

一判断值得全面斟酌和分析。如表1所示。

表1 2008年13个跨越"中等收入陷阱"经济体的人口和面积概况

经济体	人口（百万人）	地表面积（千平方公里）
赤道几内亚	0.659	28.1
希腊	11	132
中国香港	7	1
爱尔兰	4	70
以色列	7	22
日本	128	378
毛里求斯	1	2
葡萄牙	11	92
波多黎各	4	9
韩国	49	100
新加坡	5	1
西班牙	46	505
中国台湾	23	36

注：根据中国财政经济出版社出版的世界银行《1998年世界发展指标》和《2010年世界发展指标》以及《2010中国统计摘要》整理。

从表1可以看出这13个经济体有几个特征：其一，在人口数量方面，除日本外，其他12个经济体的人口数量均在5000万以下（低于我国浙江省2010年5443万人口的规模），其中7个经济体都在800万人口以下（低于我国海南省2010年867万人口的规模）。其二，在地表面积方面，除西班牙、日本、希腊、韩国外，其他9个经济体均在10万平方公里以下（低于我国浙江省10.18万平方公里的面积）。其三，希腊、爱尔兰、日本、葡萄牙、西班牙都是遭受政府债务危机的重灾区，尤其是希腊、爱尔兰、葡萄牙、西班牙是被人们称为"欧洲五国"的主要经济体。在这个意义上可以说，对于任何一个国家的发展来讲，时时处处都可能遇到陷阱。陷阱并不属于中等收入经济体的专利。其四，有的国家在报告中"被跨越"了"中等收入陷阱"。例如2008年的高收入经济体的标准是人均GNI 11906美元或以上，但毛里求斯（Mauritius）的人均GNI是6700美元[1]，即使在2010年

---

[1] 世界银行：《2010年世界发展指标》，中国财政经济出版社，2010。

也只达到 7750 美元①。这样一个水平的国家难道也可以视为跨越了"中等收入陷阱"？事实上，无论是 2008 年还是 2012 年，在世界银行的高收入经济体的名单里，从来就没有毛里求斯，也就是说，至今毛里求斯并没有跨越"中等收入陷阱"，一直是属于中高收入经济体。

更为重要的是，从发展的视角来看，如果仅仅局限于上述这 13 个范例，并不能反映中等收入经济体跨越"中等收入陷阱"的全貌。因为在 2008 年时，按照人均 GNI 为 11906 美元或以上的标准，进入高收入经济体的除了 OECD（经济合作与发展组织）中的 27 个国家外，还有 39 个国家或地区也进入到了高收入经济体，其中包括安道尔、安提瓜和巴布达、阿鲁巴、巴哈马、巴林、巴巴多斯、百慕大、文莱达鲁萨兰国、开曼群岛、海峡群岛、克罗地亚、塞浦路斯、赤道几内亚、爱沙尼亚、法罗群岛、法属波利尼西亚、格陵兰岛、关岛、中国香港、马恩岛、以色列、科威特、列支敦士登、中国澳门、马耳他、摩纳哥、荷属安的列斯、新喀里多尼亚、北马里亚纳群岛、阿曼、波多黎各、卡塔尔、圣马力诺、沙特阿拉伯、新加坡、斯洛文尼亚、特立尼达和多巴哥、阿拉伯联合酋长国、维尔京群岛（美国）。②

显然在这些高收入经济体中，最引人注目的有两点：其一是几个经济转型国家的成功。例如，克罗地亚、爱沙尼亚、斯洛文尼亚均在 2008 年进入高收入经济体；③ 波兰、拉脱维亚均在 2009 年进入高收入经济体。其中拉脱维亚 2009 年以（人均 GNI）12390 美元进入高收入行列，但 2010 年以人均 GNI11640 美元落选，原因是当年世界银行的标准是人均 GNI 12276 美元或以上。其二是进入高收入行列的经济体有时经济增速也会放缓甚至衰退。尤其是在 1997～1998 年亚洲金融危机期间，一些高收入经济体的国家和地区出现过严重衰退，例如中国香港经济增长率为 -5.1%，人均收入增速为 -7.8%；日本经济增长率为 -2.7%，人均收入增速为 -2.9%；韩国经济增长率为 -6.6%，人均收入增速为 -7.5%。有趣的是，尽管上述三者同样出现了经济衰退，但由于三者的发展水平不同，导致在收入排行榜的位置也不同。例如，1998 年高收入经济体标准是人均 GNP（国民

---

① 世界银行：《2012 年世界发展指标》，英文版。
② 世界银行：《2010 年世界发展指标》，中国财政经济出版社，2010。
③ 邹薇的课题组提出："在几十年的发展历程中，只有极少数经济体，仅 10 个，如四小龙经济体、捷克（2006 年）、斯洛伐克和匈牙利（2007 年）、克罗地亚（2008 年）、波兰（2009 年）等由'中等收入国家'群体毕业，进入到了'高收入国家'群体。"

生产总值）9361 美元及以上，中国香港为 23660 美元，日本为 32350 美元，因此仍然保留在高收入经济体行列。而韩国虽然 1996 年时就以人均 GNP 10610 美元的成绩进入了高收入经济体行列，但是 1997～1998 年的经济增长率和人均收入的年均增长均为负增长，所以 1998 年时韩国以人均 GNP 8600 美元的水平又回到了中高收入经济体的位置。原因是该年的高收入经济体标准是人均 GNP 9361 美元及以上[1]，韩国当年离标准相差 761 美元而被排除在外。这表明，如果以人均收入的单一标准来观察，高收入经济体同样面临"高收入陷阱"的现象。经粗略统计，69 个高收入体在 2008～2009 年，除 12 个高收入体的数据缺乏外[2]，9 个经济体为正增长[3]，其余 48 个高收入体的人均收入增长率均为负增长。

需要注意的是，对于高收入经济体的名单也需审慎分析，例如，高收入经济体数量由 2009 年的 69 个变成了 2010 年的 70 个，并非出现了一个新的中等收入经济体跨越了"中等收入陷阱"，而仅仅是由于原高收入经济体"一分为二"造成的。例如原属于高收入经济体的荷属安的列斯于 2010 年 10 月 10 日起解体，只有 14.3 万人口的库拉索岛（CURAÇAO）和只有 3.8 万人口的圣马丁岛（SINT MAARTEN）成为荷兰王国内的独立经济体而分别列入高收入经济体。[4]

三 对于跨越"中等收入陷阱"思路，我们需要认真借鉴和考量

2007 年，Gill 等人在《东亚复兴：关于经济增长的观点》的研究报告中曾经根据现代增长理论预测，东亚的中等收入经济体将经历三种转变。第一，从多元化转向专业化。尤其是在达到人均收入 5000～8000 美元的水平后，产品的多样化将会减缓并发生逆转，生产和就业将从多元化转向专

---

[1] 世界银行：《1998 年世界发展指标》。
[2] 缺乏数据的 12 个高收入经济体是：阿鲁巴、巴巴多斯、开曼群岛、法罗群岛、法属波利尼西亚、直布罗陀、关岛、荷属安的列斯、新喀里多尼亚、北马里亚纳群岛、特克斯科斯群岛、维尔京群岛。
[3] 9 个正增长的高收入经济体是：安道尔、巴哈马、巴林、海峡群岛、马恩岛、科威特、阿曼、波兰、圣马力诺。
[4] 世界银行的原文解释如下：Netherlands Antilles ceased to exist on October 10, 2010. Curacao and St. Maarten became countries within the Kingdom of the Netherlands。

业化。第二，从投资转向创新。投资的重要性会下降，创新则会加速。第三，从基础教育转向高等教育。教育制度将从增加工人技巧，使之能够适应技术，转向使工人能够自己设计新产品和新流程。正因为如此，该报告特别提出，东亚各国过去在全球一体化方面成效显著，在地区一体化方面同样出色，今后如确保增长和转型覆盖到所有国民，东亚各国应推动第三种一体化，即国内一体化，主要目标是保持社会凝聚力。我们仔细思考一下，其实Gill等人2007年预测的三种转变的重心是人的发展。从多元化转向专业化，需要培养人才；从投资转向创新，还需要培养人才；从基础教育转向高等教育，更需要培养人才。只有推动这类的国内一体化发展，才能确保增长和转型覆盖到所有国民。由此可见，跨越"中等收入陷阱"的关键在于如何保持社会凝聚力，这对于今后我国经济社会发展是极其关键的。

今后，我国注重保持社会凝聚力的关键之一是要矫正培育创新人才的高等教育资源配置失衡问题。教育资源配置失衡在高等教育领域尤为突出，有学者研究（张千帆，2012）指出，广东、安徽考生考进北大的概率只有北京考生的1%，上海考生进复旦的机会是全国平均机会的53倍、山东考生的274倍、内蒙古考生的288倍。① 尽管2006年教育部就曾要求各部属高校在当地的招生比例控制在30%以内，但是各高校自行其是，经常突破教育部30%的底线。今后我国的现实选择是，教育部逐年逐步调整各省的招生名额，降低过大的差异，以此弱化"教育福利拉动型"的人口迁徙和资产转移，这将有效缓解教育资源比较集中的城市环境承载能力。

更为重要的是，在高技术日益高速发展的背景下，高等教育资源配置失衡必然会对创新人才的培养构成障碍。这是因为如果缺乏对人才的高水平的精心培育和设计，那么创新只会沦为奢望。在这方面，有许多问题需要重新思考。例如谈到创新，人们就会想到投入，就会想到金融支持。有学者（柏玲等，2011）指出："金融规模对自主创新具有正的短期效应，但这种短期效应一般在第3年才开始显现出来，具有时滞性。"② 问题在于，对于瞬息万变的市场来讲，3年的时滞完全可能使金融投入丧失效率。这就逼迫着我们思考一个问题，创新的关键是能力还是投入？在激烈的国际竞争中，国外（博斯公司）对全球创新1000强的对比研究发现，财务业绩与

---

① 《21世纪经济报道》2012年7月31日第4版。
② 柏玲、唐艳玲、袁蕾：《省域自主创新的金融支撑体系研究》，《产经评论》2011年第3期。

创新投入（无论研发资金总额还是研发资金的收入占比）之间并没有显著关系。真正起作用的是人才、知识、团队结构、工具和流程，即所谓的能力。尤其是此次危机后，虽然全球1000强的研发投入总量下降了，但是某些企业总能不断地推出利润丰厚的创新型产品。创新能力在产品创意、产品开发、产品商业化阶段都能发挥独特的作用。这种创新能力的重要培育途径就是重视高等教育。

今后，我国注重保持社会凝聚力的关键之二是改进城市化进程中的农村土地征用补偿。据报道，目前全国60%的社会矛盾集中在农村土地上。按照以前的补偿标准计算，一亩地就补偿两三万元，多的才六万元，但政府征地之后，可以卖二三百万元，巨大的价差导致矛盾频发。[①] 我国《土地管理法》自1986年公布以来，经过多次修正，2012年12月全国人大再次审议《土地管理法修正案》（草案），删除了按土地原有用途补偿和30倍补偿上限的规定。今后的征地补偿包括土地补偿、被征地农民的安置补助与社会保障费用、农村农民住宅补偿以及其他地上附着物补偿和青苗补偿。与原有的政策相比较，这些措施的确可以保证被征地农民的某些长远生计。但是如果培训、就业等跟不上，就很难保证其生活质量不降低。

令人深思的是，无论是朱镕基政府时期，还是温家宝政府时期，两届政府的最后一次会议，都非常重视城市化发展过程中的房地产问题。朱镕基在2003年1月最后一次政府的全体会议上就表明："我非常担心的就是搞'城镇化'。现在'城镇化'已经跟盖房子连在一起了，用很便宜的价格把农民的地给剥夺了，让外国人或房地产商搬进来，又不很好地安置农民，这种搞法是很危险的。"[②] 2013年2月20日，温家宝主持的国务院常务会议则部署了房地产调控的五大措施，其中之一是要求在2013年年底前，地级以上城市要把符合条件的外来务工人员纳入当地住房保障范围。[③] 从中我们可以感悟到，两届政府在20年的时间里，之所以十分关注农村土地的征用补偿和进城农民的安置，就是想在加快城市化进程中降低社会风险和利益摩擦。但在探讨跨越"中等收入陷阱"问题时，对于试图今后20年以年均提高1个百分点的预期，过快提高城市化率的做法也需谨慎。如表2所示。

[①] 《京华时报》2012年12月25日A07版。
[②] 《朱镕基讲话实录》（第四卷），人民出版社，2011。
[③] 《北京晚报》2013年2月21日第2版。

表2 2010年13个世界银行报告推举的经济体范例的经济数据

经济体	人均GNI（美元）	2010年城市化率（%）	1980年城市化率（%）
赤道几内亚	14550	N.	N.
希腊	26950	61	58
中国香港	32780	100	92
爱尔兰	41820	62	55
以色列	27180	92	89
日本	41850	67	63
毛里求斯	7750	43	42
葡萄牙	21870	61	29
波多黎各	15500	99	67
韩国	19890	82	57
新加坡	40070	100	100
西班牙	31750	77	73
中国台湾	N.	N.	N.

资料来源：根据中国财政经济出版社出版的世界银行《1998年世界发展指标》和《2012年世界发展指标》整理。

通过表2可以看出，在1980~2010年的城市化率方面，世界银行报告所推举的13个经济体范例，除赤道几内亚和中国台湾缺乏数据外，希腊从58%提高到61%，增长了3个百分点；中国香港从92%提高到100%，增长了8个百分点；爱尔兰从55%提高到62%，增长了7个百分点；以色列从89%提高到92%，增长了3个百分点；日本从63%提高到67%[①]，增长了4个百分点；毛里求斯从42%提高到43%，增长了1个百分点；葡萄牙从29%提高到61%，增长了32个百分点；波多黎各从67%提高到99%，增长了32个百分点；韩国从57%提高到82%，增长了25个百分点；西班牙从73%提高到77%，增长了4个百分点；新加坡保持在100%。也就是说，在将近30年的时间里，只有葡萄牙、波多黎各的城市化率达到年均增速为1个百分点左右。但是葡萄牙只有9.2万平方公里和1100万人，波多黎各则只有0.9万平方公里和400万人。

回顾历史，我们不仅需要对预期今后20年以年均提高1个百分点的城市化率保持谨慎，而且也需斟酌把加快城市化视为跨越"中等收入陷阱"

---

① 日本是1990年和2010年的数据。《1998年世界发展指标》第16页数据表明1980年日本城市化率为76%，但《2012年世界发展指标》的数据表明1990年日本城市化率为63%，2010年为67%。城市化不可能倒退，所以后一数据较可靠。

的"发动机"的愿望。因为全世界1980年时城市化率达到50%以上（不包括50%）的国家有62个，2009年时为89个，但是只有69个经济体进入了高收入经济体行列。[①] 城市化率在70%或以上却没有进入高收入经济体的就有17个国家和地区。如表3所示。

表3　城市化率在70%或以上却没有进入高收入经济体的有17个国家和地区

经济体	2009年城市化率（%）	1980年城市化率（%）	2009年收入类型	地理区域
阿根廷	92	83	中高收入经济体	拉丁美洲
巴西	86	66	中高收入经济体	拉丁美洲
智利	89	81	中高收入经济体	拉丁美洲
哥伦比亚	75	64	中高收入经济体	拉丁美洲
古巴	76	68	中高收入经济体	拉丁美洲
多米尼加	70	51	中高收入经济体	拉丁美洲
墨西哥	78	66	中高收入经济体	拉丁美洲
巴拿马	74	50	中高收入经济体	拉丁美洲
秘鲁	72	65	中高收入经济体	拉丁美洲
乌拉圭	92	85	中高收入经济体	拉丁美洲
委内瑞拉	94	79	中高收入经济体	拉丁美洲
保加利亚	71	61	中高收入经济体	欧洲
俄罗斯	73	70	中高收入经济体	欧洲
马来西亚	71	42	中高收入经济体	东亚
黎巴嫩	87	74	中高收入经济体	中东和北非
西岸和加沙	72	N.	中低收入经济体	中东和北非
利比亚	78	69	中高收入经济体	中东和北非

资料来源：根据《1998年世界发展指标》和《2011年世界发展指标》整理。

[①] 69个经济体是：安道尔、阿鲁巴、澳大利亚、奥地利、巴哈马、巴林、巴巴多斯、比利时、百慕大、文莱、加拿大、开曼群岛、海峡群岛、克罗地亚、塞浦路斯、捷克、丹麦、赤道几内亚、爱沙尼亚、法罗群岛、芬兰、法国、法属波利尼西亚、德国、直布罗陀、希腊、格陵兰岛、关岛、中国香港、匈牙利、冰岛、爱尔兰、马恩岛、以色列、意大利、日本、韩国、科威特、拉脱维亚、列支敦士登、卢森堡、中国澳门、马耳他、摩纳哥、荷兰、荷属安的列斯、新喀里多尼亚、新西兰、北马里亚纳群岛、挪威、阿曼、波兰、葡萄牙、波多黎各、卡塔尔、圣马力诺、沙特阿拉伯、新加坡、斯洛伐克、斯洛文尼亚、西班牙、瑞典、瑞士、特立尼达和多巴哥、特克斯科斯群岛、阿联酋、英国、美国、维尔京群岛（美国）。

从表 3 不难看出，2009 年时，在城市化率 70% 或以上但却没有进入高收入经济体的 17 个国家和地区中，拉丁美洲的国家就有 11 个。这足以说明，单纯提高城市化率与进入高收入经济体行列之间没有必然的联系。搞不好甚至会产生 2007 年报告所说的 "衰败的城市"，加大社会冲突，反而会成为提高收入水平的阻力。

今后我国注重保持社会凝聚力的关键之三是推进财产收入分配的社会公正。2009 年进入高收入经济体的标准是人均 GNI 12196 美元或以上者。在 69 个高收入经济体中可以搜集到基尼系数的有 35 个①，其中基尼系数在 0.2~0.3 的国家有 9 个：丹麦、日本、瑞典、斯洛伐克、挪威、捷克、芬兰、德国、奥地利。基尼系数在 0.3~0.4 的国家有 21 个：荷兰、斯洛文尼亚、匈牙利、韩国、加拿大、法国、比利时、克罗地亚、瑞士、波兰、希腊、爱尔兰、西班牙、澳大利亚、拉脱维亚、英国、爱沙尼亚、意大利、新西兰、葡萄牙、以色列。基尼系数超过 0.4 的有 5 个经济体：特立尼达和多巴哥、美国、卡塔尔、新加坡、中国香港。也就是说，绝大多数高收入经济体的基尼系数都在 0.4 以下，而在 2007 年报告中被视为 "令人大失所望" 的许多拉美地区却与此形成了鲜明对照。如表 4 所示。

表 4 2009 年中高收入经济体的 11 个拉美国家

经济体	2009 年人均 GNI（美元）	基尼系数 A	基尼系数 B
阿根廷	7550	0.458（2009 年）	0.522（2001 年）
巴西	8070	0.539（2009 年）	0.601（1995 年）
智利	9470	0.226（2009 年）	0.565（1994 年）
哥伦比亚	4990	0.585（2006 年）	0.572（1995 年）
委内瑞拉	10090	0.435（2006 年）	0.468（1995 年）
多米尼加	4550	0.484（2007 年）	0.505（1989 年）

---

① 35 个可以搜集到基尼系数的高收入经济体是：丹麦（0.25）、日本（0.25）、瑞典（0.25）、斯洛伐克（0.26）、挪威（0.26）、捷克（0.26）、芬兰（0.27）、德国（0.28）、奥地利（0.29）、荷兰（0.31）、斯洛文尼亚（0.31）、匈牙利（0.31）、韩国（0.32）、加拿大（0.33）、法国（0.33）、比利时（0.33）、克罗地亚（0.34）、瑞士（0.34）、波兰（0.34）、希腊（0.34）、爱尔兰（0.34）、西班牙（0.35）、澳大利亚（0.35）、拉脱维亚（0.36）、英国（0.36）、爱沙尼亚（0.36）、意大利（0.36）、新西兰（0.36）、葡萄牙（0.39）、以色列（0.39）、特立尼达和多巴哥（0.40）、美国（0.41）、卡塔尔（0.41）、新加坡（0.43）、中国香港（0.43）。网易财经，2012 年 11 月 20 日。

续表

经济体	2009 年人均 GNI（美元）	基尼系数 A	基尼系数 B
墨西哥	8960	0.517（2008 年）	0.503（1992 年）
巴拿马	6570	0.523（2009 年）	0.568（1991 年）
秘鲁	4200	0.480（2009 年）	0.449（1994 年）
乌拉圭	9010	0.424（2009 年）	0.423（1989 年）
古巴	5550	N.	N.

注：基尼系数 A 来源于《2011 年世界发展指标》，基尼系数 B 来源于《1998 年世界发展指标》。阿根廷的基尼系数则第一次出现在《2004 年世界发展指标》。乌拉圭的基尼系数来源于《2000 年世界发展指标》。

从表4可以看出，在属于中高收入经济体的拉美11个国家中，除古巴和智利外，其余9个国家的基尼系数都超过了 0.40 的警戒线，因此没有人可以否认基尼系数是一个可以便捷地反映不均等程度的概括性指标，收入分配的不公正是对社会凝聚力最直接的破坏。所以有学者（向松祚，2012）提出"'中等收入陷阱'本质上是收入分配陷阱"[1] 是有一定道理的。《福布斯》中文版与中国建设银行发布的《2010 中国私人财富白皮书》[2] 显示：2009 年，中国高净值人士达 33.1 万人。该书曾预计至 2010 年年末，高净值人群将达 38.3 万人。所谓高净值人群是指个人可投资资产在 1000 万元人民币以上的人群。需要人们注意的是，该报告所披露的"可投资资产"仅包括个人持有的现金、存款、股票（指上市公司流动股和非流通股）、基金、债券、银行理财产品、保险（寿险）、投资性房产、离岸资金及其他（如期货、黄金等），而不包括未上市企业股权、自住用房产、耐用消费品、艺术收藏品等。根据蔡继明教授提供的资料，到 2009 年年底，只相当于中国总人口万分之二的高净值人群所持有的可投资资产规模超过 9 万亿元。笔者据此数据计算即相当于当年全国城乡居民存款余额 26 万亿元的 34%，相当于当年我国 GDP 的 26%。最近世界银行的数据则显示，1% 的中国人享受了 41.4% 的财富。[3] 这种格局对我国社会经济发展已经造成了很大危害。在中共十七届五中全会和《中华人民共和国国民经济和社会发展第十二个五年规划纲要》里所指出的我国经济社会发展中存在不平衡、不协调、不可持

---

[1] 福布斯中文网，2010 年 12 月 28 日；《参考消息》2013 年 2 月 27 日。
[2] 福布斯中文网，2010 年 12 月 28 日。
[3] 《参考消息》2013 年 2 月 27 日。

续的十一大问题中，突出的是"社会矛盾明显增多"，其实这是与在财富中处于底层的草根群体状态紧密相连的。2011年，《中国日报》曾公布了中国青年报社会调查中心对4224人进行的一项调查，结果显示，在问到"你是否属于草根"这一问题时，56.6%的人做了肯定的回答。在被调查者描述草根的七大特征时，有三点较为突出：其一认为处于社会底层，其二认为属于弱势群体，其三认为没有权势。这三个特征可以反映出草根群体基本上被认为是处于社会底层、没有权势的弱势群体。在市场经济条件下，随着财富格局日益演变，草根群体产生的焦虑不安、愤怒甚至怨恨也随之增长。由此在社会中产生了三种负能量：第一，农村的草根群体充满失望感，因为户籍制度使通往城市大门的缝隙很小，不合理的土地制度把他们获得土地增值的财产性收入的渠道堵塞了，以至于出现了"有的中国在北京，有的中国在上海，但大多数的中国在梁庄"的呐喊。第二，城市的草根群体充满失落感，因为各种腐败行为使他们上升的希望几乎破灭，伴随着富N代的延续，穷N代的现象依然固化。第三，政府官员面对草根群体的诉求充满失控感，因为他们缺乏处理各种危机的能力和合乎正义原则的法律依据。可想而知，如果不采取强有力的措施缓解财富分配问题，整个社会就会充满了不安的气氛，不仅是富人，草根也是如此。因此，使我们国家成为一个公平的、正义的社会，使每一个人生活都有保障，不仅是我们奋斗的理想，而且应该是我们政策实施的着力点。

当然，目前我国造成财富分配差距巨大的原因很复杂，但有三点不可回避：一是众多官员漠视邓小平同志的生前警告。邓小平同志生前曾经语重心长地告诫我们：走社会主义道路，就是要逐步实现共同富裕。共同富裕的构想是这样提出的：一部分地区有条件先发展起来，一部分地区发展慢点，先发展起来的地区带动后发展的地区，最终达到共同富裕。如果富的愈来愈富，穷的愈来愈穷，两极分化就会产生，而社会主义制度就应该而且能够避免两极分化。什么时候突出地提出和解决这个问题，在什么基础上提出和解决这个问题，要研究。可以设想，在20世纪末达到小康水平的时候，就要突出地提出和解决这个问题。如今邓小平同志的告诫已过去了20年，但是现实似乎与他老人家生前愿望的距离越来越大。二是主流媒介对倒U曲线假说（inverted-U hypothesis）盲目顶礼膜拜。库兹涅茨是如何自我评价1955年所写的《经济增长与收入不平等》这篇论文的？用作者自己的话来讲是："这篇论文大概是5%的经验资料和95%的推测，其中也许还可能有痴心妄想之嫌。"但许多人却对这篇带有"95%的推测"的论文盲目顶礼膜拜。笔者在2004年就对库兹涅茨倒U型曲线假说提出过质疑。[①] 随着时间的推移，诸多疑问也浮出水面，例如，为什么在国际的经济学词典上几乎见不到对该假说的介绍？为什么库兹涅茨本人后来对这个假说也避而不谈？为什么诺贝尔经济学奖只字不提库兹涅茨的这个假说？三是整个社会浮躁，缺失清晰的正义理念。在这方面美国哲学家的某些观点值得我们深思。例如，罗尔斯的正义观认为，处境最差的人的福利状态是评判正义与否的标准；诺奇克的正义论则指出，在公平社会里，在财产的获得、转让、交易的过程中必须是可以追溯的完整链条。用上述观点回顾一下我国经济学界曾经发生过的所谓"企业家有无原罪"、"管理层收购是否合理"以及"产权不清晰是否可以交易"等争论，显得是如此苍白无力甚至无立锥之地。

今后我国注重保持社会凝聚力的关键之四是清除腐败。Gill等人2007年的研究报告把腐败的政府列为东亚地区必须避免的三个潜在陷阱之一。东亚国家的政府腐败被称作一种有组织的、有秩序的集体腐败。这种集体腐败过去曾被某些人认为，虽然集体腐败会盘剥企业，但也有推动经济增长的动力。但是现在随着人民对腐败容忍度的降低，集体腐败已被视为对经济增长和社会和谐的威胁。其实，这也是我国发展过程中不可忽视的实际问题。据中纪委披露，2007年11月至2012年6月，全国共查办商业贿赂案件81391件，涉案金额222.03亿元。[②] 其中的国企高管犯罪尤为突出，根据《2011中国企业家犯罪报告》，2011年全国共有202例企业家犯罪案件，国企高管涉贪腐金额平均每人为3380万元，其中光明集团家具股份有限公司前董事长冯永明一个人就被控贪污近8亿元。即使去掉这一特殊案例，平均每名国企高管的贪污金额也达到2077万元，这比2010年的957万元大增117%！再根据2012年国家社会科学基金《中国惩治和预防腐败重大对策研究》课题组的调查，金融系统和国有大中型企业是中国携款潜逃的重灾区。相关调查显示，外逃贪官中，金融系统、国有企事业单位工作人员约占87.5%，其他部门约占12.5%。金融系统和国企不仅贪官跑路多，卷走的金额更是惊人。人们根据常识可以感到，已经暴露的国企腐败案件以及被抓的国企高管案件只是问题的一小部分，可能还有更多的腐败案件潜藏在水面之下。如果再不严肃对待官员的腐败，别说跨越什么"中等收入陷

---

① 王振中主编《政治经济学研究报告5》，社会科学文献出版社，2004。
② 《中国共产党第十八次全国代表大会文件汇编》，人民出版社，2012。

阱",恐怕社会和政权的稳定都会成问题。因为,人类发展的历史一直在证明这样一条原理:"商人和制造商在任何这样的国家很少能长期繁荣:在那里没有正规的司法行政,在那里人民不感到自己拥有财产很安全,在那里契约的信守得不到法律的支持,在那里国家的权威不被认为会经常用来迫使所有有能力还债的人偿还债务。总之,在对政府的公正没有一定程度的信心的国家,商业和制造业很少能够繁荣。"[1]

2013 年 3 月 4 日

---

[1] 亚当·斯密:《国富论(下)》,杨敬译,陕西人民出版社,1999。

第一篇
"中等收入陷阱"的一般理念分析

市场经济和发展道路上的"陷阱"

● 周 冰*

内容提要：发展中国家经济发展道路的探索为什么艰难而又满布陷阱？世界近代以来的历史表明，各国经济发展道路上的陷阱和障碍，几乎都是和对市场经济体制的错误认识和排斥联系在一起的。市场经济只能在产权制度的基础上，在自由、平等、开放的社会条件下才能健康持续发展。"中等收入陷阱"是由于不进行彻底和根本性的改革，在特权制度基础上形成了病态的市场经济的结果。

关键词：中等收入陷阱 发展中国家 市场经济 产权 特权

一 世界银行报告提出的问题

最近，世界银行在一份针对中国经济未来20年展望的报告里，非常及时地发出了要避免落入"中等收入陷阱"的提醒。"中等收入陷阱"（Middle-Income Trap）是2006年世界银行在其《东亚经济发展报告》中首次提出的一个概念。其基本含义是指，鲜有中等收入的经济体成功地跻身为高收入国家，而是大都出现了经济增长的停滞和徘徊。当一个国家的人均收入达到中等收入水平后，既不能重复又难以摆脱以往由低收入进入中等收入的发展模式，既无法在工资方面与低收入国家竞争，又无法在尖端技术研制方面与富裕国家竞争，导致经济增长动力不足，人均国民收入难以突破1万美元，长期在中等收入阶段徘徊，迟迟不能进入高收入国家的行列。

在规模较大的经济体中，只有日本和韩国成功地跨越了中等收入发展阶段，成为了高收入国家，而拉美地区和东南亚一些国家是陷入"中等收

---

* 周冰，浙江财经学院经贸学院教授，博士生导师。

入陷阱"的典型代表。例如阿根廷、墨西哥、智利、马来西亚等，在20世纪70年代就已经进入了中等收入国家行列，但直到2007年，这些国家仍然在人均GDP 3000~5000美元的发展阶段挣扎，并且看不到增长的动力和希望。比较二者的经济表现，它们之间的主要差别是：第一，掉进"中等收入陷阱"的国家经济增长稳定性差，经济增长往往出现较大的起伏，即便在短期内取得高增长，也难以持续；第二，研发能力明显薄弱和人力资本投资较低；第三，收入分配公平程度低，贫富差距大；第四，社会发展指标明显滞后；第五，对外部经济的依赖程度更高。

世界银行认为，要摆脱"中等收入陷阱"，一个关键的挑战是要以可持续的方式保持高速增长。目前东亚90%的人口生活在中等收入国家，不同国家面临的挑战有所不同。对于中国来说，主要是应对环境问题和过去二十多年高速增长带来的其他压力和不平衡的严峻挑战。其他国家的挑战主要包括：强化投资环境和提升劳动力技能水平，让企业能找到新的竞争优势；增长和公平相结合；管理好脆弱的经济和防范新的危机等。

通过以上列举，我们可以这样理解，所谓"中等收入陷阱"，实际是指一国在经济发展过程中走出了最初的贫困阶段之后，在继续发展的道路上可能遇到的严重障碍。也就是说，一个经济体的经济发展在取得初步成效之后，在似乎已经步入轨道，面临着经济起飞的辉煌前景之时，仍然可能落入经济发展不能持续而陷入停滞并难以摆脱的状态。

自从现代市场经济从西方社会兴起以来，特别是20世纪旧的殖民主义体系土崩瓦解之后，经济发展就成了世界各国普遍追求的目标。目前世界上绝大多数国家都是发展中国家，经济发展是这些国家共同的目标。然而，简单回顾一下现代世界经济发展的历程，就不难看出，经济发展既不可能一蹴而就，也不是一条铺满鲜花的光明坦途，而是一条荆棘丛生、陷阱密布的艰辛探索之路。那么，究竟是什么使得经济发展道路的探索如此艰难而又满布陷阱呢？本文对此展开分析。

二 市场经济发展道路上的陷阱

世界近代以来的历史表明，各国经济发展道路上的陷阱和障碍，几乎都是和对市场经济体制的错误认识和排斥联系在一起的。

市场经济是人类创造的最有利于社会生产力发展的经济体制，也是迄今为止唯一能让社会经济长时期持续增长的体制。人类社会的近现代化过程是随着市场经济体制的出现而一起出现的。任何一个国家，要加快经济发展和实现现代化，进入高收入国家的行列，成为先进和发达的国家，都不能不实行市场经济体制。这一点，已经被世界近代以来正反两方面的经验教训充分证明，并且一再地反复验证着。比较美国与墨西哥、阿根廷等中南美洲国家从殖民地时期以来的三百多年的历史，20世纪社会主义计划经济与西方资本主义市场经济国家对抗竞争的整个历史，第二次世界大战后东亚地区日本和韩国等"四小龙"与菲律宾、马来西亚等其他国家半个多世纪的经济发展，都无可辩驳地证明了这一点。

市场经济首先是从西欧出现和发展起来的。市场经济具有开放和扩张的特性，随着市场经济体制在西欧的建立，也就形成了一个以西欧为中心的资本主义世界体系（World-system）。世界体系具有一种核心—边缘的结构，其核心区是一些发达国家，包括特定时期的世界霸权国家。它们是世界体系中占优势的地区，通过控制生产技术、贸易通道和金融等路径控制着世界经济的运行。核心区对边缘区存在支配和主导作用。边缘区为世界经济体系提供廉价的劳动力、原料和初级产品（主要是农产品、矿产品及劳动密集型产品）。所有后发国家和地区都是作为边缘区在国际贸易的作用下被卷入世界体系的，并且从此开始其转向建立市场经济基础上的经济发展的历史过程。世界体系中的不同经济角色是由世界范围的劳动分工决定的，它们各自从世界经济体系运转中获得的利益也就不平等。如果没有通过竞争优势带来的在国际分工体系中的地位提升，发展中国家是不可能改变其相对不利的边缘地位，成功跻身于发达国家行列的。

西方市场经济国家的兴起和资本主义世界体系的形成，从根本上改变了发展中国家经济发展的条件，使发展中国家发展市场经济的条件比起原生资本主义国家更加复杂和困难。这是因为处在边缘地位的发展中国家再也不可能沿着自己原来的历史轨道继续过去的发展，也不可能孤立于世界体系之外独立地发展市场经济。不论是否出于主动的自觉意识，发展中国家都是在核心区国家的外力牵引下，甚至是在遭受了战争打击和殖民统治的民族屈辱之后，才开始其现代经济发展过程和向市场经济转型的。因此，这些强势的经济体就成了发展中国家学习的榜样。从这个意义上说，后发国家的经济发展过程本质上就是一个向发达国家学习的过程。但是，由于资本主义世界体系的形成，发展中国家的经济发展面临着与原生资本主义国家完全不同的内外条件和市场环境，特别是受着自身历史文化和制度条件的制约，因此，它们不可能通过对发达国家的经济发展过程亦步亦趋地模仿而成为先进国家，也不可能将发达国家现行的市场经济的结构和各种具体做法直接搬运过来，而是必须在学习的基础上，通过消化吸收再创造出适合自身特点的新的市场经济模式。因此，后发国家的经济发展过程必须是一个自主探索和创造的过程，而学习能力特别是创新能力是发展中国家能否成功地实现经济发展的关键。正是这种不得不学习而又不能简单模仿，必须要在学习、吸收的基础上进行自主创造的复杂的约束条件，使得后发国家在对市场经济的认识和经济发展道路的选择问题上产生了种种误区，容易掉入一个又一个陷阱。

从后发国家发展市场经济的历史来看，主要有三个典型的认识误区和发展陷阱。

第一，对发达国家的简单模仿和照抄照搬，这是当对于必须发展市场经济的认识还处在一种知其然而不知其所以然的阶段时普遍会出现的现象。中国晚清时期的洋务运动到民国时期的经济发展就属于这种情况。晚清一些有见地的民族资本家提出的"商战"口号是从企业经营的层面提出的[①]，20世纪发展经济学提出的发展计划、发展战略和产业政策等则是从国家政策的层面提出的，但都是试图将发达国家现行的经济结构和具体做法直接搬运过来。由于只是看到了发达国家经济发展的结果和具体的操作层面，注意力往往集中在技术和产业结构以及具体的经济要素上，因此，它们特别注重引进和发展高新技术和产业结构升级。在发展中国家非常普遍采取的赶超战略、进口替代或出口导向战略等，都是在这种思想认识的背景下提出来的。

市场经济是以交换为纽带的社会经济，它首先是以个人利益和权利为中心的一整套经济制度和社会关系规范，正是这套制度和规范引导和约束着经济参与者的行为方式，建立起有利于资本积累和经济创新的秩序，促进经济的持续发展和不断演进。对于一个传统社会来说，必须经过一系列深刻甚至是痛苦的社会变革才能建立起来。简单的模仿，通过对西方发达国家现状的观察，虽然可以学到一些操作层面的具体做法，通过引进先进或比较先进的技术，越过某些最初的发展阶段，在一定时间和一定程度上

---

① "商战"是中国近代经济思想史上的一个特有范畴，其实质是主张发展本国资本主义工商业，以抵制外国资本主义的经济侵略。这一范畴由近代早期资产阶级改良派重要代表人物、著名实业家郑观应首先提出，并成为他经济思想的核心内容。郑观应的"商战"思想主要体现在他的代表作《盛世危言》中。

实现跨越式发展，取得发展经济学所谓的"后发优势"[①]，但是却不可能建立起真正的和完善、健康的市场经济体制，因此，经过一段时间的高速增长之后就会陷入停滞。这是因为传统社会是一个建立在等级秩序基础上的封闭体系，与市场经济的自由、平等、开放的结构格格不入，简单的模仿对于制度方面的改革往往浅尝辄止，而不进行深入、彻底的制度变革。因此，当市场经济经过初步发展触及传统社会的深层结构时就会停滞、徘徊甚至倒退。这也就是杨小凯所说的"后发劣势"。[②]

第二，只要经济发展的结果，但是不要造成这种经济发展结果的体制和制度原因，实行排斥和与市场经济体制对立的制度与政策。社会主义计划经济的试验就是这种思想方法指导下的社会实践。西欧早期的市场经济是在资本主义制度下发展起来的。早期市场经济和资本主义制度在促进经济发展和社会进步的同时也存在一些严重的弊端。在内部，主要是完全由资本主导的分配原则造成的贫富差距和两极分化，以及由此导致的尖锐的阶级矛盾和周期性的经济危机；在对外关系中，则是扩张主义政策导致的战争，殖民主义政策对后发国家的奴役压迫以及由此形成的不平等国际秩序。这引起了西欧社会内部和外部对资本主义的怀疑、不满和反对，社会主义思潮就是在这种背景下兴起的。马克思给社会主义提供了最完备的理论和行动纲领，并且把社会主义和资本主义发展成一对彼此对立的理论概念和意识形态。在马克思主义看来，推动社会进步的根本动力是生产力和生产关系的矛盾、经济基础和上层建筑的矛盾，资本主义只是社会生产力发展的一种过渡形式，社会主义则是更有利于生产力发展的社会制度和人类社会一个更高的历史发展阶段。马克思主义的社会主义都是根据和资本主义相对立和反资本主义的原则设

---

① 所谓"后发优势"，也常常被称作"落后得益"、"落后的优势"、"落后的有利性"等。这是1962年美国经济史学家亚历山大·格申克龙（Alexander Gerchenkron）在总结德国、意大利等国经济追赶成功经验的基础上首先创立的理论。以后又经过众多经济学和社会学学者的一系列发展，现已成为后发地区加速发展的一种重要理论依据。

② 所谓"后发劣势"，英文为"Curse To The Late Comer"，就是"对后来者的诅咒"，是由经济学家沃森提出的。2009年，杨小凯在北京演讲时阐述了这个问题。其意是指落后国家由于发展比较迟，所以有很多东西可以模仿发达国家。由于模仿的空间很大，所以可以在没有好的制度的条件下，通过对发达国家技术和管理模式的模仿，取得发达国家必须在一定的制度下才能取得的成就。落后国家模仿技术比较容易，模仿制度比较困难，因为要改革制度会触犯一些既得利益，因此落后国家会倾向于技术模仿。落后国家在没有基础制度的情况下通过技术模仿实现快速发展，虽然可以在短期内取得非常好的发展，但是会给长期的发展留下许多隐患，甚至长期发展可能失败。

计和建立起来的,因为资本主义是在商品经济基础上发展起来的市场经济,所以社会主义就要消灭商品货币实行计划经济;资本主义是私有制,社会主义就要实行公有制;资本主义是所谓按资分配,社会主义就要实行按劳分配;等等。

这是一种典型的只要结果却不要产生其结果的原因的思想方法。一方面,享受和讴歌市场经济体制与资本主义制度带来的社会生产力发展和丰富的物质成果,另一方面,却又要诅咒和消灭创造了这种生产力和物质成果的经济组织与社会制度。按照马克思的理论,社会生产力并不是一堆机器设备和工厂设施等物质材料,而是由人的体能、知识、技术、观念、态度等构成的生产能力,是存在于人的体内以及人们的组织和相互关系中的抽象能力,显然它不可能脱离人们之间的相互关系,即生产关系和经济制度而孤立地存在。市场经济体制是社会经济的一整套组织方式,它既是连接生产力和生产关系两个方面的中介,也是包含生产力和生产关系两个方面的社会载体。怎么可以设想,在消灭了资本主义的生产关系和市场经济的生产方式之后,原有的生产力却能基本完好地保留下来并被新的生产关系所继承呢?这真是一种非常奇怪的逻辑!有关社会主义计划经济的理论研究和实践都已经证明,社会主义的计划经济由于经济的组织、动力和信息等方面的原因,既无法保证计划决策的目标符合社会福利,也无法提供有效的经济激励,因此是一种低效率的经济。而资本主义市场经济未能解决的经济波动和对外扩张,社会主义的计划经济同样也没有真正地解决。在与资本主义市场经济的大半个世纪的体制竞争中,社会主义的计划经济明显落了下风,这就是原有的社会主义国家不得不进行体制改革和向市场经济转型的根本原因。

第三,虽然公开宣称实行市场经济,但是拒绝进行根本性的制度改革,对市场经济的发展是浅尝辄止,或以种种理由对市场经济的发展加以限制。这就是落入"中等收入陷阱"国家的情况。和任何一种经济体制一样,市场经济是一套完整的经济制度和社会关系,有其自身固有的运行逻辑。市场经济的逻辑与任何一种传统社会的权利规则和行为规范都不能完全相容,因此,当一个传统社会转向发展市场经济的时候,必然要经过一系列根本性的制度变革。否则,虽然建立起了市场经济体制的基本框架,但是传统的以权力为中心的等级规则就会阻碍市场经济体制的健全发展和完善,就会扭曲市场经济的交易秩序,就会毒化市场经济的社会风气,使之成为残缺的、扭曲的和病态的市场经济。市场经济的健康发展依赖于它特有的制度基础，这就是产权规则。如果一个经济体只在表面上建立起了市场交易规则，但是又不能有效地界定和保护产权，或者对不同的产权给予不同的地位，实行不同等的保护，产权规则就在事实上遭到了破坏。在这两种情况下，市场经济都不可能持久地健康发展，在经过一段时间的初步发展之后就会停顿下来，徘徊不前甚至倒退。这就是吴敬琏所说的"坏的"市场经济。[①] 这也是多数发展中国家的情况和陷入"中等收入陷阱"的根本原因。

三 市场经济发展的制度条件

市场经济为什么会有"好的"和"坏的"之分呢？这是由市场经济自身固有的逻辑所决定的。市场经济作为一种社会经济体系是以交换为媒介组织连接起来的。交换双方的目的都是为了提高自己的效用，增大自己的利益，市场经济完全是靠微观主体的个人利益动机驱动的。但是，个人谋取利益的不同方式对社会的影响具有完全不同的后果，只有微观主体的生产行为或者说创利行为才能在扩大自身利益的同时促进经济发展、增进社会福利，而生产伪劣假冒产品和坑蒙拐骗、寻租、腐败、偷盗、抢劫等都是纯粹的再分配行为，经济学称之为分利行为，并不会增加社会财富，而且还会造成社会福利的损失，因此都不利于社会经济的发展。是什么因素促使人们去从事生产性的创利行为，而不是进行分利活动呢？是产权，特别是严格、有效的私有产权制度。因为只有受到严格保护的产权制度才能最大限度地降低从事生产活动的风险，使生产经营和创造发明活动的收益与个人的努力相适应，打击那些不劳而获和巧取豪夺的行为，把人们的谋利行为引导到生产性活动中来，激励人们为了自己未来的美好生活而努力劳动、努力经营、积累财富、创造发明，从而促进社会经济的发展。因此，产权制度是市场经济的根基，没有私有产权制度，市场经济是绝对不可能顺利和健康发展的。市场经济发展的好与坏，是健康还是病态，在很大程度上要取决于产权制度是否建立、是否有效、是否健全和完备。

---

① 2003年10月30日，吴敬琏在演讲中提出，市场经济有好坏之分，"要建一个好的市场经济"。

市场经济的逻辑决定了它只有在一定的制度条件和社会环境中才能发展起来并且健康成长。市场经济发展必需的制度条件，首先是产权制度。因为交换必须以双方当事人拥有各自要交换的东西的所有权为前提，否则就无法进行交换。正如康芒斯所指出的，交换的实质是所有权的交换。[①]这就是说，产权是市场交换的制度前提，也是市场经济形成和发展的基础条件，如果没有广泛而普遍的产权制度，市场经济就根本无从形成和建立。

产权制度为市场经济提供了任何其他经济体制都无法比拟的强大而持久的经济动力。笔者在最近发表的一篇文章《产权制度是市场经济发展的制度基础》中分析指出：作为激励机制，产权制度具有规则简单、适用范围广泛、激励强度大的优势，更为关键的是，产权是激励与约束对称的自我激励机制。一方面，产权把人们经济活动的努力与报酬联系在了一起，提供了资本积累和经济发展的长效激励机制；另一方面，它把经济活动的风险与决策责任联系在了一起，约束了不负责任的、不符合效率原则的经济行为。产权在刺激着投资者进行冒险的同时，又约束着投资者谨慎规避风险，而不会像公有制经济中的管理者，由于动力不足缺乏创新精神，同时又由于自己并不承担决策风险而随意和盲目投资。产权不是一般意义上的利益分配，而是对社会生产和经济活动的前提条件的分配；不是一次性的利益分配，而是持久性的权利界定，事实上，产权激励主要是对经营和生产不确定性条件下的激励。[②] 因此，产权制度主要是一种对企业家精神的激励，也是人类社会唯一一种专门激励企业家精神的经济机制。企业家是商业嗅觉特别敏锐、有进取精神、善于创新、敢于冒险和能吃苦的人。企业家精神是市场经济的灵魂[③]，是市场经济的发动机和主动轮。正是企业家的创新，源源不断地创造着社会财富，推动着市场经济的发展。

首先，产权制度是市场经济秩序的制度基础。产权既是法律保护的对象，也是法律制度的基础，而且还是社会信用、良好信誉和道德的制度依据。这是因为产权制度一方面激励着人们的创利行为，另一方面抑制着分利行为，所以只有在有效的产权制度基础上，诚实守信、独立自强、勤劳上进、理性积蓄、遵纪守法等良好的道德品质才能发扬光大，如果产权制

---

① 康芒斯：《制度经济学》，商务印书馆，1962。
② 周冰：《产权制度是市场经济发展的制度基础》，《经济纵横》2012年第1期。
③ 张维迎：《如何建立市场：从特权到权利》，《南方周末》2012年2月16日第31版。

度得不到尊重或者遭到破坏，这些人类优良的道德品质也就会荡然无存，市场经济的发展必然就会受到阻遏。

其次，市场经济只有在自由、平等、开放的社会条件下才能顺利发展。市场经济历史上的第一个信条就是经济自由，因此也被称作自由市场经济。前面已经分析了市场经济必须建立在产权制度的基础上，产权制度就其本质而言，是社会赋予个人和其他微观经济主体可以做出行动选择的权利。换句话说，产权就是社会赋予个人和微观主体的经济自由。作为社会正式制度承认的权利，产权制度首先是要保护个人合法拥有的财产和各种资源的安全，不被法律规定之外的任何形式非法剥夺；进而承认个人拥有可以利用自己的财产和所有的资源进行各种不违法活动的权利，也就是个人拥有可以不受干扰地进行选择的自由。这种自由，并不仅指个人从事道学家所谓的健康、有益、积极活动的自由，而是指只要不违法、不侵犯他人权利，其他一切活动都可以进行的自由。诚然，市场经济的自由并不是绝对的自由，可以完全不受任何约束，而是要受法律和社会道德等各种制度规范的自由。由于个人之间的利益目标和行动选择可能存在冲突，为了最大限度地保证个人的行动自由，就必须在个人利益之间划出界线，规范个人选择的范围，这就是产权制度。保护产权，就是保护每一个人的行动不会彼此妨害，不会伤害他人和社会。个人的自由选择不能妨害他人，不能损害社会，这是市场经济的一个基本原则，也是产权制度的根本目的。但是，这种制度约束和限制的根本目的是保护和扩展个人和微观经济主体的自由，而不是相反，着眼于限制和减少人们的自由。事实上，任何对个人自由的限制也都是对产权制度的削减，是造成产权残缺和产权弱化甚至虚化的主要原因。试想，如果你虽然拥有产权，但是仍然不能自主决策，而是需要经过层层审批，那么你的产权价值也就打了折扣。假定银行可以获得暴利，但是只有经过行政权力特许的机构才能经营，而你只能投资于过度竞争的行业赚取微薄的收入，你的产权是不是贬值了呢？假定办学校或者设立慈善基金等其他公益事业都要政府批准，你虽然拥有一定量的资产，但是想做这样的好事却不能去做，你的产权又有什么意义呢？所以，如果没有经济自由，产权也就形同虚设，就像中国计划经济时代农村人民公社的集体所有权，完全失去了实际的意义。

市场经济的发展依赖着社会的平等，因为只有在平等基础上才有竞争，不平等的经济社会只能形成垄断。事实上，所有发展中国家的传统社会都是等级社会，即不平等的特权社会[①]，不经过改革打破传统的等级特权制度，就不可能真正建立起完善健全的现代产权制度。现代产权是一种平等基础上的非人格化的经济权利，而建立在身份等级和权力关系基础上的特权则因人而异，是选择性的，这种封闭性和不平等性是市场经济发展的重要障碍。中国现行的按照所有制性质划分企业和社会机构产权的制度，给不同性质的产权以不同的等级和地位，就是对产权制度的歪曲。发展中国家的一个共同特点是，大量的经济活动都需要政府的审批。凡是必须经过政府审批的权利都是特权，这种特权的获得，虽然不一定完全依赖着申请人的身份，但它是特设的和有选择性授予的，因而是不平等的。如果政府授予的特权能够获得比正常经营更高的利润，就会激励寻租和腐败等分利行为的滋长，却对生产性的创利行为构成打击。特别是通过政府权力设立的特权，既然能够方便地给予，也就可以轻易地剥夺，规则的稳定性和可靠性都没有保障，更容易刺激起短期的投机行为，而对从事长期的生产经营活动非常不利。这些都是对产权制度的践踏，是对市场公平竞争的破坏，摧残和扼杀着企业家精神，阻碍着市场经济的健康成长。

四 特权制度为市场经济成长设置的"陷阱"

所有陷入"中等收入陷阱"国家的共同特点，是在发展市场经济的同时，并不进行彻底的和根本性的改革，其主要原因是受既得利益集团的干扰和对现实存在的各种特权制度的维护。在上一节我们已经指出了特权制度是与市场经济的平等要求针锋相对的，是阻碍和不利于市场经济发展的制度环境，本节进一步分析特权制度阻碍经济发展，导致一国经济陷入停滞、徘徊的逻辑链条。

特权是只有少数人或一部分人才能拥有的权利。凡是社会成员之间存

---

① 中国的计划经济时代，每一个人都具有阶级成分、城乡户籍、所有制、干部或工人4种基本的身份，并被组织和依附于一个基层单位里，而单位又有隶属的政府主管部门和行政级别的不同，干部和工人又分别有个人的行政和工资级别。所有这些复杂的等级划分共同决定着一个人的身份地位，这种身份不仅是固定的，并且除了招工、上学、参军和提干以外终身难以改变。改革开放以来，虽然废弃了阶级成分，其他几种身份划分也都有所松动，但是还没有从根本上打破。中国至今仍然还是一个等级身份社会。

在自身个人条件以外的不平等，并且这种不平等是由社会的制度或习俗所决定的，而且是不可改变或很难改变的，那么这就是一种特权。政治、经济和社会的各种特权是产生既得利益集团的主要原因，也是既得利益集团攫取利益的主要武器。

特权具有两个方面的直接社会经济后果。第一个方面是社会和经济机会的不平等。例如在职业招聘中用与履行职业能力无关的户籍、性别、年龄、学历、民族、财产、宗教信仰、政党甚至体貌特征来加以限制，实际都是为了维护既得利益的特权和对其他社会群体的歧视。由于存在特权和歧视，各种社会经济机会都是不完全开放的，是只对少数人或特定人群开放的，不同社会群体面临着的就是差距巨大的、完全不平等的发展机会。第二个方面是收入分配不公平和社会的贫富悬殊。依靠特权和由不平等权利决定的分配，与人们的劳动贡献毫不相干，不论以什么冠冕堂皇的名义出现，实际都具有不劳而获和巧取豪夺的性质，因此是不公平的分配。特权就是权力和身份地位介入收入和财富分配，没有任何客观和所谓的合理标准可以加以制约，而由攀比刺激起来的贪念和欲望却具有无限膨胀的倾向，因此必然会导致贫富差距拉大，造成社会贫富两极分化。

贫富悬殊和两极分化，一方面造成广大民众收入水平低下，国内消费需求不足；另一方面必然会导致国内消费市场的层次性分割，使市场规模进一步变得相对狭小，这都会造成消费需求的下降。机会不平等，必然诱导人们将自己的人力资本更多地投资于关系资本，而不是投资于专业技能资本；社会资源更多地用于分利活动，而不是创利活动，从而导致寻租腐败行为的普遍蔓延。例如目前在中国，为了获得政府授权资格和通过审批的中介服务和咨询业，以升学和考试为目的的各类培训学校都非常火爆，但是这些所谓的服务不过是垄断特权环境下孵化出来的分利行为和寻租活动，对真正的创新和生产研发却是一种辛辣的嘲讽。国内需求不足和投资环境恶化，这两个方面都会造成正常的生产经营利润的下降，对技术进步和创新行为是一种打击，从而导致投资和创新不足。

在一国发展经济的过程中，国内的投资和创新动力越是不足，就越是需要依赖引进外资来弥补，也就越是依赖于对外部市场的出口来拉动经济。而对外部经济的依赖程度超过一定限度，经济的稳定性就会受到影响，经济的对外依存度越深，稳定性也就越差。此时，国家就会以稳定经济的名义加强管制。而管制不仅是在维护和强化已有的特权，而且又在制造着新的特权，从而使市场经济发展的制度基础和社会环境进一步恶化。这是一个恶性循环。特权制度就是这样将一个不完善的、病态的市场经济国家拖入"中等收入陷阱"的。

参考文献

[1] 中国国务院发展研究中心与世界银行：《2030年的中国：建设现代、和谐、有创造力的高收入社会》，2012年2月。

[2] World Bank, *East Asian Visons*: *Perspectives on Economic Development*, World Bank, Washington, DC, 2006.

[3] 〔美〕伊曼纽尔·沃伦斯坦：《现代世界体系》（第一卷），高等教育出版社，1998。

[4] 周冰、刘娜：《世界体系与二元经济结构成因的考察》，《天津社会科学》2011年第5期。

"群体效应"与现阶段我国农村的区域性"贫困陷阱"

● 邹　薇　方迎风[*]

内容提要：消除贫困是我国进入"中等收入水平"发展阶段的严峻挑战。本文构造多层次计量模型，在国内首次考察了"群体效应"影响个体生活水平和收入不平等导致我国农村区域性"贫困陷阱"的路径。研究表明，个体的生活水平高低、区域贫困状况不仅与物质资本与人力资本等个体变量相关，还明显地受到群体层次因素的影响；群体的农业人口比例越高，平均教育水平越低，与外界信息交流越少，则个体生活水平越低；在经济发展水平较低时期，"群体效应"是导致"贫困陷阱"的主导因素，而当经济发展水平越过某个临界值时，个体层次因素成为决定个体生活和贫困状况的主要因素。本文认为，在我国现阶段，政府应从加强区域基础设施与促进个体能力培养双向进行扶贫开发。

关键词：群体效应　区域性贫困陷阱　多层次模型

一　问题的提出和相关研究回顾

改革开放三十多年以来，我国已进入"中等偏高收入"水平发展阶段，但是我国农村依然存在区域性的持久贫困，消除贫困是我国应对"中等收入陷阱"挑战的严峻问题。据统计，2008 年，中国 4007 万贫困人口中有 2649 万集中在西部地区，占总贫困人口的 66.1%，中部有 1004 万人，占 25.1%，我国东、中、西部的贫困发生率分别为 0.8%、3.4%、7.8%；就

---

[*] 邹薇，武汉大学经济与管理学院教授、博士生导师；方迎风，武汉大学经济与管理学院博士生。本项研究得到了国家社会科学基金重大招标项目（批准号：11&ZD006）、国家社会科学基金重点项目（批准号：10AZD013）的资助。

贫困人口的生活地域而言，总贫困人口中的51.2%分布在山区，22.2%分布在丘陵地带，山区和丘陵地带的贫困发生率分别高达7.8%和3.0%。可见，在我国中西部一些农村地区，特别是在山区丘陵地带，仍然面临着持续贫困、增长与发展滞缓的"贫困陷阱"。本文在国内首次通过"群体效应"考察我国农村区域性"贫困陷阱"的致因。我们将研究如下问题：第一，从"能力贫困"的视角研究区域性贫困陷阱的成因；第二，采用多层次计量模型，对我国农村地区"群体效应"及其对区域性"贫困陷阱"的影响进行具体分析和测度；第三，研究"群体效应"影响贫困与区域收入差距的相对强度及其动态变化；第四，基于"群体效应"分析，提出有针对性的减贫战略。

之所以出现区域性"贫困陷阱"，通常是由于基础设施、历史、地理、生产要素、社会关系网络等方面存在各种"自我强化"（self-reinforcement）和"恶性循环"的机制（Azariadis, 1996, 2006; Bowles et al., 2006; Hoff et al., 2004）。许多研究表明，"群体效应"[①]是导致"贫困陷阱"的一个关键原因。一方面，在贫困群体（社区或村）中的生活会对个体的经济自立、生活习惯、认知能力等产生影响（Wilson, 1987）；另一方面，社区的文化和结构会受到经济群集性和种族异质性等因素的影响（Sampson et al., 2008; Bruhn, 2009）。近年来，从"群体效应"的角度研究收入不平等和持久贫困问题，引起了经济学界日益增多的关注。Manski（1993）研究了内生的社会效应如何对经济增长和收入分配产生影响；Brock等人（2002）和Durlauf（2004）研究了"邻里效应"是如何导致不同群体分隔、区域经济差距扩大、底层群体陷入"贫困陷阱"的，他们都认为在探讨贫困的发生和持续时，必须看到个体的收入水平、经济状况显著地受到其生活过的群体特征的影响，包括居住地及邻里关系、所在学校及企业等内生的群体因素和性别、民族等外生的群体因素。

从理论层面上，关于外部性与经济增长理论模式，学者们比较系统地考

[①] "群体效应"起初在社会学、人类学等领域中提出，此后沿用到经济学领域，是指个体行为会受到群体（社区）内个体行为的影响。例如，对个体选择产生影响的有父母的行为、社区内基础设施、社区生活环境和文化环境、同辈个体的相互作用等。导致不同社会群体差异的因素包括压力、社会变迁、群体一致性的程度等。"群体效应"又被称为"邻里效应"（neighborhood effect）、"社区效应"（community effect）等（Manski, 1993; Durlauf, 2001），本文对此未加区分。

察了"群体效应"对于收入不平等和"贫困陷阱"的作用机制。Benabou（1996）最早在内生经济增长理论框架中考察了社区结构的外部性对于收入"分层化"和"极化"的影响。Azariadis（1996，2006）将"门槛外部性"（threshold externality）因素进一步纳入对于区域性贫困陷阱的考察，论证了"增长缓慢—收入低下和持久贫困—投资不足—增长更加缓慢"的恶性循环。Galor 等人（1997）则指出，人力资本的分布通过两种路径影响经济增长的模式，一种是"局部家庭环境外部性"（local home environment externality），即个体的人力资本水平是父母人力资本水平的一个增函数；另一种是"全局技术外部性"（global technological externality），即技术进步与社会人力资本的平均水平呈正相关。如果前一种外部性是主导因素，则收入分布将会出现"极化"，通常这会出现在经济发展的早期阶段；而在经济发展的成熟阶段，全局技术外部性会占主导地位，致使收入水平出现收敛。因此，存在某个时间点，此时平均人力资本水平超过某一阈值，技术由低水平提升到高水平，收入分配的不平等随之也会降低。

在经验分析层面上，许多学者基于新增长理论来验证中国地区间的收入差异问题，尽管所采用的计量模式、数据结构和处理方法不同，但是他们都认为中国各地区间在增长和发展水平上存在明显差异，不存在绝对收敛趋势，但是存在条件收敛；同时，中国经济存在比较明显的俱乐部收敛特征，而人力资本（技能劳动）则是导致地区间收入差异的一个重要因素（沈坤荣等，2002；林毅夫等，2003；邹薇等，2007；姚先国等，2008；Zou et al.，2007，2008；Zou et al.，2010；等等）。以上研究使用的都是省级面板数据，没有具体探讨区域性贫困的形成机制。正如 Jalan 等人（2002）所指出的，加总的地理数据虽然可以检验"贫困陷阱"的存在，却难以区分增长和收入水平"大分叉"（great divergence）的原因究竟是来自个体财富的增长，还是来自地理上的外部性。他们在消费增长的微观模型基础上，使用微观家户面板数据，指出地理上的外部性以及个体财富的规模收益递增可能是导致地区间收入水平大分叉的原因。Knight 等人（2010）则强调教育落后是造成中国农村形成贫困陷阱的原因。还有的研究者则通过建立多层次模型或空间计量模型，试图将"邻里效应"和群体异质性特征纳入实证考察中（Alexander，2011）。但是，目前还没有学者就"群体效应"对于我国区域性"贫困陷阱"的影响进行系统的实证分析。

本文采用中国健康营养调查数据（CHNS）[①]，构造多层次计量模型，研究"群体效应"是如何影响个体生活水平和收入不平等在区域间的动态变化的，考察我国农村区域性贫困陷阱的致因和有效的减贫政策。本文安排如下：第二部分构建多层次计量模型，并对计量分析中的技术性问题进行处理；第三部分讨论 CHNS 数据的特征与变量的选择，分别计算群体收入和个体收入的基尼系数及其动态分布状况；第四部分则展开实证分析，考察"群体效应"对于区域性"贫困陷阱"的影响路径；第五部分总结全文并提出政策建议。

二　多层次计量模型

在对"群体效应"的实证分析中，由于存在与解释变量相关的遗漏群体（社区）变量和测量误差，一般线性回归模型（OLS 估计）不再适用（Mckenzie et al.，2007；Manski，1993；Brock et al.，2001；陈云松等，2010），但是，多层次计量模型却可以用来研究群体效应对个体行为、收入水平和健康等的影响（Johnson，2009；Nguyen et al.，2010）。多层次模型能对个体水平与群体水平的数据同时分析，在一个模型中同时检验个体变量与情境变量的效应，并且多层次模型不需要假设数据中的观测值相互独立，因而可以修正因观测值的非独立性而引起的参数标准误估计偏倚。在纵向数据的分析中，多层次模型更是以其广泛应用而被称为"发展模型"。发展模型不仅可以分析研究对象随时间推移的个体内变化和个体间差异，而且也能很好处理由于失访而造成的缺失值和非平衡数据，并且采用最大似然（Maximum Likelihood，简称 ML）或限制性最大似然（Restricted Maximum Likelihood，简称 RML）方法，利用可使用的数据进行模型估计。

根据本文所使用数据的特征及分析的对象，我们构建一个三层次的发展模型。其中，第 1 层模型的单位是年份，它反映了个体的收入增长轨迹，受观测的次数所限（数据描述见第三部分），本文选用线性模型；第 2 层模型的单位是个体，它要分析不同个体特征对个体收入的影响；第 3 层模型的

[①] 中国健康与营养调查（China Health and Nutrition Survey，简称 CHNS）数据，是由美国北卡罗来纳大学和中国疾病预防控制中心营养与食品安全所联合采集的。

单位是群体（具体指社区或村），它要分析的是不同群体特征对个体收入的影响。各层次的具体模型如下。

第1层模型（个体内模型）：

$$\ln(y_{tij}) = \beta_{0ij} + \beta_{1ij}Year_{tij} + \sum_{p=2}^{P}\beta_{pij}W_{ptij} + e_{tij} \tag{1}$$

其中，y_{tij} 为社区 j（第3层）内、个体 i（第2层）、第 t 次（第1层）的结果变量，在本文的分析中是收入水平；β_{0ij} 为截距项，代表不同个体的结果变量初始值；β_{1ij} 为斜率，代表结果变量随时间变化的不同变化率；$Year_{tij}$ 为时间分值；W_{ptij} 是一类相间相关的变量，如年龄；e_{tij} 为误差项，这里假设其是独立的，并服从均值为0、方差为 σ^2 的正态分布。

第2层模型（个体间模型）：

$$\begin{aligned}\beta_{0ij} &= \gamma_{00j} + \sum_{q=1}^{Q}\gamma_{0qj}X_{qij} + \sum_{r=1}^{R}\gamma_{0rj}Y_{rij} + u_{0ij} \quad u_{0ij} \sim N(0, \sigma^2_{u_{0ij}}) \\ \beta_{1ij} &= \gamma_{10j} + \sum_{q=1}^{Q}\gamma_{1qj}X_{qij} + u_{1ij} \quad u_{1ij} \sim N(0, \sigma^2_{u_{1ij}}) \\ \beta_{pij} &= \gamma_{p0j}, \; p=2, \cdots, P\end{aligned} \tag{2}$$

Y_{rij} 是个体水平的、不随时间改变的一类变量，如性别、地区等；X_{qij} 是个体水平且随时间变化的一类变量，在本文中包括教育、婚姻状况，是否拥有电话、电视机、交通工具等。在后文的分析中，个体层次的教育、电话和电视拥有状况等变量用它们各自与社区平均水平的离差代替，即 $\Delta X_{tij} = X_{tij} - \overline{X_{t\cdot j}}$，$\overline{X_{t\cdot j}}$ 为 t 年社区 j 中 X_{ij} 的平均值。Grilli 等人（2006）以及 Corrado 等人（2011）论证指出，使用这种变量与社区平均值的离差，可以使模型的估计系数反映个体效应与情境效应，并且能消除由于变量的内生性所导致的系数估计偏差，而 $\overline{X_{t\cdot j}}$ 的系数估计在样本量很大的情况下或进行一定的纠正也会是一致的。

第3层模型（群体间模型）：

$$\begin{aligned}S\gamma_{00j} &= \pi_{000} + \sum_{s=1}^{S}\pi_{00s}Z_{sj} + v_{00j} \quad v_{00j} \sim N(0, \sigma^2_{v_{00j}}) \\ \gamma_{10j} &= \pi_{100} + \sum_{s=1}^{S}\pi_{10s}Z_{sj} + v_{10j} \quad v_{10j} \sim N(0, \sigma^2_{v_{10j}}) \\ \gamma_{0qj} &= \pi_{0q0} \; \gamma_{1qj} = \pi_{1q0} \; \gamma_{p0j} = \pi_{p00} \; \gamma_{0rj} = \pi_{0r0}, \; p=2, \cdots, P \; q=1, \cdots, Q\end{aligned} \tag{3}$$

Z_{sj} 是群体层次的变量，在本文中包括群体中电话拥有率、电视拥有率、平均教育水平以及平均收入、农业从业人员占比等。

将第3层模型代入第2层的离差修正模型，再代入第1层模型，得到如下简约模型：

$$\ln(y_{tij}) = \pi_{000} + \pi_{100} Year_{tij} + \sum_{p=2}^{P} \pi_{p00} W_{ptij} + \sum_{q=1}^{Q} \pi_{0q0} \Delta X_{qij} +$$
$$\sum_{r=1}^{R} \pi_{0r0} Y_{rij} + \sum_{s=1}^{S} \pi_{00s} Z_{sj} + \sum_{s=1}^{S} \pi_{0s0} Z_{sj} Year_{tij} +$$
$$\sum_{q=1}^{Q} \pi_{1q0} \Delta X_{qij} Year_{tij} + v_{00j} + u_{0ij} + (v_{10j} + u_{1ij})$$
$$Year_{tij} + e_{tij} \qquad (4)$$

(4) 式的前两行是固定效应部分,第三行是随机效应部分。随机效应部分中,e_{tij} 为特异误差项(idiosyncratic error);v_{00j} 和 u_{0ij} 分别为社区随机截距项和个体随机截距项;v_{10j} 和 u_{1ij} 则分别是社区层次和个体层次的时间趋势的随机成分。在应用多层次模型时,假设各层次间的残差项之间是独立的,但层次内的残差项并不一定独立。

为了应用多层次模型展开分析,必须检测因变量在组间是否有显著差异。① 在实际应用中,一般使用组内相关系数(intra-class correlation coefficient,ICC)来衡量组间方差与组内方差的相对程度(用 ρ 表示),它的定义式如下:

$$\rho = \frac{\sigma_b^2}{\sigma_b^2 + \sigma_w^2} \qquad (5)$$

其中,σ_b^2 是方差分析中的组间方差,σ_w^2 是方差分析中的组内方差。当 ICC 接近 0 时,意味着此种分层没有多大意义;当 ICC 接近 1 时,意味着组内个体完全没有差异。为了判断组间的差异是否可以忽略,本文参照以下的判断准则:若 $0.059 > \rho > 0.01$,则为低度关联强度;若 $0.138 > \rho > 0.059$,则为中度关联强度;若 $\rho > 0.138$,则为高度关联强度(Cohen,1988;温福星,2009)。因此,当 $\rho > 0.059$ 时,可以认为组间差异不可忽略,应当使用多层次模型。ρ 的计算一般从空模型(Null model)开始,在本文的三层次增长模型中,空模型如下:

$$\begin{aligned} \ln(y_{tij}) &= \beta_{0ij} + e_{tij} \\ \beta_{0ij} &= \gamma_{00j} + u_{0ij} \\ \gamma_{00j} &= \pi_{000} + v_{00j} \end{aligned} \qquad (6)$$

简约式:$\ln(y_{tij}) = \pi_{000} + v_{00j} + u_{0ij} + e_{tij}$ (7)

$Var[\ln(y_{tij})] = Var(\pi_{000} + v_{00j} + u_{0ij} + e_{tij}) = \sigma_{v_{00j}}^2 + \sigma_{u_{0ij}}^2 + \sigma^2$ (8)

---

① 假如因变量在组间没有显著差异,即在组间是同质时,则没必要使用多层次分析。

其中，β_{0ij}是个体在观测年内的平均对数收入，相当于持久性收入；e_{tij}是残差项，它是个体对数收入相对平均对数收入的偏差，也包括测量误差，它相当于暂时性收入；γ_{00j}是社区内所有个体的平均对数收入；u_{0ij}是相对此平均对数收入的偏差项，它是个体层次的随机截距系数；π_{000}则是所有个体的平均对数收入；v_{00j}是相对此平均对数收入的偏差，它是社区层次随机截距系数。因此，各层次的组内相关系数ICC的计算如下：

$$\rho_{社区} = \frac{\sigma^2_{v_{00j}}}{\sigma^2_{v_{00j}}+\sigma^2_{u_{0ij}}+\sigma^2}, \quad \rho_{个体} = \frac{\sigma^2_{v_{00j}}+\sigma^2_{u_{0ij}}}{\sigma^2_{v_{00j}}+\sigma^2_{u_{0ij}}+\sigma^2} \tag{9}$$

三 数据描述与分析

本文使用的是中国健康与营养调查（CHNS）中的成人数据与部分家户数据，该调查至今分别在1989年、1991年、1993年、1997年、2000年、2004年、2006年、2009年共8个年度进行了调查。1997年之前，包括辽宁、山东、江苏、河南、湖北、湖南、贵州和广西8个省份；在1997年，用相邻的黑龙江代替未能参加调查的辽宁；从2000年开始对以上9个省份都进行调查，该9个省份就其地理位置与发展水平而言，分别具有一定的代表性。该调查采用的是多阶段的随机集群抽样（multi-stage random cluster sampling）方法，即将每个省份中的所有县按收入高、中、低分层，使用加权抽样在每个省份选6个县，在每个县再随机选村、乡镇和郊区。数据中每年大约有4400个家户，共有1.9万个左右的个体。但要注意的是，多阶段、随机集群抽样不满足数据间的独立性，不适用一般回归分析，这也是本文选用多层次模型进行实证分析的原因之一。本文使用CHNS纵向数据集，为了保持省份的完整性和样本可比性，选择2000年、2004年、2006年、2009年共4年的农村调查数据。

CHNS数据中存在很多缺失数据，容易导致分析存在偏差。虽然多层次模型能够应对一些缺失数据的问题，但本文依然对那些主要变量数据缺失较多的样本点进行滤除，最后剩余的农村样本点有19856个，其中，2000年和2004年各有143个社区，2006年和2009年各有145个社区，各年份的样本个体数依次为5648个、4371个、4533个、4944个。本文的数据从社区层次和时间层次来看都是非平衡面板数据，因为在较长的时间跨度内，由于个体迁移、死亡或新产生的家户进入调查，数据可能存在缺失。非平衡面板数据对随机效应模型没有实质的影响，在固定效应模型中，非平衡面板数据也并不影响组内估计。因此，为了尽量保证大样本性质并避免因删除出现的随机性问题，本文并未将原数据整理成平衡面板数据。

CHNS 数据在分析中的一个优点是，它是省份、社区（村）、家户到个体的一个多年的分层次数据，该数据中包括了社区、家户和个体的调查。社区调查中调查了物质基础设施、公共环境等，家户调查中调查了家户的收入及收入构成、家户的结构、饮用水来源、卫生设施、家户拥有的耐用品等，个体调查则包括个体的收入、工作状况、教育以及个体的生活习惯等。在分析中，本文用电视、电话与汽车等的拥有状况来反映该地方获取外界信息和与外界交流的程度，因为一个地区获得的信息程度越高，则该地区突破低水平发展和"贫困陷阱"的可能性会越大。为了研究社区因素对个体行为的影响，本文不仅考虑了个体教育，个体是否拥有电话、电视、汽车等，而且考虑了社区中平均教育水平，社区中电话、电视、汽车等的平均拥有率和从事农业的人口比例等（相关变量的统计描述见本文附表）。本文对个体层面的变量进行了处理，即用个体变量与其社区平均的离差代替个体变量，以消除内生性问题带来的估计偏差。分析中的个体收入则由经 2009 年 CPI（消费物价指数）调整的家户收入除以家户规模得到，因而部分个体变量（尤其是性别因素）的效应有可能被削弱，但是后文的分析将显示，性别之间的差异并不显著。

根据 CHNS 数据，本文测算了社区平均收入与个体收入的基尼系数，如表 1 所示。可以发现，各社区间的收入差异有扩大趋势，社区收入基尼系数由 2000 年的 0.236 增加到 2006 年的 0.295，2009 年略有下降（0.271）；个体收入的不平等问题比社区收入不平等更严重，并且有逐年增加的趋势，由 2000 年的 0.410 增加到 2009 年的 0.476。社区因素对个体收入差距扩大以及一些地区的持久性贫困有怎样的影响，下一部分的实证结果将展开分析。

表 1 2000~2009 年个体与社区收入基尼系数

年份	2000	2004	2006	2009
个体收入的基尼系数	0.410	0.434	0.473	0.476
社区收入的基尼系数	0.236	0.254	0.295	0.271

四 实证结果

空模型的回归结果如表 2 所示。模型 1 计算了组内相关系数 ICC，结果表明社区水平的差异可以解释对数收入方差的 16.73%；在模型 2 中加入时间趋势项的随机系数时，社区水平的差异可以解释对数收入方差的 30.81%。根据前文的判断准则，不能忽略组间的差异，因此，三层次模型的使用是合适的。从带有时间趋势的模型 2 结果中也可看出，所有个体收入对数的平均值为 8.2273，收入随着时间有向上增长的趋势，平均增长率为 0.0795，两者都很显著。根据各层次截距与时间的协方差可以发现，社区层次的截距与时间是负相关的，个体层次的截距与时间是正相关的，这说明社区层次效应随着时间而有减弱的趋势，而个体层次效应则有增强的趋势。经似然率检验（likelihood-ratio test），模型 2 拟合要更好，且其各随机系数都是显著的，根据随机效应中社区和个体层次时间的方差，可计算出两层次的标准差为 0.0476 和 0.0222，则对于某个社区来说，它的增长率为 0.0795+0.0476=0.1271，而某个个体的平均增长率则为 0.1271+0.0222=0.1493。此外，不同年份的空模型的回归还表明：随着时间的流逝，个体平均收入不断增长；ICC 是逐年下降。可见，社区因素对个体收入变异的解释力在不断减弱，这与现实相符，因为在社区发展到一定水平，个体的能力将逐渐在个体的收入中占主导地位。

表 2 空模型以及 ICC 的计算

	模型 1	模型 2
固定效应部分		
截距项 Year	8.6766（0.0306）	8.2273（0.0398） 0.0795（0.0042）
随机效应部分		
残差项的方差	0.5540（0.0072）	0.4340（0.0057）
个体截距项的方差 Year 的方差 时间与截距项的协方差	0.0973（0.0061）	0.0501（0.0064） 0.0005（0.0001） 0.0050（0.00028）
社区截距项的方差 Year 的方差 时间与截距项的协方差	0.1309（0.0161）	0.2155（0.0275） 0.0023（0.0003） −0.0136（0.0025）
ICC（社区）	0.1673	0.3081
ICC（个体）	0.2917	0.3797

注：括号中为标准误。

多层次计量模型的结果如表 3 所示，被解释变量为对数收入。显然，对数收入随着时间而不断增长。在个体特征方面，对数收入关于年龄的平方项系数显著为负值，说明对数收入关于年龄是倒 U 型的，即开始时随着年龄的增加，收入也不断增加，当年龄增加到一定程度时，收入会随着年龄不断下降。在表 3 的回归结果中，对数收入关于年龄的转折点为 51.35，当然这只是参考点，因为本文的个体收入是通过家户收入除以家户规模得到的，对数收入因此也会随着家户规模的增大而不断降低。至于家户规模增加的效应可用 $e^{\pi}-1 e^{\pi}-1$ 来进行计算，如家户规模增加 1 单位，则个体收入会下降 11.17%。就个体婚姻状况而言，已婚者比离婚者或丧偶者的收入要高；就是否就业而言，有工作的个体比没有工作的个体收入要高。

根据（4）式可得出个体变量的边际效应为：$dln(y_{tij})/dX_{ij}=\pi_{010}+\pi_{110}Year_{tij}dln(y_{tij})/d\Delta X_{ij}=\pi_{010}+\pi_{110}Year_{tij}$，即在分析个体教育以及电话、电视、摩托车和轿车拥有状况对收入的具体影响时，需要考虑它们与年份的交互项。根据表 4 的回归结果可以看出，个体教育以及电话、电视、摩托车和轿车拥有状况离差与个体收入是正相关的，并且随着时间的推移，个体自身拥有的能力与物质资本对个体收入的影响会加强，但是在分析结果中，电话、摩托车拥有状况与年份的交互项系数为负且很不显著，这可能是因为电话与摩托车到后期已成为很多农村家户的必需品，并且耐用品拥有状况反映的是个体生活质量，用其拥有率来推测基础设施质量会存在偏差。

表 3　多层次计量模型的回归结果

变量名	系数估计	z 值
固定效应部分		
常数项	8.5507	54.24***
时间项	0.0494	2.12**
个体变量		
年龄	0.0076	2.92***
年龄的平方	-0.000074	-2.80***
家户规模	-0.1185	-29.29***
未婚（参照变量）		
在婚	-0.1319	-5.56***
离婚、丧偶	-0.1897	-5.78***
个体教育水平与否和社区平均教育水平离差	0.0560	5.81***

续表

变量名	系数估计	z 值
个体拥有电视与否和社区电视拥有率之差	0.1212	4.62***
个体拥有电话与否和社区拥有率之差	0.2212	8.19***
个体拥有摩托车与否和社区拥有率之差	0.1669	6.56***
个体拥有轿车与否和社区拥有率之差	0.3374	6.28***
有无工作	0.1297	8.27***
社区变量		
东部（参照变量）		
东北部	−0.2313	−3.76***
中部	−0.3749	−6.83***
西部	−0.2997	−4.91***
社区平均教育水平	0.3642	5.88***
社区电视拥有率	0.1966	1.52
社区电话拥有率	−0.7873	−7.44***
社区摩托车拥有率	0.3324	2.76***
社区轿车拥有率	0.3684	1.22
社区从事农业的人口比例	−0.3231	−3.44***
交互项		
年份与教育离差的交互项	0.0031	2.23**
年份与社区平均教育水平的交互项	−0.0236	−2.78***
年份与电视离差的交互项	0.0101	1.74*
年份与社区电视拥有率的交互项	−0.0400	−1.89*
年份与电话离差的交互项	−0.0013	−0.27
年份与社区电话拥有率的交互项	0.1479	8.38***
年份与摩托车离差的交互项	−0.0016	−0.39
年份与社区摩托车拥有率的交互项	−0.0616	−3.72***
年份与轿车离差的交互项	0.0233	3.07***
年份与社区轿车拥有率的交互项	0.0530	1.32
年份与社区从事农业人口比例的交互项	0.0255	1.72*
随机效应部分		
时间层次		
随机误差项	0.4149（0.0054）	
个体层次		

续表

变量名	系数估计	z 值
截距项方差	0.0288（0.0056）	
年份方差	0.00035（0.000087）	
截距项与年份的协方差	0.0032（0.000233）	
社区层次		
截距项方差	0.1545（0.0210）	
随机效应部分		
年份方差	0.0024（0.0003）	
截距项与年份的协方差	−0.0156（0.0024）	
LR 检验：VS. 线性回归	chi2（6）= 2196.13	Prob>chi2 = 0.0000

注：括号中为标准误，上标 ***、**、* 分别表示1%、5%、10%置信水平。

社区层次的状况与个体层次的结果形成了鲜明的对比。表3的结果显示，社区层次的变量如社区平均教育水平、社区的电视拥有率、摩托车拥有率和轿车拥有率对个体的收入也产生积极的影响，并且产生的作用要比个体层次显著，这也说明社区网络效应对个体发展起到了重要作用。但是可以注意到，除电话与轿车拥有率外，社区层次的变量与年份的交互项系数都为负，说明随着时间的推移，社区层次的变量对个体的影响在不断削弱，而随机效应中社区层与时间的协方差为负也证实了这一点。随着时间延续和经济发展水平提高，个体效应不断增强，而社区效应趋于减弱，这意味着一旦突破某个临界点，个体的脱贫和收入增加将不再受社区网络的局限。

根据定义，ΔX_{tij} 的系数 π_{0q0} 反映个体层次效应，$Z_{sj} = \overline{X_{t\cdot j}}$ 的系数 π_{00s} 反映社区层次的效应，而两者的差 $\pi = \pi_{00s} - \pi_{0q0}$ 则反映环境效应，即不同社区间某变量对个体的影响。从本文回归结果中，如果不考虑时间交互项，教育与电话、电视、摩托车、轿车拥有状况都存在显著的环境效应，并且除电话拥有状况外，变量社区层次效应比个体层次效应都要大，但电视与轿车社区拥有率项显著性不高。如果考虑到时间的交互项，以教育为例，个体教育与社区教育水平各增加一档次，10年后，社区的教育效应为0.3642−0.236 = 0.1282，而个体教育效应为 0.056+0.031 = 0.087，即社区教育经过10年的发展后依然产生显著的影响。但电视与电话拥有情况不一样，10年后个体层次的作用开始占主导地位。

在农户收入的地区差异方面，东部（江苏、山东）的收入水平较高（故以此作为参照量），其次是东北（辽宁、黑龙江），但是研究表明，西部（贵州、广西）比中部（河南、湖北、湖南）的收入要高，这似乎不符合事实。进一步分析发现，这是由于CHNS数据中广西的样本农户平均收入较高导致的。在社区层次的变量中，从事农业人口的比例对个体收入是负的影响，即农业人口比例越高，则个体收入越低，而它与时间的交互项的系数符号却为正，这说明随着时间的推移，社区内农业人口比例的增加会对个体收入产生积极的影响，但它与其对个体收入负的影响相比则很微弱。这意味着即使农业收入随着时间的推移不断增长，但与从事职业的人相比，农业给个体带来的收入仍是较差的。

五 结语

本文构建多层次模型来分析社区因素在区域性贫困陷阱形成中的作用，得出以下结论。第一，中国目前存在地区间收入差异和区域性的持久贫困，而社区因素（农业人口比例、社区平均教育水平、与外界的信息交流等）在其中发挥着至关重要的作用，其中，农业为主的地区收入要低，农业带来的收入增长与职业相比要弱。第二，在经济发展水平较低时期，社区层次的因素对个体生活水平的影响要强于个体层次的因素，其中社区教育水平与信息获取水平的作用尤为突出。但是，社区层次的作用力却随着时间延续而不断下降，当超过某一特定临界点，个体具有的能力与资本将开始发挥主导作用。在本文分析的结论中，在经济发展水平较低时期，地区基础设施等社区因素的作用都是很显著的，起到了"大推进"的作用，为个体发展提供了一个门槛外部性。但是，我国目前社区与个体层次要素的互补性有限，使得社区经济增长对于减贫的作用力较小，因为越有能力者将会越充分地利用社区基础设施。

因此，当前我国扶贫应以推动区域发展为着手点，并且区域扶贫开发要放到县及以下层次。为了使经济增长更好地达到减贫的效果，政府要从区域基础设施与个体能力培养双向进行支持，加强与贫困者个体能力要素互补的区域要素的建设与发展；同时也要提高与社区层次要素互补的个体能力，使贫困者能够更多从社区层次发展中获得收益。国家正在实施的整村推进、连片推进等以区域性扶贫为目的的措施，以及瞄准性农村扶贫政策等将产生良好的效果。

参考文献

[1] 陈云松、范晓光:《社会学定量分析中的内生性问题——测估社会互动的因果效应研究综述》,《社会》2010 年第 4 期。

[2] 林毅夫、刘培林:《中国的经济发展战略与地区收入差距》,《经济研究》2003 年第 3 期。

[3] 沈坤荣、马俊:《中国经济增长的"俱乐部收敛"特征及其成因研究》,《经济研究》2002 年第 1 期。

[4] 温福星:《阶层线性模型的原理与应用》,中国轻工业出版社,2009。

[5] 姚先国、张海峰:《教育、人力资本与地区经济差异》,《经济研究》2008 年第 5 期。

[6] 邹薇、周浩:《中国省际增长差异的源泉的测算与分析(1978—2002)》,《管理世界》2007 年第 7 期。

[7] Alexandre, Michel, 2011, "Endogenous Categorization and Groupinequality", MPRA Paper No. 33239, posted 08. September 2011, Online at http://mpra.ub.uni-muenchen.de/33239/.

[8] Azariadis, C., "The Economics of Poverty Traps, Part One: Complete Markets", *Journal of Economic Growth*, No. 1, 1996, pp. 449-486.

[9] Azariadis, C., "The Theory of Poverty Traps: What Have We Learned", in Bowles, Daulauf and Hoff, eds., *Poverty Traps*, Princeton University Press, 2006.

[10] Benabou R., "Heterogeneity, Stratification and Growth: Macroeconomic Implications of Community Structure and School Finance", *American Economic Review*, Vol. 86, No. 3, 1996, pp. 584-609.

[11] Bowles, S., S. Daulauf and K. Hoff, eds., *Poverty Traps*, Princeton University Press, 2006.

[12] Brock W. and S. Durlauf, "Interactions-Based Models", in Handbook of Econometrics Vol. 5, J. Heckman and E. Leamer, eds., Amsterdam: North Holland, 2001: 3297-3371.

[13] Bruhn. J., *Group Effect: Social Cohesion and Health Outcomes*, Springer Publisher, 2009.

[14] Corrado L. and B. Fingleton, "Multilvel Modeling with Spatial Effects", *Strathclyde Discussion Paper*, No. 11, 2001, p. 5.

[15] Durlauf S., *The Memberships Theory of Poverty: The Role of Group Affiliations in Determining Socioeconomic Outcomes*, in Understanding Poverty in America, S. Danziger and R. Haveman, eds, Cambridge: Harvard University Press, 2001.

[16] Galor, Oded and Daniel Tsiddon, "The Distribution of Human Capital and Economic Growth", *Journal of Economomic Growth*, Vol. 2, No. 1, 1997, pp. 93-124.

[17] Grilli L. and C. Rampichini, *Model Building Issues in Multilevel Linear Models with Endogenous Covariate*, Working paper, Dipartimeto di Statistica, Universita di Firenze, Florence, 2006.

[18] Hoff K. and A. Sen, *The Kin System as a Poverty Trap*, in Poverty traps, Bowles S., S. Durlauf and K. Hoff, eds, 2006.

[19] Ioannides, Yannis M. and Linda Datcher Loury, "Job Information Networks, Neighborhood Effects, and Inequality", *Journal of Economic Literature*, Vol. 42, No. 4, 2004, pp. 1056–1093.

[20] Jalan J. and M. Ravallion, "Geographic Poverty Traps? A Micro Model of Consumption Growth in Rural China", *Journal of Applied Econometrics*, No. 17, 2002, pp. 329–346.

[21] Johnson R., "Health Dynamics and the Evolution of Health Inequality Over the Life Course: the Importance of Neighborhood and Family Background", *Working paper*, http://ist-socrates.berkeley.edu/~ruckerj/johnson_HlthnHood_6-09.pdf, 2009.

[22] Knight J., Li Shi and Deng Quheng, "Education and the Poverty Trap in Rural China: Closing the Trap", *Oxford Development Studies*, No. 4, 2010, pp. 1–24.

[23] Manski C., "Identification of Endogenous Social Effects: the Reflection Problem", *Review of Economic Studies*, No. 60, 1993, pp. 531–542.

[24] Mckenzie D. and H. Rapoport, "Network Effects and the Dynamics of Migration and Inequality: Theory and Evidence from Mexico", *Journal of Development Economics*, No. 1, 2007, pp. 1–24.

[25] Nguyen P., D. Haughton, I. Hudson, J. Boland and J. Multilvel, *Models and Small Area Estimation in the Context of Vietnam Living Standards Surveys*, 42èmes Journées de Statistique, 2010.

[26] Sampson R. J. and Sharkey P., "Neighborhood Selection and the Social Reproduction of Concentrated Racial Inequality", *Demography*, No. 45, 2008, pp. 1–29.

[27] Wilson, W. J., *The Truly Disadvantaged: The Inner City, the Underclass, and Public Policy*, Chicago: University of Chicago Press, 1987.

[28] Zou Wei and Zhou Hao, "The Classification of Growth Clubs and Convergence Evidence from panel data in China (1981–2004)", *China and World Economy* (SSCI), Vol. 15, No. 5, 2007, pp. 91–106.

[29] Zou Wei, Zhuang Ziyin, Zhou Hao and Song Hairong, "Measuring Divergence in Provincial Growth in China: 1981–2004", *Journal of Economic Policy Reform* (SSCI), Vol. 11, No. 3, 2008, pp. 215–227.

[30] Zou Wei and Liu Yong, "Skilled Labor, Economic Transition and Income Differences: A Dynamic Approach", *Annals of Economics and Finance* (SSCI), Vol. 11, No. 2, 2010, pp. 246–267.

附表 CHNS相关统计变量描述

变量名	样本数	平均值	标准误	最小值	最大值
年龄	19856	46.445	14.13	16.04	92.71
个体收入	19856	8764.319	13363.45	29.133	361458.7
电话拥有与否	19856	0.697	0.460	0	1
电视拥有与否	19856	0.818	0.386	0	1
接受的最高教育程度	19856	1.60	1.222	0	6
汽车拥有与否	19856	0.043	0.202	0	1
摩托车拥有与否	19856	0.343	0.475	0	1
是否拥有工作	19856	0.810	0.392	0	1
农户规模	19856	3.912	1.578	1	13
地区	19856	1. 东部（23.05%）；2. 东北（21.92%）；3. 中部（29.75%）；4. 西部（25.28%）			
婚姻状况	19856	1. 未婚（7.83%）；2. 已婚（86.10%）；3. 离婚、丧偶与分居（6.07%）			
社区变量					
农业人口比例	576	0.456	0.337	0	1
社区平均收入	576	9021	6170.265	668.717	60874.57
社区电话拥有率	576	0.721	0.288	0	1
社区轿车拥有率	576	0.0431	0.071	0	0.481
社区摩托车拥有率	576	0.335	0.236	0	1
社区电视拥有率	576	0.834	0.214	0	1
社区平均教育水平	576	1.641	0.638	0.425	3.933

浅析"中等收入陷阱"形成机制及跨越对策

● 纪玉山 关丽洁[*]

内容提要： 如何避免落入"中等收入陷阱"，是我国经济社会发展过程中亟待解决的理论和实践问题。一个经济体的持续健康运行是由经济体实施的发展战略、经济运行的动力机制和平衡机制相互作用的结果。"中等收入陷阱"的形成机制在于三要素的配置失当。我国进入中等收入国家行列之后，在产业结构、收入结构、城乡结构、人口结构诸方面均已显现出类似于"中等收入陷阱"中国家的一些特征。为避免落入"中等收入陷阱"，我国必须把经济发展目标由强调速度转向重视结构调整，实施"转变发展方式，实现包容性增长"的经济发展战略，实现由粗放型向集约型增长方式的转变，建立相对平等的收入分配制度，推动政府职能向提供基本公共服务转变。

关键词： 中等收入陷阱 经济增长动力 平衡机制 经济发展战略

2012年，中国社会科学院发布的《产业蓝皮书》指出：2011年，中国已经成为中上等收入国家，但目前中国的产业竞争结构使得中国在迈向高收入国家的后半程中面临着"中等收入陷阱"的挑战。所谓"中等收入陷阱"，指的就是一个国家在成为中等收入国家之后，经济增长乏力、经济增长放慢、人均收入水平难以提高的现象。[②] 以往的研究成果表明对"中等收入陷阱"缺少系统性研究。本文试图对"中等收入陷阱"形成机制进行分析，进而提出跨越"中等收入陷阱"对策。

---

[*] 纪玉山，吉林大学经济学院教授、博士生导师，吉林大学国有经济研究中心研究员；关丽洁，吉林大学经济学院经济学专业博士研究生，吉林大学经济学院讲师。基金项目：吉林大学专业学位研究生核心课程建设项目（450091102146），吉林大学985工程项目。

[②] 资料来源：《我国已成中上等收入国家》，《新文化报》2012年2月13日B13。

一 "中等收入陷阱"形成机制

一个经济体的持续运行是由经济体实施的战略、经济运行的动力机制和平衡机制相互作用的结果。动力机制是经济增长的源泉，没有动力机制，经济发展就会停滞甚至倒退。经济发展过程中失去平衡，动力机制就会发生逆转，成为遏制经济可持续发展的因素。战略决定了经济体增长动力的选择，为动力机制和平衡机制决定的经济运行指明方向。因此，经济体的战略、动力机制和平衡机制是经济可持续发展的基本要素，三者相辅相成。

（一）经济增长动力与"中等收入陷阱"

从经济增长理论的发展历程来看，经济增长是源于物质资本积累还是技术进步是学术界争论的一个核心问题。古典经济学家和发展经济学家更加强调资本积累对经济增长的推动作用，经济体要实现经济起飞，就要提高投资率。20世纪80年代以来，以罗默、卢卡斯为代表的内生增长理论更加强调技术进步和人力资本对经济增长的作用。另一部分经济学家如索洛（1960）认为，资本积累和技术进步在经济增长过程中相互融合、不可分割。20世纪90年代之后，经济学家更加强调二者相互融合对提高生产率的重要作用。从生产角度的经济增长动力来看，经济增长理论的发展过程，揭示了经济增长的三动力，即资本、技术及二者的融合。

经济发展过程中的不同阶段及每一阶段的经济增长动力是研究经济增长动力与"中等收入陷阱"两者间关系的前提。美国学者Michael Porter认为，后发国家的发展过程具有明显的三阶段特征，即"要素驱动"的增长阶段、"投资驱动"的增长阶段和"创新驱动"的增长阶段。如果一个经济体在"要素驱动"的增长阶段或"投资驱动"的增长阶段尤其是"投资驱动"的增长阶段中，在较长时间内经济增长速度没有变化，就意味着该经济体进入了"中等收入陷阱"。

从发展中国家的经济发展历程来看，摆脱贫困阶段和进入中等收入阶段的大部分时间都是以"要素"和"投资"来驱动的，以低成本的要素和投资为经济增长的驱动动力，其本质是粗放型的要素投入增长过程，是一种非持续的经济增长过程。新古典主义经济学家认为在自由竞争的市场经济条件下，低效率的企业将被效率高的企业所淘汰，全社会形成单一的国民收入函数。国民生产总值（或国民收入）是一国经济发展成果的集成，国民生产总值是通过劳动和资本的投入创造出来的。这种由要素驱动的经济增长模型预示了两种结果：一是国民收入的增长取决于要素投入的增加。在生产要素投入不能增加时，国民收入增长随之停止。二是在双要素增长模型中劳动和资本是按一定比例进行生产的。当某种生产要素出现短缺时，国民收入的增长是由短缺的生产要素数量和增长水平决定的。由此可见，排除了技术进步的双要素增长模型揭示了在生产要素不能增加时，国民收入将停止增长。即使在生产要素增加的条件下，由于边际产量递减，经济增长速度也将降低。以要素驱动的经济增长本质是粗放型的要素投入的增长，这种增长方式的最终结果是使经济增长速度减慢甚至是停滞，也就是一国经济落入了陷阱之中（季铸，2003）。

可见，如果将要素作为经济增长的驱动力，那么在排除技术进步的条件下，它将使得经济的增长是不可持续的，以要素驱动的中等收入阶段的经济增长会长时间徘徊在既定水平甚至会后退，这种状态就是"中等收入陷阱"。

（二）经济发展的平衡机制与"中等收入陷阱"

经济发展的平衡在通常意义上指的是发展过程中的结构平衡。经典经济学对经济增长问题的研究一直局限于劳动、资本和技术进步。在20世纪后期，钱纳里提出的结构性增长理论开辟了从结构角度研究经济增长问题的先河。在经济发展过程中结构失衡，常常意味着经济发展动力越大，对经济发展的破坏作用越强。

经济社会结构由经济、社会和资源环境构成，三者构成了可持续发展的三个维度，三维平衡是可持续发展的具体表现（项俊波，2009）。三维系统中任何一方运行的结果超出了其他方的承受能力，三维平衡就会被打破，三维系统就会出现失衡状态，发展将呈现不可持续状态。三维系统失衡具体表现为经济结构失衡、社会收入差距过大、资源瓶颈和环境恶化。经济结构主要包括投资消费结构、产业结构、金融结构、国际收支结构等。由此，三维系统的具体关系，简单地说，消费结构反映了人们的需求倾向，生产者的生产决策取决于人们的需求，因此，消费结构决定了产业结构。人们的需求是由人们的收入水平决定的，收入结构决定了消费结构。产业结构又影响着收入结构。在国民经济运行的过程中，实体经济和金融体系之间又相互影响，实体经济的失衡会导致金融结构的变动，而金融体系中的利率水平等变量也会影响实体经济的正常运行。在这个简单的经济运行模式中，三维系统的持续运行要求其内部的各结构要素应相互协调运行，从而使系统处于平衡发展状态。

当经济结构失衡、社会收入差距过大、资源瓶颈和环境恶化等任意要素发生时，三维系统就会出现失衡状态。相应地，经济发展就会出现结构陷阱、收入陷阱、资源环境陷阱。当经济结构的某一因素或部分因素的数量变化达到一定的临界水平时，原来的结构平衡状态就被打破。由于经济结构系统具有协同演进性特征，当某个子系统出现不协调或者失衡时，也就是超出了经济发展的承载能力，就会制约子系统结构功能的正常发挥，此时的经济结构被锁定在某种无效率或失衡的状态，从而制约经济结构系统的正常运行，阻碍经济的发展。经济失衡无法通过系统自我调节回归均衡路径，其状况是不断恶化的。经济失衡最终可能诱发经济或社会危机，而使经济增长停滞或倒退。经济运行的过程就是"非均衡—均衡—非均衡"的过程，当经济体进入到中等收入阶段之后，经济、社会、资源环境等各种矛盾就会凸显出来，经济长期的非均衡运行最终酿成失衡的后果，经济长期在原有状态下徘徊或倒退，经济发展落入了"中等收入陷阱"之中。

（三）战略与"中等收入陷阱"

随着世界经济一体化进程的加速，国际间的产业分工越来越细化。世界范围的分工，实际是按产业价值链的不同环节进行的分工。迈克尔·波特的产业价值链具体分为产品设计、原材料采购、仓储运输、订单处理、批发经营、终端零售和产品制造。在低收入经济体成长为中等收入经济体阶段，大多数后发国家依赖于低成本优势战略获取出口产品优势。这些国家主要从事的是在整个价值链总利润中占比最低的生产制造业，而且许多行业都集中在加工组装领域。根据实践经验，处于"微笑曲线"中间的制造业，利润率只有5%左右，而处在"微笑曲线"两端的产业环节，一般利润率在20%~25%。制造业生产环节不仅利润微薄，同时造成资源的巨大浪费和环境的严重破坏。

我们运用"高低端产品价格剪刀差"规律分析"微笑曲线"形成的机理及处于低端价值链和生产低端产品的后果。"高低端产品价格剪刀差"规律是指："高端产品的相对价格不断走高，低端产品的相对价格不断走低，低端产业的资本不断地流入到高端产业，从而推动高新技术及其产业不断发展，并引发国民收入的分配向高新技术产业和地区倾斜。"① 以马克思的劳动价值理论为依据进行分析，由于高端产品科学技术含量高于低端产品，必然所含复杂劳动较多，因此，高端产品所含商品价值量也相对较高。又由于劳动密集型等低端产业技术含量低，行业没有较高的进入壁垒，产品供给量往往大于市场需求量，这样社会劳动时间的一部分就被浪费掉了，因此，这些低端产品（资源或劳动密集型产品）必然要低于它们的市场价值出售。此外，随着人们收入水平的提高，人们对高端产品的需求要远远高于对低端产品需求，需求增长速度的差异必然导致两类产品价格上升速度产生差异，致使两者的收益差距日渐扩大，最终传统产业将被具有较高劳动生产率的竞争行业所侵吞。从全球经济一体化的角度看，如果发展中国家的产业长时间处于落后状态，从事价值链中最低端的产品制造环节，就会沦落为发达国家的经济附庸和"信息殖民地"（纪玉山、常忠诚，2005）。在这样的状态下，发展中的经济体是很难保持经济高速增长的，难以逾越"中等收入陷阱"。

二 中国的社会经济特征与"中等收入陷阱"

（一）产业结构特征

1. 重化工业趋势再现

20世纪90年代后期以来，中国工业结构的主要特征再次表现为重工业领先增长的趋势。1999年，中国的重工业增长速度高于轻工业一个百分点，表明重工业化的趋势再现；2000年，重工业的增长速度高于轻工业3.5个百分点，中国经济出现转折性变化；2003年又升至4个百分点。1999~2003年，中国重工业增长了98.13%，轻工业增长了61.11%，重工业领先系数为1.61。同时，在规模以上工业增加值中，重工业的比重从1997年的53.8%猛升至2003年的64.3%，2005达到69%。2009年6月，重工业化再度加速，中国的重工业增加值增长速度开始超过轻工业，到11月已经达到22.2%，超过轻工业9.6个百分点。

---

① 纪玉山、常忠诚：《高低端产品价格"剪刀差"规律初探——兼论我国产业结构升级战略》，《社会科学战线》2005年第1期。

美国发展经济学家钱纳里通过实证研究，把工业部门发展的时序性表述为早期工业、中期工业和晚期工业三类。并运用截面分析，对20世纪50年代具有不同收入水平的国家的工业结构差异进行了比较研究。他把工业部门分为三类：投资及其相关产品、中间产品和消费产品，得出这三类工业在全部工业中所占的比重随收入水平的不同而不同。由此可见，工业的发展是有时序性的，工业结构是与收入水平有关的，而不是人为臆断出来的。更多的学术研究指出，在社会需求和资源比较优势发生变化的条件下，新的产业结构将被诱导出来。也就是说，生产要素禀赋结构发生了根本性变化，即劳动力短缺从而使得工资水平上涨，资本过剩从而使得利率水平降低，此时，重化工业获得了比较优势。这是重化工业阶段到来的前提。中国利率的降低是人为扭曲的结果，1998年以后，为了刺激居民消费和企业投资，中国政府采取了扩张性的财政和货币政策，利率持续下调。中国劳动力的工资纵向比较是上涨，但和世界其他国家相比处于低工资状态，美国制造业部门的劳动力工资是中国劳动力工资的近50倍，墨西哥是中国的近5倍，韩国是中国的近20倍。中国当前人为推动重化工业化来自政府追求GDP的政绩观，以及在目前的增值税体制下有利于增加税收的动机。当前，我国要素价格被人为扭曲，由此建立的产业结构可能违背比较优势原理，使经济发展超越了当前的资源比较优势所能支撑的水平。也就是说，在我国实际劳动力供给丰富、资本仍短缺的发展阶段，政府选择以节约劳动和资本密集投入为特征的重化工业为主导产业，就不可避免地陷入粗放型经济增长方式之中（蔡昉，2005）。

2. 以劳动密集型产业为主体

在世界供求格局和产业分工体系中，中国是生产型国家的代表，美欧是典型的消费型国家。中国依靠生产要素的成本优势和较高的积累率，以出口贸易为导向建立起了以劳动密集型产业为主导的产业结构，形成了巨大的劳动密集型产品产能，由此生产的商品中国人仅能消费35%，其余的只有依赖出口。以欧美为代表的发达国家，出口高科技产品，进口劳动密集型产品，崇尚借贷式的超前消费。金融危机爆发之后，美欧等发达国家开始改变超前消费方式，纷纷减少劳动密集型产品的进口。在发达国家对中国的劳动密集型产品的需求减少甚至停止时，这无疑会给中国过剩的劳动密集型产业的产能带来极大的挑战。

3. 高增长的能源消耗和碳排放

根据统计公报，2009年中国全年能源消费总量达到31亿吨标准煤，煤炭消费总量达到30.2亿吨,远远超过了2020年的预期目标。中国的二氧化碳排放从2000年的36亿吨增长到2009年的80.3亿吨,"十一五"期间年平均增长率8.06%。中国经济高增长的同时带来了能源密集高增长和碳排放密集高增长,其本质是由能源密集、污染排放密集的重化工业主导的经济增长(胡鞍钢,2010)。2008年,中国重工业产值已经占工业总产值的70.8%。此外,产业结构没有实现优化升级。2009年,中国服务业增加值占GDP比重为43.4%,仅比2000年增加了4.4个百分点,人均GDP为3600美元。韩国在1970年,人均GDP 270美元,服务业增加值占GDP的45.9%;1990年,人均GDP 5770美元,服务业占GDP的47.9%;2007年,人均GDP近15000美元,服务业占GDP的57%。跨入高收入经济体的一个典型特征是产业结构的变化,即工业比重下降,服务业比重上升。迄今为止,在我国的产业结构中,服务业占比仍然较低,工业是经济增长的主导。可以认为,到目前为止,我国传统的粗放型经济增长方式仍具有路径依赖的习惯作用,我国的经济发展方式没有实现根本的转变。

(二)收入结构特征

世界银行发布的《世界发展报告2010》,以成功跨越"中等收入陷阱"的日本和韩国以及落入陷阱之中的巴西、阿根廷和菲律宾为典型案例国家,分析了它们在经济发展过程中基尼系数的变化,指出了典型的"中等收入陷阱"特征。日本和韩国在人均GDP 25000~35000美元过程中,基尼系数为0.28~0.31;巴西、阿根廷和菲律宾的人均GDP在10000美元以下,基尼系数为0.43~0.57。也就是说,"中等收入陷阱"的一个典型特征表现在收入结构上是收入分配差距较大。

我国的收入分配结构表现为以下特征。第一,在国民收入初次分配中,劳动报酬连续下降。从统计数据看,1993~2007年,居民的劳动者报酬由49.49%降至39.74%,降幅9.75个百分点,劳动占比连续22年下降。第二,在国民收入分配中,居民收入向一部分人集中。徐现祥、王海港采用核密度函数估计各省区1978~2002年的收入分布,结果发现,1978~2002年,我国初次分配中居民的要素所得普遍增长;但在增长过程中,低收入居民的增长缓慢,高收入居民的增长迅速,出现了两极分化。收入最高的20%阶层和最低的20%阶层的家庭收入差,已经从2000年的3.6倍扩大到了2008年的5.7倍。第三,财政收入占比连续增加。政府部门的生产税净额由1993年的11.68%增加至2007

年的14.81%，表明社会资本大幅度地向行政权力集中。第四，基尼系数出现扩大趋势。1978年，我国的基尼系数为0.298，1987年越过0.4，2003年达到0.46，2010年进入0.5区间，2011年为0.55。基尼系数不断提高，表明在我国的收入分配中，贫富差距越来越大。总体来看，基尼系数已经体现了"中等收入陷阱"的典型特征。

（三）城市化水平

总体来看，我国的城市化速度落后于工业化进程。我们把中国的数据与钱纳里发展模式中的城市化与工业化的关系标准进行比较后发现：钱氏标准中当制造业增加值占GDP为12.5%时，城市人口占总人口为12.8%；当制造业占比为37.9%时，城市人口占比为65.8%。20世纪50年代初期，我国的第二产业占GDP的20%，城市化水平为12.1%，与标准模式接近；当第二产业占比达到38%时，城市人口占比仅接近20%，而此时的标准为66%。2000年，我国的第二产业占GDP的45.6%，而城市人口占总人口的36.3%；2009年，我国第二产业占GDP的46.3%，城市人口占总人口的46.8%，此时我国人口的城市化率仍远远低于标准数值。国际标准模式表明，在经济发展进程中，城市化水平要高于工业化水平，且城市化的速度会超过工业化的速度。1952年，我国城市化落后于工业化5.1个百分点；1978年，我国城市化落后于工业化26.4个百分点；1998年，我国城市化比工业化落后11.8个百分点；2009年，我国近53%的人口在农村。可以说，中国的城市化速度要慢于工业化速度。

从日本和韩国的经济发展经验看，日本和韩国分别在20世纪70年代初和90年代初进入到中等收入阶段，日本1970年的城市人口占总人口的72.1%，韩国在1990年的城市人口占比为74.4%。然而，直到2008年，我国尚有接近50%的人口滞留在农村。进入中等收入阶段之后，经济增长的动力要由投资驱动转为消费驱动，人口的城市化目的在于解决中等收入阶段的需求动力问题。我国的城市化水平不仅落后于工业化进程，也远远低于其他成功跨越"中等收入陷阱"的典型案例国家的经验比率。

（四）人口红利即将消失

"人口红利"指非劳动年龄人口与劳动年龄人口的比率对经济增长作用的贡献。研究发现，中国改革开放以来的经济增长中，总抚养比下降1

个百分点导致人均 GDP 增长率提高 0.115 个百分点。1982～2000 年，我国总抚养比下降了 20.1%，推动人均 GDP 的年增长速度保持在 8.6% 左右。① 根据对人口年龄结构的预测，到 2013 年，随着人口老龄化的加速，我国人口抚养比将停止下降转而提高，那就意味着，人口抚养比每提高 1 个百分点，将使人均 GDP 增长率降低 0.115 个百分点。② 这意味着人口红利将消失。另外，劳动年龄人口的增长速度向零趋近，意味着劳动力短缺、工资上涨从而使得劳动力成本提高，这将损害中国的劳动密集型产业的低成本优势。

三 跨越"中等收入陷阱"的战略对策

（一）经济目标由强调速度转向重视结构调整

1978 年以来，中国经济以年均近 10% 的速度高速增长。不可否认的是，中国所取得的成就得益于 GDP 的快速增长，但是，由于我国 GDP 的高速增长是政府的经济发展目标，是考核地方政府政绩的一个重要指标，因此，对 GDP 的推崇渐渐演化成了"唯 GDP 论"。为了追求 GDP 的增速，地方政府盲目扩大投资、实施过度开发造成了资源的浪费和对生态环境的严重破坏。在没有新的经济增长点的发展道路上，"政绩 GDP"就只能靠重复建设来维持，这样就形成了重复性的产能过剩与结构扭曲。这种"唯 GDP 论"的增长路径，忽视了社会经济的协调发展。中国进入中等收入阶段后，世界金融危机爆发，使得中国的结构性问题凸显出来，成为中国经济运行与发展的主要矛盾。因此，中国经济发展目标必须转到结构调整上来，强调促进社会经济结构及结构内部系统的协调演进。

（二）以"转变发展方式，实现包容性增长"为经济发展战略

战略是对实现目标的路径、方法的总体谋划。为了实现社会经济结构在经济增长过程中的协调、持续演进的经济总体目标，政府需要以转变经济发展方式、转变政府职能和实现包容性增长为实现目标的战略手段。

---

① 蔡昉：《人口红利消失以后》，《西部论丛》2010 年第 12 期。
② 蔡昉：《"刘易斯转折点"近在眼前》，《中国社会保障》2007 年第 5 期。

1. 坚持"北京共识"的战略原则

2004年5月11日,英国外交政策研究中心发表了美国高盛公司高级顾问、清华大学兼职教授乔舒亚·库柏·雷默先生的一篇题为《北京共识》的研究报告。"北京共识"是舒亚·库珀对中国发展模式的称谓。他认为中国通过艰苦努力、主动创新和大胆实践,摸索出了一个适合本国国情的发展模式,他把这一模式称为"北京共识"。"北京共识"不仅是对中国以往发展经验的总结,而且也是为中国未来的发展道路所确立的一种新战略原则。首先,坚持创新,以创新促发展。跨越"中等收入陷阱"的关键在于实现"制度"和"技术"的创新。其次,解决中国发展道路中主要矛盾的路径是,把发展重点放在生活质量的提高上。为此,在未来的发展中,政府要努力创造一种有利于持续与公平发展的环境。最后,发展非对称力量,在国际争端中坚决捍卫国家主权和利益。

2. 实现由粗放型向集约型增长方式的转变

从经济发展战略、经济增长方式与经济发展目标之间的关系来看,经济发展战略所要解决的问题是选择何种增长方式以实现经济的发展目标,发展战略的核心是转变经济的增长方式。以追求经济的高速发展为目标,以要素和投资为经济增长驱动力,必然导致粗放型的经济增长方式。粗放型的经济增长方式是非可持续的,而且带来高消耗、高污染、高浪费、经济失衡的后果。经济体进入中等收入阶段之后,结构性矛盾成为主要矛盾。结构调整与升级不仅需要进一步完善市场的竞争机制,更重要的是实现集约型的经济增长方式,而集约型增长方式的实现是建立在以制度和技术创新为经济增长驱动力的基础之上的。由此可见,制度和技术创新是实现经济增长方式转变的关键。

3. 实现经济的包容性增长

典型案例国家落入"中等收入陷阱"的特征之一是收入分配的不公导致贫富差距拉大,这不仅制约了需求结构对经济增长的推动作用,而且给社会带来了安全隐患。胡锦涛同志指出:实现包容性增长,就是让经济全球化和经济发展成果惠及所有国家和地区、惠及所有人群,在可持续发展中实现经济社会协调发展;实现包容性增长,要着力转变经济发展方式,提高经济发展质量,增加社会财富,不断为全体人民逐步过上富裕生活创造物质基础;坚持社会公平正义,着力促进人人平等地获得发展机会,逐步建立以权利公平、机会公平、规则公平、分配公平为主要内容的社会公平保障体系,不断消除人民参与经济发展、分享经济发展成果方面的障碍;

坚持以人为本，着力保障和改善民生，努力做到发展为了人民、发展依靠人民、发展成果由人民共享。实现经济的包容性增长，使经济发展的成果惠及所有人群，消除贫富差距的过大化。①

4. 推动政府职能向提供基本公共服务转变

目前，我国已经进入中等偏上国家行列，跨越"中等收入陷阱"是该经济发展阶段的主要任务。如何实现城乡居民在养老保险、义务教育、基本医疗等方面的基本公共服务的均等化，如何缩小城乡、地区、行业和社会成员之间的收入差距，这些问题的主要解决方式就是政府职能要转到提高基本公共服务的保障水平和均等化水平上来。为此，政府应该加强提供基本公共服务的财政能力，完善城市和乡村居民的社会保障体系，建立和健全城乡居民社会保险体系等方面的工作。

（三）以建立、健全相对平等的收入分配制度和实现产业结构的升级为战略重点

我国能否跨越"中等收入陷阱"迈入高收入阶段，关键在于实现经济结构的调整，尤其要实现收入结构的调整和产业结构的升级。产业结构的升级取决于技术的创新，而制度创新是技术创新的前提。现行的经济运行中，体制、政策等对收入结构的调整和产业结构的升级产生了巨大的掣肘，因此，只有突破体制障碍，才能为经济结构的调整和升级创造良好的制度环境。

1. 突破体制障碍，实现制度创新

（1）进一步完善社会主义市场经济体制，为经济结构调整提供充分的竞争环境。结构问题必须通过市场竞争的优胜劣汰来解决，为此必须消除产业间的进入、退出壁垒，使得在竞争中被淘汰的低效率企业能够退出，效率高的行业为企业进入敞开大门。然而进入、退出壁垒是当前产业结构中最令人头疼的问题。缺少相应的退出机制，导致低水平生产能力过剩严重、某些行业过度竞争。某些垄断性较强的基础产业、基础设施、金融信息服务等领域，仍然存在较多的政策进入壁垒。产业结构升级，要求突破进入壁垒，从而推动一批高成长产业的增长，这就要求除少数关系国计民生的重要行业外，我国政府应破除基于所有制、地区和行业等不必要的进

---

① 胡锦涛：《深化交流合作，实现包容性增长》，第五届亚太经合组织（APEC）人力资源开发部长级会议开幕式致辞，2010年9月16日。

入壁垒,真正给企业一个公平和竞争的环境。

(2) 建立、健全"相对公平的收入分配制度",扩大中等收入人群。三十多年来,中国经济的高速增长主要是高投资拉动的结果,始终未能培育起消费主导型的经济发展方式,而市场经济的核心与关键,恰恰是要建立以消费为主导的经济发展方式与经济运行机制。中国经济未来的发展动力需要转到消费主导型的需求结构上来。消费主导型的经济运行机制的建立,是以扩大中等收入人群为前提的,因此需要加速城市化进程和改变收入分配结构体制。首先,改革旧有制度,加速城市化进程;其次,建立、健全"相对公平的收入分配制度"。

2. 以技术创新为主要路径,实现产业结构升级

(1) 技术进步对产业结构的演进起着重要作用。由于不同部门中技术进步率不同,使得技术进步快的部门将取代技术进步慢的部门成为主导部门,从而推动工业结构向高度化演进。由此可见,产业结构升级的实质是技术升级,所以产业结构的升级就会形成对先进技术的大量需求,这势必要求提高技术创新能力。面对迅速扩大的技术需求,我国的技术供给短期内难以满足对先进技术的需求。因此,只有通过提高研究成果向生产力的转化、强化企业对引进技术的消化、吸收和改进等途径,才能提高技术进步的供给。

(2) 大力支持战略性新兴产业的发展,从出口低端产品向出口高端产品转变。我国经济的"人口红利"驱动正在消失,"刘易斯转折点"的到来,使得我国的劳动力成本优势消失殆尽,并且,价值链低端的环节获利微薄,因此,我国要充分利用熊彼特的"创造性破坏"理论,一方面,要大力发展新能源、新材料、新能源汽车等新兴产业,革新产业结构;另一方面,要逐渐由以出口低端产品、劳动密集型产品为主转为以出口附加值高、技术含量高的高端产品为主,在全球范围内建立自身的产业生产技术体系和国际商业销售网络体系。

参考文献

[1] 马晓河:《迈过"中等收入陷阱"的需求结构演变与产业结构调整》,《宏观经济研究》2010年第11期。

[2] 徐现祥、王海港:《我国初次分配中的两极分化及成因》,《经济研究》2008年第2期。

［3］杨灿明、郭慧芳、赵颖：《论经济发展方式与收入分配秩序》，《财贸经济》2010 年第 5 期。

［4］蔡昉：《发展阶段判断与发展战略选择——中国又到了重化工业阶段吗》，《经济学动态》2005 年第 9 期。

［5］蔡昉：《"刘易斯转折点"近在眼前》，《中国社会保障》2007 年第 5 期。

［6］蔡昉：《人口红利消失之后》，《西部论丛》2010 年第 12 期。

［7］项俊波：《结构经济学——从结构视角看中国经济》，中国人民大学出版社，2009。

［8］郭熙保主编《经济发展理论与政策》，中国社会科学出版社，2000。

［9］季铸：《中国结构性增长的经济选择》，《财贸经济》2003 年第 5 期。

［10］蔡昉：《推动政府职能向提供基本公共服务转变——学习贯彻党的十七届五中全会精神》，《财会研究》2010 年第 23 期。

［11］国家发展和改革委员会宏观经济研究院课题组：《我国国民收入分配格局：变化、原因及对策》，《经济学动态》2010 年第 3 期。

［12］吕铁、周叔莲：《中国的产业结构升级与经济增长方式转变》，《管理世界》1999 年第 1 期。

［13］李文：《城市化滞后的经济后果分析》，《中国社会科学》2001 年第 4 期。

从"中等收入陷阱"命题合理性看中国发展模式的性质与问题

● 龙 斧 王今朝[*]

内容提要：本文根据历史唯物主义和实证主义方法，对比巴西、美国、中国发展经验，从中归纳证伪"中等收入陷阱"理论的普世性。然后运用辩证唯物主义和交叉科学方法分析中国二元经济结构与刘易斯二元经济结构的差异性以及"刘易斯转折点"的可变性，提出八大理论命题。根据这八大命题、政治经济学相关理论以及历史反证方法，演绎地证明：第一，不同国家经济增长率变化有各种不同条件因素和决定因素，而且表面的发展减缓并不反映本质原因的一致性；第二，把运用不完全归纳法于拉美经验所得到的"中等收入陷阱""命题"套用在分析中国经济发展上，会产生逻辑合理性和可靠性问题；第三，中国经济发展模式存在十大陷阱，它们才是中国发展模式所面临的主要挑战，而非世界银行所提出的"中等收入陷阱"。

关键词：中等收入陷阱 中国发展模式 二元经济 "刘易斯转折点"

一 巴西、美国、中国发展模式的历史唯物主义比较

发展的好与坏、增长的快与慢、持续的长与短、效益的高与低，有各种不同的条件因素和决定因素。在这些条件和决定因素中，虽有些具有共性影响，但所谓"陷阱"主要是不同国家特性因素作用的结果。因此，如

---

[*] 龙斧，武汉大学战略决策研究中心主任、教授；王今朝，武汉大学经济发展研究中心、武汉大学经管学院副教授。

果把中等收入陷阱作为一个统一的经济发展现象，作为发展中国家带有共性的经济学研究问题并试图找出主要函数关系，是存在合理性和可靠性问题的，因而也是没有多大理论意义的。

巴西历史上经历了以经济自由主义为特征的"外向型"（19世纪末至1930年前）、进口替代工业化（1930~1960年）、外向型+强大政府干预（1960~1980年）、进口替代（1990年后）几个不同阶段①，其间发生的政治危机、军事政变、债务危机等种种因素对其发展模式和政策以及速度都产生了影响。而巴西在1990年后的政策转型，从某个角度讲，体现了巴西不以GDP增长作为经济发展指标、目的、衡量的特点。巴西增长有所减速，但并非走入困境，而是有意识、有目的、理性地在进行符合自己国情的经济发展模式的调整。这种经济结构的转变也因此不能以GDP或增长率来简单衡量。由此可见，"中等收入陷阱"并不能解释巴西的经验，而是内外政治、经济等因素和因此产生的发展战略选择对巴西经济发展速度变化产生了至关重要的作用（Hahnel，2005；King，2002；Luzio，1996）。

美国历史上多次经历过发展速度降低甚至倒退的阶段。从其特点看，首先，美国从未把GDP增长率变化作为某种陷阱理论的依据，也没有为了GDP而采取简单的投资追加办法。② 在过去48年（1962~2010年）里，美国实际投资额增长率年均为3.54%。③ 其宏观经济政策从来没有把GDP和总产值增长作为经济发展的目的。尽管经济好坏会影响美国政府的选举，尽管美国学界也极为重视经济增长理论，但他们通常把一个经济体GDP增长率看作受制于许多条件性因素和决定性因素的多元非线性函数。

其次，除了各种国际、国内因素作用外，过去半个多世纪以来，美国的法院、国会、政府、媒体、工会、社会团体、大学等这些被新古典理论称为"经济发展的非理性因素"（龙斧、王今朝，2012）的社会功能机制在其追求社会平等、公平和正义的过程中，客观上对市场经济产生的社会、政治、文化、价值观等方面的副作用进行了制约、限制、规制，对经济发展速度的快慢起到了不同的调节作用。比如，社会调节开始时发展放慢，而完成时发展加快。我们可以看到，对沃尔玛这一私人企业发展的限制就体现了美国城市政府独特的经济政策。虽然这种经济政策短期内影响了某

---

① 陈才兴：《比较优势、技术模仿：巴西"进口替代"工业化发展之路》，《江汉大学学报》（社会科学版）2008年第3期。
② 本文这部分并不是说美国的月亮是圆的，只是在分析美国在相关领域运作的科学性。
③ 根据《美国总统经济报告（2011）》中的第190页数据计算。

个"GDP"、总产值,但从长期看,促进了社会的公平、公正。①

再次,从价格政策来看,应该说,美国没有采取以通货膨胀刺激经济增长的方法。也正是因为如此,才使得美国过去 48 年来的实际 GDP 年增长率平均仅为 3.09%,② 其物价指数变化也较为平稳,年增仅 4.46%③。如果考虑到美国绝大多数消费品领域的物价几乎做到了 40 年不变甚至下降,考虑到其家庭平均实际收入和购买力在 48 年里的上升程度,再考虑到美国一直保持世界领先的劳动生产率仍在过去 20 年里保持 6% 的年均提高率,可以说,其"微薄"的经济增长率所产生的社会、经济效益是惊人的。由此我们可以得出结论,美国 GDP 增长放慢绝不是什么走入"陷阱"的表现。

最后,从经济结构看,美国没有为了 GDP 而实行外向型经济的畸形发展。到金融危机爆发前的 2007 年,美国进出口贸易占 GDP 的 28.7%(中国 2007 年为 62.8%),贸易赤字为 5.08%。④ 美国在外向型经济方面具有全世界最好的资本结构、技术结构、生产结构、资源结构和市场结构。假设美国的劳动力成本和中国一样(或把劳动力成本降低到中国这样),出口产品的资源粗放使用率与中国一样,加上它的制造能力、技术能力、市场能力、产品能力,再加上它世界第一的劳动生产率,在它的 GDP 中外向型成分占到 62.8% 时,美国是否会有一个经济的高速增长呢?答案不言而喻。但是,为什么美国没有这样发展呢?在上述假设条件中,最难做到的,就是把劳动力成本降到与中国一样低。这就说明,在美国的经济发展模式当中,由社会的主导价值观、政治制度(包括法律、政府、国会、政党、团体、工会、大学)构成的政治、社会有机体,对经济发展和增长起到了强大的制衡和约束作用,这使它的发展模式不是"一切以经济发展为中心",不是以 GDP 增长为首要、唯一的目的,同时,GDP 增长也不是政府宏观社会经济管理的标准与功能,更不是其政绩衡量标准。

尽管不少美国学者担忧美国的财政赤字政策,但从积极的方面看,美国的政府财政赤字也是美国追求平等这种先进文化,政府利用自身条件更为关注民生的表现。这同时也是美国政界深深懂得替代(tradeoff)原理的

---

① 美国大中城市一律不允许沃尔玛在其市区内设店,以保护中小零售商利益,支持美国企业家创业精神(龙斧、王今朝,2011)。
② 根据《美国总统经济报告(2011)》中的第 190 页数据计算。
③ 根据《美国总统经济报告(2011)》中的第 259 页数据计算。
④ 根据《美国总统经济报告(2011)》中的第 190 页数据计算。

一个表现。① 尽管第二次世界大战后美国政府规模空前扩大，但其财政预算制度是较为健全的，其税收征收是较为严谨的，比如，美国就没有土地财政这种模式。正相反，无论是联邦政府还是地方州政府，对自然资源的使用和控制都在不断出台社会化、战略化、可持续发展化、社会成员共享化政策（龙斧、王今朝，2012）。因此，从这些方面看，对美国经济模式产生影响的财政体系也具有其他国家难以比拟的优势。以上根据历史实证归纳的美国投资、贸易和财政的结构性数量特征表明，美国经济发展模式在这些领域体现了其先进性和公平性。

三十多年来，中国以劳动力密集型、资源粗放型投入为基础，以经济外向型为导向，以政策激励、财政支持为保障，形成了一个以 GDP 为唯一目标和目的的经济增长结构。② 中国投资占 GDP 的比率保持在 30% 以上，2003 年后更高达 40% 以上，2010 年达到 48.6% 的历史高点。到金融危机前的 2007 年，中国的进出口贸易已占 GDP 的 62.8%，贸易盈余占 7.6%。③ 在财政上，由于中央政府收入所占比例过高，事权相对很低，税收收入增加很快，又不执行财政盈余政策④，使得财政效率未得到根本改观，因而寻租行为、贪污腐败、行贿受贿等大量非市场行为就出现了，与财政相关的利益集团就大量出现了，资源配置的结构性扭曲就出现了，具有合理成分的市场供需机制就被打破了，政府收入的使用效率因而降低了，少数人和少数利益集团就暴富了，最终造成 GDP 增速放缓。

以上历史实证使我们归纳和考虑以下命题。

命题一：政府财政收入—家庭收入比例（IP）与经济增长率（g）有函数关系，于是，

$$g = g(IP) \tag{1}$$

---

① 通俗地说，那就是有所得就必有所失吧！只不过，美国在对外经济领域所得的甚多，而失去的甚少罢了。

② 社会主义经济规律的一个重要方面就是远远优于资本主义的就业保障，社会主义对劳动者的经济激励不是建立在满足马斯洛低级需求基础上，而是建立在满足马斯洛高级需求基础上（龙斧、王今朝，2011）。

③ 既然市场条件变化使得这些数字在 2008 年后下降，那么，科学决策和科学发展观就要求在政策上进行主动调整。

④ 鉴于中国货币供给过多，"民营"企业过多，无论从货币领域还是从所有制领域的科学决策看，政府都不应该在税收增加后相应地扩大政府支出，而应该节约开支，把财政盈余所对应的货币交给中国人民银行，从而回笼货币，降低中国的货币供给，对"民营"企业提高效率进行"倒逼"。从平等角度看，既然可以倒逼公有企业，就应该可以倒逼"民营"企业。

显然，我们可以认为，对当前中国而言，IP越高，g就越小，因而，$g'(IP)<0$。

命题二：价格变化（PC）对价值实现（幅度和速度）产生影响（PV）并转而影响增长率，于是，

$$g=g(IP, PV), PV=PV(PC) \tag{2}$$

而且，$g'_{PV}>0$。

命题三：非价值循环创造领域（教育、社保、医疗）的增加（NVI）对消费者绝对、相对两种购买力（PP）下降产生影响，从而影响增长率，于是，

$$g=g(IP, PV, PP), PP=PP(NVI) \tag{3}$$

而且，$g'_{PP}>0$。

命题四：核心消费品（住房）畸形高价（CP）对一般日用品价格（DP）产生影响并转而影响增长率，于是，

$$g=g(IP, PV, PP, DP), DP=DP(CP) \tag{4}$$

而且，$g'_{DP}>0$。

命题五：外向型经济结构中的"优势"比重，即粗放劳动力、粗放加工、粗放资源使用等"劣势"对技术发展、管理创新、市场能力、品牌/服务打造、战略优化等"优势"的比重（AP），对增长率会产生影响（受到国际经济变化影响制约），于是，

$$g=g(IP, PV, PP, DP, AP) \tag{5}$$

而且，$g'_{AP}>0$。

命题六：寻租行为、贪污腐败、官商勾结、利益集团（NN）对上述5个命题中的函数关系产生影响：它们越多越大，就会通过上述关系导致增长率越慢；它们不仅加大交易成本，而且产生越来越多的可避免成本（龙斧、王今朝，2009，2011），于是，

$$g=g\{IP(NN), PV(NN), PP(NN), DP(NN), AP(NN)\} \tag{6}$$

而且，$g'(NN)>0$。

命题七：寻租行为、贪污腐败、官商勾结、利益集团对劳动生产率、经济效率（EE）本身产生影响：前者越多、后者越低，转而影响增长率（这里只谈国有企业的效率、效益），于是，

$$g=g\{IP(NN), PV(NN), PP(NN), DP(NN), AP(NN), NN\} \tag{7}$$

而且，$g'_{NN}>0$。

命题八：粗放、廉价、超过剩劳动力、资源（包括土地）的非正常性开采及使用的价值区域饱和程度（SD）越大，上述函数关系的作用就越大，使增长率降低成为必然，于是，

$$g=g\{IP(NN,SD),PV(NN,SD),PP(NN,SD),\\ DP(NN,SD),AP(NN,SD),NN\} \tag{8}$$

而且，$g'_{SD}>0$。

命题九：只有发展过程、发展模式中产生了上述函数关系的抗衡因素（CF）①，增长率才不会明显放慢，于是，

$$g=g\{IP(NN,SD),PV(NN,SD),PP(NN,SD),\\ DP(NN,SD),AP(NN,SD),NN,CF\} \tag{9}$$

而且，$g'_{CF}>0$。很显然，只有 CF 足够多、足够大、足够强，才能抵消前面所有因素的影响。

上述实证主义的带有交叉科学性质的巴西、美国、中国的横向比较分析揭示了以下两个规律性命题。第一，不同国家经济增长的快与慢、持续的长与短、效益的优与劣，有各种不同的条件因素和决定因素；一个国家在不同发展阶段经济增长的快与慢、持续的长与短，也有各种不同的条件因素和决定因素，而增长效益的优与劣有时又不是以增长率本身来衡量的。这样，用"中等收入陷阱"作为一个带有普世性的经济发展阶段理论就失去了合理性和可靠性。第二，不管是内部政策，还是对外政策，一个国家的经济发展、GDP 增长并不是其应该关心的唯一变量，甚至也不应该是其重要变量。因此，单纯的、表面的收入的多少本身并不构成"陷阱"理论。

二 "中等收入陷阱"命题合理性问题
——基于二元结构差异性的历史反证法演绎

不少研究把"中等收入陷阱"归咎于发展中国家的"二元经济结构"，对中国发展隐患、增长减慢、模式转变也有不少类似分析和结论。"二元经

---

① 新加坡、韩国等国就产生了这种抗衡性机制，这就如人体内产生了抗体一样。

济结构"问题早在 1920 年前后的苏联就已出现，并成为其经济政治生活中的一个重要问题。① 中国发展的户籍制度也是应对中国"二元经济结构"所采取的理性制度安排。② 无疑，苏联共产党和中国共产党都形成了自己的二元经济理论，只不过没有用西方经济理论的模型表现出来而已，这一点连西方学者都予以承认。比如，Dixit（1973）认为，苏联普列奥布拉任斯基的剪刀差理论是二元经济模型的一个原型。1949～1976 年的社会主义建设表明，中国的二元结构与刘易斯的二元结构具有根本的差异③，中国（和苏联）的经济发展实践远远超出了刘易斯二元经济理论的内涵。

然而，今天，中国学界没有挖掘社会主义二元经济理论的原因、特点、模式，这使得一些研究非科学性地、非学术性地攻击那个时代制度的理性。有些学者则试图利用刘易斯（1954）的二元经济结构理论和"增长转折点说"来解释发展中国家陷入"中等收入陷阱"的原因，却完全忽视了刘易斯（1954）二元经济理论有三个基本特征。第一，它是基于落后资本主义国家而提出的；第二，它通常指发展中国家为了经济发展，首先过多地投入工业和城市发展，使农业处于一种相对落后、不发展的状态；第三，它假设收入分配不均等是经济发展的必要条件，因为在该模型中，投资来自利润，而利润由资本家获得。实际上，刘易斯（1954）说得非常明白，他的理论是一个关于资本主义社会的经济发展理论。而中国社会主义发展时期（1949～1980 年）的二元结构——这一改革开放时期发展的起点，并不是刘易斯所说的二元结构。

第一，从生产力看，中国生产力比较低下，技术水平较落后，资本短缺，人均资源贫乏，基础教育薄弱，人口庞大，高素质劳动力稀缺。也就是说，从所有西方经济学（如新古典）所确立的（或没有确立的）增长要素来看，中国的经济发展、增长是受限制的。第二，从中国面临的世界局势和各种挑战看，冷战、东西方对垒、抗美援朝、海峡对峙、美国威胁、中苏交恶、"战争边缘"从未减少。这一切对经济增长本身来说无疑是一个制衡性因素，是一个压力性因素，是一个要使经济本身增长所必须面对的不利因素，也是经济学上的负外部影响。第三，从生产关系看，中国所选

---

① 约瑟夫·斯蒂格利茨：《公共财政》，中国金融出版社，2009，第 226 页。
② 王今朝：《摆脱困扰的断想》，《市长通讯》2001 年创刊号。
③ 当工业快速、粗放地发展到一定程度时，农业发展的极端不对称性会使工业停滞不前。这或许是形成某种收入陷阱的一个机制。中国"大跃进"中，由于农业受到了干扰，工业发展也受到影响。然而，中国也并没有因此陷入陷阱。

择的社会制度,即社会主义制度,必须保障有史以来最大规模人群的基本经济生存、就业、读书、医疗、住房、交通、养老,同时还要发展需要投入巨额资金的军事、国防、太空、科技等领域,这无疑也对以指标、指数为衡量标准的经济增长带来压力。第四,中国在这个阶段的"大跃进"以及"文化大革命",无疑阻碍了经济增长。①

在上述四大因素作用下,中国经济的发展应该不断出现崩溃、危机状态,但到底是什么原因反而使其经济增长,取得了令西方世界也不得不承认的结果呢?这是十分令人深思的!考虑到上述四大因素对纯粹经济增长衡量的"不利"影响后,30年里形成的"二元经济结构"下的经济增长了吗?它是否使中国经济发展陷入了"中等收入陷阱"呢?对这两个问题分别予以肯定和否定的回答就揭示出这个二元结构对中国并未产生"中等收入陷阱"效应。

以上生产力、生产关系的演绎不仅否定了上述刘易斯二元经济理论的第一和第三个特征,还否定了库兹涅茨收入分配倒 U 型曲线的经验规律,而且验证了社会主义是平等、公平与效率的统一的规律。② 至于中国如果延续这种演绎并在这个规律的基础上进行的改革开放会产生怎样的结果,答案是不言而喻的。

三 从刘易斯增长转折点的可变性看跨越 "中等收入陷阱" 的实质

刘易斯从劳动力成本出发,分析了发展中国家在劳动力成本变化的"时间差"过去后,经济发展速率将会减慢。从政治经济学角度看,假如"刘易斯转折点"存在,它至少说明了一个问题,这种类型的发展中国家的经济发展增长率主要依靠廉价劳动力。这种廉价劳动力在成本变化之前,为资本增值提供了巨大的空间。当出现劳动力成熟、劳动力需求上升等情

---

① 资本主义有没有经济发展政策失误呢?假设我们抛开政治因素和本质,也把西方几百年来经济殖民主义、经济帝国主义视为经济发展的政策和模式,它是否失误过呢?是否可以视20世纪的经济大萧条和两次世界大战为这些政策和模式"失误"而产生的结果呢?

② 平等与效率的矛盾只是资本主义经济体制下的一个规律性现象。因为私有制决定了不可能存在经济平等(经济平等不等于平均主义和"大锅饭"),因此,资本主义经济学只能论证平等与效率的矛盾,用资本主义看似高于社会主义的效率来证明其私有制下的市场经济产生的不平等的合理性。

况时，这种资本增值的空间将缩小，必然出现所谓的"收入陷阱"问题。可是，由于转折点出现的时间、原因、模式不具有统一性和共性，这种收入陷阱并不必然就是"中等收入陷阱"，即"中等收入陷阱"并不必然出现。同时，发达国家的生产过剩、资本过剩、技术外溢空间下降、劳动力成本因各种因素上升、通货膨胀等现象以及直到最近还未结束的由金融危机引发的经济萧条，都是各种"刘易斯、张易斯、李易斯转折点"。现在，让我们再回到"刘易斯转折点"来检验"中等收入陷阱"理论的合理性和可靠性。

命题一：廉价劳动力规模（SL）越大，劳动力成本变化的时间差就越长。一方面，这种基于廉价劳动力使用基础上的经济增长并不是一种社会进步、经济体制公平正义的体现，这一点马克思早就讲过。另一方面，如果劳动力成本变化的时间差足够长，资本增值的时间足够长，那么，在人均GDP达到高收入国家水平时，这个国家的"刘易斯转折点"却可能还没有达到。这在理论上是可能的；在实践上，如果一国政府千方百计地侵害普通劳动力的权益、权利，也是可能的。在这种情况下，"刘易斯转折点"会出现，而"中等收入陷阱"不会出现。

命题二：地区发展的资本、技术、产业结构的不平衡性（UE）越大，劳动力成本变化的时间差就越长。这是因为一个国家的经济发达地区对落后地区的资本、劳动力具有回波效应，即由于它的经济发展，吸引了落后地区的资本和素质较高的劳动力向发达地区转移，从而使得发达地区的资本、熟练劳动力水平远远高于不发达地区，进而产生了发达地区技术进步更快的刺激作用。回波效应越大，劳动力成本变化的时间差就越长。在这种情况下，从理论上看，同样可能出现在人均GDP达到高收入国家标准时，这个国家的"刘易斯转折点"还没有达到的情形。在实践上，如果一国政府千方百计地实行差别化、特区化、偏向化的地区发展政策，也是可能的。在这种情况下，"刘易斯转折点"会出现，而"中等收入陷阱"不会出现。

命题三：发达地区的资本、技术外溢性效应大小取决于落后地区与发达地区的差距（AG）。这个差距越大，劳动力成本变化的时间差就越长。

命题四：发达地区在全国劳动力所占比例成分越小（LP），劳动力成本变化时间差就越长。

命题五：粗放劳动力密集型经济结构中，政府财政收入增长率和劳动力收入增长率差距（GG）越大，则劳动力成本变化时间差就越长。

命题六：企业资本增长率和劳动力收入增长率差距（FG）越大，则劳动力成本变化时间差就越长。

命题七：原来属于社会公益福利的领域商业化、利润化、私有化、市场化程度（FZ）越高，则劳动力成本变化时间差就越长。当"刘易斯转折点"出现后，实际收入比名义收入增加得要少。它使得"刘易斯转折点"后的曲线斜率更低。

命题八：价格指数和工资指数比率（RW）越高，则劳动力成本变化时间差就越长。

于是，我们有以下公式：

$$TL^j = TL^j(SL^j, UE^j, AG^j, LP^j, GG^j, FG^j, FZ^j, RW^j) \tag{10}$$

而且，我们有 $TL'_i > 0$，$i = \{1, \cdots, 8\}$。上标 j 表示国家。

如果不同国家在上述 8 个自变量上存在差异，在时间差函数上也存在差异，那么，我们可以推定，一般会有 $TL^j \neq TL^k$，即第 j 个国家和第 k 个国家的劳动成本发生变化的时间差一般不会相同。从历史反证法的原理看，如果中国采取另外一种改革开放的模式，它的劳动成本发生变化的时间差可能就会比实际要短，而且可能出现戏剧性的结果。这就表明，根本不存在具有共性的"中等收入陷阱"模式，这正如发达国家也没有一条共同的致富之路一样。如果有人非要提出这种概念，那只能加上许多限定性条件。这将类似于一些美国学者提出增长趋同之后，不得不把抽象的趋同改成具体的 α-趋同、β-趋同一样。可是，即便做出这样的修改，它的意义仍然值得怀疑，而对抽象的概念越加限定，其作为共同规律性的价值就越低。

上述公式和推论可以用图 1 来细致地加以分析。在图 1 中，横轴表示一个国家劳动力的禀赋，纵轴表示工资和劳动生产率。PL^i 表示给定资本总量条件下的劳动生产率曲线（J. Robinson 所提出的资本是否能够加总的问题在这里并不重要）。其中，$i = 1, \cdots, 8$。随着 i 的增加，这个国家的资本总量也会增加，这会引起同样劳动力数量下的劳动生产率上升。为了简单，图 1 中我们假设劳动生产率随着劳动投入的增加而减少。

首先，图 1 展示了"刘易斯转折点"的多重可能性。其中，最坏的劳动力供给曲线是 L^5。并且 L^5 只可能在资本存量对应 $i = 5$ 的情况下才会出现。我们不妨设定这种情况表示"中等收入陷阱"存在，很显然，上述 8 种因素的某种组合会共同导致这种结果的出现。可是，L^4、L^3、

L^2、L^1分别代表了更小的劳动力成本变化的时间差。如果 L^5 表示 "中等收入陷阱",那么,L^4、L^3、L^2、L^1 就代表了不同于 "中等收入陷阱" 的情况。

其次,图1还展示了 "刘易斯转折点" 不存在的情况。如果 W 表示经济发展之初的城市工资水平,那么,如果一个国家能够随着经济的发展调整工资水平,使得所有人享受到差别不大的更高的工资 W′,使所有人平等地享有工作保障,那么,自由劳动力市场下的 "刘易斯转折点" 就永远不会出现,出现的只是国家对工资的调整。

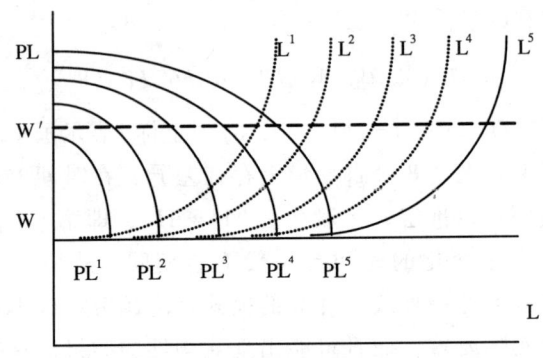

图1 二元经济劳动力成本变化的时间差

以上对 "刘易斯转折点" 的解剖部分解释了中国改革开放保持三十多年经济增长势头的原因,同时也证实了马克思主义的价值论。按照马克思的劳动价值论,GDP增长中的绝大部分都是由劳动所创造,资本只是劳动创造价值的条件(王今朝、龙斧,2011)。如果中国的私有资本可以无偿地得到中国劳动力所创造的价值,如果中国的私有资本可以无偿地得到中国土地、矿藏、海洋、空气、森林等自然资源所代表的财富,那它们就得到了人类历史上最大的经济激励,它们会不遗余力地积累资本,从而带动雇佣劳动力性质的就业的发展。从这个角度看,改革开放后中国经济的高速增长主要不是由于私有化、市场化、利润化、商业化,而只是由于廉价地使用中国丰富的劳动力。农村劳动力的阶段性使用、产业结构的粗放型降低都可以造成转折点。但如果中国政府采取措施,提高劳动力价值,即赋予中国劳动力以 "体面" 的生活水平,使他们的生活资料随着经济增长得到相应的提高,则 "刘易斯转折点" 所预示的 "收入陷阱" 根本不会等到达到中等收入时出现。这就表明,对于中国而言,所采取的基本政策和路线对于经济发展具有根本性的影响①，这同时也说明，"刘易斯转折点"不具有世界的共性。此外，还有很多发展中国家的特性是我们这里无法做实证主义分析的。从这个角度看，所谓"中等收入陷阱"就更不是一个具有共性和普遍性、确定性的理论。

四 结论：中国经济发展可能面临"十大陷阱"

本文对巴西、美国和中国的经验归纳以及对二元经济的历史和理论分析表明，"中等收入陷阱"概念是用资本主义市场经济理论研究发展中国家经济发展模式和特征的产物，同时也是纯经济方法论、唯GDP论、唯增长论支配下的理论产物。中国改革开放前确实存在二元经济结构，但它不是刘易斯的二元经济结构。因此，中国那一时期的发展模式如果延续下去并进行相应的改革开放，不会出现"刘易斯转折点"。今天，中国面临"刘易斯转折点"，那是中国走上市场经济之后的特征。如果中国处于科学的经济发展计划、发展战略支配之下，国家、企业和个人的利益关系不断得到动态调整，则中国不会出现由于经济的自发性发展所产生的转折点，更不会掉入"中等收入陷阱"。如果真有什么陷阱需要担心，则从政治经济学和经济学角度看，中国经济发展可能会面临以下十大陷阱（龙斧、王今朝，2011；王今朝、龙斧，2011）。当然上述结论有待进一步进行实证分析。

一是唯GDP论——生产关系陷阱和极端主义陷阱。为强调生产关系"进步"、"革命"而否定生产力发展是一种政治经济学陷阱、一种经济发展陷阱；为生产力发展而以牺牲生产关系的平等性、公平性、正义性、进步性为代价也同样是陷阱。这两个陷阱下面又隐藏着带有共性的极端主义陷阱，比如原来是越大越好、越公越好，今天是越私越好、越商越好、越市场化越好；昨天私有资本是魔鬼，今天就是天使。这种从一个极端跳到另一个极端的思维构成了中国发展模式的一个极端主义陷阱（龙斧、王今朝，2009，2011）。

---

① 比如，商品化的生产是否要靠极端私有制、极端的市场化？显然不是的。有一种市场经济模式，即以国有企业作为市场主体的经济模式，要比以私有企业为主体的市场经济模式效率更高，平等程度也更高。

二是经济发展不计成本和实际效益——另外一种形式的"大跃进"陷阱。龙斧等人（2011）提出了 25 个可避免成本，它们构成了经济增长不计经济、社会、政治、价值观成本和代价的陷阱。

三是经济结构问题——比较优势陷阱（龙斧，2012；王今朝，2012）、资本和劳动力属性陷阱。既然一切以 GDP 指标为衡量标准，那么，劳动力、自然资源、资本的社会属性就在所不惜了，在廉价劳动力、耗竭性资源、粗放性投资基础上的外向型经济发展就不可避免了。这就形成了西方发生金融风暴、中国经济就必然"感冒"的陷阱。

四是政府的单纯经济行为——社会主义上层建筑功能定位、行为特征、效率效益陷阱。一个社会的发展是多维的，而不是纯经济的，即便是西方宏微观经济学所关注的那些经济变量，也不是纯粹经济变量，都与政治、文化、历史、国际、军事、教育、思维等因素具有函数关系。因此，即便是单纯为了提高 GDP，政府功能定位、行为特征、效率效益也不能仅仅聚焦于纯经济变量。

五是极端私有化问题——双重标准陷阱和里根—撒切尔主义陷阱。当前，一种极端主义性质的惯性思维就是，国有企业出任何问题后都把它归咎于公有制，因而主张全部私有化或注入私有资本（如对铁路、银行、航空、保险、教育、医疗、军工等仅有的社会主义国有性质企业）；而私有企业发生问题则归咎于社会主义初级阶段，强调政府要通过人力、物力、财力的保证来解决。这种思维的本质特征之一就是，社会主义工商业的资本主义私有化改造要远远优于 20 世纪 50 年代中国对资本主义工商业的社会主义公有化改造。在这个双重标准陷阱下隐藏着一个主义、意识形态、根本价值观的大陷阱，即在西方已经被反复批判的里根—撒切尔极端保守主义、极端自由主义大陷阱。

六是社会主义根本经济制度问题——理论与实践一致性陷阱和中国的信仰陷阱。口头上讲发展社会主义经济而实际上推行私有化、商业化、利润化、市场化是一种理论与实践不一致的陷阱，它所蕴含的理论上的逻辑性问题可以导致社会的信仰危机陷阱。如果在改革开放这一社会主义初级阶段，中国应该发展私有制，那 1949～1980 年这一改革开放前的阶段是否是初初级阶段，是应该发展公有制还是发展私有制？而社会主义中级阶段后是发展公有制还是私有制，或是实行某种马基雅维利主义？一个国家的经济制度必须要有理论和信仰支撑，这个理论和信仰必须与这个经济制度的手段、方法、模式、实践相互一致。如果没有这个一致性，一个国家的经济发展没有理论和信仰支持，那么，第二次世界大战前德国经济的高速增长、美国资本主义性质的奴隶经济体制下的高速增长以及帝国主义、殖民主义和列强主义所带来的宗主国经济增长都可以成为今天经济增长的理论模型了。

七是效率效益衡量问题——可比性陷阱和学术理论、意识形态陷阱。经济效率效益已经成为今天社会发展主要指导理论的构成之一，而公有制企业和私有制企业的效率效益简单化利润比较是这种理论的主要实证依据，它实际上是一种"只有资本主义才能救中国"的意识形态陷阱。（不是有人提出过"是要资本主义的苗，还是要社会主义的草"的问题吗？）公有制企业和私有制企业的效益效率没有可比性，因为它们发展的时间、目的、手段都不同，所使用的经济学诸概念不同，理论指导不同，历史和国际环境也不同（龙斧、王今朝，2009，2011）。North（1993）从经济学方法论角度指出，用新古典经济学来分析、解释苏联和世界社会主义的兴衰史是不合适的。

八是国家资源使用、开发、开采、收入分配问题——资源禀赋的生产关系陷阱。一个国家是一个政体，一个国家的公民含有政治属性，一个国家的自然资源所产生的效益应该由这个国家的公民平等、公平地享受。中国贫乏的资源是否起到了这样的作用呢？

九是利益集团问题——激励机制差异性陷阱和社会经济、政治平等、公平陷阱。如果农民工的激励机制是生存，如果雇佣劳动力的激励机制是生存（城市的雇佣劳动力与农民工的生存基本领域有所不同），是维持性消费，如果"中产阶级"的激励机制是跻身于少数先富起来的人群，如果资本家的激励机制是无休无止的利润追求，如果各级政府和政府各个部门、各级官员的激励机制是经济发展的政治效应最大化和个人利益最大化①，如果国家以GDP增长作为一切的衡量标准，那么，在这个激励机制结构中，哪些利益集团的激励机制可以达到最高的利益一致性呢？

十是经济发展与社会主要矛盾问题——中国发展方向、性质定位的陷阱。一方面，用西方经济理论的术语来说，生产力水平和物质文化需要的矛盾不过是供给和需求的不一致罢了。市场运行、经济运行中的非均衡现象本身是否能够构成中国社会的最主要矛盾呢？如果是，它是否也构成美

---

① 陈胜军：《周边绩效及其和晋升的关系研究》，《管理世界》2011年第2期；陈钊：《走向"为和谐而竞争"：晋升锦标赛下的中央和地方治理模式变迁》，《世界经济》2011年第9期。

国社会的主要矛盾呢？如果是，那是否中国和美国的主要矛盾就趋同了呢？另一方面，马克思政治经济学不仅认为生产力与生产关系矛盾永远是任何一个国家的基本矛盾、主要矛盾，而且认为市场供求矛盾只是经济运行的表面现象（王今朝、龙斧，2011），因而西方经济理论与马克思政治经济学之间的差别是值得注意的。

毋庸置疑，上述十大陷阱对于中国的威胁即使存在，也并不可怕。毛泽东等老一代领导人把马克思主义与中国革命具体实践相结合，用28年时间推翻了三座大山，又在最为艰苦、富有挑战性的中国发展阶段，用27年建立了基本完备的社会主义工业体系，再经过30多年的改革开放，后人是否能够用较短时间建立起更好的，不以牺牲民族素质、价值观、信仰理念、社会风气、本国利益等为代价的"经济模式"呢？如果中国真正具有把马克思主义与中国社会主义具体实践相结合的能力、知识、智慧、信念、魄力、手段、胆识，那么，答案就是肯定的。①

参考文献

［1］龙斧、王今朝：《社会和谐决定论：中国社会与经济发展重大理论探讨》，社会科学文献出版社，2011。

［2］龙斧：《中国企业竞争优势研究》，武汉大学战略决策研究中心工作论文，2012。

［3］龙斧、王今朝：《从中国房地产业与"内需不足"机理关系看中国经济发展模式问题》，《社会科学研究》2012年第1期。

［4］龙斧、王今朝：《从中国房地产业看新古典经济学"四化"理论的问题》，《贵州社会科学》2012年第2期。

［5］龙斧、王今朝：《新古典方法论"暗藏玄机"的整体主义分析》，武汉大学战略决策研究中心工作论文，2012。

［6］龙斧、刘媛媛：《从资本属性看劳资关系的平等性和公平性》，《当代经济研究》2009年第2期。

［7］王今朝、龙斧：《中国经济发展模式转型：理论与政策》，科学出版社，2011。

［8］王今朝、龙斧：《经济学方法论中演绎与归纳之争的终结》，《国外社会科学》2012年第1期。

［9］王今朝：《中国经济发展模式的历史实证研究》，武汉大学战略决策研究中心

---

① 毕竟，作为资本主义国家的巴西都敢于重拾进口替代政策，都勇于放弃GDP标准。

工作论文, 2012。

[10] Dixit, A. K., *Models of Dual Economies*, in J. A. Mirrless and N. H. Stern, eds., *Models of Economic Growth*, N. Y.: Wiley & Sons, 1973, pp. 325-352.

[11] Hahnel, R., *Economic Justice and Democracy: From Competition to Cooperation*, Publisher: Routledge, 2005.

[12] King, J. E., *A History of Post Keynesian Economics since 1936*, Publisher: Edward Elgar, 2002.

[13] Lewis, W. A., "On Economic Development with Unlimited Supplies of Labor", *The Manchester School*, Vol. 22, No. 2, 1954, pp. 139-191.

[14] Luzio, E., *The Microcomputer Industry in Brazil: the Case of a Protected High-Technology Industry*, Santa Barbara: Greenwood Publishing, 1996.

[15] North, D., "Economic Performance through Time", *Nobel Prize Lecture*, December 9, 1993.

"中等收入陷阱"：认知和规避

● 韦 鸿 马敬桂[*]

内容提要：以政府需求和国外需求为主导的收入增长，在低收入向中等收入过渡阶段非常有效，到中等收入阶段后，容易导致收入差距扩大，收入增长与收入的终极意义偏离，出现"中等收入陷阱"。规避的方法是确立以消费内需为主导的收入增长方式，变投资型政府为服务型政府，修改不符合市场经济的法律制度，完成市场化改革。

关键词：收入的终极意义　中等收入陷阱　认知　规避

一 "中等收入陷阱"研究综述与问题的导出

"中等收入陷阱"概念由世界银行在《东亚经济发展报告（2006）》中首先提出，基本含义是中等收入的经济体既无法在工资方面与低收入国家竞争，又无法在尖端技术研制方面与富裕国家竞争，人均国民收入难以突破1万美元，前期发展积累的矛盾集中爆发，原有的增长机制和发展模式无法有效应对由此形成的系统性风险，经济增长出现大幅波动或陷入停滞，长期在中等收入阶段徘徊。胡鞍钢（2010）将这一概念用10个关键词描绘：经济增长回落或停滞、民主乱象、贫富分化、腐败多发、过度城市化、社会公共服务短缺、就业困难、社会动荡、信仰缺失、金融体系脆弱。蔡昉（2012）认为"中等收入陷阱"实际上是指一种均衡状态，即一个促进人均收入提高的因素发挥作用之后，由于这个因素具有某种程度的不可持续性，其他制约因素又会将其作用抵消，把人均收入拉回到原来的（生存）水平上面。

---

[*] 韦鸿，长江大学经济学院教授；马敬桂，长江大学经济学院教授。

关于"中等收入陷阱"原因的研究有很多。王一鸣（2011）和张飞等人（2012）从宏观表征上总结"中等收入陷阱"产生的原因，是继续沿用过去的经济发展战略而没有及时转型，主要表现在产业结构升级缓慢、人力资本不足、投资消费结构失衡、收入分配差距拉大、社会保障制度不健全、资源环境状况的恶化、威权政治等方面。蔡昉（2008）从比较优势角度认为，富裕国家在技术、知识、资本密集型产业中有比较优势，发展中国家有劳动密集型产业的比较优势，处在中间的国家则比较优势不明显，从而陷入"中等收入陷阱"。周学（2010）从经济大循环理论的视角进行研究，认为中等收入国家大都处于经济发展的重化学工业阶段，住房需求是主导消费需求，如果住房需求不旺盛，就会陷入"中等收入陷阱"。方浩（2011）利用分利集团模型论证拉美国家在利益集团争斗中形成了分配性努力占优的制度，导致经济社会发展难以持续，激励相容机制缺乏，从而陷入"中等收入陷阱"。

关于中国可能陷入"中等收入陷阱"的表现特征，学者们进行了如下研究。郑秉文（2011）从宏观层面总结，认为其包括以下特征：投资和消费的失衡，资源环境约束明显，产业结构不合理，城乡区域发展不协调，收入差距扩大，科技创新能力不强，农业基础薄弱，就业压力大，可持续增长存在体制制约，社会矛盾增多；方大春（2011）概括为以下特征：产业结构升级困难，民生福祉提高滞后，居民收入差距和地区经济差距扩大，城市化与工业化脱节，体制改革困难加大；陈亮（2011）从比较优势角度，认为中国建立在劳动力、土地等要素禀赋基础上的比较优势呈加速衰减态势，这也是出现"中等收入陷阱"的一大诱因；姚树洁（2011）从收入和经济增长的视角，认为中国收入差距将进一步扩大，幸福感低，人口红利即将消失，经济增长靠投资而不是消费，能耗高是重要诱因；刘伟（2011）从创新和发展路径的角度，认为制度创新动力不足，技术创新能力不足，经济发展失衡，对外部依赖过度是主要诱因；张茉楠（2011）认为中国正陷入"斯蒂格利茨怪圈（即美元陷阱）"也是一个原因。

关于中国跨越"中等收入陷阱"应采取的措施，学者们提供了如下建议。马岩（2009）提出可控的国际资金流动、技术创新、城市化与工业化匹配、缩小收入差距等措施；孔泾源（2011）提出要深化体制改革和制度创新，加快推进经济发展方式的转变；马晓河（2011）提出应实现产业结构高度化，经济增长集约化，需求结构以消费为主导，社会结构成功转型，政治结构成功转换；张茉楠（2011）、蔡昉（2012）认为关键是提高全要素生产率；周学（2010）提出政府应供给平价商品房；曾铮（2010）提出应实施市场透明和友好的"平权政策"，夯实国内"智力"基础；刘伟（2011）提出转变发展方式；党国英（2011）提出应实行产权改革、城乡一体化和基层民主政治；陈亮（2011）提出要以创新投入为契机、提升国际分工地位。

以上关于"中等收入陷阱"的研究从概念开始，研究了产生"中等收入陷阱"的原因，不仅从宏观表征上，还从比较优势视角、经济大循环视角、制度视角分析了原因，并根据分析提出了一些避免"中等收入陷阱"的措施。这些研究抓住了"中等收入陷阱"的内涵、宏观表现特征以及产生的各种原因。这些研究比较全面地研究了"中等收入陷阱"的相关内容。但笔者还想从认知的视角，用收入增长动力、收入的终极意义等概念对"中等收入陷阱"研究进行一些边际补充，最后提出一些规避"中等收入陷阱"的措施。

二 "中等收入陷阱"的认知

（一）收入增长、收入终极意义的认知

1. 收入和收入增长的认知

收入有企业收入和个人收入之分。"中等收入陷阱"所指的收入是个人收入，个人收入是一切从工资、所有者权益及社会福利中所取得的收入，它预示了未来消费需求水平的变动，反映总体经济活动的普遍水平。从宏观层面看，收入就是指国民收入。国民收入是生产要素所有者按生产要素因从事生产和提供劳务所挣得的，是劳动、资本和土地等生产要素所获得的全部收入，它是 GDP 减去折旧和间接税而得到的。很显然，国民收入与 GDP 有关系。当我们忽略折旧和间接税时，GDP 就是收入。宏观经济学中，GDP 是指一定时期内（通常是一年）一国境内所产出的全部最终产品和服务的价值总和。该定义的核心是一定时期内所生产的而不是所售卖掉的最终产品价值，但在计算库存产品的价值时是以该产品当年的市场价格计算的，即相当于已经卖掉的市场交易量。

收入增长不仅表现为名义货币额的增长，更重要的是表现为商品和劳

务数量的增长。一般而言，收入增长表现为 GDP 的增长（反过来 GDP 增长，收入不一定增长）。

2. 收入的终极意义的认知

从个人来说，收入预示了未来消费水平的变动，人之所以要收入，是因为人需要用收入购买需要的商品与劳务，消费商品和劳务时所获得的满足感就是收入的终极意义，因此收入的终极意义是指收入给个人带来的福祉。如果用消费者剩余计量消费者消费商品所获得的福祉，则收入与收入的终极意义——福祉的关系用图 1 表示。

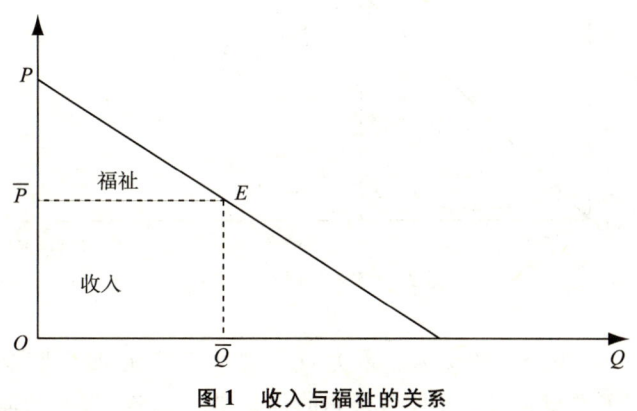

图 1　收入与福祉的关系

四边形 $\bar{P}E\bar{Q}O$ 是购买商品 $\bar{Q}$ 所需要的收入，而这些收入的终极意义——给消费者带来的福祉是三角形 $PE\bar{P}$。显然，收入与收入的终极意义在数量上是不一样的。收入的终极意义在数量上是不容易计量的，因为它是消费商品的个人感受，是主观的，不是客观的，不同的人对同一商品消费的感受不一样，同一个人对同一商品在不同时间的消费感受也不一样，同一个人在不同的条件下（财富拥有量）消费同一商品的感受也不一样。这种不一样使问题复杂化，但并不是不能研究。经济学要研究的是人的今天比昨天好，明天比今天好，即帕累托改进，这种改进表现在福祉的增加上。但福祉没法计量，这里的关键问题是确定收入增加与福祉增加的关系，当一个人的收入增加，在价格水平不变的条件下，购买的商品数量增加，每一件商品都能给消费者带来正的福祉，则一定有消费者收入增加，其福祉增加，即收入与福祉呈正相关关系。这种正相关关系确保了一个社会促进收入增加的意义。

现在转换视角，即从一个国家（或一个社会）的视角来思考收入和收入的终极意义,能否得出收入增加一定有福祉增加呢?忽略折旧和间接税,用 QDP 代替收入,并假设市场上交易的商品全是消费品,那么我们可以用图 2 说明 GDP 与福祉的关系。

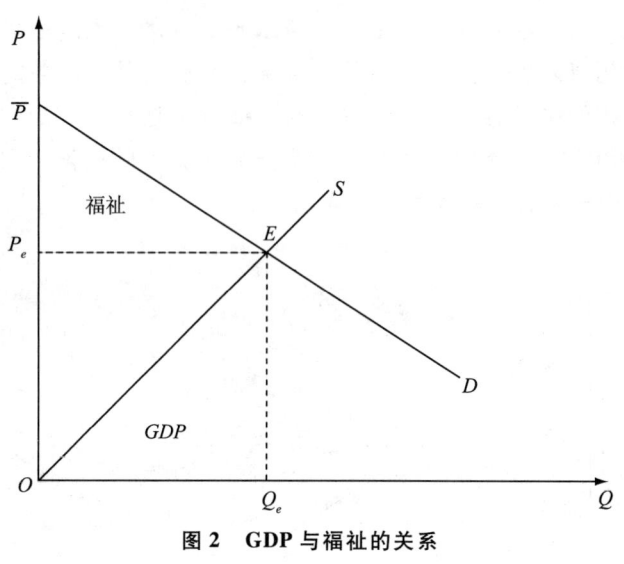

图 2　GDP 与福祉的关系

图 2 中,宏观经济的交易总量为 Q_e,总的 GDP 是四边形 OP_eEQ_e 的面积,但该 GDP 总量给社会个体带来总的福祉是三角形 $P_e\overline{P}E$ 的面积。同样,我们要确定 GDP 增加与福祉增加是否具有正相关关系。西方经济学证明:市场交易是自愿的,在货币能准确度量商品和劳务价值的假设下,GDP 的增加一定会带来福祉的增加。因为自愿交易的动力是由自然人需求主导的,每一笔交易都存在正值的消费者剩余,否则交易不会发生。因此交易的增加(GDP 增加)必然伴随着消费者剩余的增加(福祉的增加)。但是当政府进入市场,由政府形成需求推动收入增长时,容易出现收入增加与收入的终极意义——福祉出现偏离,即收入增加,收入的终极意义——福祉不增加。因为政府不是自然人,对购买的商品没有满足感的体验,不能计量福祉。现实社会中,政府需求购买的商品往往由政府代理人消费,因而会导致如下问题:第一,商品的交易成本不由消费者付出,导致福祉的计算出现偏差;第二,商品的交易价会偏离市场均衡价(在我国出现的情况是交易价高出市场均衡价,高出的部分形成"回扣"流入决策者手中)。这两种情况都使收入增加与福祉增加的相关关系变得更复杂。另外,政府的需求不仅只有消费需求,还有投资需求。比如政府为了增加就业,会把一部分人组织起来,将某一地方的泥土挖出运到另一地方,再将另一部分人组织

起来把前一部分人挖出的泥土填回到原地方。该过程就业增加了，GDP增加了，但社会既没有增加资本品，也没有自然人的幸福感增加，即政府的投资需求使得收入增加与福祉增加不一定存在正相关关系。

(二) 收入增长过程中的动力变化的认知

消费需求是GDP增长的动力，从低收入向中等收入过渡时，消费需求可能使收入增长非常缓慢。因为低收入阶段，人们增加财富的动机较强，个人偏向于多储蓄增加财富。但是根据经济学原理，增加储蓄就会减少消费，减少消费就会减少总需求，从而减少国民收入，导致经济萧条，出现《蜜蜂寓言》故事中的经济现象。从个人角度来看，个人节制消费、增加储蓄，可以获得利息收入，从而使个人财富增加；但从整个经济来看，个人减少消费、增加储蓄会减少国民收入，引起经济萧条，对整个经济来说是坏事。相反，个人增加消费、减少储蓄会减少个人财富，但却会增加国民收入，使经济繁荣，对整个经济来说是好事。此所谓"节俭悖论"。但是消费需求动力促进GDP增长虽然缓慢，但保证了GDP增长与福祉增长的同步，以消费需求为主导的收入增加满足了收入的终极意义，不可能出现因收入增长与福祉增长偏离而诱发的"中等收入陷阱"。但是收入较低阶段，收入增长缓慢是难以忍受的，增加收入增长动力是必然也是理想的选择。

第一个增加的动力是企业需求（企业投资）。投资能解决收入增长中的"节俭悖论"。当消费者节制消费而增加的储蓄转化成企业投资后，就会使经济运行顺利运转起来，不至于因为储蓄让一部分商品无法实现消费，解决了经济增长中需求不足而导致的萧条。但企业投资增加的收入让收入与收入的终极意义发生偏离。企业投资解决的是资本品的实现，收入的终极意义是人的福祉，每一笔投资交易而导致的GDP增量并没有带来直接的福祉增加。但企业投资没有改变GDP增加与福祉增加的方向（正相关关系）。因为资本是迂回生产的手段，迂回生产使生产的效率增加，即同样多的资源生产更多的消费品。生产资本而形成的收入虽然没有直接对应的福祉，但资本为后续关联消费品做出了贡献而增加了消费者的福利，且资本交易形成的收入有后续关联消费品作为保障，不至于产生通货膨胀而损害消费者福祉。所以企业投资解决了"节俭悖论"，使收入增加增速，也使收入增加与福祉增加发生偏离，但这种偏离是微小的，没有改变收入增加与福祉增加的方向。为了使企业投资成为可能，社会经济结构需要发生相应变化。

这些变化包括企业及与企业相关的制度，银行体系、证券市场及相关的金融体系与制度，社会诚信的记录与考核体系，等等。这些变化一旦产生就具有相对的稳定性，在收入增长过程中会持续地起作用。这些变化是有利于企业投资而产生的，但在作用过程中却容易使经济运行产生波动，因为人具有能动性，有认知能力，对经济活动能产生预期。当经济萧条时，银行不愿放款，企业不愿投资，会加速经济萧条；相反，当经济繁荣时，银行多放款、企业多投资，会加速经济繁荣。由此，会造成经济运行波动较大，这就需要引入收入增长的动力。

第二个增加的动力是政府需求（包括政府投资、政府购买等）。政府需求作为收入增长的动力具有企业需求（企业投资）的全部功能，即有助于资本品的实现，促进收入增长。与此同时，政府需求作为动力还有助于经济平稳发展，烫平经济运行周期波动。但是在政府需求促进收入增长的同时，却使收入与福祉发生更大的偏离。因为政府可以逆经济周期使用需求，当政府扩大需求（比如军事购买）增加收入时，收入的增加与福祉增加不一定是正相关关系。而且政府需求改变了经济运行中的第一次收入分配结构。这种改变有利于执行政府需求的机构和人员，不利于按市场规则行事的企业和人员。久而久之，这种改变会导致收入分配结构扭曲，收入差距不断扩大，这种差距是无法通过第二次收入分配调整的，因为经济运行本身导致的较大差距很难通过经济运行过程以外的手段纠偏。另外，长久并不断扩大使用政府需求会改变人们的行为倾向甚至价值观，进而改变人们的就业倾向。一旦因价值观而形成的就业倾向固定，经济增长方式的改变就非常困难。

第三个增加的动力是外国需求（出口）。外国需求的引入，扩大了本国的需求量，有利于资本品的实现，有利于收入进一步增长，有利于国家外汇储备增加，有利于外国的技术向本国的流入。但是外国需求作为本国经济增长动力，也会产生如下问题。第一，强化了本国经济对外国需求的依赖，不利于本国经济平稳发展。第二，容易产生输入性通货膨胀。因为外国需求将产品带出国境，将货币价值留在国内，当外国货币兑换成本国货币后，在国内会出现较多的货币追逐较少的商品，出现通货膨胀。一旦通货膨胀产生，就出现收入增长与福祉增长的偏离，尤其是收入增长较慢的群体，会出现收入增长了，但福祉下降了的现象。第三，容易出现"斯蒂格利茨怪圈"。以外国需求作为本国经济增长动力，使得本国外汇储备不断增加。如果外汇储备以外国货币形式存在，当外国货币不断贬值时，本国的外汇储备也在不断缩水，缩水的部分相当于本国的商品无偿被外国占有，最终导致本国收入增加，但整体福利下降的局面。

(三) 收入增长过程中的"中等收入陷阱"的认知

"中等收入陷阱"是收入增长过程中出现的一种现象。当消费者需求始终是收入增长的主要动力时，不会出现"中等收入陷阱"。只有当收入增长动力由消费需求、企业投资需求、政府需求和外国需求组成，且政府需求和外国需求占有相当比例时，才可能出现"中等收入陷阱"。

这是因为在收入比较低的阶段，大部分人都处于半饥饿状态，获取食物在大部分人的价值序列中都处于优先地位，GDP 中粮食总产量能有效地度量社会总福利。此时政府需求推动粮食产量生产符合所有人的利益，推动粮食产量生产而增加的收入与所有人的福祉增加完全同步。在低收入阶段，政府需求（包括外国需求）推动收入增长非常有效，因为收入较低时，人们的价值序列高度一致，能够加总，并由加总的动力（政府需求）推动产出（收入增长）以满足同步的价值（福祉）是社会合理的选择，该动力能够缩短由低收入向中等收入过渡的时间。在此阶段，通过适合政府需求、外国需求运作而建立起来的机构、制度及行为倾向都是有效的。

但是当收入达到中等收入阶段后，人们的收入已经满足温饱，人们的价值序列发生分化，需要满足的愿望不再同步。在人人平等的价值观里，也不能给不同个人的不同愿望赋予权重，我们不能认为富人花 1 亿元人民币买一古董，比某一大学生花 20 元买本书带来了更多的个体价值。由于信息不完全和交易费用的存在，用政府需求代替个体总和的需求，必然会满足一部分人的需求而忽略另一部分人的需求，造成收入增加与福祉增加的极大偏离。比如政府需求是为了提高人均收入而偏向古董，导致市场上古董生产增加，书的生产减少，富人购买古董的愿望实现了，一部分大学生购买书的愿望却不能实现。富人用 1 亿元人民币购买了古董，社会的 GDP（收入）增加了 1 亿元，平均下来，大学生的收入也增加了，但大学生的福祉增加了吗？不，实际是大学生的福祉相对下降了。

如果达到中等收入阶段后，政府需求和外国需求持续发挥主导作用，推动收入增长，就可能出现平均收入仍然增长较快，但政府在推动收入增长过程中因信息不完全和交易费用被忽略而产生的低收入人群会越来越多，宏观表现出的现状是收入差距越来越大。与此同时，人们越来越感觉到增加收入必须与政府挂钩，一方面，与政府官员有千丝万缕联系的人如鱼得水，收入增加得非常快；另一方面，与政府官员没有亲情或朋友关系的普通百姓的收入增长却非常缓慢（一般情况是收入增长远赶不上货币增长）。这种情况达到一定程度，民生将是社会的主要问题，普通百姓的仇官、仇富情绪增加，人们的幸福感越来越差，社会冲突也会越来越多。当该问题无力解决时，价值分歧就会变成贴身肉搏的对抗；当对抗剧烈且长期持续，社会便堕入"中等收入陷阱"。

三 "中等收入陷阱"的规避

进入中等收入阶段后，规避"中等收入陷阱"的关键是改变收入增长的动力结构，减少政府需求和国外需求的比例，以消费需求为主导。就我国具体情况而言，大量学者的研究证明，我国存在"中等收入陷阱"的诱因，掉入"中等收入陷阱"不是不可能，要规避"中等收入陷阱"，需要从以下几个方面着手。

（一）确立消费内需主导的收入增长机制

进入中等收入阶段后，外国需求主导，容易陷入"斯蒂格利茨怪圈"，对一国居民长期福祉的增加不利。政府需求又容易导致收入增加与收入的终极意义——福祉增加的偏离，因此，我国必须确立以消费内需为主导的收入增长机制。但是要想做到以内需为主导不是简单的事。因为一个经济体以某一个动力为主导需要特定的机体与之相适应，当改变其动力时，其机体结构也要进行相应的改变。比如，在社会发展的某一阶段，如果你的文化水平不高，你不会介意你的孩子读什么学校，被灌输何种价值观，培养什么样的行为倾向，你只在意你的孩子认了几个字，会不会算加减乘除。当处于中等收入阶段，你自身可能有十多年的受教育经历，可能还是硕士、博士。此时，你就不只在意你的孩子会算加减乘除，认识几个英语单词了，你对他应该有什么样的价值观，应该有什么样的行为倾向开始有想法了。当社会的学校无法满足你的要求，你就希望联合有共同期望的家长组建一所学校，但社会可能因为之前的机体结构（即社会已经形成的游戏规则），使你本身形成的内需无法实现。再如，当你厌倦了城市的喧嚣，想与几位志同道合的朋友到农村去过乡村宁静生活，为新农村建设贡献自己的力量时，原来的机体结构（即社会已经形成的制度）却限制了你，使你的内需无法实现。所以确立内需主导的收入增长机制，必须改变社会已经形成的适应政府和外需主导收入增长的机体结构，这些机体结构的调整涉及某些价值观的调整。没有这些机体结构的调整，当削减外国需求，大幅度减少政府需求后，市场本身形成的内需可能不足，这样的社会可能会更糟，甚至可能会走向共同贫穷。

（二）变投资型政府为服务型政府

我国各级政府对中国经济的发展和中国人民收入的增长起了巨大的促进作用，各级政府是中国经济的发动机、火车头。在低收入向中等收入过渡阶段，这种模式是非常成功的。但是到达中等收入以后，由政府投资为主导推动经济增长的模式会出现如下问题：第一，收入差距扩大；第二，收入增长与福祉增长严重偏离。第二点前文已经论述，这里仅论述第一点。收入是在经济运行中产生的，是由经济运行中资源的产权关系决定的，任何一个生产过程同时也是一个收益的重新分配过程。比如政府通过征税（发行货币、债券都一样）修建一条高速公路，投资额10亿元。工程完工后，社会多了一条高速公路，但该高速公路10亿元的价值额却成了修建公路的工人、承包工程的企业、发包工程的决策者、参与工程各级领导的收入。高速公路修成后还成为公路局获取收入的一个手段。生产中的收入分配是由投入生产过程中资源的产权关系所决定的。由政府发起的投资需求，决策权（一种产权界定）在政府代理人手里，这种产权界定有利于政府代理人和与政府代理人有千丝万缕关系的投资商。这种经济运行机制所推动的收入增长必然使差距扩大，因为产权界定是不公平的。这种不公平还表现在我国各级政府随时都有制定各种政府条例的权力（政府条例的制定就是一种新的产权的重新界定）。例如，某一地方政府在城镇扩张过程中为了避免拆迁的困难，在规划没有出台的情况下，规定城市近郊几公里范围内的农村不得私自建房。这种规定严重伤害了农民的财产权，也是一种收入的重新调整，但这种调整是不公平的，会使收入差距扩大。在现实中，实际上这种条例却层出不穷。

我们要将投资型政府转变为服务型政府，首先要了解什么是服务型政府。服务型政府首先承认社会公众有权利办法律没有明文禁止的事情，政府有责任对公众的这种自主行为进行服务，让公众自主权利得到更好的实践与实现，而不是设卡阻拦。只有认清了这一点，变投资型政府为服务型政府才有可能。

（三）修改不符合市场经济的法律制度，完成市场化改革

中国的改革是由计划经济制度向市场经济制度的过渡，由此决定在计划经济时代制定的很多法律制度需要逐渐修改。还有一些法律制度虽然是在改革开放后制定的，但由于我们的政治制度和法律理念，使得这些法律制度并不符合市场经济的要求，需要修改，如果不修改，市场化改革就难以完成。例如《渔业法》的法律规定体现了对渔业水面利用中生态利益和社会利益的保护，但其产权界定却不符合市场原则，在市场经济中难以实现，因为各级政府渔业主管部门是从发放渔业许可证中获得收益的，而不是从渔民共同利益增长中获益，因此其实施结果必然是一方面国家投入资金防止过度捕捞，但另一方面捕捞许可证却过度发放，导致过度捕捞持续发生。另外，《渔业法》要求各级人民政府应当依照《海洋环境保护法》和《水污染防治法》的规定，采取措施，保护和改善渔业水域的生态环境，防止污染，并追究污染渔业水域的单位和个人的责任。此外，《渔业法》还禁止炸鱼、毒鱼，禁止在禁渔区和禁渔期进行捕捞，规定不得使用禁止的渔具、捕捞方法和小于最小网目尺寸的网具进行捕捞。这些禁止活动不能给渔业主管部门带来任何直接经济收益，成本却要由主管部分付出，这种制度规定不符合市场经济的收益与成本对称的原则，因而在市场经济中起不到任何作用。

这样的法律制度在我国还有很多，这些法律制度不修改，则市场化改革很难完成，市场化改革不完成，政府职能就不能转变，经济增长方式就不能转变，经济增长中的收入差距就不能缩小，收入增长与福祉增长的偏离也不会改变，"中等收入陷阱"就有可能出现。因此，只有市场化改革成功了，才能成功规避"中等收入陷阱"。

参考文献

[1] 胡鞍钢：《中国如何跨越"中等收入陷阱"》，《当代经济》2010年第8期。

[2] 蔡昉：《中国即将面临"中等收入陷阱"考验》，《财经界》2012年第1期。

[3] 王一鸣：《"中等收入陷阱"的国际比较和原因分析》，《现代人才》2011年第2期。

[4] 张飞、全毅：《避免"中等收入陷阱"的国际比较》，《亚太经济》2012年第1期。

[5] 蔡昉：《中国经济如何跨越"低中等收入陷阱"》，《中国社会科学院研究生院学报》2008年第1期。

[6] 周学：《经济大循环理论——破解"中等收入陷阱"和内需不足的对策》，《经济学动态》2010年第3期。

[7] 方浩：《利益集团与"中等收入陷阱"：拉美模式之反思》，《经济体制改革》2011年第5期。

[8] 郑秉文：《"中等收入陷阱"与中国发展道路——基于国际经验教训的视角》，《中国人口科学》2011年第1期。

[9] 方大春：《包容性增长：跨越"中等收入陷阱"的战略选择》，《宏观经济管理》2011年第7期。

[10] 陈亮：《中国跨越"中等收入陷阱"的开放创新？——从比较优势向竞争优势转变》，《马克思主义研究》2011年第3期。

[11] 姚树洁：《"中等收入陷阱"逼近中国》，《经济研究参考》2011年第70期。

[12] 刘伟：《突破"中等收入陷阱"的关键在于转变发展方式》，《上海行政学院学报》2011年第1期

[13] 张茉楠：《增长结构转换助中国跨越"中等收入陷阱"》，《发展研究》2011年第10期。

[14] 马岩：《我国面对"中等收入陷阱"的挑战及对策》，《经济学动态》2009年第7期。

[15] 孔泾源：《"中等收入陷阱"的国际背景、成因举证与中国对策》，《改革》2011年第10期。

[16] 马晓河：《"中等收入陷阱"的国际观照和中国策略》，《改革》2011年第11期。

[17] 曾铮：《马来西亚应对"中等收入陷阱"的经验和启示》，《中国市场》2010年第46期。

[18] 党国英：《唯有坚持改革开放才能避免陷入"中等收入陷阱"》，《理论导报》2011年第9期。

第二篇
动力转换与跨越"中等收入陷阱"

改革开放以来中国经济增长的动力转换过程

● 武 鹏*

内容提要：本文基于中国 1978～2010 年的省级样本数据，综合利用随机前沿分析法（Stochastic Froutier Analysis，以下简称 SFA）和数据包络分析法（Data Envelopment Analysis，以下简称 DEA）计算了改革开放以来中国经济增长的动力来源。研究结果表明：资本投入是中国经济增长持续稳定的最主要来源，中国经济增长的投资拉动特征非常明显；全要素生产率（Total Factor Productivity，以下简称 TEP）改进对中国经济增长的贡献逐渐减低，2002 年以后持续呈现负值；中国经济增长的动力由改革最初的资本、劳动和 TFP（全要素生产率）三驾马车式的平衡拉动转换成现阶段的资本投入与 TFP 反向角力的态势。中国要想在未来成功跨越"中等收入陷阱"，迫切需要加快实现经济增长的动力机制由投资拉动向效率驱动的转变。

关键词：经济增长 动力转换 投资拉动 TFP 改进

一 问题的提出

改革开放三十余年以来，中国保持了持续快速的经济增长，成功跨越了贫困陷阱，由低收入国家跨入中上等收入国家的行列，创造了举世瞩目的"中国奇迹"。① 这一令人瞩目的事实激起了经济学理论上

---

* 武鹏，中国社会科学院经济研究所博士后研究人员。
① 2010 年，世界银行对不同国家收入水平有个分组标准：按人均 GNI（国民总收入）计算，1005 美元以下是低收入国家，1006～3975 美元是中等偏下水平，3976～12275 美元是中等偏上水平，12276 美元以上为富裕国家。

的重大争论。根据新古典经济增长理论，投入要素具有边际产出递减的倾向，在具有资源约束的现实情境下，经济的长期持续快速增长不可能依靠要素投入的拉动，而只能通过TFP的不断进步来实现。如果"中国奇迹"的答案中不包含足够的TFP内容，那么主流的经济增长理论无疑将遇到一场现实危机。更为重要的是，如果理论是可以解释现实的，那么中国的经济增长若不包含显著的TFP进步，则不远的将来势必会面临愈加严重的发展减速和增长乏力问题，进而陷入"中等收入陷阱"之中。

弗里德曼说："经济学家的基本分歧并不在于理论而是在于经验。"关于中国经济增长动力的研究充分地展现了这一点。首先，研究者们均遵从了新古典经济增长理论框架，大家并不想否定边际递减规律，即使对理论的修正也往往是通过对TFP黑箱的进一步挖掘来实现；其次，提出的理论观点和修正也均借以经验性的增长核算来予以佐证。大体来看，关于中国经济增长动力来源的探究与解释分成了两方观点：一方认为中国的经济增长主要是要素投入的结果，中国奇迹更多的是表面现象，其隐含着很多内在的问题，未来的增长并不乐观，这类观点以Krugman（1994）最为著名，近来的研究者如Wu（2006）、江春（2010）等人也均表示了这方面的担忧；另一方认为中国的经济增长包含着显著的技术进步，其中有的研究者还认为在长期中还将具有持续的动力，如陈宗胜等人（2004）以及黎德福等人（2006）认为二元结构转换是中国效率驱动式经济增长的重要内在动力，在未来较长时期的城市化进程中，这一动力还将持续发挥作用。无论上述研究的结论如何，其证据均是来源于经验事实的支撑，而由于核算方法、数据上的差异，关于中国经济增长动力来源的研究结论差异甚大。为此，我们的研究将从方法调整入手，以期尽量得出准确的结果和客观的结论。下面，我们将首先介绍方法的选择和数据的处理与来源。

二 方法和数据

（一）核算方法的设计

增长核算的方法大体可分为两种：一是利用统计资料直接估测生产函数的要素产出弹性参数，进而求出产出与投入间的TFP余值；二是利用具有截面的样本集,通过回归等统计方法来估算生产函数的参数或者建立线性规划模型来求得 TFP。前一种方法最大的问题来自参数设置的可靠性,通过探讨间接的统计资料所得出的弹性值在很大程度上其准确性是难以直接验证的。对此,理论上的一个可行方法是通过资本、劳动收入占总产出的比重来验证,但是排除相关统计资料可得性的限制。① 由于中国的市场经济还处于发育过程中,基于真空世界的一般均衡结论很难套用于中国,尤其是不能运用于改革开放之初计划经济仍占据重要地位的时期。后一种方法一般是基于分省数据展开,具体就测算方法来看,早期的研究主要采用索洛增长核算法。但是,这种方法自问世以来便饱受诟病②,尤其是其假定所有生产者在技术上都是充分有效的这一点,明显不符合经济活动的实际情况。为此,Farrell(1957)提出了生产前沿面的概念,并指出现实中往往只有部分生产者能处于生产前沿面上,其余大部分的生产者的效率往往与前沿面所示的最优生产效率存在一定的差距。其具体的测定方法大体可分为两类:一类是非参数方法,也称为数学规划方法,在目前的应用中以 DEA 最具代表性;另一类是参数方法,也称为统计方法,目前以 SFA 的应用最为流行。关于上述两种方法的优缺点已有相当多的探讨,本文这里不再进行系统性的介绍,只针对本文的研究加以讨论。

我们认为将 DEA 和 SFA 相结合会产生良好的效果。首先,各地区在经济结构、禀赋等方面存在广泛的异质性,DEA 以实际数据直接计算会将这些地区性的特征加诸全国生产前沿形式之上,将会使得计算过程中的生产形式无法反映全国整体性特征。如上海、北京等省份以城市经济为主,且直接计算时往往处于前沿面之上,那么以此城市特征的前沿计算,将会有很多其所对应的径向范围内的普通省份被低估效率。而 SFA 可以通过剔除随机产出来解决省份间的异质性,进而可将投入数据加工成与全国生产结构更为贴近的样本集合。其次,SFA 需要建立生产函数模型来测度效率,而模型的形式是受到实践限制的,虽然有的研究利用超越对数生产函数来克服这一点,但是效果依然不会理想。估计结果的系数显著性难以保证,且具体计算各样本点的效率时很可能会出现异常值。更为重要的是,超越对数形式是严格均衡状态下生产函数的泰勒级数展开式,但中国的要素价格

---

① 生产税净额难以分清多少是来自资本、多少是来自劳动。
② 关于此方面的具体介绍可参见易纲、樊纲和李岩(2003)的研究。

与均衡状态水平是长期显著背离的。DEA灵活的前沿面构造可以克服这一问题,尤其是当前沿样本较多、较分散进而前沿面较平滑时。有鉴于此,我们将首先利用SFA来逐年剔除分省样本的随机影响,然后基于加工后的数据,利用DEA来计算TFP。

在此还需说明的是:第一,三阶段DEA也将两种方法相结合,但是不同之处在于,三阶段DEA剔除的是无效率项中的外生环境影响,而不考虑样本结构异质性问题;第二,剔除随机产出后,投入产出样本集的数据将更加具有一致性趋势,进而前沿面上的样本很可能增加,前沿面将变得更为平滑,这将明显增进分省样本偏少情况下的计算精度。

(二) TFP核算方法介绍

设一个一般形式的生产函数计量模型 $\overline{Y_i} = f(X_i)\exp(-U_i)$,其中,$Y_i$ 表示第 i 个地区的实际产出(其中 $i = 1, 2, \cdots; t = 1, 2, \cdots$,下同);$f(X_i)$ 为生产前沿面函数,X_i 表示第 i 个地区的投入;U_i 是第 i 个地区的生产无效率随机变量,其服从零点截断型的非负正态分布,即 $u_i \sim iidN^+(\mu, \sigma_u^2)$;$V_i$ 为随机干扰项,其服从正态分布。设 $\overline{Y_i}$ 为剔除样本异质性后的产出水平,则 $\overline{Y_i} = f(X_i)\exp(-U_i)$。当我们估计出生产前沿面函数 $f(X_i)$ 和技术效率 $\exp(-U_i)$ 后,可通过 $\overline{Y_i} = Y_i - f(X_i)\exp(-U_i)$ 计算得出剔除样本异质性后的产出水平。

将上述加工后数据运用DEA-Malmquist指数方法计算,可得TFP的变动情况。Caves等人(1982)首先将Malmquist指数运用到生产分析之上。Färe等人(1992)建立了用来考察两个相邻时期生产率变化的Malmquist生产率变化指数。具体的计算是:令 x_t、y_t 分别代表 t 时期的输入、输出向量,t 为离散参数变量,则Malmquist生产率指数可以表示为:

$$M(y_{t+1}, x_{t+1}, y_t, x_t) = \left[\frac{D^t(x_{t+1}, y_{t+1})}{D^t(x_t, y_t)} \times \frac{D^{t+1}(x_{t+1}, y_{t+1})}{D^{t+1}(x_t, y_t)}\right]^{\frac{1}{2}} \quad (1)$$

其中,$D^t(x_t, y_t)$ 和 $D^t(x_{t+1}, y_{t+1})$ 分别表示在基于 t 时期的技术基准下,受评估DMU(决策单元)在 t 时期和 $t+1$ 时期的有效性;$D^t(x_{t+1}, y_{t+1})$ 和 $D^{t+1}(x_{t+1}, y_{t+1})$ 分别表示在基于 $t+1$ 时期的技术基准下,受评估

DMU 在 t 时期和 t+1 时期的有效性。若 $M(y_{t+1}, x_{t+1}, y_t, x_t) > 1$，则表示受评估 DMU 的生产效率有所提高；若 $M(y_{t+1}, x_{t+1}, y_t, x_t) < 1$，则表示受评估 DMU 的生产效率有所下降。Malmquist 生产率指数可分解为技术效率变动（EC）和技术变动（TC）两个部分：

$$M(y_{t+1}, x_{t+1}, y_t, x_t) = \left[\frac{D^{t+1}(x_{t+1}, y_{t+1})}{D^t(x_t, y_t)}\right] \times \left[\frac{D^t(x_{t+1}, y_{t+1})}{D^{t+1}(x_{t+1}, y_{t+1})} \times \frac{D^t(x_t, y_t)}{D^{t+1}(x_t, y_t)}\right]^{\frac{1}{2}} \quad (2)$$

其中，$\dfrac{D^{t+1}(x_{t+1}, y_{t+1})}{D^t(x_t, y_t)}$ 为 t 时期到 t+1 时期的技术效率变动，其主要反映了受评估 DMU 在生产行为方面的改善，如管理水平的提高等；① $\left[\dfrac{D^t(x_{t+1}, y_{t+1})}{D^{t+1}(x_{t+1}, y_{t+1})} \times \dfrac{D^t(x_t, y_t)}{D^{t+1}(x_t, y_t)}\right]^{\frac{1}{2}}$ 为 t 时期到 t+1 时期的技术变动，其主要反映了生产技术的进步给生产过程带来的作用与影响。

（三）经济增长贡献率的分解

由于宏观经济生产函数是耦合性质的，其无法进行存量的线性分解，但是流量的线性分解在存量变化水平并不高的情况下是可以近似线性分解的。② 这种分解方法的思路实际上体现的是微分的思想。设 X_{it} 表示第 i 种要素在 t 时期的投入，$i = 1, 2, \cdots, n$，$f(X_{it})_t$ 表示 t 时期采用 X_{it} 作为投入的产出（$t = 1, 2, \cdots$）。考虑如下微分式：

$$df(X_{it}) = \sum_{i=1}^{n} df_{X_i}(X_{it}) + df_{TFP}(X_{it}) \quad (3)$$

将式（3）扩展为由 t 时期到 $t+1$ 时期的变动，则经济增长可做如式（4）的近似分解：

$$\frac{f(X_{i, t+1})_{t+1} - f(X_{it})_t}{f(X_{it})} \approx \sum_{i=1}^{n} \frac{f(X_{i, t+1})_t - f(X_{i, t})_t}{f(X_{i, t})_t} + \frac{TFP_{t+1} - TFP_t}{TFP_t} \quad (4)$$

由式（4）可导出各个要素和 TFP 分别对经济增长所做出的贡献，设

---

① 综合技术效率（EC）变动可进一步分解为纯技术效率变动（PEC）和规模效率变动（SEC），其关系为：EC = PEC×SEC。
② 在中国，年度经济增长所带来的产出水平变化虽然较大，但一般不超过 12%，近似线性分解是可行的。只有在对个别极高速增长的新兴产业进行分解时，这种方法才会造成较大的误差。

$P_{X_i,t+1}$ 和 $P_{TFP,t+1}$ 分别表示要素 X_i 和 TFP 在 $t+1$ 时期对经济增长的贡献比例，则它们的百分比形式分别如式（5）和（6）所示：

$$P_{X_i,\,t+1} = \left(\frac{f(X_{i,\,t+1})_t - f(X_{i,\,t})_t}{f(X_{i,\,t})_t}\right) \Big/ \left(\sum_{i=1}^{n} \frac{f(X_{i,\,t+1})_t - f(X_{i,\,t})_t}{f(X_{i,\,t})_t} + \frac{TFP_{t+1} - TFP_t}{TFP_t}\right) \times 100 \quad (5)$$

$$P_{TFP,\,t+1} = \left(\frac{TFP_{t+1} - TFP_t}{TFP_t}\right) \Big/ \left(\sum_{i=1}^{n} \frac{f(X_{i,\,t+1})_t - f(X_{i,\,t})_t}{f(X_{i,\,t})_t} + \frac{TFP_{t+1} - TFP_t}{TFP_t}\right) \times 100 \quad (6)$$

对于无法得到单独归类的余额部分所占比重，我们可以计算如下：

$$\varepsilon_{t+1} = \left(\frac{f(X_{i,\,t+1})_{t+1} - f(X_{it})_t}{f(X_{it})} - \sum_{i=1}^{n} \frac{f(X_{i,\,t+1})_t - f(X_{i,\,t})_t}{f(X_{i,\,t})_t} - \frac{TFP_{t+1} - TFP_t}{TFP_t}\right) \Big/ \left(\frac{f(X_{i,\,t+1})_{t+1} - f(X_{it})_t}{f(X_{it})}\right) \times 100 \quad (7)$$

一般情况下，经济增长率越高，无法得到归因的耦合部分越大，当然，这在一定程度上还受到要素和 TFP 构成比重变化的影响。需要指出的是，以往我们研究计算 TFP 对经济增长的贡献时，都以 TFP 变动率比经济增长率来表示，这事实上是将要素和 TFP 耦合部分的贡献全部纳入 TFP 的贡献之中，对于中国这样经济增长率较高的国家，往往会造成较大的度量误差。具体的误差变动规律较为复杂，我们这里不再展开讨论。

（四）数据来源与处理

本文的考察时段为 1978~2010 年，时间跨度涵盖了改革开放至今，样本截面为中国 29 个省级地区（重庆与四川合并为一省）。由于西藏地区数据缺失较多，且其占全国经济总量的比重极低，不会明显影响全国层面的估计结果，因此，本文未予考虑；由于物质资本计算中需要较长的年限来平抑初始资本存量设置的误差，而重庆的初始年份数据距今较近，因此，为了保持数据的精确性，本文将重庆和四川合并计算。我们以国内生产总值（GDP）来表示产出，投入包括物质资本和劳动两项。其中，各地区的国内生产总值（GDP）按 2000 年不变价进行了平减处理；物质资本采用张军（2004）提供的方法计算获得，并同样按 2000 年不变价进行了平减处理；资本采用全社会从业人员数据。以上数据主要来自历年的《中国统计年鉴》和《新中国60年统计资料汇编》。

三 实证结果与探讨

（一）中国改革开放以来的TFP变动

我们首先利用SFA逐年剔除了样本异质性的影响。计算过程中我们采用了柯布—道格拉斯生产函数，劳动与资本的弹性系数估计结果均在1%的显著性水平下高度显著。我们同时也计算了超越对数生产函数，其结果除了资本与劳动项的系数显著外，其余交互项的系数均不显著，这说明同期内各省份的要素产出系数并不存在明显的结构性差异，因而基于柯布—道格拉斯生产函数展开估算是适宜的。基于加工后的样本，我们计算了DEA-Malmquist指数。跟以往研究不同的是，我们并没有采用样本简单加权的整体效率变动结果，而是采用GDP加权计算的方法，具体权数采用的是跨期的几何平均值。① 这是因为简单平均是针对各个样本进行独立考察设计的，主要用于评估个体的效率水平在总体样本中的相对位置及其表现优劣，而我们要计算的整体效率则必须考虑不同样本的重要性差异，如广东、江苏、山东等经济大省的效率变动将对整体效率表现产生明显的影响，如果其变动幅度与全国平均值之间的差异较大，那么简单平均计算将会令全国整体效率变动结果亦随之产生较大的误差。

下面，我们将加权计算得出的中国1978~2010年分省TFP及其构成变动列于表1之中，为了展示加权计算的必要性，我们同时还列出了简单平均计算的TFP变动结果。出于直观形象的考虑，我们依据表1内容制作了图1。

---

① 如计算1979年的加权效率变动，我们将某个省份1978年时GDP占全国比重和1979年时GDP占全国比重分别算出，进而取这两者的几何均值作为该省效率的权重值，这一取几何均值的思路与Malmquist指数是一致的，较之拉氏指数、帕氏指数和以上两指数简单平均处理可以更好地避免偏倚。

表1 改革开放以来中国历年TFP及其构成的变动（1979~2010年）

单位:%

类别 年份	几何加权计算结果					简单平均 计算的ΔTFP
	Δ技术效率	Δ技术进步	Δ纯技术效率	Δ规模效率	ΔTFP	
1979	5.40	-2.37	0.00	5.40	2.90	1.8
1980	3.47	-0.54	0.00	3.47	2.92	2.6
1981	2.89	-1.47	0.00	2.89	1.37	0.8
1982	-8.25	18.84	-4.51	-3.93	8.85	4.9
1983	0.40	2.97	-0.17	0.58	3.35	2.9
1984	0.87	5.38	-0.26	1.14	6.29	6.1
1985	-0.43	3.25	-0.29	-0.13	2.80	1.9
1986	-1.20	-0.92	-0.67	-0.53	-2.12	-2.5
1987	-2.77	4.80	-1.51	-1.27	1.89	0.7
1988	-2.16	4.47	-1.60	-0.55	2.22	2.2
1989	0.78	-2.89	0.65	0.14	-2.13	-1.6
1990	-9.68	10.66	-6.54	-3.29	-0.05	-0.8
1991	4.39	-1.17	2.10	2.31	3.10	3.1
1992	-2.16	9.31	-2.59	0.49	6.94	6.5
1993	7.82	-2.87	6.99	0.78	4.66	4.5
1994	1.09	1.64	-0.24	1.34	2.70	2
1995	1.23	-1.05	0.69	0.55	0.14	0.5
1996	0.73	0.85	0.25	0.49	1.54	1.6
1997	0.78	-0.96	0.48	0.31	-0.19	0
1998	0.63	-0.65	0.35	0.28	-0.03	-0.1
1999	0.67	-2.85	0.47	0.20	-2.18	-1.8
2000	-0.11	-0.08	0.00	-0.11	-0.20	-0.6
2001	-1.69	2.08	-1.42	-0.28	0.34	-0.6
2002	-1.52	1.54	-1.60	0.09	-0.03	-0.8
2003	-1.10	0.56	-1.25	0.15	-0.56	-1.3
2004	-1.56	1.41	-1.31	-0.23	-0.17	-0.8
2005	1.23	-2.96	1.47	-0.22	-1.77	-2.1
2006	-0.19	-0.88	0.29	-0.48	-1.03	-1.4
2007	2.58	-2.57	2.09	0.48	-0.04	-0.1
2008	1.80	-4.59	1.64	0.15	-2.86	-2.5
2009	-9.55	9.00	-8.65	-0.88	-1.40	-4.1
2010	-0.80	-1.96	-0.57	-0.21	-2.75	-3.2
几何平均	-0.27	1.33	-0.52	0.27	1.04	-0.27

资料来源：根据笔者计算整理。

改革开放以来中国经济增长的动力转换过程

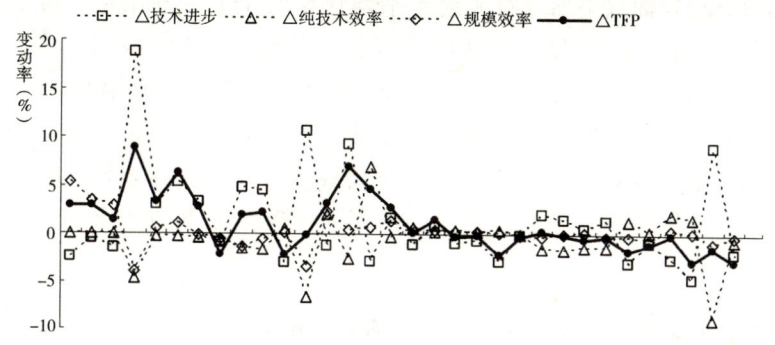

图1 改革开放以来中国历年TFP及其构成的变动（1979~2010年）

由表1和图1的内容可以总结出以下三点直观认识。

第一，虽然整体来看，改革开放以来TFP对中国经济增长具有正向贡献，但是，一方面其数值水平相对于快速的经济增长而言明显过低，积极作用并不显著；另一方面其时间趋势上的变动较大，阶段性特征明显，尤其是近九年其持续保持着负增长态势。具体来看，中国TFP变动可分为三个阶段。第一阶段为改革开放初期的1979~1992年，该阶段中由于改革开放的骤起骤落，TFP变动也显现出了较大的波动性，其极差高达近11%，有的年份甚至为负值，但整体来看这一阶段的效率改进是最为突出的，年平均达到了2.74%。第二阶段为改革重启至经济软着陆的1993~2002年，该阶段中，经济体制改革的大方向已经巩固确立，TFP变动的波动性特征亦随之消失。虽然该阶段TFP变动整体上为正，年平均改进0.67%，但已明显表现出逐年下降的态势。第三阶段为国民经济由通缩转向快速增长的2003~2010年，该阶段中虽然经济增速持续保持在高位，但TFP变动却始终为负值，年平均退步1.32%，且表现出了一定的逐年恶化趋势。

第二，从构成来看，技术进步是中国TFP改进的最主要来源，其年均进步速度达到1.33%，要高于TFP的表现。规模效率提高对中国TFP改进也具有正向的影响，其年均进步速度相对较慢，为0.27%。纯技术效率对中国TFP改进具有负向影响，其年均退步速度为0.27%。综上所述，中国经济发展中存在这样一个问题：技术前沿的推进难以完全转化成TFP的改进，这意味着技术创新缺乏向全社会快速有效传播的渠道，技术引进难以被充分地消化吸收。

第三，比较加权平均计算和简单平均计算的TFP变动结果，可以发现两者之间存在较大的差异：一是前者的水平值接近后者的两倍；二是前者的波动性要明显小于后者，经计算，前者的变异系数仅为后者的一半多。[①]这说明，很多研究以简单平均值来核算整体TFP变动情况是不妥当的，其中有着近一倍的测算误差。即使排除研究数据与方法上的差异，基于中心极限定理和大数定律，我们也可推测出不同研究方案下的结果差异依然不会得到明显缩小。

（二）中国改革开放以来经济增长的动力转换

根据前述方法，我们计算了中国改革开放以来物质资本、劳动力和TFP对经济增长的贡献情况，具体结果列于表2之中。此外我们还制作了资本、劳动和TFP绝对值变动和对经济增长贡献值变动的趋势图，如图2、图3所示，以期直观展现中国经济增长的动力转换过程。

表2　改革开放以来中国历年经济增长的构成（1979~2010年）

单位：%

年份	资本贡献值	劳动贡献值	TFP贡献值	资本贡献率	劳动贡献率	TFP贡献率	耦合部分占比
1979	3.21	1.13	2.90	38.92	13.69	35.20	12.19
1980	2.86	1.95	2.92	32.08	21.85	32.65	13.41
1981	2.70	1.84	1.37	45.55	31.05	23.12	0.27
1982	4.07	1.87	8.85	41.81	19.17	90.88	-51.86
1983	5.24	1.86	3.35	48.05	17.03	30.77	4.15
1984	7.43	0.80	6.29	48.92	5.27	41.45	4.35
1985	9.61	1.04	2.80	72.08	7.82	21.02	-0.91
1986	9.78	0.91	-2.12	131.81	12.27	-28.52	-15.55
1987	9.62	0.90	1.89	85.54	8.04	16.84	-10.41
1988	9.15	0.88	2.22	79.34	7.59	19.23	-6.16
1989	6.05	0.54	-2.13	148.26	13.34	-52.21	-9.39
1990	5.69	1.57	-0.05	103.41	28.54	-0.91	-31.04
1991	6.41	0.48	3.10	67.25	5.07	32.50	-4.82
1992	8.34	0.69	6.94	53.55	4.44	44.62	-2.61
1993	10.73	0.53	4.66	65.19	3.22	28.32	3.26

---

① 加权平均计算下，历年TFP变动的变异系数为2.647；简单平均计算下，历年TFP变动的变异系数为4.727。

续表

年份	资本贡献值	劳动贡献值	TFP贡献值	资本贡献率	劳动贡献率	TFP贡献率	耦合部分占比
1994	11.58	0.74	2.70	78.85	5.06	18.41	-2.32
1995	12.11	0.51	0.14	93.99	3.98	1.08	0.96
1996	11.27	0.25	1.54	95.52	2.08	13.04	-10.64
1997	10.80	0.43	-0.19	98.14	3.87	-1.76	-0.24
1998	11.18	-0.67	-0.03	115.64	-6.93	-0.28	-8.44
1999	10.56	0.03	-2.18	120.11	0.38	-24.77	4.28
2000	10.16	0.23	-0.20	105.48	2.34	-2.11	-5.71
2001	10.44	0.03	0.34	108.54	0.28	3.49	-12.32
2002	11.17	0.25	-0.03	103.06	2.31	-0.24	-5.13
2003	13.23	0.33	-0.56	108.08	2.67	-4.55	-6.20
2004	14.46	0.38	-0.17	106.15	2.78	-1.27	-7.66
2005	16.00	0.41	-1.77	120.38	3.08	-13.28	-10.17
2006	15.22	0.39	-1.03	109.69	2.79	-7.41	-5.07
2007	15.82	0.26	-0.04	108.31	1.78	-0.29	-9.79
2008	15.94	0.26	-2.86	132.77	2.17	-23.85	-11.09
2009	17.52	0.32	-1.40	149.72	2.69	-11.97	-40.44
2010	18.94	0.30	-2.75	144.03	2.26	-20.92	-25.37
平均	10.15	0.67	1.04	92.51	7.25	8.07	-7.83

注：贡献值为对经济增长的绝对贡献，贡献率为对经济增长的相对贡献；耦合部分占比为无法单独归于要素投入和TFP的共同作用部分占经济增长率的比重；贡献值部分的平均值为几何平均值，贡献率部分的平均值为简单平均值。资料来源：根据笔者计算整理。

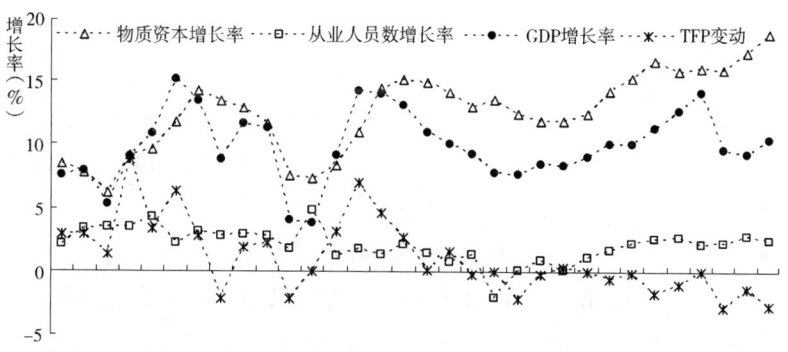

图2 改革开放以来中国历年资本、劳动和TFP的变动（1979～2010年）

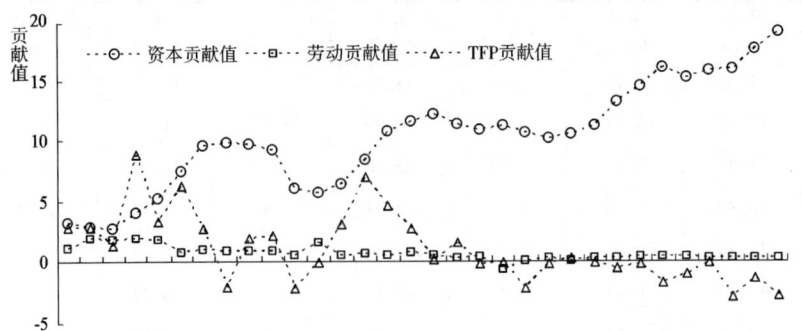

图3 改革开放以来中国历年资本、劳动和TFP对经济增长的贡献值（1979~2010年）

由表2、图2和图3的内容我们可以得出以下四点认识。

第一，资本投入是中国经济增长的最主要动力来源，改革开放33年来，其对中国经济增长的平均贡献率高达92.51%，占要素与TFP能够独立解释部分的九成。贡献值数据显示，考察期间仅依靠投资拉动，中国经济便可实现10%以上的高速增长。除了对经济增长的贡献水平突出外，投资拉动作用还具有长期中波动式上升的趋势特征，尤其是近十年其持续上升趋势非常明显，以贡献值来看，平均每年都要提高近1%。图2显示，自1993年以来，资本投入增速长期明显高于GDP增速。目前来看，这一高投入的趋势尚有一段时期的持续能力，但是随着能源、矿产等要素价格的提高，投资拉动的持续性正面临着极大的挑战。

第二，劳动投入对中国经济增长的贡献最小，这一方面是缘于人口更新换代速度的客观制约，使其无法在投入量上迅速增加；另一方面缘于长期过剩的劳动力供给抑制了劳动边际产出的提高，也即要素价格——工资的上涨。同样，由于人口更新换代速度的客观制约，劳动投入对经济增长的贡献未出现较大的绝对值波动。排除1998年前后亚洲金融风暴带来的外在就业冲击，我们可以看出劳动的贡献水平具有缓慢下降的总体趋势。这主要是缘于人口红利的逐渐消耗，与此同时，受结构转型滞后的困扰，劳动力市场并未对此做出足够积极的回应，最明显的事例便是愈演愈烈的"民工荒"现象。

第三，TFP对中国经济增长的贡献值略高于劳动投入，但绝对水平仍较低。随着TFP进步的逐年下降，2002年之后，TFP与劳动投入对经济增长的贡献值逐渐拉大。目前来看，中国 TFP 停滞所导致的粗放式经济增长态势已愈发令人担忧。此外，我们由图 2 可以发现，中国的 TFP 变动与经济增长之间的同步变化关系非常明显，这表明从整体来看，TFP 是决定经济增长的一项重要因素。

第四，中国经济增长的动力转换可大体划分为五个阶段。第一阶段为 1979~1985 年，在此阶段改革与治理"文化大革命"之后国民经济的创伤一道展开，资本投入、劳动投入和 TFP 进步对经济增长做出了较为平衡的贡献，此时中国经济增长的动力表现为三驾马车各显其能的态势。第二阶段为 1986~1997 年，此阶段正值改革开放由徘徊的多事之秋到重启之后第一轮经济增长热潮结束，伴随着宏观经济形势的剧烈起伏，资本投入和 TFP 也表现出了极大的波动，但在波动过程中，资本投入逐渐拉开了与 TFP 之间的距离，成为经济增长最为重要的来源，此时中国经济增长的动力表现为以资本投入为主的一正二副式格局。第三阶段为 1998 年至今，此间中国经济经历了软着陆和重启改革后第二轮经济增长热潮，政府宏观调控手段和对经济干预的力度逐渐增强，资本积累率也随之进一步提高，但是经济转型的矛盾一直未能解决，粗放型发展的特征日益强化。此时中国经济增长的动力表现为资本投入与 TFP 反向角力的态势，劳动投入的作用逐渐趋于中性。① 虽然目前来看，粗放的高投入式增长暂时抵御住了效率维度缺失的制约，但是这一反向角力态势的逐渐强化将可能随着资源约束的触顶而引发剧烈的增长危机。应当说，中国表面上仍维持着的经济快速增长存在深刻的内在矛盾，中国要想在未来成功跨越"中等收入陷阱"，迫切需要加快实现经济增长的动力机制由投资拉动向效率驱动的转变。

（三）对中国改革开放以来经济增长动力转换成因的探讨

中国改革开放以来经济增长的动力有两个明显特征，即投资拉动作用持续保持很高的水平；效率驱动的作用逐渐弱化，直至走到经济增长的对立面。下面，我们将围绕这两个特征展开动力转换成因的探讨。

改革开放之初，中国濒临崩溃的国民经济迫切需要迅速的恢复与增长，计划经济体制下国家对社会经济的全面掌控为实现贫穷状态下的高积累创

---

① 资本投入和 TFP 的贡献围绕着 8% 的经济增长率水平呈对称分布。

造了制度条件，从而有力地推动国民经济跨越了贫困陷阱，走上了持续增长道路。在此我们需要提到的两点是，农村改革的率先实行，不仅夯实了国民经济的基础产业，同时也保证了高积累状态下群众基本生存资料的满足；当物质极度匮乏时，平均主义大锅饭能够尽最大可能释放生计水平以上的收入转为积累。以上两点是保证改革开放之初"低收入、高积累"能够在稳定的社会状态下得以实现的重要条件。经济体制改革所猛烈激发出来的生产积极性，对外开放所引进的先进技术，是改革开放初期 TFP 增长的两个重要原因。

计划体制向市场体制的转型在20世纪80年代中期以后处于激烈的争论之中，改革过程表现为时进时退的态势，而这与宏观经济的剧烈波动有着密切的联系。一方面，缺乏经验与制度的银行体系在竞相发展的年代中超发了大量的投资资金，引发了改革期间第一次严重的通货膨胀；另一方面，旧有计划体制根深蒂固的城市经济、工业厂矿面临的改革任务相当艰巨，"一放就乱，一收就死"成了当时形象的写照，时放时收之间所带来的企业经营绩效变化也引致了TFP的剧烈波动。

1992年改革新启之后，被压抑已久的国民经济呈现爆发式增长，同样由于缺乏经验与制度的银行体系，造成了不久之后的改革期间第二次严重通货膨胀。这一次通货膨胀开始后，投资与TFP之间的反向变动关系逐渐显现出来。一方面，以较低的管制配给价格获得贷款之后，资金使用者缺乏有效利用资金的足够动力，其投资项目的经济效率往往也会相应降低；另一方面，通货膨胀往往与资产泡沫接踵而至，过多的资金造成了资产价格的上涨，而资产泡沫进一步推动了房地产等缺乏创新产业的虚幻增长，如在此期间曾爆发了中国第一次房地产泡沫。更为重要的是，当市场充斥资金的时候，意味着积累率在提高，消费率在下降，这时候将资金用于生产消费品势必面临缺乏国内市场的问题。对此，一方面，消费品生产者利用人口红利提供的价格优势开拓国际市场；另一方面，资金更多地运用于生产资料而非消费资料的生产。面对产能的持续扩大和国内消费力的持续降低，投资和出口成为经济增长的主要动力，消费则变得十分乏力。当国外市场仍未饱和、劳动力价格持续低廉时，低效率的生产模式便难以在强有力的竞争压力下得到转变。

1997年的经济"软着陆"和亚洲金融危机推动中国走向凯恩斯主义的宏观调控道路。在经济过热实现"软着陆"之后，由于社会投资乏力和经济停滞的连带风险增大，政府利用不断增长的财政实力直接参与扩大投资，从而保持了投资对经济增长的持续重要贡献。[①] 由于政府职能的限制和在公共品投资方面的相对优势，这一时期的财政投资主要用于基础设施建设，这一方面间接扩大了社会产能，另一方面扩大了低生产效率行业占国民经济的比重。与此同时，人民收入的增长相对缓慢，过剩的产能促使出口经济模式被再度强化。

2003年，国民经济摆脱通货紧缩状态之后，货币政策被重新拾起，并开始进入了一轮近十年的宽松货币政策周期。在此期间，除税收快速增长带动下的财政性投资继续保持了通货紧缩时期的水平外，资本价格管制下的低融资成本和地方政府"增长饥渴症"驱使下的融资平台建设，推动此前一轮通货膨胀下的情景得以再度重现：对铁路、公路、基础设施等生产建设的狂热投入，进而带动了生产资料行业的快速扩张；房地产出现投机泡沫与建设高潮。在此阶段，国有垄断企业利用垄断地位和拥有诸多或明或暗的政策性保护得到快速的成长，但由于缺乏竞争，这些国有垄断企业没有提高效率的足够动力，生产经营过程中的铺张浪费十分严重，并且其在诸多领域对民营企业的挤压也使得可能的效率改善无法得以实现。居民收入水平依旧难以跑赢GDP，这一方面促使资金脱离实体经济领域转向房地产、艺术品的炒作，另一方面使得过剩产能的产出依然要依靠国外市场来解决。

基于上述分析，我们认为中国经济增长动力转换的原因主要在于以下几个方面：第一，政府在运用积极财政政策和货币政策方面的强大能力，令社会投资率总能维持在较高的水平，不至于因社会投资意愿的缺乏而陷入低谷；第二，政府将大量税收收入用于投资而不是转移支付，这在造成高投资率的同时，还挤压了居民收入；第三，居民收入的相对持续下降和收入分配状况的恶化降低了社会消费能力，资本投入只能投向基础设施和大宗生产资料的生产，但这些缺乏创新的产能部分的扩大将会拉低全社会的经济效率表现；第四，人口红利除降低了居民收入水平外，还降低了劳动投入价格，国外市场未饱和时，这一成本优势使得缺乏创新的简单劳动密集型行业得以长期存在。

---

① 当时大范围的下岗失业、流动人口的大幅增加均是社会稳定的隐患，一旦经济增长无法持续，恶化的经济状况将有可能引致社会动荡。在缺乏足够的经济支撑下，政府也难以通过提供基本生活保障等措施来应对危机的发生。

四 政策建议

以资本拉入为主要动力来源的中国经济增长面临着不可持续的挑战，这一挑战不仅来自现实中有限资源的约束，而且还来自经济结构转换的紧迫性。近来的经济情形表明：国外市场已逐渐趋于饱和，过度的投资及由此带来的产能过程难以被再度消化，单纯依靠投资来推动经济增长已难以为继；长期实施宽松货币政策及限定低廉的资金使用价格，将不可避免地带来资产泡沫化、通货膨胀高企等现象；即使经济紊乱的情况能够得到控制，这也将给长期的经济增长带来负面影响，尤其是会降低经济体系的效率表现。对此，我们提出以下几点建议。

第一，政府应积极推动利率市场化进程和相应的金融体系改革，将资金的机会成本充分反映到资金价格中去，从而在根本上抑制低效率的粗放型投资，提高资金的使用效率。与此同时，政府还应积极推进金融市场主体的多元化，打破垄断所导致的低效率资金配给状况，提高资本的配置效率。

第二，政府需要有选择、有计划地减轻企业和居民的税收负担，增加劳动收入的 GDP 占比，通过转移支付手段来增进居民福利，进而带动国内消费需求的提高，引领经济发展由不断积累、扩大再生产，转移到供需平衡的发展轨道上来。

第三，政府应抑制过度的公共基础设施建设和房地产开发，将相应的资金疏导到具有创新性和成长前景的新兴产业中去，从而降低技术进步缓慢的传统产业的比重，改善产业结构。

第四，政府应推动政府职能向服务转化，减少对市场的直接干预，将自身由兼职的运动员打造成专业的裁判员。当下还需注意的是，中央政府应抑制地方政府的投资冲动，降低地方财政风险，维护经济的稳定运行。

第五，政府还应改进国有经济管理体制，有意识地促进国有企业参与市场竞争，实质性放开某些垄断行业的民营企业准入，以期通过共同的、较充分的竞争来提高整个国民经济的效率。

参考文献

[1] 陈宗胜、黎德福：《内生农业技术进步的二元经济增长模型——对"东亚奇

迹"和中国经济的再解释》,《经济研究》2004 年第 11 期。

[2] 江春、吴磊、滕芸:《中国全要素生产率的变化:2000~2008》,《财经科学》2010 年第 7 期。

[3] 易纲、樊纲、李岩:《关于中国经济增长与全要素生产率的理论思考》,《经济研究》2003 年第 8 期。

[4] 张军、吴桂英、张吉鹏:《中国省际物质资本存量估算:1952~2000》,《经济研究》2004 年第 10 期。

[5] 郑京海、胡鞍钢、Arne Bigsten:《中国的经济增长能否持续——一个生产率视角》,《经济学季刊》2008 年第 3 期。

[6] Battese, G. E., and Coelli, T. J., "A Model for Technical Inefficiency Effects in a Stochas-tic Frontier Production Function for Panel Data", *Empirical Economics*, Vol. 20, 1995, pp. 325-332.

[7] Bauter, P. W., "Recent Developments in the Econometric Estimation of Frontiers", *Journal of Econometrics*, No. 46, 1990, pp. 39-56.

[8] Farrell M. J., "The measurement of Production Efficiency", *Journal of Royal Statistical Society*, Series A, General, Vol. 120, No. 3, 1957, pp. 253-281.

[9] Forsund, F. R., Lovell C. and Schmidt P., "A Survey of Frontiers Productions Functions and of Their Relationship to Efficiency Measurement", *Journal of Econometrics*, No. 13, 1980, pp. 5-25.

[10] Krugman, P. "The Myth of Asia's Miracle", *Foreign Affairs*, Vol. 73, No. 6, 1994, pp. 62-78.

[11] Kumar, Subodh, Russell and Robert, "Technological Change, Technolo-gical Catch-up, and Capital Deepening: Relative Contributions to Growth and Convergence", *The American Economic Review*, Vol 92, No. 3, June, 2002, pp. 527-548.

[12] Kumbhakar, S. C. and Lovell C., *Stochastic Frontier Analysis*, NewYork: Cambridge University Press, 2000.

[13] Kumbhakar, S. C., "Estimation and Decomposition of Productivity Change When Pro-duction Is Not Efficient: A Panel Data Approach", *Econometric Reviews*, Vol. 19, No. 4, 2000, pp. 425-460.

[14] Kumbhakar, S. C., "Speccification and Estimation of production Risk, Risk Preferences and Technical Efficiency", *American Journal of Agricultural Economics*, No. 84, 2002, pp. 8-22.

[15] Wu, J., "China s Economic Reform: Past, Present and Future", *Perspectives*, Vol. 1, No. 5, April 30, 2006.

跨越"中等收入陷阱"与经济发展动力探析

● 杨淑华 朱彦振 李应宁*

内容提要： 现阶段我国正面临从中等收入国家向高收入国家转型，根据世界经验，这一阶段是"矛盾凸显"的时期，能否顺利进入高收入国家行列，关键取决于经济发展是否具有强劲的动力。本文从经济发展的内在动力、外在引力和外在推动力视角，分析了拉美国家陷入"中等收入陷阱"的动力原因，并论证了我国从中等收入国家向高收入国家转变过程中面临的挑战以及跨越"中等收入陷阱"的经济发展动力。

关键词： "中等收入陷阱" 经济发展 动力

一 问题的提出

改革开放以来，中国经济保持三十多年年均9%以上的高速增长。2011年年底，国内生产总值（GDP）达到47.2万亿元，按2011年中国总人口134812.1万人计算，人均GDP为33989元，折合美元人均GDP达到5184美元，按照世界银行的标准，中国已经进入中等偏上收入国家的行列。根据世界经验，这一阶段是"矛盾凸显"的时期。未来几年，尤其是"十二五"期间，是中国避免掉进"中等收入陷阱"、实现经济平稳较快发展的关键时期。

所谓的"中等收入陷阱"，是指当一个国家从低收入国家发展成为中等收入国家后，经济增长率出现回落，无法继续保持高速增长，人均收入水

---

* 杨淑华，南京审计学院经济学院教授；朱彦振，南京政治学院；李应宁，海军指挥学院政工指挥系教授。

平难以提高，最终出现经济停滞的一种状态。"中等收入陷阱"（Middle income trap）是 2006 年世界银行在其《东亚复——经济增长的思路》的研究报告中首次提出的一个概念。之后引起了世界各国的关注，特别是那些已经成为或正在成为中等收入国家的学者开始对这一问题进行深入研究。近年来，随着中国经济社会的发展，"中等收入陷阱"问题逐渐成为我国学者关注的热点。例如，成思危（2011）认为，按照国际上已有的经验，在中等收入阶段，发展中国家通常将会面临"中等收入陷阱"的挑战，要实现经济稳定、健康发展，出口、投资、消费三驾马车拉动经济增长的顺序应调整，消费要提到第一位；刘伟（2011）认为，转变发展方式是突破"中等收入陷阱"的关键；李扬（2011）认为，要想规避"中等收入陷阱"，除转变经济发展方式外，宏观调控体系也必须改变，如物价问题和就业问题就必须给予足够的关注，否则也会导致社会动荡；张卓元（2011）认为，转方式、调结构是避开"中等收入陷阱"的正确选择；马晓河（2011）从结构转型的角度，分析了跨越"中等收入陷阱"的国际经验教训和中国面临的挑战，提出中国要想避免"中等收入陷阱"必须调整发展战略；刘方成、李振明（2011）认为，收入分配和贫富差距拉大是导致"中等收入陷阱"的根本要害所在。本文从经济发展动力的视角，探索我国从中等收入国家向高收入国家转变过程中面临的挑战以及跨越"中等收入陷阱"的经济发展动力。

二 "中等收入陷阱"与经济发展动力

第二次世界大战以后，世界许多国家经过努力，都先后进入中等收入国家行列。2009 年，世界银行根据各国经济发展水平，将世界各国进行了分组：人均国民收入低于 995 美元的为低收入国家和地区，996～3945 美元为下中等收入国家，3946～12195 美元为上中等收入国家，高于 12195 美元的为高收入国家和地区。按这一标准划分，像巴西、阿根廷、墨西哥、智利、马来西亚等，在 20 世纪 70 年代均进入了中等收入国家行列。但直到 2007 年，这些国家仍然挣扎在人均 GDP 3000～5000 美元的发展阶段，一直徘徊在中等收入水平线上，并且见不到增长的动力和希望。拉美地区还有许多类似的国家，虽然经过了二三十年的努力，几经反复，但一直没能跨过 1 万美元的门槛。

只有少数国家如日本、韩国、新加坡以及中国的台湾、香港地区实现转型并进入高收入国家（地区）行列。日本人均国内生产总值在1972年接近3000美元，到1984年突破1万美元；韩国1987年超过3000美元，1995年达到了11469美元。从中等收入国家跨入高收入国家，日本花了大约12年时间，韩国则用了8年。那么，为什么东亚和拉美一些国家或地区会陷入"中等收入陷阱"？而日本和韩国会实现较快发展并跨越"中等收入陷阱"呢？笔者认为，各个国家的具体情况不同，陷入和跨越"中等收入陷阱"的原因也有所不同，但其共同的根本原因和经济发展的动力相关。

任何社会经济活动都有其最基本的经济驱动力。从理论上讲，根据经济增长条件趋同假说（Barro and Salai-Martin，1995），经济发展是诸多条件或因素共同作用的结果，如投资、人力资本积累、政府职能、基础设施状况、体制和政策环境等，而这些要素作用的发挥要依靠经济发展的动力去实现，它决定和制约着人们经济活动内容和活动发展的方向。所谓经济发展的动力，是指社会经济赖以运动、发展、变化的推动力量。经济发展的动力包括三个方面：一是经济发展的内在动力；二是经济发展的外在引力；三是经济发展的外在推动力。经济发展是一个现实的物质变换过程，是内在动力、外在引力和外在推动力共同作用的结果。

在市场经济条件下，经济发展的内在动力来自市场经济主体对各自经济利益的追逐。市场经济的资源配置是由追求利润的厂商支配的，如技术的创新与应用、资源配置和组织方式等。在微观领域也就是在生产方式上，厂商是否进行这方面的转变，取决于这些转变能否带来更大的利润，只有当生产方式转变能够带来更高的资本收益率时，新的生产方式才会发生，否则就不会发生。

从厂商的成本收益看，效益的提高取决于两个方面：一是生产成本能否有效降低；二是收入能否有效增加。在收入一定时，决定企业效益变化的因素就是成本方面，一是劳动力成本；二是资源要素成本。企业生产方式选择考虑的最主要因素就是要素价格的变化与各要素成本占总支出的比重，如成本上升，收入减少，企业发展动力不足。

从外在引力来看，在企业成本一定时，企业的大小取决于社会对企业产品的有效需求，包括内需和外需两个方面。如市场需求旺盛，在市场经济中，厂商能够获得较好的效益，企业发展动力强劲。经济发展的外在推动力包括技术进步、市场竞争和体制及政策的激励及约束，其中技术进步是一国经济长期、稳定增长的最重要的推动力。在技术进步、市场竞争环境好、体制和政策激励及约束力大的条件下，企业在利益诱惑与竞争的压力下，必然会促使企业不断改进技术，加强管理，提高资源的利用效率，促进经济社会的发展。

从上述经济发展动力原理，观察陷入"中等收入陷阱"国家的经济发展，我们可以得出以下结论。

第一，陷入"中等收入陷阱"国家的根本原因是内在动力缺失，对外部世界过度依赖。大多数发展中国家或地区的经济起飞即最初的经济增长，都是依靠在短期内增加投入和产出来实现的，尤其是那些石油、天然气、矿产、农产品等自然丰富的经济体，资源立国的要素驱动特点十分突出，甚至到了资源严重依赖程度，如资金、技术、人才、市场等。但是，劳动力和资源的供给是有限的，当劳动力和资源供给短缺时，企业效益下降，债务增加，企业发展动力不足。如一些拉美国家从20世纪70年代末起，就一直处于债务危机的阴影中。资料显示，不少拉美国家的平均偿债率多年都在20%以上。尤其是当经济发展到一定程度时，这些国家又没有及时地对自身经济发展加以调整，这样外部世界的动荡和风险往往会严重影响本国经济发展。

第二，"双需"失衡，即内需和外需失衡，消费拉动不足是长期陷入"中等收入陷阱"国家的基本特征。社会生产是以需求为导向和引擎的，国内外市场的大小决定了工业的规模和结构增长速度。而国内市场的大小又决定于居民的购买能力和收入水平。而这些国家长期存在收入分配两极分化问题，贫富差距不断扩大，财富不断向富人集中，使得消费倾向很高的中低收入阶层收入水平低，购买能力难以提高，导致国内消费市场不足，经济增长受到了限制，同时社会也不稳定。如巴西，1999年占1%人口的富人拥有社会财富的53%，而20%的贫困家庭仅拥有2.5%社会财富，当年全国贫困人口5410万人，贫困发生率高达34.9%（马晓河，2011）。美洲开发银行的一项研究报告称：30%拉美地区的贫困人口只拥有国民收入的7.5%，而占人口10%的富人则拥有国民收入的40%。一些国家和地区的基尼系数高达0.6，超出0.4的国际警戒线的一半，远超欧洲0.25~0.3和亚洲0.31~0.44的平均系数，创造了世界最不均等收入之最（刘方成、李振明，2011）。

第三，制度和技术创新能力不足，经济发展缺乏强劲的推动力。罗默模型（Romer，1986）把技术进步内生化，视知识为独立的生产要素，认为知识有很强的正外部性和非竞争性，得出"一些国家之所以长期处于低水平的增长路径上,就是对知识生产部门的投资不足,技术进步率太低"的结论。例如,巴西等一些国家由于国内储蓄率和投资率低,工业化主要是依靠外国的资本和技术支持,这使得这些国家一方面工业自主创新能力不强,缺乏产业核心竞争力;另一方面大量举债,使国家背上了沉重的外债包袱。

同时,制度是经济增长的重要推手。如果制度出现问题就不能制定出适合经济发展的政策。例如,阿根廷资源丰富,市场规模较大,而且初等和高等教育等领域在拉美名列前茅,甚至在世界各国中都处于中上游,但是由于制度的弊端,导致经济发展长期滞后,陷入"中等收入陷阱"不能自拔。据世界排名,阿根廷在"制度"层面上十几个子项目的竞争力在全球139个经济体中均排在130名之后(Klaus Schwab, 2010)。又如,由于希腊财政政策的失误导致其发生主权债务危机,其竞争力排名从2006～2007年的第61位下降到2010～2011年的第83位,经济增长受到严重打击(郑秉文,2011)。

三 我国面临"中等收入陷阱"的严峻挑战

目前中国正面临从中等收入国家向高收入国家的转变。根据国际经验教训,这一阶段与中等收入阶段相比,遇到的问题更复杂,面临的挑战更严峻。中国作为发展中国家,面临的问题和其他国家有不少相似之处,这主要表现在以下方面。

1. 劳动力及生产要素价格的上升,弱化了经济发展的内在动力

改革开放以来,中国经济快速发展,取得了举世瞩目的成就,实现了从低收入国家向中等收入国家的转型。在低收入阶段,我国利用劳动力富裕、工资成本低的优势,积极引进外资,以出口为导向,大力发展劳动密集型产业,实现了经济的快速发展。但进入中等收入发展阶段,中国经济的要素禀赋结构发生了重大变化,要素相对价格体系也随之调整。一是劳动力成本提高,逐渐弱化中国在劳动密集型制造业上的比较优势和国际竞争力。一项企业调查显示,劳动力成本提高20%,对那些竞争性行业的企业来说,因行业的劳动力成本占比不同,会分别降低企业利润水平20%～65%不等(李慧勇、孟祥娟,2010)。全国制造业企业数据显示,东部地区在全部劳动密集型制造业产值中的比重,已经从2004年的88.9%下降为

2008年的84.7%，平均每年下降超过1个百分点（蔡昉，2011）。二是生产资料要素价格上升，经济增长的资源环境约束明显增强，使得企业生产成本增加，利润减少，尤其是中小企业生产经营困难。因此，如表1所示，劳动力成本及价格的上涨对经济总量的增长、经济结构的调整以及物价控制等方面都有深远的影响，对我国多年来依靠丰富、廉价的劳动力及其资源发展的经济模式带来挑战。

表1 劳动力成本变动对企业利润率的影响

单位：%

行业名称	劳动力成本提高10%对利润率的影响			劳动力成本提高20%对利润率的影响		
	2007年	2008年	2009年	2007年	2008年	2009年
农副食品加工业	-6.3	-6.6	-6.6	-12.6	-13.2	-13.1
纺织业	-16.2	-16.5	-15.1	-32.2	-32.8	-29.9
医药制造业	-7.7	-7.3	-7.3	-15.2	-14.5	-14.4
金属制造业	-13.8	-13.8	-13.1	-27.5	-27.4	-26.0
交通运输制造业	-9.5	-10.4	-8.5	-18.8	-20.6	-16.9
通用设备制造业	-11.9	-12.1	-11.6	-23.6	-23.9	-23.0

资料来源：根据CECIC数据库、《中国劳动统计年鉴》相关数据计算。

2. 我国经济发展外在引力不够

消费拉动不足是制约我国经济发展的一大软肋，也是我国经济发展面临的突出问题。我国消费需求不足主要体现在内需和外需不足。

一是在内需结构中，投资需求和消费结构失衡，经济增长主要是靠投资需求拉动的。改革开放以来，我国年均固定资产投资需求增长率保持在13.5%以上，2003年以来更是从未低于24%，有些年份甚至超过30%。根据世界经济发展趋势，据测算，若内需拉动经济增长10个百分点，则其中7个百分点左右是消费需求拉动的，投资需求拉动只在3个百分点（刘伟，2011）。而我国恰好相反，2009年，8.7个百分点是由投资需求拉动的，消费需求拉动所占比例由2000年的5.5%下降到2009年的4.1%，呈下降趋势。如表2所示。

从消费者角度出发，收入决定消费这是学术界已达成的共识。我国国民收入分配结构扭曲和收入分配分化是影响内需不足的根源。

一方面,在政府、企业、居民三大收入主体结构中,国民收入在不断向政府和企业倾斜,而城乡居民在国民收入分配中的比重连续下降。1995~2008年,考虑到非预算收入,政府在国民收入初次分配和再分配中比重由25.2%上升到31.9%,企业所占比重由8.9%上升到13.3%,而居民所占比重从65.9%下降到54.8%,2008年后这种向政府和企业倾斜的格局也没有改变(马晓河,2011)。近10年来,居民收入在国民收入中所占比重大体上下降了10个百分点(刘伟,2011),严重影响了居民消费需求的增长。

表2 2000年以来消费、投资和净出口对经济增长的拉动作用

年份	经济增长率	最终消费支出 贡献率(%)	最终消费支出 拉动(百分点)	资本形成总额 贡献率(%)	资本形成总额 拉动(百分点)	货物和服务净出口 贡献率(%)	货物和服务净出口 拉动(百分点)
2000	8.4	65.1	5.5	22.4	1.9	12.5	1.0
2001	8.3	50.2	4.2	49.9	4.1	-0.1	
2002	9.1	43.9	4.0	48.5	4.4	7.6	0.7
2003	10.0	35.8	3.6	63.2	6.3	1.0	0.1
2004	10.1	39.5	4.0	54.5	5.5	6.0	0.6
2005	11.3	37.9	4.3	39.0	4.4	23.1	2.6
2006	12.7	40.0	5.1	43.9	5.6	16.1	2.0
2007	14.2	39.2	5.6	42.7	6.1	18.1	2.5
2008	9.6	43.5	4.2	47.5	4.6	9.0	0.8
2009	9.1	45.4	4.1	95.2	8.7	-40.6	-3.7

资料来源:国家统计局。

另一方面,居民收入差距扩大。中国基尼系数从1997年以后,除个别年份(1999年)外,均超过0.40;进入21世纪以来,基尼系数多年均超过0.45,2009年达到0.47(阮加、阮敬科,2011),显著超过国际公认的警戒线之上。收入差距过大本身就意味着社会消费倾向降低,从而导致内需不足。

再一方面,城乡差距拉大。据统计,现阶段我国农村人口年均纯收入大体相当于城市人口年可支配收入的30%。而我国13亿多的总人口中,有超过50%是作为农村人口存在的,导致长期以来我国经济增长的消费需求动力主要依靠不足50%的城市居民支持,这是消费需求不足的重要原因。

二是外需结构失衡。出口需求是影响我国经济发展的重要方面。据测算，现阶段我国出口需求增长10个百分点，大体拉动GDP增长1个百分点。2003~2007年，我国年均出口需求增长率在26%左右，大体每年拉动GDP增长2~6个百分点。受金融危机影响，我国出口需求大幅度下滑，2009年我国出口需求增长率为-17%左右，相应拉动经济增长率为-1.7个百分点，使我国经济增长发生3~4个百分点的波动（刘伟，2011）。

3. 我国经济发展外在推动力不强

一是技术进步还没有成为我国经济发展的主导力量。在高收入发达国家的经济增长中，技术创新的贡献率达70%，而中国的技术创新贡献率还不到40%。根据中国现代化战略研究课题组和中国科学院中国现代化研究中心（2010）的数据，R&D（研究与发展）投入占GDP比率，中国只相当于发达国家的56%和世界平均水平的61%；每万人拥有R&D人员数，只相当于发达国家的23%和世界平均水平的77%；每百万人拥有的专利数，只相当于发达国家的15%和世界平均水平的76%；而从教育水平上看，30岁人口的平均受教育年限，中国只相当于美国的65%和日本的67%（蔡昉，2011）。二是体制性矛盾较为突出。这主要表现在以下方面。第一，在经济治理上，政府对部分行业的高度控制有利于宏观调控，是保障经济有序运行的理性手段，但由此带来的寻租行为、垄断利润以及腐败现象加剧了收入阶层的分化。第二，社会保障制度滞后，使个体面临的不确定与整体社会风险加大，影响长期稳定消费。尽管我国社会保障制度建设步伐加快，但历史累积的问题需要一个建设过程。三是政策的激励和约束不到位。如我国的财税政策，针对劳动收入的税收太高，直接导致了劳动收入占GDP比重下降，据统计，这一比重从1993年的62%降到了2005年的42%（李稻葵、刘霖林、王红领，2009）。税收挤占劳动收入的另一个表现是针对工资收入征收的个人所得税，起征点尽管有所提高，但依然偏低，而且没有考虑到劳动者的家庭负担。

四 提高我国跨越"中等收入陷阱"的经济发展动力的对策

（一）强化经济发展的内在动力

工业化进程速度的加快会导致资源需求增加，劳动力和资源价格上升，这是市场经济的刚性规律。在这一规律作用下，如何强化企业发展的内在动力，笔者认为应采取以下措施。一是应当降低企业缴纳的各种税费，尤其是要大幅度降低微型企业的税收，降低了税费就相当于降低了企业的成本，企业能够在生产资料价格提高的情况下维持其原价格，既有利于稳定物价，又能够激发企业发展的动力，促进经济发展。二是降低企业的注册门槛，鼓励各种创业活动，降低交易成本，尤其是应降低行政性收费标准，免去可免的各种收费。三是降低物流成本，这既有助于降低企业的生产和销售成本，也有利于控制物价。目前，我国的物流成本很高，据统计，2011年上半年，我国物流成本占 GDP 的 18%，同比提高 0.1% 个百分点[①]，其中很大比例是由于高速公路的垄断性收费（过路费、过桥费）使得物流成本居高不下。因此，政府要降低高速公路收费标准，如果把物流成本降低10%，就会使我国的总成本降低至少 1.8 个百分点，反映在价格上，那就意味着通货膨胀率将下降至少 1.8 个百分点（苏剑、叶溪尹、房誉，2012）。

（二）扩大"双需"，提升经济发展的外在引力

2012 年，时任国务院总理温家宝在《政府工作报告》中指出："扩大内需特别是消费需求是我国经济长期平稳较快发展的根本立足点，是今年工作的重点。着力扩大消费需求。加快构建扩大消费的长效机制。大力调整收入分配格局，增加中低收入者收入，提高居民消费能力。"首先，政府要加快推进分配制度改革，在初次分配中要逐步提高劳动收入的份额，在再分配中份额应向居民倾斜，这是增加居民可支配收入和提高居民消费能力的根本途径；要改变收入分配过分向国家集中、向垄断行业集中、向资方集中的不合理分配格局。其次，政府要大幅度提高农民的收入。农村是我国广阔的消费市场，农民收入增加了，不仅会缩小城乡差距，也会大大拉动国内需求。最后，政府要扩大外需，引导加工贸易向产业链高端延伸；鼓励企业到海外建立加工组装基地，境外分销；培育一批具有国际竞争力的跨国公司集团，巩固美、日、欧传统市场，开拓新兴市场，创造参与国际合作与竞争的新优势。

（三）增强经济发展的外在推动力

第一，要鼓励企业技术创新。政府应通过技术创新提升单位劳动和资本的产出水平，使企业用较少的投入获得较多的产出，使经济增长的路径由依赖"高投入、高产出、高消耗、低消费"向"低投入、高产出、低消

---

① 资料来源于中国物流与采购联合会的《2011 年上半年物流运行情况分析》。

耗、高消费"转变；加大对技术创新和生产转型企业的政策支持力度，对那些自主创新、技术改进、节能节材产品的生产和保护生态环境企业应给予财政支撑和税收优惠，从根本上减少环境污染，真正实现经济发展方式的转变；同时对绿色环保的微型企业通过减免税收和银行贷款等措施扶持发展。

第二，加快社会保障制度建设和规范。社会保障制度建设能够消除人们可以预知的社会风险，提高人们的消费意愿；健全社会保障制度可以大幅度提高生活保障水平，特别要大幅度提高农村社会保障水平。

第三，进一步改革个人所得税，增加中低收入者收入，提高劳动者的消费能力。当前的个人所得税不仅无助于改进收入分配，而且加剧了收入差距，不利于扩大内需。笔者建议个人所得税改革应从以下方面着手：一要进一步提高个人所得税起征点；二要降低税率和税率的累进程度；三要考虑纳税者的家庭负担，根据家庭人均收入水平征税，而不是单纯根据个人收入征税，这样对家庭负担重的劳动者可以降低税率，有利于提高劳动者的劳动所得，也更加体现社会公平。

第四，要发挥政策的激励和约束作用，严厉打击生产犯罪和地方保护主义，确保产品质量和消费安全。

参考文献

[1] 成思危：《转变经济发展方式，规避"中等收入陷阱"》，《拉丁美洲研究》2011年第3期。

[2] 刘伟：《突破"中等收入陷阱"的关键在于转变发展方式》，《新华文摘》2011年第10期。

[3] 李扬：《借鉴国际经验，应对"中等收入陷阱"的挑战》，《拉丁美洲研究》2011年第3期。

[4] 张卓元：《转方式、调结构是避开"中等收入陷阱"的正确选择》，《新华文摘》2011年第13期。

[5] 马晓河：《迈过"中等收入陷阱"的结构转型国际经验教训与中国挑战》，《社会主义经济理论与实践》2011年第7期。

[6] 刘方成、李振明：《跨越"中等收入陷阱"，促进收入可持续增长》，《社会主义经济理论与实践》2011年第3期。

[7] 郑秉文：《"中等收入陷阱"与中国发展道路——基于国际经验教训的视角》，《社会主要经济理论与实践》2011年第5期。

[8] 李慧勇、孟祥娟：《劳动力成本上涨将改变企业利润格局——劳动力成本与通胀、企业利润的比较研究》，《专题研究 SWS Research》，2010 年 7 月 1 日。

[9] 阮加、阮敬科：《收入分配问题现状、原因及对策探讨》，《经济学动态》2011 年第 2 期。

[10] 蔡昉：《"中等收入陷阱"的理论、经验与针对性》，《经济学动态》2011 年第 12 期。

[11] 李稻葵、刘霖林、王红领：《GDP 中劳动份额演变的 U 型规律》，《经济研究》2009 年第 1 期。

[12] 苏剑、叶淏尹、房誉：《2012 年中国宏观经济形势和政策》，《经济学动态》2012 年第 2 期。

为什么中国企业家会"不务正业"?

——基于新制度经济学的视角

● 李晓敏*

内容提要: 本文从新制度经济学的视角解释并分析了中国企业家"不务正业"的四种现象:寻租、投机、投资移民和涉黑。本文认为,作为一种特殊的生产要素,企业家才能在生产性活动、非生产性活动和破坏性活动中的配置方向,取决于企业家所处的制度安排及其内生的游戏规则。在目前中国的制度环境下,企业家看似"不务正业"的行为实际上是一种无奈和理性的选择。

关键词: 企业家 寻租 投机 投资移民 涉黑

一 引言——中国企业家[①]"不务正业"现象

在熊彼特看来,企业家最基本的职能是生产和创新。熊彼特(J. A. Schumpeter, 1934)在《经济发展理论》一书中,首次把企业家才能看作经济增长与发展的原动力,认为正是企业家的"创造性毁灭"推动着经济发展水平的波浪式上升。企业家通过不断开发新产品、引入新生产方式、开辟新市场、获取新材料和建立新组织等一系列创新活动来推动经济发展。

然而,在当今的中国,企业家"不务正业"的现象十分普遍。一方面,不少企业家正从事着背离生产和创新(寻利活动)的寻租活动甚至是犯罪活动。与生产相比,企业家们似乎更热衷于结交官员和建立政治联系,通

---

* 李晓敏,河南大学经济学院副教授。
① 本文中的企业家专指民营企业家。

过寻租最大限度地获取非生产性收益,企业家行贿和官商勾结的丑闻时有发生。此外,在近两年,企业家"涉黑"案件有所增加。据《2011年度中国企业家犯罪报告》显示,中国民营企业家最大宗的犯罪是诈骗,其次是行贿,第三大宗犯罪是"涉黑"。另一方面,许多企业家更加青睐短期的投机(如炒股和炒楼)而非长期的实业投资。更令人不解的是,不少中国本土的企业家纷纷撤出国内的实业投资,移民到国外进行投资。招商银行发布的《2011中国私人财富报告》显示,近60%接受调查的内地富人都已完成投资移民或有投资移民考虑,这一行为在富有的人群,如个人可投资资产在1亿元以上的群体中,表现得尤其明显,约27%的人已经完成了投资移民,而正在考虑投资移民的占比高达47%。

为什么中国企业家不是热衷于寻利而是寻租甚至是"涉黑"犯罪?为什么中国企业家会放弃长期实业投资而偏爱短期投机,甚至是投资移民?这是企业家的"不务正业"还是理性选择?这一看似与正统经济学理论背离的现象该如何解释?本文从新制度经济学的视角对中国企业家"不务正业"的现象给予了解释并分析了背后的原因,最后针对改进国内企业家资源的生产性配置提出了完善我国现行制度安排和激励结构的建议。

二 制度安排及其内生的"游戏规则"决定企业家的选择

熊彼特(1934)首次把企业家才能作为经济增长与发展的原动力,认为正是企业家的"创造性毁灭"推动着经济发展水平的波浪式上升。[1] 从此以后,企业家才能被认为是一种重要的生产要素,是现代社会革新、发展和变化的动因。企业家通过投资和再投资改进生产效率,给市场带来新的、更好的产品,进而促进社会生产力的发展和经济的长期增长。

鲍莫尔(Baumol,1990)对熊彼特的分析框架提出了质疑,他指出"人群中从来就不缺企业家,企业家总是对经济发挥着重要的作用,不过企业家的才能可以像资源那样进行很多种配置方式,其中的某些配置并不像我们习惯认为的那样对社会具有建设性和创新性,有时候甚至会对社会产

---

[1] Schumpeter, J., *The Theory of Economic Development*, Harvard University Press, 1934.

生破坏作用"。① 鲍莫尔（1990）把企业家活动区分为生产性活动、非生产性活动和破坏性活动，并且强调企业家才能的配置是理解企业家活动对经济繁荣贡献的关键。他认为一个社会的制度及组织方式将会影响企业家才能在生产性活动和非生产性活动之间投入的比例，不同的制度环境决定了不同企业家活动类型的报酬前景，因此，企业家所处的制度环境可能会影响企业家对经济繁荣做出的贡献大小。在鲍莫尔的分析框架中，他更加注重企业家才能的配置问题，即企业家才能不仅可能配置到生产性的活动，还可能用于非生产性活动（如寻租）甚至是破坏性的活动（如犯罪）。Acemoglu（1995）② 以及 Mehlum 等人（2003）③ 也分别构造出理论模型试图说明：才能往往是相通的，相同的企业家才能既可以配置到生产性领域，也可以配置到非生产性领域，企业家才能配置的方向取决于社会制度支付给两种活动的相对报酬或激励结构。

一个社会的激励结构或"游戏规则"决定了企业家才能的配置方向，而激励结构或"游戏规则"又内生于一个社会占支配地位的制度环境和制度安排。如果一个社会的制度安排对生产和创新等生产性活动有利，那么企业家才能会在很大程度上配置到生产性部门和领域；反之，如果一个社会的制度安排对寻租和犯罪等非生产性活动有利，那么相同的企业家才能则会大量地流入到非生产性部门和领域。诺斯（North，1990）指出"经济增长的关键在于制度因素，一种提供适当的个人刺激的有效制度是促使经济增长的决定性因素"④，而"如果社会制度允许有才能的人通过企业家活动⑤和创新活动获得丰厚的报酬，那么这个社会就有望繁荣昌盛起来"⑥。因此，当一个社会的企业家面对的制度环境及其内生的激励机制有利于寻利活动时，企业家才能会更多地投入到生产和创造领域；反之，企业家

---

① Baumol, W., "Entrepreneurship: Productive, Unproductive and Destructive", *Journal of Political Economy*, Vol. 98, No. 5, 1990.

② Acemoglu, D., "Reward Structures and the Allocation of Talent", *European Economic Review*, No. 39, 1995, pp. 17–33.

③ Mehlum, H., K. Moene and R. Torvik, "Predator or prey? Parasiticenterprises in Economic Development", *European Economic Review*, No. 47, 2003, pp. 275–294.

④ 〔美〕道格拉斯·C. 诺思、罗伯斯·托马斯：《西方世界的兴起》，华夏出版社，1999，第1页。

⑤ 这里的企业家活动与本文界定的企业家活动不同。本文的企业家活动既包括生产性的企业家活动（如产品创新和生产），又包括非生产性的企业家活动（如寻租），而这里的企业家活动专指生产性的企业家活动。

⑥ Murphy. K., Shleifer, A. and Vishny, R., "The Allocation of Talent: Implications for Growth", *Quarterly Journal of Economics*, 1991, pp. 503–530.

才能会更多地投入到寻租、投机甚至犯罪等非生产性活动。中国企业家"不务正业"的现象看似奇怪，实则不难理解：寻租、投机、投资移民和涉黑都是企业家面对既定制度安排和激励结构的无奈选择，也是一种理性选择。

（一）企业家寻利还是寻租

所谓寻利，就是人们把自己的时间和精力用在生产性活动、创新活动及其追求利润的活动中去。寻租是这样一种活动：你试图从社会中得到一些特殊的好处，这种好处对你有利，但实际上会伤害他人，它是一种非生产性活动。[①] 布坎南指出："寻租活动的原因在于制度规则，而不在寻租者个人本身。"[②]

从世界范围内来看，企业家们是寻利还是寻租，并不是由企业家的主观愿望决定的，更多的是由该国的制度及制度环境决定的。好的制度会鼓励该国企业家去寻利，而坏的制度则迫使该国企业家去寻租。企业家寻租现象在各国都存在，但问题的关键在于，各国企业家从事寻利和寻租活动的规模和程度存在巨大差别。在发达国家，企业家把大多数时间、精力和努力用于产品研发和市场竞争等寻利活动，而在发展中国家，企业家则把大量时间、精力、努力用在了与官员打交道、诉讼竞争对手、游说政府等寻租活动上。有研究显示，企业家与官员打交道的时间可近似看作企业家用于寻租活动的时间。从这一指标来看，在10个发展中国家中，企业家与官员打交道时间占其管理时间的平均比例高达19.8%；而在10个发达国家中，这一平均比例仅为1.91%。总体来看，在企业家与官员打交道时间上，发展中国家是发达国家的10倍。如表1所示。

表1　各国企业家与官员打交道时间

发展中国家	与官员打交道时间占其管理时间的比例（%）	发达国家	与官员打交道时间占其管理时间的比例（%）
阿根廷	13.8（2007年）	捷克	2.1（2005年）
巴西	18.7（2009年）	波兰	3.0（2005年）
中国	18.3（2003年）	葡萄牙	1.1（2005年）

[①] 卢现祥、李晓敏：《论制度和企业家活动》，《经济学家》2011年第5期。
[②] 〔美〕布坎南：《寻租与寻利》，《经济社会体制比较》1988年第6期。

续表

发展中国家	与官员打交道时间占其管理时间的比例（%）	发达国家	与官员打交道时间占其管理时间的比例（%）
阿尔巴尼亚	18.7（2007年）	罗马尼亚	1.1（2005年）
贝宁共和国	20.7（2009年）	韩国	0.1（2005年）
印度	6.7（2006年）	爱沙尼亚	2.3（2005年）
墨西哥	20.5（2006年）	希腊	1.8（2005年）
俄罗斯	19.9（2009年）	西班牙	0.8（2005年）
土耳其	27.1（2008年）	德国	4.5（2005年）
委内瑞拉	33.6（2006年）	爱尔兰	2.3（2005年）
发展中国家平均	19.8%	发达国家平均	1.91%

注：资料来源于世界银行的《2009年世界发展指标》、《2011年世界发展指标》。

制度规则决定了企业家是寻利还是寻租。在我国经济转型过程中，政府控制的资源太多，在社会经济生活中的权力太大，造成中国租金总量占GDP的比重始终保持在20%以上，巨额租金的存在诱导着人们把大量宝贵的企业家才能用于寻租活动，这种情况属于企业家主动寻租。在中国现行的制度环境下，地方政府对企业家的管制比较严，企业创办和经营成本比较高，这导致企业家不得不通过"打通关系"和"搞定官员"来扫除企业营运的障碍。比如，在企业的经营活动中，政府权力部门对企业的关（审批）、卡（各种收费）、压（各种限制）比较多，这些烦琐的审批和低效的制度不仅增加了做生意、办企业的成本，而且延误了商机。国内企业家为了加快办事的速度，不得不打点一下那些掌握权力的官员（经济学上称之为"速度钱"），这种情况属于企业家被动寻租。

在创新活动方面，由于中国知识产权保护制度执行不力，新产品很容易被仿造和伪造，企业家创新收益往往得不到保障，于是企业家失去了创新的激励。表2给出了2008年10个发展中国家和10个发达国家研发支出占当年GDP的比例。笔者发现，中国企业家在技术创新和R&D（研究和发展）投入等创新活动上明显落后于发达国家。2008年，中国的R&D支出占GDP的比例为1.47%，这一比例虽然高于当年许多的发展中国家，但却远远低于许多发达国家，仅为以色列的1/3、美国的1/2。平均来讲，发展中国家研发支出占GDP的比例为0.498%，发达国家研发支出占GDP的比例为3.214%，前者仅为后者的15%左右。

表 2 2008 年各国 R&D 支出占 GDP 的比例

发展中国家	R&D 支出占 GDP 的比例（%）	发达国家	R&D 支出占 GDP 的比例（%）
阿根廷	0.52	日本	3.45
巴西	1.08	瑞典	3.70
中国	1.47	法国	2.12
委内瑞拉	0.23	美国	2.79
菲律宾	0.14	韩国	3.36
印度	0.76	瑞士	3.0
墨西哥	0.37	芬兰	3.72
阿尔巴尼亚	0.15	新加坡	2.66
哥伦比亚	0.15	德国	2.68
塔吉克斯坦	0.07	以色列	4.66
发展中国家平均	0.498	发达国家平均	3.214

注：资料来源于世界银行的《2009 年世界发展指标》。

（二）企业家投资还是投机

企业家是选择长期投资还是选择短期投机，主要取决于从事这两项活动的成本和收益。如果创办和经营企业的成本过高，那么企业家可能会更加青睐短期投机。表 3 是世界银行发布的各国营商环境的最新排名①，2011 年中国的营商环境便利总指数在 183 个国家中位于第 91 名，不仅远远落后于新加坡、新西兰、美国、丹麦等发达国家和中国香港地区，而且也落后于纳米比亚和赞比亚等发展中国家。这说明横向来看，企业家在中国创办和经营企业总体上比较困难，花费的总成本比较高。另外，2008 年，中国营商环境总排名是第 83 位，这说明纵向来看近年来我国营商环境有所恶化。从 10 项分指标来看，中国在登记产权、获得信贷、跨境贸易、执行合同和解决破产的便利性排名高于便利总指数的平均排名，而在创办企业、处理施工许可证、支付税收的便利性方面非常落后。

---

① 企业经营环境指数排名是所有经济体按其企业经营环境的便利程度进行的排名，1 为最佳，数字越大代表越便利。该指数是一国在开办企业、申请许可、雇佣工人、注册财产、获得信贷、保护投资者、缴纳税款、跨境贸易、合同执行和企业破产这 10 类指标中百分位数排名的平均值。这一排名高意味着该国的政策法规环境有利于企业经营。

表3 2011年183个经济体营商环境便利
总指数及10项分指数排名[①]

经济体	营商环境便利总排名	创办企业	处理施工许可证	获得电力	登记产权	获得信贷	保护投资人	支付税收	跨境贸易	执行合同	解决破产
新加坡	1	4	3	5	14	8	2	4	1	12	2
中国香港地区	2	5	1	4	57	4	3	3	2	5	16
新西兰	3	1	2	31	3	4	1	36	27	10	18
美国	4	13	17	17	16	4	5	72	20	7	15
丹麦	5	31	10	13	11	24	29	14	7	32	9
挪威	6	41	60	12	8	48	24	27	9	4	4
英国	7	19	22	60	68	1	10	24	13	21	6
韩国	8	24	26	11	71	8	79	38	4	2	13
加拿大	13	3	25	156	41	24	5	8	42	59	3
中国台湾地区	25	16	87	3	33	67	79	71	23	88	14
纳米比亚	78	125	52	105	145	24	79	102	142	40	56
赞比亚	84	69	148	118	96	8	79	47	153	85	96
中国	91	151	179	115	40	67	97	122	60	16	75

注：资料来源于世界银行的《2009全球营商环境报告》、《2012全球营商环境报告》。

德·索托（De Soto，1989）在《另一条道路》一书中，曾真实记录过20世纪80年代在秘鲁开办企业的困难。他和他的同事们开办了一项生意，需要获得必要的批准，却发现需要将近300天的时间才能拿到这些许可，这还是不断用金钱贿赂官员后才得到的。后来，德·索托发现漫长的等待期（并且伴随着腐败）在许多发现中国家都存在。从创办企业的手续来看[②]，中国的企业家与政府有关部门"打交道"的时间和物质成本也比较高。开办企业的手续数量包括为获得许可证和执照，完成所有的登记、证明和开业通知书所进行的往来手续。在2010年，中国的"手续数"超过了除巴西以外的所有国家和地区，加拿大和新西兰的"手续数"最小，仅为中国的1/14；中国的"开业手续所需天数"仍然排在巴西之后而超过了其他所有

[①] 由于篇幅所限和研究需要，此表仅列出了部分经济体的数据，其他可访问网址http://www.doingbusiness.org/rankings。

[②] 由于篇幅所限，其他9项分指标不再一一分析。

国家和地区，新西兰的开业手续所需天数最短，仅为中国的1/40。从纵向上来看，虽然巴西在企业开业手续上一直最为落后，但2010年比2008年情况有明显改善，而我国的这一情况并没有十分明显的改善。如表4所示。

表4 各国企业开业手续

国家和地区 \ 年份	企业开业所要办理的手续数（个）2010	2008	企业办理开业手续所需时间（天）2010	2008	企业登记注册费占人均收入比重（%）2010
中国	14	14	38	40	4.5
美国	6	6	6	6	1.4
加拿大	1	1	5	5	0.4
日本	8	8	23	23	7.5
英国	6	6	13	13	0.7
法国	5	5	7	7	0.9
德国	9	9	15	18	4.8
西班牙	10	10	47	47	15.1
澳大利亚	2	2	2	2	0.7
新西兰	1	1	1	1	0.4
中国香港地区	3	5	6	11	2.0
俄罗斯联邦	9	8	30	29	3.6
巴西	15	18	120	152	7.3
印度	12	13	29	30	56.5
韩国	8	10	14	17	14.7

注：资料来源于世界银行的《2009年世界发展指标》、《2011年世界发展指标》。

过高的创业和经营成本使得中国企业家投资实业的预期收益下降，这在一定程度上诱发了企业家的短期投机行为。郎咸平（2007）认为，2006年以来，我国股市、楼市的泡沫并不是流动性过剩造成的，而是由于我国营商投资环境的急速恶化，制造业不景气，企业家把应该投资而没有投资的资金打入股市和楼市造成的。近两年来，国内大蒜、大豆等农产品价格以及黄金、白银等贵金属的价格出现了巨大的波动，这在一定程度上也是由企业家的投机行为造成的。正所谓"春江水暖鸭先知"，企业家总是最先、最敏锐地感受到一国投资环境的变化。企业家投机潮的出现反映出企业家对实业投资缺乏信心和安全感，也印证了当前中国营商环境的退步和恶化。

（三）企业家国内投资还是投资移民

2005～2010年，中国（内地）为移民净流出国，移民净流出量为173.1万人；而同期的澳大利亚、加拿大、法国、德国、日本、英国、美国均为移民净流入国，移民净流入量分别为50万人、105万人、50万人、55万人、15万人、94.8万人、505.2万人。① 在移民海外的中国人中，许多是社会精英和企业家。企业家投资移民的实质是企业家在用脚投票，反映出一国制度环境尤其是法治环境和产权保护水平的好坏。

国际产权联盟（Property Rights Alliance）每年发布世界各国在产权保护安全性方面的总得分和排名，国际产权指数由三大类指标、十小类分指标综合加权得到，综合反映了一国法律与政治环境、有形资产产权保护和知识产权保护的程度，分值越大表示产权保护状况越好。据2012年最新发布的《国际产权指数报告》显示，2011年中国内地的国际产权总指数在130个国家中排名57（5.5分），与世界最二大经济体的地位不相称，远远落后于同期的许多国家在这一指标上的排名和得分，如新加坡、加拿大、澳大利亚、美国分别排在第3位（8.3分）、第10位（8.0分）、第12位（7.8分）、第18位（7.5分）。②

在我国商业纠纷解决过程中，司法不独立、政府干预司法的现象并不罕见。企业家在遇到商业纠纷时，往往首先想到的是运用法律以外的途径（找关系、寻靠山）去解决争端，而不是诉诸法庭，这就加剧了市场的不公平竞争，不利于产权保护和合同执行。Chen等人（2005）以及罗党论等人（2009）的研究发现，在法制落后的国家或地区，由于民营企业的产权难以得到有效保护，所以建立政治联系成为民营企业家应对政府和法律失效的一种积极反应。其实，我国企业家最担心的是其财产权可能会时刻受到公权力的威胁和侵犯。西方国家在近代普遍建立了较为完善的私有产权保护制度，而我国至今都没有一部《民法典》来系统界定和保护物权，私人企业家的财产合法性尚未获得政治上的明确保护。基于"实用理性"的意识主导、"礼法互用"的治理策略以及对皇权政治和等级制度的维护与延续，中国传统社会一直没有演化出相对独立的法治体系和法治环境，而改革开放以来几十年的时间显然还不足以形成相对稳定的法治结构体系及法治环

---

① 《2011世界发展报告》，第352～353页。
② http://www.depplus.com/ranking

境，这种法律环境和产权制度的不安全性乃至歧视性对于民营企业家来说更是明显。在这种制度环境下，中国的许多企业家非常担忧自己的资产和财富在某个时刻突然被"宣称"化为乌有。

在个人合法财富得不到有效保障和充分尊重的制度设计中，企业家不可能进行较为长远的投资计划，而这种制度设计也恰好鼓励了企业家的投资移民，中国企业家首先考虑的移民国往往是加拿大、澳大利亚、美国、新加坡等法治水平和产权保护水平比较高的国家。实质上，移民潮是企业家对政府和法律失效的一种消极反应，这也是任何社会主体在经济社会转型中制度安排高度不确定环境下或者对未来有消极预期情形下的本能选择。面对企业家移民潮，中国唯一能做的就是改善各方面的制度环境，让企业家在这里生活和投资变得更加容易、公正和安全。

（四）企业家合法经营还是"涉黑"

企业家"涉黑"是指企业家通过主动参与黑社会性质组织或被动寻求黑社会性质组织的保护和帮助，建立另类秩序的努力。其实质是以非法的暴力秩序代替或补充正常的商业秩序。不少研究表明，当正常秩序失效时，就是暴力秩序（如黑手党、黑社会）胎动之时。

从学者对历史资料的研究来看，意大利西西里的黑手党最初起源于19世纪，当时的背景是随着封建主义的废除，大量封建庄园被划分给数量众多的农民，众多农民的土地私有产权频繁遭到流氓和无赖的掠夺性攻击，而政府又不能提供充足和有效的公共保护。在这种背景下，作为武力更加强大的大流氓和大无赖，黑手党提供了本该由政府提供而没有提供的产权保护和有效执行。Franchetti（2000）和 Gambetta（1993）分别描述了西西里黑手党的起源。他们都认为，黑手党最初在国家强制执行缺失时向农民出售保护——免于产权受到侵犯，土地的分割增加了私有产权保护的需求，这又导致封建军队的肢解以及以往的士兵成为独立存在的私人执法者，黑手党就这样产生了。

Mihaupt 等人（2000）以及 Varese（2001）分别分析了日本和俄罗斯的黑手党。Mihaupt 等人（2000）指出，黑社会在日本封建社会的后期壮大，像意大利西西里和俄国一样，日本黑社会产生的背景是私有产权保护需求的急剧增加和相应的国家产权保护的缺乏，而在此时，流氓和被剥夺权利的武士愿意而且有能力提供私有保护。他们还指出，由于目前国家提供的执法的缺乏，现在的黑社会仍能在某些领域提供私人执法，如纠纷协调、房产止赎、企业监控、贷款和犯罪控制。更难得的是，他们用收集的数据验证了上述结论：在日本过去的20年，黑帮会员服务（有组织犯罪规模的一个直接代理变量）与在地区法院提起的民事案件数量呈现负相关，这就在一定程度上说明黑社会是政府执法的一种替代。Varese（2001）指出，俄国黑手党开始于向资本主义的过渡时期，在那个时候，像在西西里一样，制度改革使私有产权普及而当时相应的政府执行跟不上，这样一来，就产生了私人对产权保护的强烈需求。像西西里的封建士兵一样，前克格勃军官和失业士兵愿意而且能够满足人们的这种需求，人们把这种保护当作对无效警察保护的一种替代。

根据许多学者的研究，当一国法律体系混乱、警察无能、产权界定不清和法庭执行不力时，黑手党作为法外执行者就出现了。Wang（2011）研究了中国的黑手党①问题。他指出，中国经历了农村土地产权制度改革、国有企业改革和集体企业产权制度改革，私有产权在私有化进程中被广泛地确立起来。产权所有者数量的增加要求政府建立、健全产权保护体系和高效的法律执行机制，以确保民众的私有产权得到有效的保护；而与此同时，中国政府在许多领域并没有清晰地界定产权，而且由于司法体系薄弱，在纠纷产生时不能提供有效率的产权执行机制。政府提供产权保护的缺乏与私有产权保护需求的不断增加之间产生了矛盾，为黑社会性质组织在中国的产生和发展提供了土壤。在当今中国，企业家在遇到对方合同违约、欺诈、欠债等商业纠纷时，他们往往因为诉诸法庭的成本太高或者法庭判决得不到有力执行而放弃走司法程序，转而通过"涉黑"来挽回自己的损失或保护自己的合法利益。在协调矛盾、仲裁纠纷方面，黑社会性质组织扮演了一个富有效率的地下执行官的角色。中国的黑社会性质组织的确对商业企业和个人产权所有者提供了巨大的服务，在一定程度上增强了他们的竞争力并确保了他们的产权。但是，黑社会性质组织的保护是选择性的，这将使那些合法经营的企业家面临更加危险的境地——他们可能要面临公权力和黑社会性质组织的双重侵害。同时，黑社会性质组织的保护不具有

---

① 甘贝塔（Gambetta）和瓦雷泽（Varese）认为黑社会和黑手党的一个区别是：黑手党是一种特殊类型的有组织犯罪，专门提供私有产权保护，将"保护的供给"作为其特征。按照此概念划分，黑社会与黑手党的基本区别是很清楚的：广义来讲，前者等同于有组织犯罪团伙的总和；后者是前者的一种特殊类型，它参与并试图控制法外保护产品的供给。在中国语境下，本文不详细区分二者之间的差别，认为二者在提供私有产权保护方面是同义词。

正义性。黑社会性质组织不仅向合法企业提供产权保护和服务（如企业间的合同纠纷处理、为企业追讨债务），而且也向非法企业提供了类似服务，如为地下银行、地下赌场、地下色情场所提供保护和支持。对于合法经营的企业家来讲，他们要么接受现行政府提供的虚弱的产权保护服务并承担产权遭到侵害的风险和成本，要么向黑社会性质组织寻求更高效率和质量的私有保护并支付"保护费"；要么交纳保护费以增强自己企业的竞争力，要不交纳保护费坐视竞争对手的竞争力增强。因此，在一定程度上讲，企业家"涉黑"是个人的一种理性选择，而且这种选择是"囚徒博弈"中的占优策略；同时，企业家"涉黑"也是个人的一种无奈选择，因为单个企业家无法突破"囚徒困境"，做出从集体理性角度来看最优的"不涉黑"选择。如果企业家都不涉黑，那么所有企业家的福利都会改善，企业家涉黑实际上对社会而言是一种破坏性活动。可以预见的是，如果中国政府在未来仍不能满足企业家对产权保护的需求，那么中国企业家的涉黑现象在未来将难以根本杜绝。

三　结论和政策建议

中国企业家"不务正业"的现象看似奇怪，实则是企业家在当前制度环境下的无奈和理性选择，它从深层次上反映了我国体制存在的问题。作为一种稀缺性资源，企业家才能的流向及结构决定了一国经济发展的速度。制度决定着企业家从事生产性活动、非生产性活动和破坏性活动的相对报酬，从而决定着企业家是寻利还是寻租，是长期投资还是短期投机，是留在国内投资还是投资移民以及是合法经营还是涉黑。如果非生产性活动甚至犯罪活动的报酬在一国处于优势地位，那么企业家热衷于寻租、投机、移民和涉黑犯罪就不难理解了。作为"经济增长的国王"，中国的企业家群体如果不去从事生产和创新活动，而是青睐寻租、投机、投资移民甚至涉黑犯罪，那么这种企业家才能配置的扭曲对于中国技术进步和财富创造是不利的。无论在哪个国家，企业和企业家都是财富创造的主体。各国的财富水平和人民生活水平关键取决于该国企业家的数量和质量。中国要想在未来的国际竞争中立于不败之地，就必须营造出一种良好的制度环境，鼓励生产性的企业家活动，抵制非生产性和破坏性的企业家活动。针对当前中国企业家的"不务正业"现象，本文提出以下具体建议。

（一）营造企业家创业和创新的制度环境

各级政府在发展经济的过程中，应当进一步简化开办企业的审批手续，减小企业家开业成本，打破阻止开办企业的种种樊篱；同时进一步完善知识产权和企业商标权保护制度，保护企业创新的收益，惩罚违约和不讲诚信的企业。这些措施的有效执行可以鼓励企业家的生产性活动，抵制企业家的非生产性活动。

（二）完善国内企业家实业投资的制度环境

正如王曙光所说："旺盛的企业家投资建立在对于整个社会体制和经济发展前景的相当稳定和乐观的预期之上，而一个稳定而乐观的预期取决于该社会能否为企业家提供一个稳定的基本制度环境。"当前，各级政府首先应该切实提高对私有产权的保护力度，减少各种对企业的索要和盘剥，增强国内企业家实业投资的安全感；其次应当加快金融体系改革，改善民营企业对资本的可获得性；最后应当严厉打击各种非法的投机行为，增大投机活动的成本和风险。

（三）改善企业家合法经营的法治环境

在市场经济中，公正的司法保护和有效的法律执行机制是企业正常经营、合同执行和纠纷解决的基本保障。中国未来制度变革的一个重要取向之一就是在经济运行和社会发展中，弱化政府控制，强化法律调节，在社会主体博弈中增进司法体制的独立性和权威性，在法律框架下鼓励和增进任何主体之间的自由竞争和公平发展。从具体操作层面来看，作为提供安全与公正保护的职能部门，各级公安部门、人民法院和人民检察院应该进一步提高工作效率，减少企业立案和诉讼的成本，为企业家提供现代市场所需要的产权保护、维护公平竞争和保障合同执行的健全的法治体系。

参考文献

[1]〔美〕布坎南：《寻租与寻利》，《经济社会体制比较》1988年第6期。

[2]〔美〕道格拉斯·C.诺思、罗伯斯·托马斯：《西方世界的兴起》，华夏出版社，1999。

[3]郎咸平：《营商投资环境急速恶化》，http://www.ycwb.com/xkb/2007-10/01/

content_1636089.htm。

[4] 卢现祥、李晓敏:《论制度和企业家活动》,《经济学家》2011年第5期。

[5] 罗党论、唐清泉:《中国民营上市公司制度环境与绩效问题研究》,《经济研究》2009年第2期。

[6] 王曙光:《企业家精神背后靠什么?》,http://www.cenet.org.cn/article.asp?articleid=2322。

[7] 易杏花、卢现祥:《企业家:寻利还是寻租?》,《企业管理》2010年第10期。

[8] Acemoglu, D. "Reward Structures and the Allocation of Talent", *European Economic Review*, No. 39, 1995, pp. 17–33.

[9] Baumol, W., "Entrepreneurship: Productive, Unproductive and Destructive", *Journal of Political Economy*, Vol. 98, No. 5, 1990.

[10] Chen C., Z. Li, and X. Su, "Rent Seeking Incentives, Political Evidence from Listed Family Firms in China", *Working paper*.

[11] De Soto and Hernando, *The Other Path: The Invisible Revolution in the Third Word*, New York: Harper & Row, 1989.

[12] Federico Varese, *The Russian Mafia: Private Protection In A New Market Economy*, Oxford University Press, 2001.

[13] Franchetti and Leopoldo *Condizioni Politiche e Amministrative della Sicilia*, Roma: Donzelli, 2000.

[14] Gambetta and Diego, *The Sicilian Mafia, The Business of Private Protection*, Harvard University Press, 1993.

[15] Mehlum, H., K. Moene and R. Torvik, "Predator or prey? Parasitic enterprises in economic development", *European Economic Review*, No. 47, 2003, pp. 275–294.

[16] Milhaupt, Curtis and Mark West, "The Dark Side of Private Ordering: An Institutional and Empirical Analysis of Organised Crime", *University of Chicago Law Review*, No. 67, 2000, pp. 41–99.

[17] Murphy K, Shleifer, A and Vishny, R., The Allocation of Talent: Implications for Growth", *Quarterly Journal of Economics*, 1991, pp. 503–530.

[18] Schumpeter, J., *The Theory of Economic Development*, Harvard University Press, 1934.

[19] Wang, Peng, "The Chinese Mafia: Private Protection in a Socialist Market Economy", *Global Crime*, Vol. 12, No. 4, 2011, pp. 290–311.

跨越"中等收入陷阱"与构建消费主导型经济发展模式

——中国特色社会主义消费理论的探究

● 包亚钧*

内容提要：社会主义市场经济条件下，居民个人消费与社会主义公有制相联系，体现了社会主义市场经济的性质。其一，消费最大限度满足人们不断增长的物质、精神以及生态的需要，这也是推进改革和现代化建设的出发点和落脚点。其二，消费是以实现共同富裕为目标。政府采取一部分人和一部分地区先富起来的政策，实行按劳分配为主、按生产要素分配相结合的方式，逐步实现共同富裕。其三，社会主义发展生产力是为了提高人民生活水平和质量，因此，消费水平和质量的提高是以发展生产为根本条件的，而公平分配和统一市场是提高消费水平和质量的基本、重要条件。

关键词：消费规律 消费特征 消费目标 消费实现

我国已经是一个经济大国，2010年按照市场汇率计算，我国人均国内生产总值为4400多美元，依据世界银行的标准，已进入中等收入偏上国家的行列。因此，如何有效地跨越"中等收入陷阱"，向高等收入迈进，这将是关系到能否继续保持经济长期稳定繁荣，从而实现由经济大国转向经济强国的关键。面对复杂多变的世界经济，从根本上转变投资、出口驱动型为消费、投资、出口协调发展，加快构建消费主导型经济发展新模式就具有重要的战略和现实意义。依据中国的国情，从理论上探究社会主义初级阶段居民消费的本质特征及其规律、消费目标的实现途径以及实现消费目标的主要基础，揭示中国特色的社会主义消费理论，为发展和完善消费模式、建立扩大消费需求的长效机制提供理论上的支持和指导就成为必然。

---

* 包亚钧，上海财经大学副教授。

一 社会主义初级阶段的消费特征

我国现阶段正处在社会主义初级阶段，采取的是以公有制为主体、多种所有制经济共同发展的所有制结构，从而决定了在社会主义初级阶段消费的社会形式，反映的是以社会主义劳动者为主体的、私人资本所有者在支配或取得消费资料中形成的经济关系。由此社会主义消费关系和非社会主义消费关系共同构成了社会主义市场经济条件下的消费关系。

1. 社会主义初级阶段消费关系的内容

社会主义初级阶段消费关系主要体现在以下两个方面。

一是消费资料的产权关系。社会主义经济是以生产资料公有制为基础的，劳动者运用全民或集体的生产资料进行生产。用于消费的产品通过分配和交换将分成两部分，一部分属于公共财产，供劳动者全体或集体消费使用，以满足公共消费的需要；另一部分归劳动者个人所有，以满足劳动者个人及其家庭生存、享受和发展的需要。这是生产资料公有制以及劳动者的平等关系在消费领域里的表现，为实现劳动者个人消费与集体消费、社会的局部消费与整体消费、当前消费与长远消费的有机结合提供了条件。

而在私营经济和外资经济中，劳动者只能获得劳动力生产和再生产的基本消费资料，而剩余部分全部归私人资本所有者所有。这种凭借资本所有权获得的剩余价值具有剥削性质，反映了资本与劳动的阶级对立和对抗性的社会矛盾，但这种阶级对立和对抗性受到社会主义公有制经济的制约，具有可控性和可塑性的特征。

二是消费中的经济关系。在社会主义经济体系中，人们之间的对抗因素消失了，但工农之间、城乡之间、地区之间、行业之间、体力劳动和脑力劳动之间，依然存在着程度不同的差别。由于工人、农民工和农民所处的生产条件不同，劳动生产力的水平差别大，因而其绝对消费力和社会消费力[①]

[①] 绝对消费力指在社会生产力发展的一定阶段上，在消费者与消费资料自由结合的条件下，社会现有消费者将消费资料中潜在的满足人民需要的能量加以实现的能力。绝对消费力只同社会生产力挂钩，是撇开了特定分配关系影响后的消费力。社会消费力是指在商品货币关系下，由货币购买力而形成的消费力。这种有货币支付能力的购买力，是与一定的分配关系紧密相连的。程恩富：《论经济力中的消费力及与消费关系的辩证运动》，《程恩富选集》，中国社会科学出版社，2010，第319页。

的状况存在明显的差异。一般来说，城镇居民、城市职工的货币收入要比农民工和乡村农民高，所享受的社会保障和社会福利以及公共服务消费比农民工和乡村农民多。但由于城镇尤其是特大城市和大城市的生活性、居住性消费成本大大高于乡村，因此，其商品性消费，包括文化、教育、卫生、体育等消费支出所占消费资料的比重也高于处于乡村的农民。

而在个体经济、私营经济和外资经济的体系中，既包含着某种对抗性的因素和剥削成分，又要符合现代市场经济的要求和遵循一般消费规律，同时，还要受到社会主义基本经济规律的制约。由此可见，不同的社会集团、社会阶层和劳动者在消费领域中的经济地位不同，进而结成的消费关系也不相同。

在社会主义初级阶段，公有制占主体地位，实行的是按劳分配为主的分配方式，因而消除了资本主义的对抗关系。由于社会主义消费关系占主体地位，从而决定了可以通过建立合理的消费结构、确立恰当的消费水平和消费方式等，形成新型的消费关系。而社会主义消费关系的形成和不断完善，最终将促使整个社会各种消费力的提高，进而实现人的全面发展的目标。

2. 社会主义初级阶段消费的特点

在社会主义初级阶段，劳动者成为公有生产资料的主人，劳动表现自主的劳动，劳动成果归全民或集体所有。这就决定了社会主义初级阶段的生产目的，就是最大限度地满足全体劳动者不断增长的物质、精神和生态的需要，建立和完善资源节约型和环境友好型的"两型"社会，以真正实现人的全面、自由和协调的发展，从而消除生产与消费的对抗关系，使生产目的与消费需求真正统一起来。

因为"社会主义的目的就是要全国人民共同富裕"[①]，"贫穷不是社会主义，空讲社会主义人民不相信"[②]。在现阶段，我国社会的主要矛盾是人民日益增长的物质文化的需要同落后的社会生产之间的矛盾。人民的愿望和理想就是要尽快摆脱贫困，过上富裕生活，因为"社会主义发展生产力成果是属于人民的"，而且应该充分地"体现在人民的生活逐步好起来"[③]。所以，解放和发展社会生产力，构建和谐社会，都是为了较快地提高人们的生活水平和生活质量。强调"较快"一词，是因为我们是社会主义国家，

---

① 《邓小平文选》第3卷，人民出版社，1994，第110~111页。
② 《邓小平文选》第3卷，人民出版社，1994，第225页。
③ 《邓小平文选》第3卷，人民出版社，1994，第225页。

劳动者是国家的主人，国家在调节经济的发展过程中，必须坚持以人为本的最高经济发展原则，因而要求生产和消费的发展速度，都要达到位居世界前列。同时，人民生活水平和生活质量较快地得到提高，不仅是为了实现社会主义的生产目的，而且是为了唤起人民对社会主义制度的信任感和认同感，使他们看到现行制度和政策的优越性；而人民群众的理解和支持，又构成了社会稳定和可持续发展的坚实基础，进一步使社会主义的各项事业得以顺利发展。

最大限度地满足全体劳动者不断增长的物质、精神和生态的需要，主要包括提高人民的消费水平和改善消费结构。消费水平从宏观角度考察，是指以劳动者为主体的全体消费者的物质、精神和生态需要的满意程度，或者是社会提供产品和服务的数量和质量。从微观上考察，就是劳动者个人及其家庭生活需要的满足程度，或者是劳动者及其家庭可支配的消费品和服务的数量和质量。因此，我们对消费水平的考察，既要考察全体消费者拥有和支配的消费品及服务的数量和质量，又要考察他们对精神生活和生态环境的满意程度，并从消费内容与消费效益统一的角度，考察消费的最终结果——劳动者自身素质和全面发展的状况。

消费结构是指以劳动者为主体的全体消费者各类消费支出在总消费支出中所占的比重。从宏观的角度看，是根据全体消费者所处的职业、民族、地区、阶层的不同，考察其在消费中的不同选择及其变化，这是反映人们消费状况的重要标志。从微观的角度来看，对消费结构影响最为直接的因素是居民的收入水平。居民的收入越少，消费中用于购买生活必需品的开支比重就越大。随着收入的增加，居民消费逐步地向文化精神消费需要与生态消费需要过渡。所以，制定合理的收入分配制度，提高城乡中低收入居民的收入水平，是实现消费结构合理化和高级化的基本条件。

由此可见，社会主义初级阶段的消费特点是：在又好、又快地发展经济的基础上，使全体消费者的物质、精神和生态需要较快地、最大限度地得到满足。这一消费特点的具体表现是：随着消费水平的不断提高，消费结构由物质生存型向文化精神型过渡，实现人的全面发展。

3. 社会主义初级阶段的消费规律

社会主义初级阶段是由贫困人口占很大比重、人民生活水平比较低，逐步转变为全体人民比较富裕的历史阶段；是由地区经济文化很不平衡，到逐步实现平衡发展的阶段；是通过改革和探索，建立和完善社会主义市场经济体制、民主政治体制的阶段；是在建设物质文明的同时，努力建设精神文明和生态文明的阶段。这就决定了在社会主义初级阶段，居民的消费呈现出如下的规律性特征。

第一，消费主体是以劳动者为主的消费群体。扩大社会有效消费需求和提高消费能力，构建消费主导型的经济发展模式，应该主要放在增加城镇中、低收入群体和几亿农民的收入上。因为只有广大人民群众的收入提高了，才能扩大有效需求和提高消费能力，才能使他们共同分享社会发展的经济成果。

第二，消费结构的变化是由以满足生存需要为主的物质消费，逐步转变到以满足文化、精神等发展需要和享受需要为主的消费。在绝大多数人还未解决温饱问题时，首先需要满足的是包括吃、穿、住、用、行在内的基本生活需要。随着贫困和温饱问题的解决，我国进入到全面建设小康社会阶段，社会消费将逐步转向以文化、精神和服务等发展和享受型消费为主，即人人有条件接受教育，拥有良好的居住条件，享受医疗卫生等健康服务，实现政治和经济权利的平等。

第三，消费方式表现为持币待购的观望消费、随用随买的理性消费、超前的潇洒性消费三种消费行为同时并存。在市场经济条件下，通货膨胀和通货紧缩等经济的波动不可避免。因此，受这些因素的预期影响，居民消费行为主要表现为以下三种类型。

一是持币待购的观望消费。以劳动收入为主的普通百姓，为了减少因经济波动使收入降低带来的压力，会尽可能地减少即期消费，对外出餐饮、娱乐、旅游的比重会降低，注重商品性价比的比重将上升，中低端货物与服务更受市场欢迎。由于这一群体的收入水平低，对未来预期收入增加缺乏信心和对未来预期支出增加的担忧，以及传统"节俭当前、聚财预后"的消费观念影响，致使他们的大量购买力沉淀下来以获得"未来安全"，导致即期消费减少，制约了潜在消费的实现。这一群体的消费需求占总需求的比重大，是扩大消费的基础。

二是随用随买的理性消费。以中等收入阶层组成的消费者群体，其收入稳定，基本消费需求已经满足，因此消费行为比较理性，消费水平相对较高，消费结构正提升。其消费类同现象被多元化消费替代，消费档次明显拉开，按需选购成为主要消费行为。以有限的收入换取最大的效用成为这类消费者行为的基本原则。这一阶层需求潜力大，不仅是消费的主体，而且是消费持续扩张的主要力量。

三是超前的潇洒性消费。以高收入阶层组成的消费者是引领消费新潮流、消费上水平、质量上档次的群体，所进行的消费是一种富裕型消费。这一群体主要关注消费质量，消费方式个性化和现代化，高档商品、进口商品、奢侈品已经成为他们经常性的消费内容。但这一群体在整个社会消费中所占比重较小，并不能解决消费需求不足问题，对扩大消费的贡献主要体现在示范和引导作用上。

综上所述，社会主义初级阶段的消费规律是，在首先满足以劳动者为消费主体的基本生活、生存需要后，社会消费将逐步上升到对文化、精神等发展需要和享受需要为主的消费方面，并且消费将日益显现出市场性特征。因此，依据社会主义初级阶段的消费规律，我国需要建立扩大消费需求的长效机制，促进以劳动者为消费主体的消费持续增长。

二　社会主义市场经济条件下的消费目标

社会主义公有制的建立为实现共同富裕提供了可能，现代市场经济的存在，使得消费目标的实现以市场调节为基础、国家调控为前提。因此，社会主义市场经济条件消费目标的构成、消费原则、消费水平、消费结构、消费方式以及国家有效调节消费的路径就具有明显的中国特色。

1. 社会主义市场经济下消费目标的必然性

社会主义消费是以实现共同富裕为目标的，原因主要包括以下方面。

第一，社会主义初级阶段是以生产资料公有制为主体的经济制度，由此"生产是为了最大限度地满足人民的物质、文化需要，而不是剥削"[①]。社会主义公有制是社会主义劳动者共同占有生产资料和劳动产品，用来满足人民物质和文化需要而结成的经济关系体系。社会主义公有制的建立，形成了一种新型的平等关系，生产资料不再是剥削手段，而是广大劳动者增进物质利益的基本条件。这就从根本上消除了资本与劳动的阶级对立，维护了社会的公平正义，使生产成为满足人们需要的手段，而共同富裕成为人们追求的最终目标。

第二，社会主义公有制的建立使劳动者在共同占有生产资料的基础上，建立起互助合作、协调一致的经济关系，而劳动者共同占有生产资料又决定了劳动者按照付出的劳动分配劳动产品。在全社会范围内，在对社会总

---

① 邓小平：《坚持四项基本原则》，《邓小平文选》第2卷，人民出版社，1994，第167页。

产品做了各项必要的扣除之后,劳动者提供的劳动数量和质量成为个人获得消费品的唯一尺度,这就将每个劳动者的劳动和报酬直接联系起来,实现了劳动平等和报酬平等。这种相互平等的关系,既要求反对平均主义,又要求反对高低悬殊,致使每个社会成员的消费与劳动成果相对应,防止了两极分化,实现了共同富裕。

第三,公有制经济的基点是为劳动者集体或整个社会谋利益,从而决定社会主义消费的目标只能是共同富裕。虽然个人富裕程度或消费需求是构成共同富裕或社会消费需求的基础,但是在社会主义市场经济条件下,个人消费品的分配、交换、消费等经济活动,不仅要受到市场经济规律的制约,而且还要受到社会主义基本经济规律的制约。这就要求个人实现消费目标时,首先要服从社会消费目标,即在满足社会消费目标的基础上,实现个人消费满足的最大化。

需要注意的是,共同富裕并不是同等富裕或平均主义,而是存在先富后富以及富裕程度的差别,因此,社会主义初级阶段的消费目标也是承认差别的。一是社会主义初级阶段的所有制是实行以公有制为主体的多种经济成分并存的制度,私营经济、外资经济和个体工商户取得的经营利润必然大大超过一般劳动者,其消费水平和消费质量属于社会最高层。二是由于社会主义市场经济实行按劳分配与按生产要素分配相结合的制度,除劳动以外,资本、技术、管理等生产要素也要参与分配。生产要素占有上的差别,必然造成收入分配上的差别,从而造成消费者在消费上的差别。三是按劳分配本身虽然体现了"等量劳动领取等量消费品"的平等,但由于每个人的体力和智力的差别,使得按劳分配的结果仍然会存在收入差别以及家庭人口多寡造成的消费水平和消费质量的差别。在社会主义初级阶段特别是在市场经济体制下,其消费目标既要肯定共同富裕,又要承认客观差别。但在承认差别的同时,我们又要注意反对收入分配和生活消费上的高低悬殊,防止差距过大。特别是对低收入者和弱势群体,社会和政府必须实行援助政策,建立和健全社会保障制度,使他们也能满足基本的消费需求,共享社会发展成果。

可见,共同富裕是相对的、长远的发展目标,我们的任务是随着经济发展和收入提高,实现个人消费需求满足的最大化,为最终实现共同富裕创造条件。

2. 社会主义市场经济下消费目标的构成

从发展历程看,人类消费在需要构成上经历了由原始的物质一元消费,到当代的物质、精神、生态三元消费的转换过程。因此，在社会主义初级阶段，人们的消费要以"三元需要"为逻辑起点，建立以实现共同富裕为目标的可持续消费发展模式。这一模式具体通过消费原则、消费水平、消费结构和消费方式四个方面表现出来。

在消费原则上，我国实行的是资源节约、环境友好的"与我国国情相适应的文明、节约、绿色、低碳消费"[①]的适度消费和健康消费原则。适度消费原则包括以下特点：一是不断增加满足当代人对物质需求、精神需求、生态需求方面的消费，同时又不损害子孙后代满足其需求能力的消费；二是满足一个群体或地区人群的消费需求，同时又未损害别的群体和地区人群满足其需求能力的消费；三是增加消费应以自然生态环境的承载能力，资源永续利用、永续发展为前提和基础；四是应传承、弘扬中华文明，进行符合社会主义精神文明和社会主义市场经济发展要求的消费。

在消费水平上，政府首先要保护和满足社会所有人民群众的基本消费需求，普遍提供可持续生存的基本条件，如食品、住房、卫生、教育以及基本的公共服务。在满足生存消费需求的基础上，政府再不断增加对享受资料、发展资料和精神产品的消费。同时，消费水平的不断提高和发展要与变化的生态系统所提供的生产潜力相协调，即消费的增长对环境的压力不能超过自然生态环境的吸收能力、补偿再生能力和恢复能力，使消费与经济发展水平和生产能力相适应，避免过度奢侈消费和消费不足。而强调适度、健康的消费原则，绝不是要抑制人们的消费需求或对消费的自我克制，而是为了让所有的人能够有更多的时间和能力去进行享受资料和文化、精神发展资料等方面的消费，以实现人的全面发展。

在消费结构上，以生存资料为主的消费要逐步过渡到以享受资料和发展资料方面的消费。在满足基本的生活性消费和居住性消费需求的过程中，政府应把"着力保障和改善民生"、注重"公共服务均等化"[②]作为出发点。基本公共服务均等化，其实质是政府要为全体社会成员提供有保障的公共产品和公共服务，就是要让全体社会成员享受水平大致相当的基本公共服务，以促进社会公平正义，使全体人民"学有所教、劳有所得、病有

---

① 《中共中央关于制定国民经济和社会发展第十二个五年规划的建议》，《中国共产党第十七届中央委员会第五次全体会议文件汇编》，人民出版社，2010，第23页。

② 《中共中央关于制定国民经济和社会发展第十二个五年规划的建议》，《中国共产党第十七届中央委员会第五次全体会议文件汇编》，人民出版社，2010，第19页。

所医、老有所养、住有所居"①。基本公共服务均等化不等于公共服务的平均化，也不排斥社会成员的自由选择权，不排斥将基本公共服务的差距控制在社会可承受的范围内。

随着社会主义市场经济的发展，城市的住房消费、信息消费、汽车消费、农村家用电器消费以及城乡居民的旅游消费、文化教育消费、生态消费等享受性、发展性的消费将陆续成为消费热点。消费的智能化、健美化、个性化、世界化的发展，使人们对消费时间和消费环境更加重视，人们需要有充裕的闲暇时间和优质的消费环境。而文化含量高、有益于身心健康的低碳产品将是构成消费的主要品种。在文化消费过程中，我们应该在"坚持社会主义先进文化前进方向"和"立足当代中国实际"②的基础上，进行文化消费品的生产和消费。一方面，文化产品内容要健康向上、格调高雅；另一方面，文化产品保护要符合知识产权等法律规范。这种健康的精神文化消费，不仅能够培养人们高尚的品德、高雅的情操，促进人的身心健康和全面发展，而且有利于树立良好的社会风气，促进社会主义精神文明。在满足教育消费需求过程中，政府应"按照优先发展、育人为本、改革创新、促进公平、提高质量的要求推动教育事业科学发展，提高现代化教育水平"，同时，通过"增加对教育的投资"、"合理配置公共教育资源"③提高教育消费的水平和质量，缩小教育消费的差距。在加强国民基础教育、社会职业教育的同时，政府还要增加家庭教育，增加家庭的智力投资，提高家庭消费的科技含量、知识含量，促进家庭消费质量的提高，使家庭消费成为物质文明和精神文明建设的重要基地。

在消费方式上，它应与我国的自然环境、自然资源、人口总量、经济发展、科技力量、教育状况等国情相适应。要符合社会主义精神文明要求、适应社会主义市场经济的道德和行为规范，用科学的价值观、消费观引导各种消费活动，在文明消费、低碳消费和健康消费的过程中不断提高消费质量。社会主义消费目标不仅要更好地满足全体人民的物质文化需要，还要更好地满足生态需要。建设生态文明"实质上就是要建设以资源环境承载力为基础、以自然规律为准则、以可持续发展为目标的资源节约型、环

---

① 胡锦涛：《高举中国特色社会主义伟大旗帜，为夺取全面建设小康社会新胜利而奋斗——在中国共产党第十七次全国代表大会上的报告》，2007年10月15日。
② 《中共中央关于制定国民经济和社会发展第十二个五年规划的建议》，《中国共产党第十七届中央委员会第五次全体会议文件汇编》，人民出版社，2010，第46~47页。
③ 《中共中央关于制定国民经济和社会发展第十二个五年规划的建议》，《中国共产党第十七届中央委员会第五次全体会议文件汇编》，人民出版社，2010，第39~40页。

境友好型社会"。① 发展生态消费使全体人民获得生态需求的满足，这直接体现了社会主义消费目标的要求，也可以满足消费结构优化和升级的要求，是高层次的社会文明发展以及人的全面发展的重要标志。

3. 社会主义市场经济下消费目标的实现

我国社会主义市场经济体制是同社会主义基本制度结合在一起的，它既可以发挥市场经济的优势，又可以发挥社会主义制度的优越性。② 因此，在社会主义市场经济下消费目标的实现，是以市场调节为基础，国家宏观调控为前提的。

在现阶段，社会主义国家调节消费的主要途径包括以下方面。

第一，国家通过调控居民收入的增长来调节消费。在一定时期内，社会消费规模的大小是与居民收入水平高低成正比的，而收入的变化必然要影响其消费行为和消费结构的变化。收入水平提高不仅能提高消费水平，而且影响消费结构，使支出结构中用于基本生活资料的比重相对下降，用于享受资料和发展资料的比重会相对提高，反之亦然。因此，国家可以通过对收入的调节来影响消费。

国家对收入的调节首先是对消费基金的调控，一是调节消费与积累的合理比例；二是调节工资和其他收入的价值量与消费品可供应量的平衡；三是调节个人收入增长与劳动生产率增长、国内生产总值增长的关系。与此同时，对于城乡居民中存在的隐性收入、灰色收入和黑色收入，国家应通过建立法人对支付个人收入的申报制度、个人收入和财产尤其是国家公务的申报制度以及存款实名制等来调节；对于以"集团消费"名目下获得的个人收入和消费，国家必须采取法律和行政手段来加以禁止并严格监督检查。

第二，国家通过税收和社会保障等手段来调节收入和消费差距。所得税、财产税等各类调节税是为了调节城乡居民个人之间的收入而采取的一项经济政策。国家通过调整个人收入调节税的起征点，细化调节税级率，调节高收入群体的收入，扩大中等收入者的比重，提高低收入群体的收入水平。而各类调节税的设置，应当是以增加劳动报酬在收入中的比重，减轻中、低收入者的税收负担，提高以财产收入为主的高收入者的纳税比率，

---

① 胡锦涛：《在新进中央委员会的委员、候补委员学习贯彻党的十七大精神研讨会上的讲话》，《科学发展观重要论述摘编》，中央文献出版社、党建读物出版社，2009，第45页。
② 江泽民：《正确处理社会主义现代化建设中的若干重大关系》，《江泽民文选》第1卷，第467页。

把因收入差距引起的消费差距控制在合理范围为目的。

第三，国家通过完善公共服务体系，来引导消费预期和增加消费信心。政府一要加大教育投入，合理配置公共教育资源，深化教育体制改革，努力促进教育公平；二要加快医疗卫生事业改革发展，按照"保基本、强基础、建机制"的要求，深化医疗卫生体制改革，把基本医疗卫生制度作为公共产品向全民提供；三要按照"广覆盖、保基本、多层次、可持续"[1]的基本方针，建立、健全覆盖城乡居民的社会保障体系，使人民生活有基本保障而无后顾之忧；四要加大保障性安居工程建设，加快棚户区改造，发展公共租赁住房，增加中低收入者住房供给。政府通过基本公共服务体系的建立和完善，使全体人民"学有所教、劳有所得、病有所医、住有所居"[2]，这样可以稳定人们的心理预期，特别是要关心和帮助低收入家庭的各项社会保障制度的落实，减少居民对未来生活的担忧，提高即期消费需求，增强信心。

第四，国家通过改善消费环境来促进消费结构的合理化和高级化。消费环境的状况直接关系着消费的质量，因而也表明消费水平的高低。民众的消费水平越是提高，对消费环境的状况就越是在意和重视。同时，消费环境与消费支出有着密切的关系，并在一定条件下互相转化。一方面，环境的状况影响人们的情绪和精神状态，从而影响消费支出；另一方面，在许多情况下，消费环境的某些因素会因消费支出而得到一定程度的改善。在居民消费进入结构变动和升级换代较快的时期时，消费环境对促进消费水平提高和消费结构的升级作用就更为重要。因此，政府一是要稳定与居民生活密切相关商品和服务的价格；二是要降低教育、医疗等重要公共品价格，规范收费，加大监督力度，杜绝乱收费，以促进居民在各方面的消费需求均衡增长，提高生活质量；三是要注重对新的消费热点的引导；四是要加大整治、打击力度，从源头上杜绝假冒伪劣商品，最大限度地保护居民的消费热情和经济利益；五是要加强商业网点和电子商务建设，以减少消费者在进行消费时受时间和空间的制约；六是要进一步改善农村和落后地区的基础设施建设，为使用家电、通信等现代消费品创造条件；七是要改善管理，着力发展文化、娱乐、旅游等新兴消费，促进消费结构的升

---

[1] 《中共中央关于制定国民经济和社会发展第十二个五年规划的建议》，《中国共产党第十七届中央委员会第五次全体会议文件汇编》，人民出版社，2010，第42页。

[2] 胡锦涛：《高举中国特色社会主义伟大旗帜，为夺取全面建设小康社会新胜利而奋斗——在中国共产党第十七次全国代表大会上的报告》，2007年10月15日。

级转换；八是要制定和完善保护消费者利益的法律、法规，以保护消费者的合法权益，使消费者安全消费、放心消费。

第五，国家通过消费信贷促进潜在消费能力的释放。政府需要通过宣传来引导人们改变单纯依靠自身积累的传统消费模式，同时根据不同收入群体的消费特性与市场需求，开发和发展新的消费信贷品种，以满足居民的多样化消费需要。随着城乡居民的流动性增大，就业以及收入状况的变化频繁，政府需要建立个人信用制度，并且通过制定和完善信贷消费的法律、法规，保护放贷方和信贷方各自的合法权益，以保证信贷消费的健康发展。

三 社会主义发展方式转变下扩大消费的基础

社会主义发展生产力是为了提高人民群众的生活水平和质量，因此，居民的消费水平和质量的提高是以发展社会生产为根本条件的，而公平分配和统一市场是居民提高消费水平和质量的基本保证。

（一）发展社会生产是扩大消费的根本保证

社会主义消费是在生产不断增长的基础上不断增长的消费。社会主义发展的根本任务，就是为广大人民群众谋福利。因此，要想最大限度地满足人民群众不断增长的物质、精神和生态的需要，只有坚持以经济建设为中心，不断解放和发展生产力，才能向社会提供日益丰富的物质文化产品，才能不断提高人民群众的生活水平和生活质量，才能全面建设惠及十几亿人口的更高水平的小康社会。

我国作为一个发展中大国，人口基数大且人均消费水平比较低，城乡、区域发展不平衡的基本国情，决定了"经济的增长不能以浪费资源、破坏环境和牺牲子孙后代利益为代价，在发展过程中不仅要尊重经济规律，还要尊重自然规律，充分考虑资源、环境的承载能力"[①]。经济发展也不能高度依赖国际市场和外部需求。我国需要转变经济发展模式，进行经济结构的调整。而调整经济结构的关键在于优化需求结构，以实现经济由主要依靠投资、出口拉动向依靠消费、投资、出口协调发展的方式转变。

[①] 胡锦涛：《在中央经济工作会议上的讲话》（2003年11月27日），《科学发展观重要论述摘编》，中央文献出版社、党建读物出版社，2009，第34页。

需求结构包括国外需求和国内需求。国外需求即出口需求，国内需求既包括投资需求，也包括消费需求。在社会主义条件下，投资、出口和消费在满足人民群众需要的根本目的上是一致的，但三者又有矛盾。在一定时期内，国内生产总值是一个定量，用于出口和投资的部分多了，用于消费的部分就会相应地减少，反之亦然。投资、出口会形成新的生产能力，决定着经济增长；消费则直接关系到广大人民群众生活水平和质量的提高。如果投资、出口过多，消费减少，会直接影响人民群众的生活并造成产能的过剩，进而影响经济增长；反之，如果消费过多，投资减少，则会影响经济发展后劲儿，最终也会影响消费的提高进而影响人民群众的生产积极性。所以，调整经济结构首先要合理调整投资、出口和消费三者的比例关系，做到相互促进、相互协调。

由于出口受进口国及国际经济、政治等因素影响比较大，极易产生波动，因而过多的出口会强化经济的外部依赖性，使我国在国际分工中长期处于低端位置，加剧了国内能源和环境资源的约束。虽然刺激投资是拉动经济发展最快捷、最有效的手段，但投资需求是中间需求，它既是本期的需求，又是下期的供给。过分依赖扩大投资来保持经济增长，使得宏观经济可能失衡并难以实现良性循环，也不利于人民生活水平和生活质量的提高。而消费需求作为最终需求，不仅所占份额最大，而且稳定性最强，也是投资需求的归宿和重要支撑。实现全面小康社会的目标和满足人民更好生活的要求，决定了扩大消费具有广阔的市场空间和巨大的潜力。同时，我国多层次的需求结构和巨大的需求规模，有利于产业发展和结构升级，从而有利于消费需求与投资需求相互促进、良性互动，使内需的潜力源源不断地释放出来。因此，立足扩大国内需求，把经济发展根植于居民消费需求上，是促进经济社会协调发展，以实现最大限度地满足人民群众需要的根本途径。

坚持扩大内需，促进发展方式的转变，具体包括以下措施。一是扩大消费需求。政府既要使投资维持在适度的比例上，又要使居民的消费需求快速增长。扩大居民消费需求，政府要通过加快产业结构和产品结构的升级，加快社会保障体制特别是养老体制、重大疾病的医疗保障体制的改革步伐，积极稳妥推进城镇化等措施来实现。二是优化投资结构。政府投资要向民生工程、科技创新、生态环境、资源节约等领域以及农村等欠发达地区倾斜。同时，政府要扩大民间投资，并从法律上保护投资者的合法权益。三是转变对外经济发展方式。政府应加快调整进出口贸易结构，创新对外投资和合作方式，通过对外投资缓解生产能力过剩、内需不足的矛盾，带动相关产品和服务出口，获得更丰富、更高水平的自然资源、人力资源、技术资源和市场资源。四是加快推进生态文明建设。政府应加强节能环保和生态环境的建设，即按照节约的原则，对经济、社会发展的全过程进行节约管理。同时，政府还应通过加快对生态化产业体系的建设，来发展循环经济、低碳经济和扩大生态消费，推动整个社会走上生产发展、生活富裕、生态良好的文明发展道路。

（二）分配公平是扩大消费的重要条件

在社会主义初级阶段，消费需求的满足和消费目标的实现，要求城乡居民收入较快增加，居民收入增长和经济发展同步，劳动报酬增长和劳动生产率提高同步。城乡居民收入的增加，是增强消费能力、提高生活水平和生活质量的基本条件；居民收入增长和经济发展同步，则体现了经济发展的成果应惠及全体人民的分配特征；劳动报酬增长和劳动生产率提高同步，反映了以按劳分配为主体、多种分配方式并存的分配制度的优越性。因此，我国要按照社会主义分配原则，不断地完善收入分配制度，从而为最大限度满足人民群众的消费需求创造条件。

在社会主义初级阶段，国民收入的初次分配和再分配涉及国家、集体、个人利益关系。虽然国家、集体、个人三者的根本利益是一致的，但是他们的具体利益却有所不同。由于初次分配中不同经济主体的收入，是与其对生产资料的占有状况、行业资源的配置等生产条件相联系的，尤其是非劳动生产要素参与分配，使初次分配的结果可能造成收入差距扩大，进一步导致居民购买力和实际消费水平的分化。其具体表现为：以资本收益为主的高收入富有阶层与以劳动报酬为主的中、低收入普通阶层，具有很不相同的消费需求和购买能力。这种分化使得消费市场的潜能难以充分释放，进而影响到人民群众生活水平和生活质量的提高。这就要求政府必须合理调整分配格局，在初次分配和再分配中都要处理好效率和公平的关系，特别是再分配更加注重公平。政府应逐步提高居民收入在国民收入分配中的比重，提高劳动报酬在初次分配中的比重；着力提高城乡中、低收入者的收入，逐步提高扶贫标准和最低工资标准，在保护合法收入、调节过高收入、取缔非法收入的同时，创造条件让更多群众拥有财产性收入。

在社会主义初级阶段，个人收入分配采取的是以按劳分配为主、多种分配方式并存的分配制度。按劳分配为主体，是指在公有制经济中，它在个人收入总额中占主体地位；多种分配方式并存，是指在坚持按劳分配为主体的同时，允许按资本、知识、技术、信息、管理、土地等生产要素参与分配。因此，坚持按劳分配为主，不会出现过大的收入差距，只要收入与劳动的数量与质量相符合，便是合理的、公平的。也正是这种合理的收入差距，才能调动起劳动者的劳动积极性和创造性，促进他们自身素质和社会效率的提高。

在市场经济条件下，按劳分配的基本内涵未变，即等量劳动要求获得等量报酬仍然是公平分配的标准，只是改变了它实现的形式而已。这种改变表现在两个方面：一是按劳分配的市场化，即由劳动力市场形成的价格转化为工资，因而是实现按劳分配的前提；二是按劳分配的企业化，即等量劳动获得等量报酬的原则，只能在公有制企业的范围内实现，不同企业的同量劳动，其报酬不一定相等。其结果可能使收入差距加大，影响到消费目标的实现。因此，政府需要健全扩大就业和增加劳动收入的制度，健全资本、技术、管理等生产要素按贡献参与分配的制度，等等，使城乡居民收入得到较快增加，消费能力得到显著提高。

（三）健全市场是实现扩大消费的基本前提

随着我国城乡居民消费结构变动和升级换代时期的到来，作为消费载体的市场、市场流通体制是否完善，消费环境是否优良，将直接影响到消费的扩大、升级和实现的程度。因此，建立一个内容齐全、公平竞争、内外开放、规则统一、诚信为本的跨地区、跨所有制的市场和现代化流通体制，创造一个保护消费者合法权益、让消费者放心消费和安全消费的消费环境，就成为尽快并最大限度满足人民群众消费需要的基本前提。

第一，社会主义市场的统一性。其主要表现在两个方面：一方面，市场运作和商品交换要遵循统一的规则和制度，既要遵循市场经济基本规律，又要符合以满足人民群众需要为根本目的的要求；另一方面，市场体系必须是统一的，即各类商品和要素市场不能在部门、行业、地区之间相互分割和互不交往，政府需要建立起以大城市为依托，辐射周边中、小城镇及农村的现代化大市场，使各类商品和生产要素能够合理地流动，实现资源的优化配置和人们消费需求的满足。

第二，社会主义市场的开放性。这种开放性即是要求打破地域之间、部门之间由于自然、经济和人为因素所造成的壁垒和障碍，形成国内各地区、各城市以及城乡之间的全面开放，而且在保障国家利益的前提下，还要向国外开放,向所有的生产者、经营者和消费者开放。市场的开放性越强,市场就越活跃、越繁荣,就越能推动消费的规模扩大和结构升级。

第三,社会主义市场的竞争性。这就要求各类市场都要置于公平竞争的环境中,受价值规律和竞争机制的支配。只有通过平等竞争,才能形成反映资源稀缺程度的价格信号,才能正确权衡成本和收益以及协调各经济主体的利益,才能正确引导社会资源的合理配置。公平的竞争又调节着各类市场供求,决定各类市场主体的优胜劣汰。正是市场具有竞争性的特点,才促使企业不断改进生产经营、优化服务、提高效益,为人民群众提供更多的优质产品和服务,从而提高他们的消费水平和消费质量。

第四,社会主义市场的有序性。社会主义市场的健康稳定运行,需要通过健全信用体系、完善市场规则和法律体系,来规范市场主体、市场组织和市场监督者的行为,维护公平、公正、合理的竞争秩序,反对不正当竞争;还需要维护市场主体尤其是消费者的合法权益,以保证正常的市场秩序,使人们拥有一个放心消费、安全消费的良好环境。

社会主义市场是以社会主义公有制为主体、多种所有制经济共同参与的市场,这就决定了社会主义市场具有以下特征。一是商品的流通要以促进生产发展,从而最大限度满足人民群众需要为根本目的,在商品交换中也要实现劳动者为社会创造的价值,并使其最大化。二是公有制经济应是社会消费品尤其是公共产品的主要提供者,是城乡基础设施建设的主力军,健全现代消费品营销体系的组织和实施者。三是国有经济在流通领域中发挥主导作用。政府通过建立和健全重要商品的储备制度、农产品价格风险基金、副食品生产基地建设等,来调节市场流通和实现供求平衡。同时,政府还应制定符合市场经济规律和社会主义消费目标的法律、法规,以规范市场秩序和健全市场体制,并通过国有控股企业的导向作用,引导消费行为的合理化。

参考文献

[1]《马克思恩格斯全集》第 23~25 卷,人民出版社,2007。

[2]《邓小平文选》第 1~3 卷,人民出版社,1994。

[3]《中国共产党第十七届中央委员会第五次全体会议文件汇编》,人民出版社,2010。

[4] 胡锦涛:《高举中国特色社会主义伟大旗帜,为夺取全面建设小康社会新胜利

而奋斗——在中国共产党第十七次全国代表大会上的报告》，2007年10月15日。

［5］胡锦涛：《在新进中央委员会的委员、候补委员学习贯彻党的十七大精神研讨会上的讲话》（2007年12月7日），《科学发展观重要论述摘编》，中央文献出版社、党建读物出版社，2009。

［6］江泽民：《正确处理社会主义现代化建设中的若干重大关系》（1995年9月26日），《江泽民文选》第1卷。

［7］程恩富：《程恩富选集》，中国社会科学出版社，2010。

［8］包亚钧、李冰：《强国富民的经济学思考——当代中国经济理论定位与探索》，山西经济出版社，2002。

加快收入分配结构调整，
扩大居民消费需求

● 胡亚莲[*]

内容提要：金融危机的爆发，迫切要求我国在经济发展方式转变上迈出实质性的步伐，即中国经济增长由过去的主要靠投资、出口拉动转变为主要由投资、消费和出口协调拉动，使消费需求成为拉动经济增长的主要引擎，这也是实现中国经济社会良性循环与发展的战略选择。然而，近年来收入分配结构的失衡已成为导致居民消费需求乃至内需不足的主要原因。因此，调整收入分配结构是转变经济发展方式、提升消费对经济拉动作用的内在要求。

关键词：收入分配　结构　消费需求

从长期来看，中国经济要从应对危机的超常规刺激政策中逐步退出，转向内生增长的可持续的复苏。我国必须在转变经济发展方式上迈出实质性的步伐，即中国经济增长由过去主要靠投资、出口拉动转变为由消费、投资和出口协调拉动，使消费需求成为拉动经济增长的主要引擎。这不仅是当前中国应对全球金融危机的重要举措，也是转变经济发展方式，实现中国经济社会良性循环与发展的战略选择。影响居民消费需求的因素是多方面的，然而，近年来收入分配结构的失衡已成为导致居民消费需求乃至内需不足的主要原因。因此，加快收入分配结构调整，是转变经济发展方式、提升消费对经济增长拉动作用的内在要求。

---

[*] 胡亚莲，辽宁省委党校经济学教研部教授。

一 改革开放以来我国消费需求变化的基本特征

改革开放三十多年来,我国消费领域发生了日新月异的变化。20 世纪 90 年代中期以来,我国消费品短缺的局面基本结束,买方市场逐步形成,由过去的严重短缺开始转向全面"过剩"。消费革命与消费不足并行不悖,可以说是改革开放三十多年来我国消费的显著特征。

(一)消费革命

改革开放后,随着经济持续快速增长,居民收入水平大幅提高,我国出现了一浪又一浪的消费热潮,使消费成为经济增长的强大动力。在亚洲金融危机前的 20 年间,除 1985 年、1993~1995 年四年因投资增长过猛使投资对经济增长的贡献率超过消费外,大部分时间经济增长主要是靠消费的拉动。这种旨在增加消费的投资,为居民提供了越来越充足的消费品,也使消费直接成为经济增长的主要动力。这种消费热潮,被国外学者称为"消费革命"。在不过二十几年的时间就跨越了温饱阶段而进入小康,消费热点也从以吃饱穿暖为主到"老三件"、"新三件",再到现在的住宅热、轿车热以及教育文化、医疗保险、旅游休闲等消费的日益增长。目前在我国,生存性消费的比重逐步减少,发展型消费的内容日益增多,享受型消费也日渐丰富。居民消费的这种迅速变化,既表现在量的快速增长方面,也表现在质的结构升级方面。

1. 居民消费总量大幅增长

1978~2007 年,我国居民消费从 1759.1 亿元增加到 93317.2 亿元,增长 53 倍,扣除价格因素,实际增长 10.7 倍,平均每年增长 8.5%,其中,城市居民消费从 666.7 亿元增加到 69403.5 亿元,扣除价格因素年均增长 10.8%;农村居民消费从 1092.4 亿元增加到 23913.7 亿元,扣除价格因素年均增长 5.9%。从人均消费增长来看,1978~2007 年,我国居民人均消费从 184 元增加到 7081 元,增长 38.5 倍,扣除价格因素,实际增长 8.2 倍,平均每年增长 7.5%。其中,城镇居民从 405 元增加到 11855 元,农村居民从 138 元增加到 3265 元,扣除价格因素,分别增长 5.9 倍和 5.3 倍,年均分别增长 6.3% 和 5.9%。

2. 居民消费结构不断升级

一是最能代表消费结构变化的恩格尔系数不断下降。1978~2010年，城镇居民恩格尔系数从57.5%下降为35.7%，农村居民恩格尔系数从67.7%下降为41.1%，分别下降了21个百分点和26个百分点。二是耐用消费品快速升级换代。我国改革开放以来的消费革命突出地表现在耐用消费品的三次升级换代上，第一次是20世纪80年代以自行车、手表、缝纫机、收音机为代表的老一代耐用消费品的迅速普及；第二次是20世纪90年代以彩电、冰箱、洗衣机和空调为代表的新一代耐用消费品的消费热潮；第三次是进入21世纪掀起的以住房、汽车、电脑和手机为代表的消费热潮。三是居民消费由生存型向发展型和享受型过渡。在除食品外的其他七大类消费品中，我国城镇居民的衣着和耐用消费品等物质类消费品比重下降很快，而住房、医疗保健、交通通信和文教娱乐等消费的比重则上升较快。农村居民的消费也发生着类似的变化。衣着比重下降较快，耐用消费品变化不大，居住地点变化与城市不同，不是大幅上升而是略有下降，医疗保健、交通通信和文教娱乐等服务性消费的比重与城市一样上升较快。

（二）消费不足

消费革命是指现阶段我国的消费与改革开放前相比，发生了质和量的变化。而消费不足则是指在经济高速增长的条件下，相对于投资、收入来说的不足。尽管近年来我国居民消费水平不断提高，消费结构实现了跨越式发展，消费在促进经济平稳较快发展方面发挥了积极作用，但与世界平均水平特别是发达国家相比，消费需求尤其是居民消费需求不足，仍是影响我国经济增长的主要因素。20世纪中期以来，消费品供大于求的买方市场开始出现。1997年亚洲金融危机后，消费不足已形成共识，尤其是2001年以后，与快速升温的投资相比消费偏冷，与快速增长的居民收入相比消费增长偏缓，其结果就是消费对经济增长的拉动作用相对减弱。

1. 居民消费增速虽不断加快但仍低于经济增长速度和投资增长速度

近年来，随着收入水平的逐步提高，我国居民消费支出不断增加，人均消费水平不断提高。2000~2008年，城乡居民消费支出从4.585万亿元增加至10.839万亿元，年均增长11.2%，且增速呈逐年加快趋势，但仍低于经济增长速度。2001~2006年，我国GDP年均增长15.6%，而消费总量年均增长10.5%，比GDP增长慢5.1个百分比。从居民消费增长速度和投资增长速度来看，除2009年以来受国际金融危机影响拖累我国出口出现负增长外，其他年份居民消费增速均在较大程度上明显落后于同期投资和出口的增速。我国消费增长速度低于投资增长速度开始于2001年，而投资迅猛增长则主要发生在2003年以后。2002年固定资产投资为43500亿元，2007年增加到37324亿元，平均每年增长25.8%。同期，社会最终消费从71692亿元增加到128445亿元，平均每年增长12.4%，其中，居民消费从52571亿元增加到93317亿元，平均每年增长12.2%。速度不可谓不快，但仍不敌投资，仅为投资的一半左右。

2. 居民消费率明显偏低且趋于下降

消费增长速度大幅低于经济增长速度和投资增长速度，决定了最终消费率的下降。投资率偏高、居民消费率偏低，一直是近年来影响我国经济协调平稳发展的主要问题之一。2000~2010年，我国投资率从35.3%上升至48.6%，而同期消费率却从62.3%下降至47.4%，居民消费率从46.4%下降至33.8%。这不仅低于发达国家的消费水平，也大大低于发展中国家的消费水平。2007年，美国、日本、韩国、印度居民消费率分别为71%、57%、55%、55%，均大幅高于我国同期水平，而且我国消费率发展趋势与世界平均消费率高位稳定并趋于微升的趋势背道而驰。

3. 消费需求对经济增长的拉动作用不足

作为经济持续快速发展的最终动力，消费理应对国民经济增长做出更大贡献。然而随着消费增速的放缓和消费率的下降，消费对经济增长的拉动作用明显下降。2000~2010年，最终消费对经济增长的贡献率由2000年的65.1%下降为2010年的36.8%，而投资率对经济增长的贡献率则由2000年的22.4%增加到2010年的54.0%。相对于投资而言，消费对经济增长的拉动作用明显不足，而且，随着我国经济对外依存度的逐年增加，净出口对经济增长的拉动作用也越来越强。经济增长过度依赖投资和出口，不仅增加了我国经济增长的脆弱性，降低了我国经济增长的效益，而且也使我国发展付出了沉重的环境和资源代价。

二 收入分配结构的变化对我国居民消费需求的影响

从长期来看，影响我国居民消费需求不足的因素应该是多方面的，包括收入分配、预期支出、人口结构、消费政策和传统文化等。但从短期来看，近几年，我国收入分配结构的变化则成为影响居民消费不足的重要因素。

（一）即期收入水平较低限制了消费水平增长

消费是收入的函数，消费需求取决于收入水平和边际消费倾向。在收入增长的情况下，人们会增加他们的消费需求，而当收入增长放慢的时候，人们的消费需求将减弱。改革开放三十多年来，伴随国民经济的持续发展，城乡居民收入也有了大幅度增加，农村居民人均纯收入从1978年的134元增加到2008年的4761元，城市居民的人均可支配收入从1978年的343元增加到2008年的15781元，分别是1978年的35.53倍和46倍，年均增长13.6%和12.6%；按可比价计算，城乡居民收入分别增长6.5和6.3倍，年均增长7.2%和7.1%，城乡居民的生活水平有了巨大提高。但与国民经济的高速增长水平相比则相对缓慢，低于人均国内生产总值增长速度。1978~2007年，我国人均国内生产总值从381元增加到18934元，按当年价计算增长了49倍，年均增长14.4%；按可比价计算增长了9倍，年均增长8.3%，都超过了居民收入的增长速度。以上数据说明城乡居民还没有充分享受到改革开放的成果。

（二）国民收入分配格局不合理，导致最终消费率的下降

总的来说，改革开放三十多年来，我国政府、企业和居民三者收入分配关系的总体变化是符合规律的，也是基本合理的，有力地促进了经济发展和人民生活水平的提高。但近年来随着经济快速发展和经济体制改革的不断深化，居民收入、企业收入和政府收入在国民收入中的比重发生了较大变化，出现了一些不合理的变化，主要表现在居民收入在国民收入分配中的比重持续下降。据有关方面测算，2002~2006年，居民收入在国民收入中的比重呈持续下降的趋势，2000年为64.8%，2006年为57.1%，下降了7.7个百分点。与此同时，企业的收入比重从15.6%上升为21.5%，上升了5.9个百分点，政府收入比重从19.5%上升到21.4%，上升了1.9个百分点。最终消费率的下降，在很大程度上是由于居民收入占国民收入份额的下降。政府和企业在国民收入中分配比例的快速增长，一方面挤压了居民收入增长的空间，阻碍了居民生活质量的提升；另一方面政府积累了大量财富却没有承担起相应的社会保障职能，政府在基本公共服务方面的缺位，导致居民消费倾向下降，储蓄倾向上升，进而抑制了国内需求。

居民收入占国民收入分配的比重不断下降,主要是由国民收入初次分配中劳动报酬所占比重偏低造成的。2000~2007年,劳动报酬在国民收入分配中的比重从2000年的48.7%下降到2007年的39.7%,而同期的资本报酬占国民收入的比重由2003年的20%上升到2007年的30.6%。目前在发达市场经济国家,劳动者报酬在要素收入分配中所占比重平均在50%以上。这些国家在与我国现阶段相似的人均GDP 3000美元阶段(如20世纪七八十年代),劳动者报酬所占比重平均为50%左右,而我国的这一指标目前为39.7%(2007年),不仅大幅低于同期发达国家的平均水平,而且也低于发达国家在相似发展阶段的水平。1990~2006年,我国职工工资总额在国民收入分配中的比重从15.8%下降到11%。劳动报酬在初次分配中所占比重不断下降,必然导致居民收入在国民收入分配中的比重偏低。居民收入比重的下降,直接导致了居民消费率由2000年的46.4%下降为2007年的35.4%,6年下降了11个百分点。

(三) 未来收入和支出预期的不确定性使消费行为更为谨慎,预防性储蓄增加

居民收入增长预期降低,消费者信心在一定程度上受到打击,消费行为谨慎,观望情绪浓厚。一是就业难度加大使工资收入增长面临压力。近期劳动力供给总量增加、结构性过剩以及出口大幅下滑等因素使我国的就业刚性矛盾日益突出。二是不健全的社会保障体系难以有效分散未来支出风险。目前,我国的社会保障由过去的现收现付制转变为基金积累制,即由原来的政府负担转变为政府、企业、个人共同负担,这不仅没有增加居民的财富,反而使居民的可支配收入趋于减少,即增加了即期的支出,从而减少了消费。同时,涵盖医疗、养老、失业、最低生活保障等社会福利与社会救助制度的社会保障体系仍不健全,覆盖面窄,保障功能较弱,特别是占消费群体大多数的广大农村居民还未能全部覆盖,还不能在最大限度内分散消费者未来面临的支出风险。特别是伴随着住房、教育、医疗等方面的制度改革,更增加了居民未来支出的不确定性,从而增加居民的预防性储蓄,减少其消费。所有这些均造成居民储蓄率过高,而消费率过低,使消费需求增长缺乏持续的动力。

(四) 收入分配差距持续扩大导致社会总消费倾向下降

1. 收入分配差距持续扩大

改革开放以来,我国居民收入差距明显扩大而且有进一步扩大的趋势。

主要表现在以下几个方面。

一是居民的总体收入差距扩大。衡量居民收入总体差距扩大的指标主要有基尼系数、实际收入状况、金融资产状况等。一般认为,基尼系数是测量居民收入差距大小的一个重要指标。按照国际标准,基尼系数在0.2以下为绝对平均,0.2~0.3为比较平均,0.3~0.4为程度合理,0.4以上为差距过大,超过0.5就已经是两极分化。从我国基尼系数来看,据国家统计局的测算,改革开放之初的1978年,我国农村居民的基尼系数大致为0.21~0.24,城市居民的基尼系数大致为0.16~0.18,说明当时我国居民的收入分配基本上呈现一种平均主义的趋向。2000年,我国的基尼系数0.417已超过国际公认的0.4警戒线。2008年,中国社会科学院社会蓝皮书公布的我国城乡居民的综合基尼系数已经达到0.496左右,而且从居民收入差距的变动曲线来看,仍将呈现继续扩大的趋势。其差距之大不仅为新中国成立以来所未见,在世界上也是少数相当严重的国家之一。根据世界银行《世界发展报告2006》提供的127个国家近年来收入分配不平等状况的指标表明,基尼系数低于中国的国家有94个,高于中国的国家只有29个,其中27个是拉丁美洲和非洲国家,亚洲只有马来西亚和菲律宾两个国家高于中国。这种状况说明,中国的基尼系数高于所有发达国家和大多数发展中国家,也高于中国的历史高点。另据有关部门调查数据显示,目前,金融资产出现了越来越向高收入家庭集中的趋势。城市户均储蓄存款最多的20%家庭拥有的城市人民币和外币储蓄存款总额,分别占城市居民储蓄存款总额的64.4%和88.1%。而户均金融资产最少的20%家庭,拥有的城市人民币和外币储蓄存款总额,分别仅占城市居民储蓄存款总额的1.3%和0.3%。

二是城乡收入差距持续扩大。城乡居民收入水平是我国改革开放和经济发展水平的晴雨表。城乡居民之间的收入分配差距一直是我国收入分配领域最突出的一个问题,城乡居民收入差距的扩大尤为显著。从城乡居民人均收入水平比较来看,城乡居民收入差距在逐年扩大,从1978年2.57∶1扩大到2009年的3.33∶1,城乡收入绝对差距在2008年首次突破万元。2011年,该数据缩小为3.13∶1。据统计,我国城乡居民高低各20%居民之间的收入差距在21.5倍,而城乡居民高低各10%居民之间的收入差距已达55倍。如果再加上城镇居民的住房、社会保障、公共卫生、教育、基础设施等方面享有的国家补贴,实际差距还将更大。

三是地区间收入差距仍较明显。据统计,我国东、中、西部地区间居民收入差距在不断扩大。东、中、西部城镇居民人均可支配收入之比由1978年的1.1：1：1.01扩大到2007年的1.46：1：0.98，农村居民人均纯收入之比由1978年的1.09：1：0.91扩大到2007年的1.52：1：0.79。2009年，收入最高的上海城镇居民人均可支配收入28837.8元，收入最低的甘肃城镇居民人均可支配收入11929.8元，前者是后者的2.42倍。农村人均纯收入最高的上海12482.9元，最低的甘肃是2980.1元，前者是后者的4.19倍。

四是行业之间收入差距扩大。1978年，我国最高行业和最低行业的工资比是1.38：1，到2007年最高行业金融业的职工年平均工资49435元，最低行业农、林、牧、渔业职工年平均工资11086元，二者工资比是4.46：1。如果再加上工资外收入和职工福利待遇上的差异，实际收入差距可能在5~10倍之间。2009年，据国家统计局统计，职工平均工资最高的三个行业中，证券业平均17.21万元，是全国平均水平的6倍；其他金融业人均8.767万元，是全国平均水平的3.1倍；航空业人均7.58万元，是全国平均水平的2.6倍。而电力、电信、石油、金融、保险、水电气供应、烟草等国有行业的职工不足全国职工总数的8%，但工资和工资外收入总额却相当于全国职工工资总额的55%。

2. 收入分配差距扩大对居民消费有效需求不足的影响

收入分配对消费需求的影响经常被人们忽视，但这个因素的作用已经变得越来越重要。目前，周期性因素已经缓解，各种长期性因素虽仍然存在，但也并未恶化，此时消费率的下降似乎更需要在收入分配上找原因。适当的收入差距有利于激发劳动者的生产积极性，提高经济效率。但是，如果贫富差距超过了社会的承受能力，就会对经济和社会发展带来严重的负面影响。绝对收入假说认为，不同收入群体的消费倾向不同，一般来说，高收入居民的消费倾向低于低收入居民的消费倾向。因此，如果收入分配平等，则会提高整个社会的消费倾向；反之，收入分配差距越大，社会的消费倾向就越低。

研究收入分配对消费需求的制约，对于启动消费具有重要意义。几乎所有需求的变化，都可以从收入分配来解释。传统的刺激消费的方法，如投资拉动、货币扩张、通货膨胀预期、收入增加等，如果加入收入差距的因素，就难以扩大消费。因为随着收入分配差距的扩大，这些方法所带来的收入增量，主要流向了低消费率的高收入阶层，高消费率的低收入阶层收入增长有限，这样总的效果将是消费率的下降。同时，由于低收入者缺乏购买力,即使是有通货膨胀预期也难以刺激消费。而由于高收入者购买力不断增加,企业将会扩大针对这个群体的消费品生产,因此就出现了汽车、住房等局部消费热点而普通消费品偏冷的情况。所以要启动消费,必须具体研究收入分配对总消费的影响。

三 调整收入分配结构,扩大居民消费需求

(一)调整国民收入分配格局,逐步增加居民收入在国民收入分配中的比重

1. 逐步提高劳动报酬在初次分配中的比重

调整资本要素所得和劳动要素所得之间的比例关系,提高劳动报酬在国民收入初次分配中的比重。在社会主义市场经济条件下,逐步提高劳动报酬在国民收入初次分配中的比重,在国民收入初次分配中体现分配公平,单纯依靠市场机制的作用是不可能实现的,必须发挥政府的调节作用。具体措施包括以下方面。一是要建立职工工资正常增长机制,努力使居民收入增长和经济发展同步,劳动报酬增长和劳动生产率提高同步。二是要充分发挥企业工会的作用,建立由雇主、职工和工会三方共同参与的工资集体协商谈判制度。三是要适时提高最低工资标准,确保最低工资标准能够随着经济增长适时得到调整。最低工资标准不仅要保障劳动者的基本生活,还要保障劳动者及其子女的教育费用,以提高劳动者的素质。四是要建立工资的支付保障机制,防止工资拖欠问题的发生。

2. 逐步提高居民收入在国民收入分配中的比重

调整政府、企业和个人之间的分配关系,加大国民收入向个人倾斜的政策力度。提高居民收入在国民收入分配中的比重,除了要提高劳动报酬在初次分配中的比重,增加劳动收入外,政府还要做到以下方面:一是要逐步提高扶贫标准,使之随着社会经济发展水平和物价水平的提高而提高,以切实解决贫困人口的温饱问题;二是要逐步提高城乡居民最低生活保障标准,扩大低保对象的覆盖面,以提高低收入群体的收入水平;三是要创造条件让更多群众拥有财产性收入,这是扩大中等收入群体比重,增加城乡居民收入的一个重要途径。

（二） 加强政府对再分配调节能力的建设

1. 加大财政政策实施力度，扩大转移支付、强化税收调节

一方面，政府可以通过扩大财政转移支付，向低收入者和经济落后地区倾斜，逐步缩小收入分配差距。为此，政府在加大财政转移支付力度的同时，还要完善对财政转移支付资金的监督管理，提高财政转移支付资金的使用效率。另一方面，政府还可以通过完善税收手段加大对高收入者收入水平的调节。为此，政府要完善个人收入所得税制度，推进分类征收与综合征收相结合的个人收入所得税制度建设。此外，在完善车船税等现有财产税的基础上，政府还应适时开征遗产税、赠与税、社会保障税等。同时，政府还要加强税源监控和税收征管，堵塞税收漏洞。

2. 健全和完善社会保障体系，增加居民收入，改善居民消费预期

由于当前我国社会保障制度的不完善，提高了居民未来预期支出的不确定性，使得居民现期消费需求不断降低。因此，完善社会保障制度，稳定居民消费预期成为当前启动消费需求的重点环节。为此，政府应着力采取以下措施：一是逐步提高社会保障标准和社会统筹层次，加快建立覆盖城乡居民的统一的社会保障体系，着力解决不同群体社会保险待遇差别过大问题；二是普及新型农村合作医疗制度，探索建立与农村经济发展水平相适应的农村社会养老保险制度；三是完善城乡居民最低生活保障制度，提高保障标准；四是完善城乡居民生活救助制度，健全社会救助体系；五是大力发展社会慈善事业，发挥慈善组织在社会安全网中的重要补充作用。

（三） 推进基本公共服务的均等化，提高居民消费能力和水平

1. 推进教育机会的均等化，提高劳动者的素质从而增强其致富能力

受教育机会的不平等也是造成收入不平等的重要原因，改善全体劳动者特别是低收入群体的教育状况，增加他们的受教育机会，是提高其收入水平的基础性条件。因此，政府必须确保教育的财政支出，重点向农村义务教育特别是中西部地区的农村倾斜，向贫困学生倾斜，使他们享有公平的受教育机会和权利。

2. 千方百计扩大就业渠道，增加就业岗位，切实保障劳动者平等的劳动就业权利

就业是民生之本、安国之策。保障劳动者充分就业和实现就业公平的权利，不仅是社会成员的人格和尊严的体现，也是增加城乡居民收入，缩

小收入差距的基本途径，同时，也是发挥个人潜能，使人力资源在全社会得到更有效的利用，维护社会公正和社会稳定，促进社会和谐的重要方面。为此，政府必须创造公平的就业机会，反对各种形式的就业歧视，加大对弱势就业群体的扶持力度，切实保障劳动者平等的劳动就业权利。

参考文献

[1] 白重恩、钱震杰：《谁在挤占居民的收入》，《中国社会科学》2009年第5期。

[2] 刘树杰、王蕴：《合理调整国民收入分配格局研究》，《宏观经济研究》2009年第12期。

运用科技进步政策跨越"中等收入陷阱"

● 张明龙 章 亮[*]

内容提要：跨越"中等收入陷阱"的一项重要措施是，制定推动科技进步的政策法规，形成政策支持体系，通过政策的导向力量，不断增强我国的自主创新能力。半个多世纪以来，我国通过运用各种推动科技进步的政策法规，在提高科技创新能力方面取得了显著成效。今后，运用科技进步政策体系促进创新活动的基本思路是，通过进一步健全科技进步政策体系的内涵要素，使其形成矢量相加的共同导向机制，促进基础研究，攻克前沿技术，突破重大关键技术，提升产业整体竞争力。

关键词：科技进步 政策体系 基础研究 前沿技术 关键技术 产业竞争力

"中等收入陷阱"（Middle-Income Trap），通常指一个发展中国家经过前期努力，人均收入达到中等水平后，由于难以实现产业的转型升级，缺乏创新能力，导致经济增长后劲乏力，最终出现国民经济发展停滞不前的一种状态。按照世界银行的标准，2010年，我国人均国内生产总值达到4400美元，已经进入中等收入偏上国家的行列。显然，横排在我国面前的是一口深不可测的"中等收入陷阱"。如何跨越这口陷阱呢？根据国外提供的一些经验教训，笔者认为，关键在于提高科技创新能力和实力。为此，我们必须运用政策法规形成政策支持体系，形成有利于创新的导向机制，促进基本原理及新知识的研究，攻克具有引领未来发展作用的重大技术，突破能够全面提升科技支撑能力的重大关键技术，同时，通过促使传统产业向价值链高端拓展，提升产业整体竞争力。本文拟就此谈

---

[*] 张明龙，浙江台州学院副校长、教授；章亮，浙江大学。

点浅见，供有关方面参考。

一 运用推动科技进步的政策体系促进基础研究

基础研究通常指为获得关于现象和可观察事实的基本原理及新知识而进行的实验性和理论性工作。它的主要特点是，通过理论研究或实验分析，对事物的性质、特点、结构和各种关系进行分析，加深认识，解释本质，揭示其运动的规律，或者提出和验证各种设想、理论或定律。基础研究是提升国家科技创新能力的前提和关键，对于增强国家科技竞争力，更好地满足经济社会发展需要具有重要意义。① 所以，推动科技进步的政策体系内含的各种政策法规，必须形成有效的矢量合力，共同促进基础研究上水平、出精品。

第一，政府要运用推动科技进步的政策体系，促进基础学科领域的数学、物理学、化学、生物学、天文学、地球科学等学科的合理布局，形成多学科协调发展，并注重学术研究的长期积累。同时，国家的科技政策体系应加强学科和专业之间的交叉、融合与渗透，努力培育新生长点，形成交叉学科、新兴学科和复合专业。

第二，政府要运用推动科技进步的政策体系，促进科学前沿领域着重探索以下领域：生命过程的定量分析和系统整合、凝聚态物质及其新效应、物质深层次结构与宇宙大尺度物理学规律、核心数学及其在交叉领域的应用、地球系统过程与资源环境的效应、新物质创造与转化的化学过程、脑科学与认知科学、科学实验与观测方法及其设备创新等。

第三，政府要运用推动科技进步的政策体系，促进面向国家重大战略需求的基础研究领域着重探索以下领域：人类健康与疾病的生物学基础、人类活动对地球的影响机制、全球变化与区域响应、灾变形成及其预测控制、材料设计与制备的新原理与新方法以及农业生物遗传改良、农业和能源可持续发展、极端制造、信息技术和航空航天方面的科学基础。

第四，政府要运用推动科技进步的政策体系，促进重大科学研究领域

---

① 国务院：《国家中长期科学和技术发展规划纲要（2006~2020年）》，国发［2005］第044号。

着重探索以下领域：蛋白质研究、量子调控研究、纳米研究、发育与生殖研究等，争取在这些方面实现重大突破，从而显著提升我国的国际竞争力。

二 运用推动科技进步的政策体系攻克前沿技术

高技术领域中具有引领未来发展作用的重大技术，通常称作前沿技术，它具有前瞻性、先导性和探索性等特点。攻克前沿技术，可为日后高技术的更新换代奠定基础，有利于新兴产业持续快速发展。加强前沿技术研究，发挥科技引领未来经济发展的先导作用，增强高技术领域的自主创新能力，是我国提高产业国际竞争力的重要途径。[①] 因此，政府要推动科技进步的政策体系，必须全力支持攻克各种前沿技术。为此，政府应进一步完善各种促进科技发展的政策法规和激励措施，使其形成强大的推动机制，进而促使前沿技术迅猛发展。

第一，政府应运用推动科技进步的政策体系，促进生命科学领域在功能基因组、蛋白质组、干细胞与治疗性克隆、生物催化与转化技术等方面取得突破性进展。同时，政府还应加强基因组学和蛋白质组学研究，促使基因组序列测定与基因结构分析走向应用开发研究，探索药物及动植物品种的分子定向设计与构建，推进生物芯片、干细胞和组织工程等方面的创新与开发。

第二，政府应运用推动科技进步的政策体系，促进信息领域形成纳米科技、生物技术与认知科学等多学科交叉融合，力争在智能感知技术、自组织网络技术、虚拟现实技术等方面取得系列化研发成果。

第三，政府应运用推动科技进步的政策体系，促进激光领域在研制大功率激光器、量子点激光器、高性能激光导航传感器以及短脉冲超强激光技术等方面取得新的突破。同时，政府还应促使激光技术在超精密制造、微芯片加工、医疗器械改进、生命科学研究、热核反应试验和航天器发射等方面得到更加广泛的应用。

---

① 国务院：《国家中长期科学和技术发展规划纲要（2006~2020年）》，国发[2005]第044号。

第四，政府应运用推动科技进步的政策体系，促进新材料领域加快发展智能材料与结构技术、高温超导技术和高效能源材料技术，突破现代材料在设计、评价、表征、制造装备和工艺流程等方面的关键技术，促使材料结构功能复合化，功能材料智能化，材料与器件集成化，制备和使用过程绿色化。

第五，政府应运用推动科技进步的政策体系，促进先进制造领域重点研究和优先发展微纳机电系统、微纳制造、超精密制造、巨系统制造和强场制造等极端要求的极端制造技术，以及智能服务机器人、重大产品和重大设施寿命预测技术等。

第六，政府应运用推动科技进步的政策体系，促进先进能源领域加快新型能源开发，重点研究氢能及燃料电池技术、快中子堆技术、磁约束核聚变技术，以及为终端用户提供灵活、节能综合能源服务的分布式供能技术，并促使这一领域向低成本、高效率和清洁化方向发展。

第七，政府应运用推动科技进步的政策体系，促进海洋领域抓紧发展多功能、多参数和作业长期化的海洋综合开发技术，重点研究和开发海洋环境立体监测技术、天然气水合物开发技术、大洋海底多参数快速探测技术和深海作业技术。

第八，政府应运用推动科技进步的政策体系，促进航空航天领域进一步改进和加强航天探测器制造技术、火箭推进系统、测控通信技术等，在人造地球卫星、载人航天飞行、首次月球探测和航天员太空行走等取得成功之后，继续朝着深空探索宇宙奥秘方向挺进。

三 运用推动科技进步的政策体系突破重大关键技术

根据社会经济发展需要确定一些重点领域，突破若干重大关键技术，是全面提升科技支撑能力的重要措施。[①] 为此，各种推动科技进步的政策法规，必须以政策支持体系合力形式，共同形成一种导向机制：突破产业和行业中的科技"瓶颈"制约，提高经济持续发展能力；掌握关键技术和共

---

① 国务院：《国家中长期科学和技术发展规划纲要（2006~2020年）》，国发［2005］第044号。

性技术，提高产业的核心竞争力。同时，还要攻克重大公益性和国防方面的科技难关，提高社会公共服务能力和国家安全保障能力。

目前，我国已成为世界制造大国，工业品供应充裕，工业产业结构趋向合理，高新技术产业快速发展，生产技术与世界先进水平差距日益缩小，工业增加值居世界前列，近百种产品产量居世界第一。但是我们必须看到，我国企业生产的大多是高消耗、低附加值产品，大量产品处于技术链的低端。代表制造业发展方向和技术水平的装备制造业，我国的落后状况尤其明显，大多数装备生产企业没有核心技术和自主知识产权。同时，我国制造业劳动生产率水平偏低，不少部门的劳动生产率仅及日本的1/10，甚至低于马来西亚和印度尼西亚。这一差距尤其明显地表现在资本密集型和知识密集型产业上。为此，政府必须进一步完善推动科技进步的政策体系建设，让其形成能够有效推动我国制造业转型升级的导向机制，促进企业从技术链低端领域退出。

产品技术链没有一个固化的定式，但总是由低端向高端发展。近年来，它正伴随着现代制造技术的进步不断向高端延伸。目前，制造业技术链高端几乎全被现代技术垄断，处于技术链高端的产品几乎都是由现代技术制造出来的。所以，要促使我国制造业转型升级，政府必须运用政策体系的导向作用，通过推动制造业领域的科技进步，突破某些重大关键技术和核心技术，并对其拥有自主知识产权，以便迅速向现代制造技术领域挺进，进而通过现代制造技术促使制造业及其产品向技术链高端延伸。

现代制造技术在制造范畴的内涵与外延、制造工艺、制造系统和制造模式等方面，与传统制造技术均有重大差别。在现代制造技术视野中，制造不是单纯把原料加工为成品的生产过程，它还包括产品从构思设计到最终退出市场的整个生命周期，涉及产品的构思、构思方案筛选、确定产品概念、效益分析、设计制造和鉴定样品、市场试销、正式投产以及产品的售前和售后服务等环节。在现代制造技术视野中，制造不是单纯使用机械加工方法的生产过程，它除了机械加工方法外，还运用光电子加工方法、电子束加工方法、离子束加工方法、硅微加工方法、电化学加工方法等，往往形成光、机、电一体化的工艺流程和加工系统。现代制造技术正在朝着自动化、智能化、柔性化、集成化、精密化、微型化、清洁化、艺术化、个性化、高效化方向发展。[①] 为了加快我国制造业转型升级，促使制造业向

---

① 路甬祥：《21世纪中国制造业面临的挑战与机遇》，《机械工程师》2005年第1期。

技术链高端延伸，政府必须进一步完善推动科技进步的政策支持体系，使其形成以下导向机制。

1. 有利于发展以纳米技术为基础的微型系统制造技术

纳米技术表现为在纳米尺度（0.1纳米~100纳米）内研究物质的相互作用和运动规律以及把它应用于实际的技术。其基本含义是在纳米尺寸范围认识和改造自然，通过直接操作和安排原子、分子创造新的物质。纳米技术以混沌物理、量子力学、介观物理、分子生物学等现代科学为理论基础，以计算机技术、微电子和扫描隧道显微镜技术、核分析技术等现代技术为操作手段，是现代科学与现代技术相结合的产物。纳米技术主要包括纳米材料学（nanomaterials）、纳米动力学（nanodynamics）、纳米电子学（nanoelectronics）、纳米生物学（nanobiology）和纳米药物学（nanopharmics）。就制造技术角度来说，它主要含有纳米设计技术、纳米加工技术、纳米装配技术、纳米测量技术、纳米材料技术、纳米机械技术等。以纳米技术为基础，在纳米尺度上把机械技术与电子技术有机融合起来，便产生了微型系统制造技术。自从硅微型压力传感器作为第一个微型系统制造产品问世以来，我国相继研制成功微型齿轮、微型齿轮泵、微型气动涡轮及连接件、硅微型静电电机、微型加速度计等一系列产品。微型系统制造技术对制造业的发展产生了巨大影响，已在航天航空、国防安全、医疗、生物等领域崭露头角，并在不断扩大应用范围。

2. 有利于发展以电子束和离子束等加工为特色的超精密加工技术

超精密加工技术一般表现为被加工对象的尺寸和形位精度达到零点几微米，表面粗糙度优于百分之几微米的加工技术。它包括超精密切削、超精密磨削、研磨和抛光、超精密微细加工等内容，主要用于超精密光学零件、超精密异形零件、超精密偶件和微机电产品等加工。电子束、离子束、激光束等加工技术，通常出现在超精密微细加工领域，用来制造为集成电路配套的微小型传感器、执行器等新兴微机电产品以及硅光刻技术和其他微细加工技术的生产设备、检测设备等。20世纪80年代以来，超精密加工技术在超精密加工机床等设备、超精密加工刀具与加工工艺、超精密加工测量和控制以及超精密加工所需要的恒温、隔热、洁净之类环境控制等方面，取得了一系列突破性进展。超精密加工技术投资大、风险高，但增值额和回报率也高得惊人。近年来，世界上许多国家把它作为提升国力的尖端技术竞相发展，前景一派灿烂。

3. 有利于发展以节约资源和保护环境为前提的省耗绿色制造技术

制造业在创造社会财富的同时，产生出大量废液、废气、固体废弃物等污染，会直接影响人类的生存环境，不利于社会的可持续发展。所以，我国需要探索符合环保要求的节能、省耗、少污染的生产方法，即绿色制造技术。这项技术立足于尽量减少制造业对环境带来的负面影响，促进产品制造与生存环境的协调发展，在提高企业效益的同时增进社会福祉。这项技术的核心内容包括以下方面：产品设计上，尽量提高可拆卸性、可回收性和可再制造性；生产工艺和设备选用上，尽量做到低物耗、低能耗、少废弃物、少污染。这项技术的其他内容还包括绿色制造数据库和知识库、绿色制造过程建模、绿色制造集成技术、绿色制造评价方法等。[①]

四 运用推动科技进步的政策体系提升产业整体竞争力

紧密结合经济社会发展需求，通过科技创新加快高新技术产业发展，促进传统产业升级，解决国民经济运行"瓶颈"，是提高国家综合实力的重要措施。据此，政府应进一步完善推动科技进步的政策法规，使它们形成强大的政策支持体系，推动核心技术突破和资源集成，形成一些关键共性技术，促使产业竞争力整体提升。其中一项重要任务是，政府应运用推动科技进步的各项政策法规，加快发展核心电子器件、高端通用芯片及基础软件、射频集成电路、极大规模集成电路制造技术、等离子天线技术、互联网高速传输平台、高保真光纤传输技术等信息领域的前沿核心技术，集成更多可共享、共用的信息资源，不断提高全社会的信息化水平。

信息化促使科技创新取得一系列突破性进展，特别是推动高新技术迅猛发展，催生出许多高新技术产品和新兴工业。信息化过程的计算机集成方法可以形成高效率、柔性化的先进智能制造系统，融合多种学科的相关知识和技术，生产出体现多学科交叉的新品种、小批量、个性化、高价值的集成创新产品。特别是运用信息技术对机械、冶金、电力、汽车、能源、建筑及建材、纺织、轻工、食品等国民经济各个领域的覆盖和渗透，可以

---

① 科技部：《关于印发〈关于进一步实施火炬计划加快高新技术产业化及其环境建设的若干意见〉的通知》，国科发火［2009］141号。

提高传统产业的自动化和智能化程度，增强传统产业的产品研制和开发能力，从而有利于推动传统产业及其产品向价值链高端开辟新天地。①

为了确保信息化能够有效地带动传统产业向价值链高端拓展，政府需要进一步加强推动科技进步的政策体系建设，使其内部各种政策法规形成的矢量合力，能够产生以下推进效果。

1. 有利于运用信息化改造传统产品

在信息化发展过程中，大量信息技术，如计算机、微电子、光电子、网络与通信、人工智能等可以应用到传统产品的改造上，不断提高传统产品的技术含量和附加值，并使传统产品向价值链高端挺进。就传统家电行业产品的改造来说，我们可以通过增添计算机智能操作和控制系统，形成智能洗衣机、智能冰箱、智能电饭煲、数字彩电、数码录像机、数码相机等新一代智能化产品，大大改善家电产品的性能和功用。随着信息网络技术的发展，我们还可以形成家电远程操作系统，如人们可以将家电操作系统接入高速宽带网络，进行远程控制，可在外地打开监控系统检查家里的财产安全状况，没到家就可以打开智能微波炉烧菜热饭。信息技术改造传统产品，更是可以大量应用到高档耐用消费品上，如汽车中新增加的技术装备，主要来自电子信息产品，用于自动显示车位，自动测速、测距、测尾气，自动驾驶，进行无线通话，播放音乐和电视节目等。有关资料表明，电子信息装备在高级轿车造价中可占70%，普通轿车一般也在30%以上。可见，信息化是促使传统产品向价值链高端拓展的有效方法。

2. 有利于运用信息化改造传统装备

什么样的装备制造什么样的产品，高附加值的产品往往需要高技术含量的装备来制造。信息化是改造传统装备，提高传统装备技术含量的重要手段。传统装备多由普通机械制造业、专用设备制造业、电气机械及器材制造业、电子及通信设备制造业等技术装备制造业提供。运用信息化加快技术装备工业的改造，主要可以从以下两方面进行：一是将数字化及智能技术注入装备工业制成品，形成数字化产品，如数控机床、自动化生产线等；二是运用智能制造技术、柔性制造系统中故障诊断与维护系统、加工过程刀具切削状态在线监测系统、智能控制技术和仪器仪表及装置、智能制造底层自动化基础技术等工业数字化及智能技术，支持装备产品的整个制造过程，支持装备生产企业的全局优化运作。通过信息技术改造传统装

---

① 张明龙：《信息化改造传统产业的新视角》，《天府新论》2003年第5期。

备，我们可以提高原有装备的技术等级，使其更好地适应生产加工智能化、柔性化、集成化和高速化的要求，有效进行价值链高端产品的制造。

3. 有利于运用信息化改造传统工艺流程

产品附加值的高低，不仅取决于装备的性质，而且取决于工艺流程的性质。价值链高端产品一般需要先进的工艺流程来组织生产。信息化是改造传统工艺流程，提高其先进性的有效措施。运用信息化改造传统工艺流程的内容很多，其中主要包括以下四项。第一，采用网络制造、虚拟制造方法，改变原有的设计流程。它借助网络技术和虚拟开发环境，与其他具有较强设计和制造能力的企业组成动态联合体，迅速完成产品的数据交换和研制开发，使产品创新周期大大缩短，并能更好地满足市场个性化消费需求。第二，采用现场总线控制系统，提高工艺流程的自动化和智能化程度。也就是按现场总线控制的要求，开发自动控制系统和应用软件，研制符合现场总线标准的产品，安装相应的传感器、变速器和执行器等智能化仪器仪表，尽量减少人的因素对现场控制的影响，实现整个生产和管理过程的自动化。第三，采用计算机辅助设计、制造和集成技术，有机组合生产过程分散的自动化系统。它通过计算机制订产品设计方案，再用编程语言给产品的几何形状下定义，指定加工方式，形成产品设计、信息采集、整理、传递和加工处理的集成制造流程，并以此为基础，运用计算机及其相应软件，把生产企业全部工艺流程所需的各种分散的自动化系统，集成为一个有机整体，使单机、刚性制造系统，转变为高柔性的智能制造系统，提高多品种、小批量生产流程的总体效益。第四，采用计算机资源管理系统，提高生产工艺流程中的物流效率。它以计算机技术为基础，建立起企业内外四通八达的物流监控和调配系统，准确传送生产过程的物流信息，使工艺流程各个环节所需的物资得到及时配置。同时，它还使生产密切跟踪市场需求变化，减少不必要的原材料库存，避免成品积压。

4. 有利于运用信息化改造传统产业组织

传统产业要挺进价值链高端领域，除了改造产品、装备和工艺流程外，还必须改造自己原有的产业组织。价值链高端产品通常要求产业组织走向现代化。信息化是把传统产业组织改造成现代产业组织的基本途径。传统产业组织，在相对稳定的市场竞争中形成。产业与产业之间，产业内部各企业之间存在截然分明的组织界限，企业与市场之间存在截然分明的功能边界，企业内部上下级之间存在截然分明的层级差别，实行自上而下的纵向分级管理制度。这种严格的产业组织体系，有利于企业完成特定生产任务,但不利于企业紧跟需求变化做出灵敏反应,难以应对复杂多变的市场环境。运用信息化改造传统产业组织,主要是通过计算机集成制造系统把不同产业和不同企业的产品研究、开发、设计、制造与企业内部的纵向管理控制机制,纳入网络化的计算机控制一体化制造系统中。同时,计算机集成制造系统与企业集成、虚拟企业、柔性制造系统、计算机辅助后勤系统等,可以共同组合成企业的自动化系统,并与Internet相连接,成为全球生产和服务系统的组成部分。这样,我们可以填平传统产业组织形成的各种鸿沟,使不同产业之间、不同企业之间、企业与市场之间均由网络连为一体。就企业内部来说,从总经理、部门经理、车间主管、技术人员、一线操作工到销售人员,也都由网络联系在一起。他们尽管所在岗位不同,但可以通过网络相互沟通、彼此协调,这样不仅有利于提高经营管理效率,还可以大大增强市场应变能力,从而有力地保证传统产业挺进价值链高端领域。

参考文献

［1］国务院:《国家中长期科学和技术发展规划纲要（2006~2020年）》,国发［2005］第044号。
［2］路甬祥:《21世纪中国制造业面临的挑战与机遇》,《机械工程师》2005年第1期。
［3］科技部:《关于印发〈关于进一步实施火炬计划加快高新技术产业化及其环境建设的若干意见〉的通知》,国科发火［2009］141号。
［4］张明龙:《信息化改造传统产业的新视角》,《天府新论》2003年第5期。

以技术创新引领我国跨越
"中等收入陷阱"
——历史经验与现实分析

● 米 嘉[*]

内容提要：我国正处在由中等收入国家向高收入国家迈进的重要时期，面临"中等收入陷阱"的挑战，本文认为技术创新是跨越"中等收入陷阱"的基础和动力。文章对巴西和韩国面临"中等收入陷阱"时，在技术创新问题上因选择不同政策和道路进而导致其之后发展大相径庭的历史经验进行了回顾和审视，同时结合我国现实情况进行了相关分析，提出以技术创新为核心促进我国跨越"中等收入陷阱"的几点思考。

关键词：技术创新　"中等收入陷阱"　历史经验　现实分析

世界银行印德尔米特·吉尔（Indermit Gill）和霍米·卡拉斯（Homi Kharas）于2007年在其主编的世界银行报告《东亚复兴：关于经济增长的观点》中首次提出"中等收入陷阱"（下文称"陷阱"）的概念，其含义主要指的是一个经济体的人均GDP在达到世界中等水平之后，由于增长动力、经济发展方式和模式等原因，会出现经济增长的停滞或徘徊，难以步入高收入国家的经济现象。按照世界银行界定的人均GDP分档标准，到2010年，我国按官方汇率计算的人均GDP达到4000美元，已经跨入中等偏上国家的行列，面临向高收入国家迈进的历史关口。

我国未来一个阶段的发展前景有两种可能：可能顺利实现工业化和现代化，进入发达国家的行列，也有可能出现经济社会发展长期徘徊不前，甚至出现社会动荡和倒退的现象，即落入"陷阱"。可以说，已经到来的

---

[*] 米嘉，山西大学经济与工商管理学院博士。

"十二五"时期,是我国全面建设小康社会承上启下的攻坚时期,是应对世界经济格局调整、加快推进我国社会主义现代化建设的重要时期,同时也是我国经济社会发展能否成功跨越"陷阱"的关键时期。本文从技术创新角度分析经济发展历史上韩国和巴西这两个在"陷阱"问题上成功和不成功的实例,并结合我国实际提出建议。

一 技术创新和"陷阱"问题

(一)"陷阱"问题原因的辨正

回顾世界经济发展历史,工业化的进程已经进行了大约250年的时间,时至今日,只有少数国家进入了高收入国家的行列,许多中等收入国家都长期在中等收入阶段徘徊不前,甚至数十年都跳不出"陷阱"。对于该问题,国内学者有过许多的讨论,尤其是对于造成跌入"陷阱"的原因分析出现了很多观点,综合来看有经济原因说、社会原因说、政治原因说、国际原因说以及综合原因说等。明辨"陷阱"产生的核心原因是探讨"陷阱"问题的起点,更是解决"陷阱"问题的关键。

通过解读"陷阱"的含义,可以说一个经济体落入"陷阱"的直接原因是经济不能保持持续增长,而根本原因则是由于新的增长动力的缺失,所以本文认为,"陷阱"问题是一个经济问题而非社会问题,解决它的途径应从生产力方面去寻找而非其他角度。在"陷阱"中踯躅不前的经济体会出现一系列的现象,如分配不公、贫富分化、腐败问题、民主乱象和社会冲突加剧等,应该说都是"陷阱"问题导致的结果而非原因。

索洛在其《技术变革和扩大产品功能》中验证了技术创新推动了经济增长,经济增长的源泉是技术创新。正是技术创新这个新动力的不断获得以及由此带来的经济增长方式的转型,促进和保证了经济的持续增长。经济得到健康、持续和快速的增长后,由此决定的分配问题等生产关系问题以及各种社会矛盾才有解决的条件和基础,才能够使经济体成功跨越"陷阱"。

(二)技术创新、经济增长方式和经济长期增长

古典经济学认为,创新是经济学的外部因素。经济学视角的创新概念

最初由约瑟夫·熊彼特提出，指的是把一种从来没有过的关于生产要素的"新组合"引入生产体系。而技术创新则是一个经济学概念，是指技术的、工业的和商业化的全过程，其导致新产品的市场实现和新技术工艺与装备的商业化应用。它是自一种新思想的产生开始，到研究开发、产品试制、生产制造、首次商业化及扩散的过程，也是自技术的选择和引进开始，到消化吸收和改进，进而实现技术再创新的过程。技术创新是创新的核心。

一个经济体能否保持其经济持续增长，在很大程度上取决于其所采用的经济增长方式。历史证明，从粗放式的经济增长方式向集约型的经济增长方式的转换是必然趋势。经济增长方式的转变受到许多因素的影响，其中技术进步和发展的能力、技术创新和应用的水平是最重要的方面。具体而言，就是一个经济体从教育入手，提高劳动者素质，并保证足够的科技（主要是研究和发展）投入，而其企业可以将技术创新成果运用于生产，最终产品可以销售和扩散。这个过程在微观上将使该经济体的企业生产技术水平不断提高，产品结构将得到优化；在宏观上将改变与之相联系的产业结构，促进产业结构的升级。这种产品结构和产业结构的高级化将最终改变经济增长的方式，进而带动该经济体经济的持续增长。

二 从国家层面看技术创新对"陷阱"跨越的决定性意义

回顾世界经济发展的历史，世界上有很多国家在第二次世界大战之后通过自身努力都陆续步入了中等收入国家的行列，但是在它们向高收入国家的转变过程中，发展趋势出现了两种类别的分化：一方面，以巴西、阿根廷等为代表的拉美国家从20世纪80年代开始一直到2009年，其人均GDP仍然在3500~6000美元的水平徘徊，经济增长落入"陷阱"；另一方面，以日本、韩国为代表的一些国家实现了经济的持续稳定增长，成功地成为高收入国家。如图1所示。

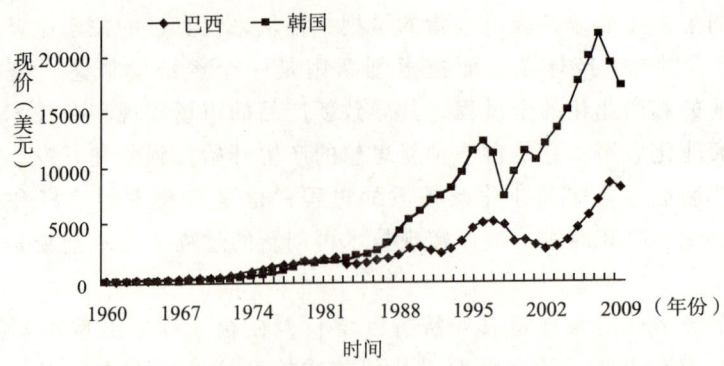

图 1　巴西和韩国人均 GDP 的历史变动情况（1960～2009 年）①

20 世纪 80 年代初，拉美国家的人均 GDP 就达到了 3000 美元，但是在 20 世纪的整个 80 年代，拉美地区的 GDP 年均增长率仅为 1.2%，人均 GDP 增长则是 -0.9%。1968～1974 年，是被称为"巴西经济奇迹"的时期，国内生产总值在这 7 年间的年均增长率达到 10.1% 的高速度。但是，在这之后，巴西的经济增长却呈现长期波动的趋势，没有突破世界银行的高收入国家水平线。与上述情况形成对比的是"亚洲四小龙"之一的韩国。韩国在 1987 年时人均 GDP 超过 3000 美元，到 1995 时达到了 11469 美元，它从中等收入国家跨入高收入国家只用了 8 年的时间。

（一）技术创新的国家宏观战略

20 世纪 70 年代中期以来，巴西科学和技术的发展一直是围绕对国外引进技术的吸收进行的。1988 年，政府颁布新工业政策法令，强调了技术进步的作用，力图通过依靠技术进步实现工业化。但在 1990 年以后，巴西历届政府采取了新自由主义模式的改革，一方面，政府实施公共预算改革，大幅度地减少了社会必要的支出，巴西几乎抛弃了独立的科技和创新政策；另一方面，政府全面开放经济和实行自由化，特别是外资收购巴西国有企业的限制也随之取消，外资的进出自由使跨国公司对巴西本土企业造成了很大的冲击。在很长一段时期里，巴西的出口仍集中在农业、矿业等传统产业，产业结构在较低水平上重复，经济发展也深陷低水平徘徊的困局之中。2002 年，巴西人均 GDP 为 2867 美元，倒退到 20 世纪 80 年代末的水平。

---

① 资料来源于世界银行历史数据。

而韩国政府将科学技术立国作为国家战略来实施。20世纪60年代以来，韩国进入中等收入国家行列。1982年，时任总统全斗焕在韩国"第一次科学技术振兴扩大会议"上正式提出"科技立国"战略，主要目标是利用先进技术改造原有产业，推动经济增长。20世纪90年代开始，韩国政府提出了"研发模式从模仿变创造"以及"建设以科技知识为推动力的头脑强国"的口号，制定了如《尖端和科学技术发展基本计划（1990）》、《为克服经济危机开发技术特别对策（1990）》、《第7次经济社会开发5年计划（1991）》、《科学技术革新综合对策（1992）》等中长期科技计划。

（二）技术创新投入及其组成结构

巴西改革后，其很多社会必要的支出大幅度地减少，技术研发的资金投入剧烈缩减，国内的优秀技术研发机构很大程度上被弃置，错过了新一轮技术革命带来的重大机遇。在自由化政策下，跨国公司的大肆进入进一步削弱了巴西本土企业技术创新能力。虽然巴西产品在国际市场上有相当的竞争力，但其中技术进步因素很大程度上实际是由跨国公司的母公司带来的。20世纪80年代，巴西技术研发投入呈现政府比例不断减少，州政府和私营企业的投入比例显著上升的特点。联邦政府在该比例中由1982年的70.8%降低到1986年的58.6%，而这段时期州政府拨款研发经费比例则从12.4%上升到25.3%，私营企业从1984年的6.8%提高到1987年的25%。总的来看，巴西联邦政府及州政府是技术研发活动经费的主要赞助者。[①]

韩国的技术创新投入则呈现总量持续增加，投入的组成结构呈现由政府为主向民间投资为主演进的特征。从20世纪80年代开始，韩国政府逐渐增加技术开发投入，科技投资占当年国民生产总值的比例从1981年的0.89%提高到1993年的2.31%，研究开发费用占当年国民生产总值的比例从1980年的0.58%提高到1993年的2.3%，接近美国的2.5%。[②] 政府在大幅增加科技投入的同时，更是采取政府税收、金融等间接手段引导企业从事技术创新，鼓励和支持企业技术开发。20世纪80年代初，韩国企业研究所从47家猛增至3825家；企业研究人员由数千人增至近9万人，千名职工中拥有研究人员45.1人，达到英、法等国水平。在韩国的技术创新和研发

[①] 徐士钰、仇向洋等：《宏观科技政策研究——中国R&D投资国际比较分析》，同济大学出版社，1993，第202页。

[②] 金承权：《韩国经济发展与科技立国战略》，《天池学刊》1995年第3期。

投入中，75%的投资是由企业筹集的。① 图 2 显示了 1964~2004 年，韩国在作为技术创新重要指标的 GERD（研发投入总额）中，政府和私有经济体投入比例的变化，private share 为私有经济体投入。

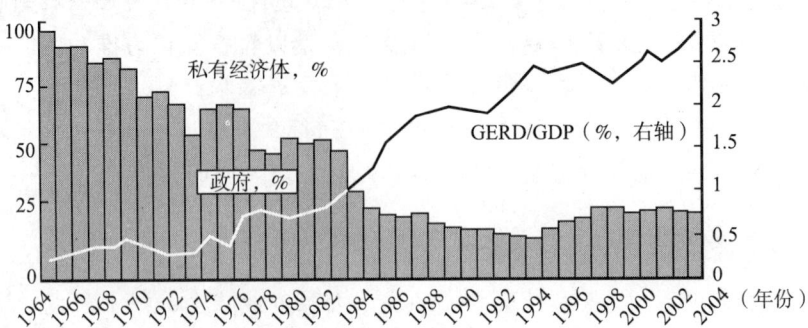

图 2　韩国 GERD/GDP 的增长以及 GERD 构成比例变化（1964~2004 年）②
（GERD/GDP 的增长 Y 轴为右侧轴，GERD 构成比例 Y 轴为左侧轴）

企业研究开发新技术能力的增强，不仅使生产与科研关系更加密切，加速了科研成果向生产力的转化，形成新的产业集群，也使政府的财政投入集中到国家重点技术领域。韩国企业通过科技创新，取得成功的个案很多，如"现代"和"大宇"等都是典型代表。

（三）技术创新投入中的 GERD 占 GDP 的比重及其与人均 GDP 的相关性

技术创新投入产出可以用各种指标来衡量，如 R&D（研究和开发）的投入、技术专利的数量、技术诀窍的数量等，其中 GERD 作为技术创新的起始点和基础受到世界各国和国际经济组织的高度重视，而其占国内生产总值的比重，即一个经济体的 GRRD 与其 GDP 之比，是国际上通用的衡量一个国家或者地区科技投入强度的重要指标，也是评价其科技实力和核心竞争力的重要标准之一。图 2 中的数据点折线反映了韩国从 20 世纪 60 年代中期开始，约 40 年间 GERD/GDP 的变化趋势（Y 轴为右侧轴）。

有研究表明，巴西以本国货币为单位的 GERD 在 1975~1985 年增加

---

① 申东镇：《自主创新：韩国经济腾飞的翅膀》，《中外企业文化》2006 年第 12 期。
② Anthony Bartzokas: "Monitoring and Analysis of Policies and Public Financing Instruments Conducive to Higher Levels of R&D Investments The 'POLICY MIX' Project", *Country Review Korea*.

了约 670 倍①，但由于巴西自 20 世纪 70 年代的经济奇迹之后出现了严重的通货膨胀，所以按美元计算，巴西的研发支出在这段时期实际是降低了。图 3-1 和图 3-2 为巴、韩两国 GERD/GDP 1991～1996 年以及 1999～2009 年的对比，巴西 GERD/GDP 虽然在其间整体上有所上升，但绝大多数年份都小于 1%，远远落后于韩国。

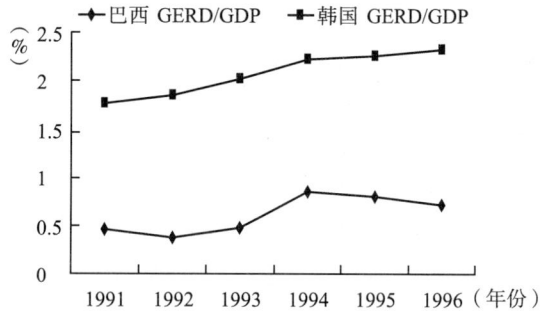

图 3-1　巴西与韩国 GERD/GDP 变动情况的对比（1991～1996 年）

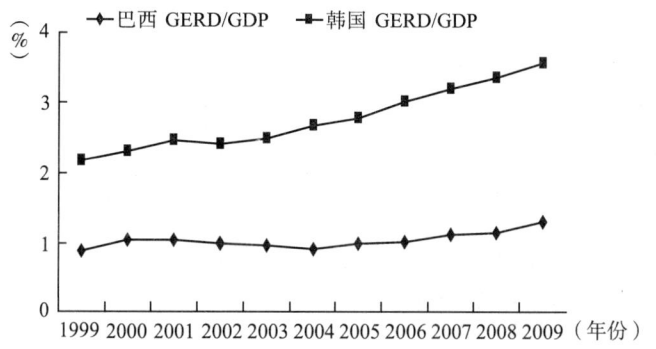

图 3-2　巴西与韩国 GERD/GDP 变动情况的对比（1999～2009 年）②

---

① 徐士钰、仇向洋等：《宏观科技政策研究——中国 R&D 投资国际比较分析》，同济大学出版社，1993。

② 韩国 1991～1996 年、1999～2007 年，巴西 1994～1996 年、2000～2008 年数据摘自经济合作和发展组织统计资料："OECD Factbook 2010: Economic, Environmental and Social Statistics"；韩国 2008 年数据摘自《中国科技统计年鉴 2011》；韩国 2009 年数据摘自 Junki Kim, "How to Build Closer Ties between Research Centers and Localities for Successful Scientific Research", *A Case of "Regional Innovation Center" in the Republic of Korea*（www.partnership-forum.org）；巴西 1991～1993 年数据摘自《中国科技统计年鉴 2003》；巴西 1999 年数据摘自《中国科技统计年鉴 2003》；巴西 2009 年数据摘自 http://www.nstda.or.th。

韩国技术创新投入中的 GERD 占 GDP 的比重逐年增加。20 世纪 80 年代，是韩国经济的高速稳步发展阶段，经济政策的重点是寻求长远的增长和稳定发展，科技政策的重点是提高国内的 R&D 能力，以适应不断发展的技术密集型产业对改善劳动生产率的需求。1982 年，韩国科技部启动了旨在增强技术能力和竞争力的"国家 R&D 计划"，以增强国内 R&D 机构在核心领域的研发能力。在 20 世纪的整个 90 年代，尤其是 1991～1996 年（韩国跨越"陷阱"的重要时期），韩国保持了高而稳定并且持续增长的 R&D 投入，R&D 总支出从 56.7 亿美元上升到 135.22 亿美元，增加了 1.38 倍，有力地推动了韩国的技术进步，增强了韩国经济依靠技术进步保证持续增长的能力。图 4 反映的正是这一情况。

如图 4 所示，韩国 R&D 支出占 GDP 的比重从 1970 年的 0.38% 上升到 2010 年的 3.74%（Y 轴为右侧轴）。在这段时期，韩国的人均 GDP 也实现了持续稳定增长，一举跃升为高收入国家（Y 轴为左侧轴）。

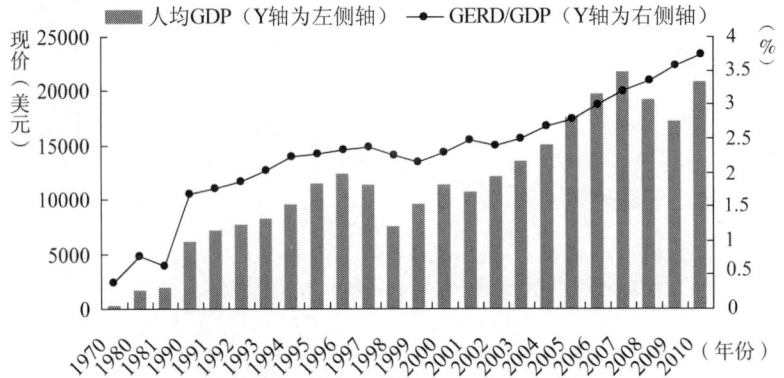

图 4　韩国 GERD/GDP 和人均 GDP 的变动情况①
（1970 年、1980 年、1981 年、1990～2010 年）

---

① 1970 年、1980 年、1990 年、2009 年数据摘自 Junki Kim, "How to Build Closer Ties between Research Centers and Localities for Successful Scientific Research", *A Case of "Regional Innovation Center" in the Republic of Korea*（www.partnership-forum.org）；1981 年数据摘自 Tim. Turpin, Heather. Spence, "Science and Technology, Collaboration and Development among Asia-Pacific Economies"（www.apec.org.au/docs/iss2.htm）；1991～2007 年数据摘自经济合作和发展组织统计资料：" OECD Factbook 2010: Economic, Environmental and Social Statistics"；2008 年数据摘自《中国科技统计年鉴 2011》；2010 年数据摘自 "Main Science and Technology Indicators, OECD Science, Technology and R&D Statistics"。

GERD/GDP 是从宏观角度分析经济增长较好的国家是否更加有效或运用了更好的技术，而经济增长往往需要技术创新和其他要素相配合才能起到真正的作用。所以，我们在这里只对韩国 1970 年、1980 年、1981 年以及 1990~2010 年 GERD/GDP 与其人均 GDP 变动的历史数据进行简单回归分析。如表 1 所示。

表 1 韩国 GERD/GDP 与其人均 GDP 变动（1970 年、1980 年、1981 年、1990~2010 年）回归分析结果

Multiple R	R Square	df	F	Significance F
0.950	0.903	1	204.271	1.294×10^{-12}

回归分析结果为：R=0.950，二者呈现一种线性关系并且高度正相关。

（四）由技术引进到技术创新

在巴西大量削减科学研究支出的背景下，研究机构或被私有化，或改变了科研的计划，解除管制之后的兼并浪潮使本国技术开发几乎被跨国公司的技术进口所取代。以汽车产业为例，在 20 世纪 90 年代之后，巴西采取的政策是通过出让国内市场来换取国际投资，鼓励跨国公司进入，允许外资企业同国内企业自由竞争，实施扩大汽车零部件出口计划，不追求民族品牌。由于巴西整车企业大多为跨国公司，为其配套的零部件厂也大多属于外资企业，实力强大，而且有母公司的各方面支持，因此占有压倒性市场优势。巴西民族资本企业被排挤到维修配件市场上，巴西汽车工业真正沦为世界各国商人的汽车加工工厂。

汽车产业的例子是巴西众多产业的一个缩影。片面追求技术和资金引进，忽视本国技术再创新能力的培养，一方面可以增加居民福利，也可以减少投资风险和市场风险，更节省了技术研发费用；另一方面则阻碍了本国技术创新，使产业和市场为外埠所控制，形成依附型产业。这种利用外生性后发优势的产业发展政策虽然在短期内可以促进 GDP 的增长，但缺乏内生驱动和经济持续增长的后劲儿。巴西在过去一段时期，实际上走过的是一条由于政策原因导致本国自我技术创新能力不强，技术能力成为制约，进而使产业转型发展丧失基础的不成功道路。

而韩国则走的是技术创新配合国家整体发展战略，从技术引进到自我创新转变的道路。在工业化早期，韩国政府为了本国市场不受跨国企业的影响，采取限制外国直接投资和外国许可技术进入国内的政策。政府将保

护和强化本土企业自主创新作为经济增长的重要问题,对外资有可能对本国创新能力造成的危害始终保持着高度警惕。在20世纪80年代,韩国积极推行出口带动的发展战略,并将调整产业结构,实现技术立国作为国家发展的基本目标。起初,韩国的技术引进以"移植型"为主,通过利用外国借款购买国外先进技术。而到了20世纪90年代(韩国从中等收入国家向高收入国家过渡的中后期),政府发表了《科学技术政策宣言》(1991年),提出把科技自主开发和高新技术消化、学习置于同等重要位置,开始把科技计划的制订转变为自上而下和自下而上相结合的方式,更加重视技术的自我创新。仍以汽车产业为例,韩国政府制订了十分具体的汽车工业长期发展计划,例如,本地的车型必须是世界最新车型,国产化率至少要达到95%,生产成本不能高于2000美元,等等。这些高目标虽然对于当时的汽车厂商形成了危机和压力,但正是在这种竞争环境下,企业的技术创新动力被激发,经济增长充满活力。以汽车工业为代表的一系列产业在经历了引进技术到自我创新的过程后成功转型升级,经济得以持续增长。

基础研究是应用试验发展活动的源泉,是未来的生产力,是技术创新的根基所在,在研发投入的构成中重视基础研究也是韩国增强自我技术创新能力的重要原因。R&D活动包括基础研究、应用研究、试验发展三类活动,图5显示了韩国在20世纪90年代中后期R&D支出中基础研究、应用研究和试验发展的构成情况,其中基础研究始终稳定在12.5%以上,1998年达到14%,并且变动比较稳定,没有大幅度涨落。有相关研究表明,发

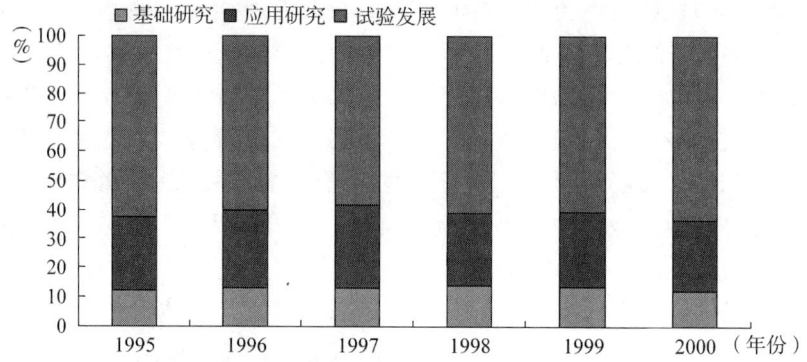

图5 韩国R&D支出性质构成的变动情况(1995~2000年)①

---

① 资料来源于经济合作和发展组织统计资料:"STI Outlook 2002-Country Response to Policy Questionnaire-Korea"。

达国家的基础研究投入占总投入的比例一般在 15%～20%，韩国对基础研究的重视，使其基础研究能力得以强化，为 R&D 活动提供了更有力的支撑，有利于由技术引进到技术创新的活动在更深厚基础上的开展，进而促进经济的增长。

三 全力推进我国技术创新，实现"陷阱"跨越

韩国和巴西的历史经验和教训再次验证，科学技术是第一生产力，技术创新的不足及其带来的技术上的差距阻碍了后发国家的持续发展，更对中等收入国家跨越"陷阱"造成了严重的影响，而抓住技术创新这个根本问题和环节，不断加大技术创新的力度，以技术创新为原动力，实现经济的持续健康增长，有利于我国向高收入国家迈进。通过上文的分析，我们指出以下几点思考。

（一）深入实施以自主创新为主线的科技强国战略，走创新驱动的道路

在当今世界经济发展的新环境下，科学技术创新成为各个国家和地区经济和社会发展的主导力量，技术与经济社会发展结合的程度前所未有地紧密，新的科学发现和技术创新，特别是技术不断创新以及由其带来的产业化，已经对一国综合国力的提高产生巨大而深刻的影响。对于中国这样的正面临由中等收入向高收入阶段行进中的新兴经济体而言，技术创新更有着巨大的理论和现实意义。不论从世界各个国家经济历史的演进看，还是从我国产业结构不合理、技术装备水平落后、发展缺乏内生动力、不可持续性的弱点已逐步显现，经济转型的难度进一步加大的现实来看，技术创新都具有比以往更加重要的价值。

党的十六大早已明确指出，我国必须走新型工业化道路，大力实施科教兴国战略和可持续发展战略，必须发挥科学技术作为第一生产力的重要作用，注重依靠科技进步和提高劳动者素质，改善经济增长质量和效益，这已经成为全国上下的共识。通过上文对韩国和巴西的经验与教训的分析，可以说依靠科技创新促进经济社会转型是突破"陷阱"的基础和首要条件。而在《东亚复兴：关于经济增长的观点》中，两位学者也将创新驱动作为跨越"陷阱"的三大必要条件之一。我国应当运用好中国独有的一系列制

度优势,将自主创新和技术跨越的政策进一步建立、健全和具体细化,真正坚定不移地走以自主创新为主线的科技强国道路,为"陷阱"跨越提供强劲的内生动力。

(二)继续加大对科学技术进步和创新的支持力度

如前文所述,GERD 与人均 GDP 增长之间存在显著的正相关关系。可以说,韩国正是通过几十年来长期不懈地加大对技术进步和创新的投入与支持,才成功实现了社会经济的转型蜕变,跻身高发达国家和高收入国家之列。

表 2 中国 GERD/GDP 的变动 (1994~2009 年)

年份	GERD/GDP (%)	年份	GERD/GDP (%)
1994	0.64	2002	1.07
1995	0.57	2003	1.13
1996	0.57	2004	1.23
1997	0.64	2005	1.32
1998	0.65	2006	1.39
1999	0.76	2007	1.40
2000	0.90	2008	1.47
2001	0.95	2009	1.70

资料来源:《中国科技统计年鉴 2011》。

高 GERD/GDP 是一个国家具有较高技术创新能力的重要保障。统计资料显示,美国、日本等绝大多数发达国家的 GERD/GDP 都在 2% 以上,有的国家如以色列在个别年份甚至突破了 4%。从表 2 可以看出,我国 1994~2008 年的 GERD/GDP 一直处于比较低的状态,1994~1996 年还出现了多年的下滑,虽然此后一直在逐步上升,并于 2002 年超过 1%,2009 年达到历史最高的 1.7%,但是到 2010 年,我国 GERD/GDP 还是未能实现"十一五"规划确定的 2% 的目标,我国在这个方面与世界发达国家和创新型国家的水平还有较大差距。我们要增强技术创新能力,投入是起点也是基础。在未来,国家财政科技拨款应保持稳定和持续增长,而鉴于国家财政科技拨款是由中央财政科技拨款和地方财政科技拨款两部分构成的,因此,在中央财政科技拨款继续保持增长的同时,地方政府更应高度重视科技投入,进一步加大地方财政科技拨款的规模。同时,我们还要有效提升科技经费投入的使用效率,为技术进步和创新提供重要的物质保障。

(三) 强化企业自主创新,鼓励和支持民间资本进入技术研发投资领域

以韩国为代表的赶超型国家科技发展的一个重要特点,是形成一条以技术创新为主线,鼓励科技发展直接面向经济社会发展的重大需求,鼓励企业进行自主研发投入和创新实践,通过企业的技术创新来有效提升企业本身的核心实力和国际竞争力,进而带动相关产业的转型升级,最终实现国家经济持续增长的路径。在这个过程中,在国家政策导向的作用下,企业创新主体地位得以确立,民间资本在 GERD 中的比例逐步增加,成为最主要的方面,自主创新的动力强劲。

2010 年,我国全部 45536 个大中型工业企业中,只有 12889 个有 R&D 活动,只有 12568 个有研发机构,均没有超过 1/3;所有的大中型工业企业 R&D 内部和外部支出总计分别为 4015.4 亿元和 275.13 亿元,其中私营企业为 412.57 亿元和 18.58 亿元。[①] 这表明,一方面,我国相当大比例的企业并没有 R&D 活动,技术创新的内在动力还有待激发;另一方面,在企业技术创新活动当中,民间资本中的私营企业资本还未能在技术创新的实践中发挥更大的作用。

我们应该认识到,科技创新能力特别是企业技术创新能力的大幅度提升,尤其是企业在市场需求和产业发展前景的要求下对一些核心和关键技术的突破,往往可以显著提高全要素生产率对经济增长的贡献。

在今后相当长的一段时期,一方面,国家应该构建以企业为主的多方面行为主体的综合性技术创新系统,支持企业成为技术创新的中坚力量,充分整合高等院校、科研机构和企业的技术创新力量,建立科技资源配置和科技力量布局的良性运转机制,从我国的实际出发,选择相关产业领域作为自主创新、技术升级和转型发展的突破口。

---

① 国家统计局:《中国科学技术年鉴 2011》(光盘版),中国统计出版社,2011。

另一方面，政府要充分细化、贯彻和落实《国务院关于鼓励和引导民间投资健康发展的若干意见》中的有关内容，鼓励民营企业参与军民两用高技术开发和产业化，允许民营企业按有关规定参与承担军工生产和科研任务。政府应贯彻落实鼓励企业增加研发投入的税收优惠政策，尤其鼓励民营企业增加研发投入，提高自主创新能力，掌握拥有自主知识产权的核心技术，支持民营企业参与国家重大科技计划项目和技术攻关，不断提高企业技术水平和研发能力；加快实施促进科技成果转化的鼓励政策，支持民营企业开展技术服务活动；落实开发新产品发生的研究开发费用可按规定享受加计扣除优惠政策，鼓励民营企业加大新产品开发力度，淘汰落后产能，加快技术升级；鼓励和引导民营企业发展战略性新兴产业，广泛应用信息技术等高新技术改造提升传统产业，大力发展循环经济、绿色经济，投资建设诸如节能减排、节水降耗、生物医药、信息网络、新能源、新材料、环境保护和资源综合利用等具有发展潜力的新兴产业。

（四）更加重视基础研究投入

基础研究是技术创新进步和经济发展的先锋。基础研究导致新知识的储备，是向未来投入的科学资本。新技术、新工艺、新流程和新产品都是建立在新知识基础上的，在这种意义上也许可以说，基础研究是现代社会经济增长和发展的基础。一个国家如果原创性的基础研究脆弱，那么它也很难吸收和消化外来的新知识与新技术。

从表3可以看出，我国基础研究投入较少，在三类投向（基础研究、应用研究、试验发展）中基本维持在5%左右的水平。而在发达的高收入国家，基础研究的比例往往可以达到15%左右。因此，加强从吸收技术到技术的原创性创新，改善R&D活动的比例结构，对于提升我国技术创新能力至关重要，应当引起我们的高度重视。我国应该利用好科技财政拨款的调节控制作用，对基础研究增加支持的力度，提高国家级科技和创新计划中自主原创性项目的比例。同时，政府应当加大对高新技术领域企业进行基础性研究的资助，鼓励和促进高校和科研机构在基础研究领域内与企业展开广泛合作。

表3　我国基础研究 R&D 内部支出的变动（1995~2010年）

年份	基础研究 R&D 内部支出 数额（亿元）	在三类投向中的比例（%）	年份	基础研究 R&D 内部支出 数额（亿元）	在三类投向中的比例（%）
1995	18.06	5.18	2003	87.65	5.69
1996	20.24	5.00	2004	117.18	5.96
1997	27.44	5.39	2005	131.21	5.36
1998	28.95	5.25	2006	155.76	5.19
1999	33.90	4.99	2007	174.52	4.70
2000	46.73	5.22	2008	220.82	4.78
2001	55.60	5.33	2009	270.29	4.66
2002	73.77	5.73	2010	324.49	4.59

资料来源：绝对数摘自《中国科技统计年鉴2011》，相对数按照《中国科技统计年鉴2011》有关数字计算得出。

四　结语

我国已经处于由中等偏上收入国家向高收入国家迈进的历史重要时期，如何避免落入"陷阱"，实现经济持续和稳定增长成为我国经济领域内的重要课题。从生产力和生产关系的辩证关系角度来看，"陷阱"问题是经济增长即生产力领域的问题。以技术创新为动力促进转型发展，是跨越"陷阱"的根本途径。通过对巴西和韩国的经济发展历史的经验进行比较，可以看出国家以技术和技术创新作为立国战略，加强研发投入，优化投入结构和使用方向，增强自我创新能力，对避免落入"陷阱"有着重大意义。我国应该坚定不移地走创新驱动的道路，强化以企业为主体的创新，鼓励和支持民间资本进入技术创新领域，加强基础研究的比重，充分发挥国家主导的力量，实现技术创新和经济增长的紧密结合，以技术创新引领国家成功跨越"陷阱"。

参考文献

［1］〔美〕约瑟夫·熊彼特：《经济发展理论》，商务印书馆，1990。

［2］吴添祖等：《技术经济学》，清华大学出版社，2004。

［3］杜传忠、刘英基：《拉美国家"中等收入陷阱"及对我国的警示》，《理论学习》2011年第6期。
［4］董经胜：《巴西现代化研究》，世界图书出版公司，2009。
［5］李春景：《科技创新维度成突破"中等收入陷阱"的路径选择》，《创新科技》2011年第6期。
［6］徐士钰、仇向洋等：《宏观科技政策研究——中国R&D投资国际比较分析》，同济大学出版社，1993。
［7］金承权：《韩国经济发展与科技立国战略》，《天池学刊》1995年第3期。
［8］申东镇：《自主创新：韩国经济腾飞的翅膀》，《中外企业文化》2006年第12期。
［9］〔美〕印德尔米特·吉尔、霍米·卡拉斯：《东亚复兴：关于经济增长的观点》，中信出版社，2008。
［10］国家统计局：《中国科学技术年鉴2011》（光盘版），中国统计出版社，2011。

第三篇
结构变迁与跨越"中等收入陷阱"

人口城镇化与空间城镇化的不协调问题研究

——基于财政分权的视角

● 熊 柴 高 宏*

内容提要： 在政治集权的体制下，财政分权使地方政府之间进行着激烈的经济竞争。在此形势下，地方政府实行了工业用地优惠出让和压低劳动力价格等措施；同时，为弥补财力不足，地方政府又大量依赖土地财政，这些都使得人口城镇化与空间城镇化不协调。2000～2009年的省级面板数据分析也证实了财政分权对人口城镇化与空间城镇化不协调的显著影响。因此，要想协调推进城市化进程，必须对财政体制和地方官员的绩效考核机制进行相应改革。

关键词： 人口城镇化 空间城镇化 财政分权

改革开放以来，中国经济保持了持续稳定的高速增长。但与此同时，城市化进程却出现了比较严重的问题。一方面，城镇人口的增加相对缓慢。中国城镇人口从1978年的1.7245亿人增加到2010年的6.6978亿人，增加约2.88倍，年均增长4.3%；相应的城镇人口比重从17.92%上升到49.95%，年均提高1个百分点。而另一方面，城镇空间迅速扩张。1981年，中国城市建成区面积仅为0.74万平方公里，2010年该数据则达到了4.01万平方公里，增加约4.39倍，年均增长6.0%。如果算上建制镇建成区面积，城镇空间扩展更为惊人。[①] 2007年，中国建制镇（包括县城关镇）建成区面积约为4.24万平方公里，相当于同期城市建成区面积的1.2倍。空间城镇化进程为何如此之快？人口城镇化进程为何如此之慢？二者为何呈现这种不协

---

* 熊柴，清华大学政治经济学研究中心博士研究生；高宏，清华大学政治经济学研究中心博士生。

① 但非常遗憾的是，建制镇方面的相关数据非常缺乏，只能找到2006年、2007年的数据，见《2006年、2007年城市、县城与村镇建设统计年报》。

调局面？本文试图寻找一个视角为这个问题提供一致的解释。

一 文献回顾

受二元经济模型（Lewis，1954；Fei and Ranis，1961；Todaro，1969）的影响，学者们对中国城镇化问题的研究最初主要集中于人口城镇化。叶裕民（1999）认为，改革开放以来中国工业化的弱质性，特别是乡镇企业发展的弱质性，是中国人口城镇化水平滞后的经济根源；朱宝树（2000）认为，人口城镇化滞后的主要原因是包括户籍制度在内的体制问题；钟水映、李晶（2002）把中国人口城镇化进程缓慢的原因归结于特殊的经济结构、分散的非农产业布局和城市结构认识偏差；林毅夫（2002）认为，中国由来已久的人口城镇化水平低是重工业优先发展战略造成的结果，持相同观点的还有陈斌开、林毅夫（2010）。

随着城镇空间快速扩张，大量农地被征用，空间城镇化问题才逐渐引起了学者们的关注。国务院发展研究中心土地课题组（2005）通过案例研究表明，地方政府对城镇扩张的热衷，一个主要原因在于它可使地方政府财政税收最大化。陶然等人（2007）从现有政绩考核、财政集权以及土地征用与出让体制上考察了中国城镇空间扩张的激励。杜雪军、黄忠华（2009）利用1999~2006年的省级面板数据，论证了土地财政是导致中国耕地减少的重要原因。这些研究都以地方政府的财政问题为主要切入点，但较少明确提及空间城镇化问题，更没有同时对人口城镇化进程进行解释。

也有部分学者对空间城镇化和人口城镇化的不协调问题进行了综合研究。陶然等人（2008）认为，现行土地征用制度及行政、财政体制使得地方政府大规模征用农地，户籍制度则限制了城镇人口增长。持类似观点的还有蔡继明等人（2011），他们认为，地方利益驱动与土地制度缺陷是城镇空间过度扩张的动因，城乡二元福利制度是城镇户籍人口增长滞后的制度障碍。确实，人口城镇化与空间城镇化的不协调问题的成因可能是多方面的，但如果能从一个统一的视角做出解释，可能更能加深我们对该问题的理解，从而找到更有效的解决办法。但是，上述综合研究只是理论分析，缺乏数据检验。

中国城镇化具有明显的政府主导特点，政府行为在城镇化进程中发挥了关键作用，人口城镇化与空间城镇化的不协调问题的成因或许也能从中找到解释。财政分权对政府行为有着重要影响（陈抗等人，2002；高鹤，

2004；张宴、龚六堂，2005；张军，2008；等等），这可能就是其中的关键。现有财政分权文献对空间城镇化问题涉及较少，对人口城镇化问题更是几乎没有涉及。因此，本文将尝试从财政分权的视角，通过对地方政府行为的研究，分析对中国人口城镇化与空间城镇化进程的影响，进而为二者的不协调问题提供一个统一的解释。

本文其余部分的结构安排如下：第二部分将从理论上研究财政分权对人口城镇化、空间城镇化进程的作用机制；第三部分则对上述理论分析进行省级面板数据检验；第四部分则是结论性评述。

二 财政分权与人口城镇化、空间城镇化

为解决在高度集中的计划经济体制下，中央对地方"管得过多、统得过死"的问题，1980年，中国开始推行包干式财政体制改革，从"大锅饭"走向"分灶吃饭"。这在较大程度上调动了地方政府发展经济的积极性，但产生的一个严重后果是，国家财政收入占GDP的比重和中央财政收入占国家财政收入的比重严重失调，中央对地方的宏观调控能力不足。[①] 在这种情况下，1994年，中国实行分税制改革，并延续至今。在分税制下，地方政府的财力大为削弱，财权与事权严重不对称。总的来说，财政分权通过赋予地方政府"剩余所有权"的形式，对地方政府追求地区经济增长形成刺激。并且，在高度集权的政治体制下，为更加促进经济发展，中央政府对地方官员采取了以经济增长为主的相对政绩考核机制（Li and Zhou, 2005）。这样，围绕着经济增长速度和税收，地方政府之间展开着激烈的竞争。

（一）工业用地优惠出让、工业用地利用低效与空间城镇化

1979年，我国通过和颁布施行的《中外合资经营企业法》规定，可以出租、批租土地给外商使用。1986年出台的《土地管理法》明确规定，城市市区的土地属于国家所有，其所有权由国务院代表国家行使。但在城镇国有土地使用制度改革后，城镇土地所有权事实上被地方化了。而在农村和城市郊区的土地，除依法律规定为国家所有外，均属于农民集体所有，但地方政府可以根据公共利益的需要对集体土地进行征收或征用。由于相

[①] 王绍光（1997）甚至认为，当时中国处于一种过度分权的状态，"国家能力"减弱，面临分崩离析的危险。

关法律法规没有明确规定公共利益的范围，这给地方政府假借公共利益而谋求经济利益带来了可乘之机。这样，地方政府就实际上具有了掌握本地区国有土地和集体土地的能力。在对经济增长的追求下，地方政府出于招商引资（包括内资）的竞争，竞相降低工业用地等生产性用地价格，有些地区甚至实行"零地价"（罗云辉、林洁，2003）。

由于招商引资的激烈竞争，工业建设项目用地的供应主要通过协议方式出让。直到2002年，中国首例工业用地挂牌出让活动才在青岛举行。2004年，国务院28号文规定工业用地逐步实行招拍挂（招标、拍卖、挂牌）出让，但进展很不顺利。据统计，2005年，全国工矿仓储用地出让69374公顷，其中招拍挂出让2826公顷，招拍挂出让占工业用地出让面积的比例仅为4%左右。为有效参与土地调控，遏制工业用地低成本过度扩张，2006年，国务院发布的《关于加强土地调控有关问题的通知》（国发〔2006〕31号）中明确规定，工业用地必须采用招拍挂方式出让，其出让价格不得低于公布的最低价标准。为保证切实执行，国土资源部于2006年年底公布了《全国工业用地出让最低价标准》，要求自2007年1月1日起全面施行。自此，工业用地招拍挂政策才得到全面推行，这种工业用地出让新政确实抬高了开发工业用地的门槛，有效压制了工业用地开发量。不过，虽然绝大多数土地出让方式为挂牌，但其成交价也常常只是等于或略高于最低限价标准。

由于这些情况，在工业用地出让新政实施之前，工业用地的圈占与粗放利用现象非常普遍。不少地区尤其是经济落后地区为招商引资，一再降低工业用地门槛，对投资企业的用地要求有求必应。一些企业在申请用地时即有囤地之心，为了隐形圈地，明明能建多层厂房却只建单层厂房，或者在偌大的用地范围内象征性地盖少量厂房，剩下的全部搞成绿化。这使得"花园式工厂"大行其道，致使工业用地结构失调、投资强度过低及平均产出率过低等现象严重。

据中国城市地价动态监测系统调查，即便是中国最发达的"长三角"地区，其2005年工业用地平均产出率约为2亿元/平方公里，只有国际工业用地平均产出率的1/80。2008年，国土资源部通过对中国17个城市的抽样调查数据显示，工业用地产出率不到发达国家20世纪80年代的2%。深圳市工业用地产出率在全国最高，2007年深圳市每平方公里产出值是3.45亿元，但这也只相当于20世纪末发达国家7%的水平。豆建民等人（2010）计算了中国2006年不同规模城市和不同地区城市的平均土地产出率，如表1所示，并通过计量研究发现，资本密度是影响城市土地利用率最重要的因素，而城市用地面积对城市土地产出率的影响显著为负，即城市用地存在过度扩张。

表1 2006年中国城市土地产出率

单位：万元/平方公里

	小城市	中等城市	大城市	特大城市
土地产出率	25093	31203	33428	43536
	东部城市	中部城市	西部城市	东北城市
土地产出率	43722	27486	26655	27668

注：按照国际城市规模分类标准，城市人口20万人以下为小城市，20万~50万人为中等城市，50万~100万人为大城市，100万~200万人为特大城市，200万人以上为超大城市。土地产出率单位为万元/每平方公里。

（二）压低劳动力价格与人口城镇化

劳动力价格是劳动者收入的重要来源。劳动力价格越高，劳动者定居在城镇的可能性就越大；反之，劳动力价格越低，劳动者定居在城镇的可能性就越小。但是，对地方政府来说，如果本地区的劳动力价格高于周围地区，则会对其招商引资活动造成不利影响。因为较高的劳动力价格，会在一定程度上减少前来投资的资本所有者的利润。在同等条件下，资本所有者显然会考虑劳动力价格较低的地区。因此，在财政分权的体制安排下，面对招商引资的激烈竞争，压低本地劳动力价格成为地方政府创造良好"投资环境"的另一个重要手段，即尽量使本地劳动力价格保持在低位，尽量不让本地劳动力价格增长过快。

政府对劳动力权益的保护程度往往能够对劳动力价格产生很大影响。仅在最低工资标准方面，中央政府就出台了诸多相关法律法规。[①] 然而，由于地方政府的招商引资竞争，相关制度执行远不尽如人意，工作条件恶劣、工作时间长、劳动者收入低于最低工资标准的"血汗工厂"屡屡见诸报端。然而，在"血汗工厂"事发之后，地方政府往往声称事前并不知晓，但这很让人怀疑。出于单纯的地区经济增长偏好，只要不发生严重的群体事件，地方政府就没有积极性去执行中央政府确立的最低工资保障制度，而很可能默许甚至纵容"血汗工厂"的存在和发展。而且从经验上讲，被揭发的"血汗工厂"往往只是其中的少数。而当普通劳动者和资本所有者之间在工

---

① 1993年，劳动部发布了《企业最低工资规定》；1994年，又在《劳动法》中进一步规范了最低工资保障制度；2003年，劳动和社会保障部发布《关于非全日制用工若干问题的意见》；2004年，发布《最低工资规定》。

资报酬、保险福利、工伤、劳动合同等方面发生冲突而申请地方政府即由地方劳动行政部门主导的地方劳动仲裁委员会仲裁时,一个自然的逻辑是地方政府会压制劳动者,偏向于资本所有者(熊柴、黄薇,2010)。1996~2010年,我国平均约有93.1%的案件由劳动者提起申诉,但其胜诉率仅平均为47.7%,即使加上36.5%的部分胜诉率,其84.2%的广义胜诉率也显著低于其提起申诉案件的比例,如图1所示。从普通劳动者的角度看,如果其利益没有受损或受损不大,普通劳动者一般不会提起申诉。由此我们可以大致假定在由普通劳动者提起申诉的案件中,他们受到了资本所有者比较严重的利益侵犯。虽然我们并没有对具体案件进行考察,但这种申诉比一胜诉比的事实也可以在一定程度上表明地方政府在处理资本所有者和普通劳动者的利益冲突时,对劳动者进行了压制。李祥云、祁毓(2011)通过2000~2008年的相关省级面板数据模型也证实了财政分权对劳动保护的影响。因此,在地方政府的干预下,中国劳动力价格增长相对较慢。

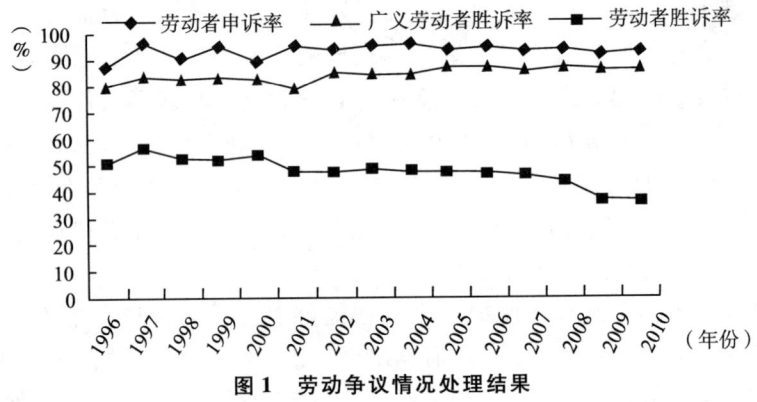

图1 劳动争议情况处理结果

资料来源:《中国劳动统计年鉴2011》。

(三) 土地财政、房产价格攀升与城镇化

1988年11月实施的《城镇土地使用税暂行条例》,开始将土地使用费改为土地使用税,中央和地方政府按5∶5分成。1989年5月,国务院规定凡进行国有土地使用权有偿出让的地区,其出让收入必须上缴财政,中央和地方政府按4∶6分成;同年7月,中央提取的比例降至32%。1992年,财政部出台相关文件,第一次将出让土地使用权所得称为"土地出让金",并将上缴中央财政部分的比例下调至5%。实行分税制后,土地出让金作为地方财政的固定收入全部划归地方所有。由于分税制改革后,地方政府的

财权遭到很大削弱,但是事权却没有相应减少,地方政府面临着严重的财权和事权不匹配的资金缺口。为了缓解地方财政困难,地方政府通过大幅出让商业用地和住宅用地及抬高土地出让价格,获取更多的土地出让金。

在此情况下,土地出让金规模迅速膨胀。1989~1991年,土地出让金相当于地方财政一般预算收入的比例不到5%。但在1992年,其比例攀升至19.97%,显然,这跟土地出让金上交中央比例从32%下调至5%有很大关系。在实行分税制改革的1994年,该比例更是达到28.11%。之后该比例保持在10%左右的较低位,到2001年才重新跃至16.61%。2002年,该比例更是提高至28.38%,超过1994年的比例。这种情况的出现可能与2002年的所得税改革有关。该项改革规定,之前是地方税收的所得税,2002年开始由中央和地方进行分享,分享比例为5∶5,2003年及之后该比例调整为6∶4。这种改革使地方政府更加依赖于土地出让金。之后,土地出让金相当于地方财政一般预算收入的比例一直维持在高位。2007年,国家对土地出让收入管理制度进行了改革,将全部土地出让收入缴入地方国库,纳入地方政府性基金预算,实行"收支两条线"管理,与一般预算分开核算,专款专用。2003~2010年,土地出让金相当于地方财政一般预算收入的比例平均为50.81%,2010年更是达到74.14%。如图2所示。这些情况都意味着,大量土地被纳入城镇范围,城镇空间大幅扩展。

图2　土地出让金相当于地方财政收入的比例①

---

①　1989~2010年全国土地出让金数据来自历年《中国国土资源统计年鉴》和《国土资源统计公报》;1989~2010年地方财政收入数据来自历年《中国统计年鉴》。

受土地交易价格持续升高的影响，房地产交易价格也随之增长。从总体上看，房屋销售价格增长的趋势基本与土地交易价格增长一致，如图3所示。具体而言，1998~2001年，土地交易价格和房屋销售价格年上涨率均不到3%。但之后，土地交易价格和房屋销售价格保持了较高速度的持续上涨。特别是2004年，土地交易价格上涨了10.1%，房屋销售价格也上涨了9.8%，形成历史增长顶峰。在2007年，土地交易价格上涨了12.3%，房屋销售价格也上涨了7.6%，形成增长小高峰。房屋销售价格的不断上升，使中国的房价收入比显著上升。根据国家统计局的数据，2010年中国房价收入比为7.76，显著高于3~6的国际惯例。周彬等人（2010）通过构造一般均衡模型也发现：房价越高，地方政府的效用就越大，因而地方政府具有推动房价上升的内在激励；地方政府一般具有豪宅偏好，而忽视中小户型大众住宅、经济适用房和廉租房的供应。显然，这种情况不利于人口城镇化进程。

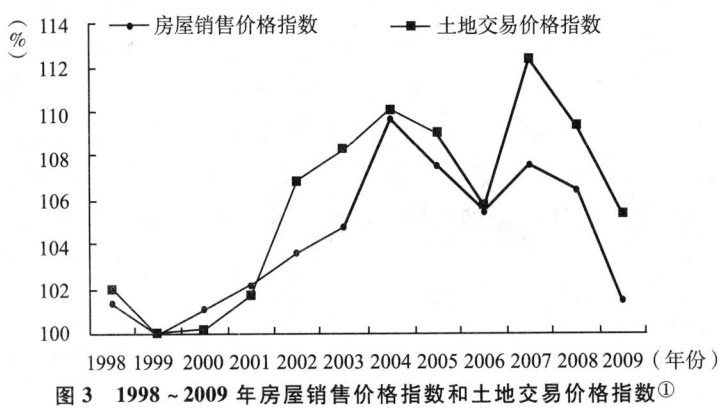

图3　1998~2009年房屋销售价格指数和土地交易价格指数①

三　模型检验

基于前文的机制分析，接下来，我们将验证财政分权对人口城镇化和空间城镇化的影响。

（一）数据说明

在被解释变量方面，本文需要研究的是人口城镇化滞后于空间城镇化

---

① 资料来源：历年《中国统计年鉴》和《国民经济和社会发展统计公报》。

的问题，因此，这个指标将由人口城镇化和空间城镇化复合而成。由于统计上的问题，不少省区在一些年份的城市建成区面积增长率为负，因此我们不得不选用年末实有城市道路面积作为空间城镇化的衡量指标。这种指标选取也与张耕田（1998）、李晋玲等人（2007）和王家庭等人（2011）的研究一致。这样，年末实有城市道路面积与城镇人口的比值的对数序列（lurban），即为人口城镇化滞后于空间城镇化的衡量指标。需要指出的是，我们这里把城市道路面积的增长率近似地看作城镇建成区面积的增长率。

作为解释变量，财权分权方面的文献很多，其选取的指标也比较成熟。在本文中，我们将采用地方人均预算内收入与中央人均预算内收入比例的对数序列（lfisd）。除财政分权指标外，城镇化水平还会受到其他因素的影响，因此，我们必须选取以下变量以控制其他因素的影响。

1. 经济发展水平

对于城镇化和经济发展水平的研究，Chenery 等人（1975）的成果最具代表性。他们通过对 101 个国家 1950~1970 年的有关数据进行回归，发现经济发展水平与城镇化水平之间存在显著的相关关系。在此基础上，Graves 等人（1979）、Davis 等人（2003）和周一星（2005）等人（2006）都从实证分析角度论证了这个关系。在此，本文选用实际人均 GDP 的对数（lgdppc）作为衡量指标。

2. 产业结构

工业化是城镇化的重要动力，本文用非农产业就业人数占总就业人数的比重（ind）来衡量产业结构的变化。

3. 实际使用外商直接投资（FDI）

FDI 带来的资金、技术、知识、企业文化、管理经验等多重因素具有外溢性，能够对城镇化进程起到推动作用。薛凤旋等人（1997）、殷存毅等人（2003）和罗茜（2008）从实证角度分析了 FDI 对城镇化的影响，均认为 FDI 对城镇化进程有重要作用。因此，本文以对数实际利用外资金额（lfdi）作为衡量指标。

4. 城乡收入差距

城乡差距吸引大批农村居民向城镇转移，导致人口城镇化进程加快，这也会随之推动城镇的空间扩张。为此，本文选取城镇居民人均可支配收入与农村居民人均纯收入之比（lgap）作为衡量指标，考察城乡收入差距的影响。

本文选取了 2000~2009 年全国 31 个省、自治区和直辖市（不包括港澳台）的数据，数据来源为国家统计局正式发布的《中国统计年鉴》各期（其中，西藏 FDI 数据缺省）。数据的描述性统计如表 2 所示。

表 2　描述性统计

变量	lurban	lfisd	lgdppc	lfdi	ind	lgap
均值	-3.221425	0.475297	3.941610	11.45418	0.554529	0.471380
中位数	-3.351005	0.449500	3.889000	11.80219	0.520691	0.461500
最大值	-1.918538	1.140000	4.599000	14.79678	0.948810	0.677000
最小值	-4.005848	0.033000	3.425000	5.786897	0.261000	0.277000
标准差	0.454052	0.230137	0.242599	1.955407	0.149435	0.085318
偏度	0.995015	0.757252	0.646516	-0.717544	0.960646	0.352428
峰度	3.581401	3.543372	3.007310	2.959712	3.539808	2.352341

（二）面板分析结果

我们首先采用面板数据的常规方法，对模型进行检验，估计结果如表 3 所示。

表 3　面板模型估计结果

变量	固定效应模型	随机效应模型
lfisd	1.062883 *** (0.08856)	0.86553 *** (0.129375)
lgap	-1.221339 *** (0.2448)	-1.598766 *** (0.201138)
lfdi	-0.159204 *** (0.015128)	-0.181721 *** (0.015152)
ind	-0.18951 (0.2169)	-0.135089 (0.234265)
lgdppc	-0.142223 (0.207616)	-0.075527 (0.2279)
C	-0.661674 (0.78014)	-0.425102 (0.794877)

注：括号内数值为标准差。*** 表示在 1% 显著水平下显著，** 表示在 5% 显著水平下显著，* 表示在 10% 显著水平下显著。

从表3的估计结果可以看出，在固定效应模型和随机效应模型下，财政分权的系数表明，地方人均预算内收入与中央人均预算内收入比例的增长率每提高一个单位，城镇空间的扩张速度便会比城镇人口的增长速度快约1个百分点。因此，财政分权对人口城镇化滞后于空间城镇化进程有显著的正影响，并且其影响还比较大，这与我们的预期是一样的。

此外，城乡收入差距对人口城镇化滞后于空间城镇化有显著的负影响，其系数也比较大，在固定效应模型和随机效应模型下分别为 -1.22 和 -1.60。这可能是由于迁移到城镇的这部分农村居民的平均收入低于城镇居民，比如无法购买合适的住房，不得不蜗居在狭小的房子里，从而使得空间城镇化的进程相对较慢。这种情况与长期居住在城镇的农民工的情况非常符合。而FDI对人口城镇化滞后于空间城镇化也有显著的负影响，即FDI规模的增长越快，人口城镇化的速度越快，而空间城镇化的速度则相对较慢。这表示FDI在吸纳就业方面比较强，同时能够比较有效地利用土地。不过，其系数在固定效应模型和随机效应模型下分别为 -0.16 和 -0.18，其系数比较小，说明其影响不是很大。模型同时也说明，经济发展水平和产业结构对人口城镇化滞后问题影响都不显著，即我国的经济发展水平和产业结构与人口城镇化滞后于空间城镇化无关。

四　结　论

本文讨论了在财政分权的影响下，地方政府之间存在激烈的经济竞争，这造成了人口城镇化与空间城镇化不协调问题。具体而言，地方政府主要通过优惠工业用地使用和压低劳动力价格等方式打造良好"投资环境"。但是，优惠工业用地使用常常使工业用地的圈占与粗放利用及其平均产出率低下等现象普遍存在；而压低劳动力价格，则不利于流动劳动力在城镇定居生活。1994年分税制改革后，土地财政逐渐兴起，为了弥补事权和财权的缺口，地方政府大肆卖地，这有力推动了空间城镇化进程，但由于房产价格不断攀升，又对人口城镇化形成阻碍。因此，在这些因素的综合影响下，人口城镇化滞后于空间城镇化的不协调现象成为现实。基于2000~2009年的省级面板数据分析也证实了这些判断，即财政分权的程度越高，人口城镇化滞后于空间城镇化的不协调问题越严重。

本文的结论对于协调推进中国城镇化进程具有重要意义。从本文结论出发，如果政府忽视财政体制的改革，城镇化进程将很可能继续呈现这种不健康的局面。财政集权肯定是行不通的，其恶果在计划经济时期已严重显现。但是，如果只是单纯提升地方财政收入的比重，使地方政府的财权和事权相平衡，而不进行其他调整，结果可能会适得其反，人口城镇化与空间城镇化的不协调问题可能会更加严重。从本文的分析出发，在推进城镇化进程中，有两点值得我们注意。第一，在大幅提升地方政府财力的前提下，政府应把土地出让的相关收入的大部分划归中央，从而在削弱地方政府空间扩张冲动的同时，使地方政府拥有比较充足的财力，为其推进人口城镇化提供财政上的可能性。当然，在把土地出让的相关收入划归中央的同时，对工业用地最低限价制度和商住用地市场化制度的不断完善也是应有之义。第二，由于地方政府行为还取决于地方官员的政绩考核机制，这意味着政绩考核机制也需要进行相应调整，比如把城镇人口中户籍人口的比重和城镇土地利用效率等列入考核范围，激励地方官员协调推进人口城镇化与空间城镇化进程。

参考文献

[1] 蔡继明、程世勇：《中国的城市化——从空间到人口》，《当代财经》2011年第2期。

[2] 陈斌开、林毅夫：《重工业优先发展战略、城市化和城乡工资差距》，《南开经济研究》2010年第1期。

[3] 陈抗、A. L. Hillman、顾清扬：《财政集权与地方政府行为变化：从"援助之手"到"攫取之手"》，《经济学（季刊）》2002年第1期。

[4] 陈彦光、罗静：《城市化水平与城市化速度的关系探讨——中国城市化速度和城市化水平饱和值的初步推断》，《地理研究》2006年第6期。

[5] 豆建民、汪增洋：《经济集聚、产业结构与城市土地产出率——基于中国234个地级城市1999~2006年面板数据的实证研究》，《财经研究》2010年第10期。

[6] 杜雪君、黄忠华：《土地财政与耕地保护——基于省际面板数据的因果关系分析》，《自然资源学报》2009年第10期。

[7] 高鹤：《财政分权、地方政府行为与中国经济转型：一个评述》，《经济学动态》2004年第4期。

[8] 国务院发展研究中心土地课题组：《土地制度、城市化与财政金融风险——来

自东部一个发达地区的个案》，《改革》2005 年第 10 期。

[9] 李晋玲、刘人境：《城市化测度方法研究》，《西北大学学报（哲学社会科学版）》2007 年第 3 期。

[10] 李祥云、祁毓：《中国的财政分权：地方政府行为与劳动保护——基于中国省级面板数据的分析》，《经济与管理研究》2011 年第 3 期。

[11] 林毅夫：《中国的城市发展与农村现代化》，《北京大学学报（哲学社会科学版）》2002 年第 4 期。

[12] 罗茜：《FDI 对中国城市化进程推动的实证分析》，《首都经济贸易大学学报》2008 年第 3 期。

[13] 罗云辉、林洁：《苏州、昆山等地开发区招商引资中土地出让的过度竞争——对中国经济过度竞争原因分析的一项实证》，《改革》2003 年第 6 期。

[14] 陶然、曹光忠：《"空间城镇化"、"人口城镇化"的不匹配与政策组合应对》，《改革》2008 年第 10 期。

[15] 陶然、袁飞、曹广忠：《区域竞争、土地出让与地方财政效应：基于 1999~2003 年中国地级城市面板数据的分析》，《世界经济》2007 年第 10 期。

[16] 王家庭：《我国城市化泡沫测度：基于 35 个大中城市的实证研究》，《城市发展研究》2011 年第 11 期。

[17] 熊柴、黄薇：《行政分权、财政分权与劳资收入不平等》，《制度经济学研究（季刊）》2010 年第 2 期。

[18] 薛凤旋、杨春：《发展中国家城市的新动力——珠江三角洲个案研究》，《地理学报》1997 年第 3 期。

[19] 叶裕民：《中国城市化滞后的经济根源及对策思路》，《中国人民大学学报》1999 年第 5 期。

[20] 殷存毅、姜山：《外来投资与城市化发展——对东莞和昆山城市化的实证研究》，《清华大学学报（哲学社会科学版）》2003 年第 6 期。

[21] 张耕田：《关于建立城市化水平指标体系的探讨》，《城市问题》1998 年第 1 期。

[22] 张军：《分权与增长：中国的故事》，《经济学（季刊）》2008 年第 1 期。

[23] 张宴：《财政分权、FDI 竞争与地方政府行为》，《世界经济文汇》2007 年第 2 期。

[24] 钟水映、李晶：《经济结构、城市结构与中国城市化发展》，《人口研究》2002 年第 5 期。

[25] 周彬、杜两省：《土地财政与房地产价格上涨：理论分析和实证研究》，《财贸经济》2010 年第 8 期。

[26] 周一星：《城镇化速度不是越快越好》，《科学决策》2005 年第 8 期。

[27] 朱宝树：《转型时期的农村人口城市化与非农化滞后问题分析》，《中国人口科学》2000 年第 4 期。

[28] Chenery, H. and Syrquin, M. Patterns of Development: 1950 – 1970, Oxford University Press, 1975.

[29] Davis, C. and Henderson, J., "Evidence on the Political Economy of the Urbanization Process", Journal of Urban Economics, Vol. 53, No. 1, 2003, pp. 98–125.

[30] Fei, J. C. and Ranis, G. A, "Theory of Economic Development", American Economic Review, Vol. 57, 1961, pp. 533–565.

[31] Graves, P. and Sexton, R., "Over urbanization and Its Relation to Economic Growth for Less Developed Countries", Economic Forum, Vol. 8, No. 1, 1979, pp. 95–100.

[32] Koenker, R. and Basset, G., "Regression Quantiles", Econometrica, Vol. 46, 1978, pp. 33–50.

[33] Lewis, W. A., "A Model of Dualistic Economics", American Economic Review, Vol. 36, 1954, pp. 46–51.

[34] Li, Hongbin and Zhou, Li-An., "Political turnover and Economic Performance: The Incentive role of Personal control in China", Journal of Public Economics, Vol. 89, 2005, pp. 1743–1762.

[35] Todaro, M. P., "A Model of Labor Migration and Urban Unemployment in Less Developed Countries", American Economic Review, Vol. 59, No. 1, 1969, pp. 138–148.

中国财政支出对经济增长方式影响的实证研究：1993~2008年

● 刘年康　皮天雷*

内容提要：基于1993~2008年省级面板数据，本文考察省级政府财政一般预算支出规模和财政支出结构对经济增长方式的影响，研究凸显以1999年为断点的阶段性差异。全样本回归显示，财政支出规模抑制了全要素生产率的改进，而财政支出结构的优化促进了全要素生产率的提高；以1999年为断点的分时期回归结果显示，相对于2000~2008年，1999年前财政支出规模和财政支出结构均对全要素生产率产生更显著的影响；分区域回归结果显示，西部地区财政支出规模和财政支出结构对全要素生产率的影响最为显著，其次是中部地区和东部地区。最后，本文结合中国实际提出了政策建议。

关键词：财政支出　经济增长方式　全要素生产率

一　引言

改革开放三十多年来，伴随着经济增长方式的渐进转型，中国经济持续快速增长，并酝酿着经济增长方式的进一步优化。从要素配置状况出发，经济增长可以分为两种不同方式：一是以增加投入规模为基础的粗放型经济增长方式，二是以提高效率为基础的集约型经济增长方式。学术界普遍认为，我国的经济增长方式是粗放型的，代表性的论述如张军

---

* 刘年康，重庆大学经济与工商管理学院研究生；皮天雷，重庆大学经济与工商管理学院副教授、硕士生导师。本文是国家社会科学基金项目（09XJL005）及2011年中央高校自主科研项目（CDJSK11068）的阶段性研究成果。

（2002）、吴敬琏（2005）和赵彦云（2011），其基本观点是中国的经济增长方式存在技术进步对经济增长贡献率低、经济效益低、资源配置效率低、经济运行质量低等问题[1][2][3]，在能源问题、环境问题等诸多因素的制约下，粗放型经济增长方式不足以维持经济持续增长。"十二五"规划也把经济增长方式转变提到了新的高度。全要素生产率是体现经济增长综合效率的重要指标，学术界普遍用其来衡量经济增长方式（郑京海等，2008；卢艳等，2008）。[4][5] 政府在经济活动中发挥的职能在经济增长方式转变中具有重要价值，这也越来越引起学者的关注（吴敬琏，2005；黄晓鹏，2006；龚刚等，2007；王小鲁等，2009）。[6][7][8] 但是已有文献主要是针对政府行政管理成本对经济增长方式的影响，而从财政支出角度分析的文献却很少。事实上，财政支出反映了政府干预社会经济的程度（张淑翠，2011）。[9] 基于此，本文致力于研究我国财政支出对全要素生产率的影响，为明确"十二五"时期我国经济增长方式转变中的政府职能定位提供科学依据。

针对财政支出的研究，大多数文献都从财政支出规模和财政支出结构两个维度来进行分析，自改革开放以来，财政支出规模和其中的科教文卫支出都在大幅上升。如图1所示。

---

[1] 张军：《资本形成、工业化与经济增长：中国的转轨特征》，《经济研究》2002 年第 6 期，第 3~14 页。
[2] 吴敬琏：《中国增长模式抉择》，上海远东出版社，2005。
[3] 赵彦云、刘思明：《中国专利对经济增长方式影响的实证研究：1988~2008 年》，《数量经济技术经济研究》2011 年第 4 期，第 34~50 页。
[4] 郑京海、胡鞍钢、Arne Bigsten：《中国的经济增长能否持续——一个生产率的分析视角》，《经济学（季刊）》2008 年第 3 期，第 777~809 页。
[5] 卢艳、刘治国、刘培林：《中国区域经济增长方式比较研究：1978~2005》，《数量经济技术经济研究》2008 年第 7 期，第 43~54 页。
[6] 黄晓鹏：《加快经济增长方式转变关键在政府推动制度变迁》，《中国社会科学院研究生院学报》2006 年第 7 期，第 101~106 页。
[7] 龚刚、陈琳：《供给推动——论经济增长方式转型中的财政政策》，《南开经济研究》2007 年第 2 期，第 43~57 页。
[8] 王小鲁、樊纲、刘鹏：《中国经济增长方式转换和增长可持续性》，《经济研究》2009 年第 1 期，第 4~16 页。
[9] 张淑翠：《我国财政支出对经济增长非线性效应——基于省级面板数据的平滑转移模型实证分析》，《财经研究》2011 年第 8 期，第 135~145 页。

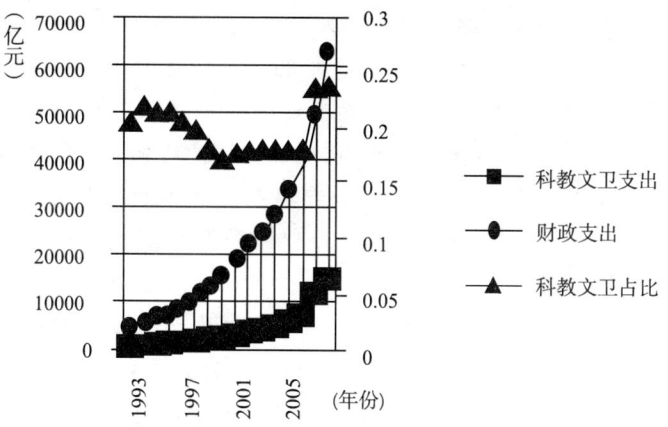

图1 我国财政支出总额和科教文卫支出占比

从图1我们可以看出,我国总体财政支出规模一直呈现快速增长的态势,但其财政支出结构,也就是科教文卫支出占比变化可以划分为两个发展阶段:1993~1999年为科教文卫支出的渐进下滑期,年平均下降率为26%;1999~2008年为快速增长期,年平均增长率为37%。财政支出的规模反映了政府干预社会经济的程度,同时,政府对经济增长的影响不仅表现在财政支出的规模上,也体现在财政支出的结构上。本文关注的问题是,我国财政支出的规模和结构对全要素生产率究竟有什么影响?其在不同的时期和不同区域发挥的效应是否存在差异性?本文尝试通过解答这些问题,提出对"十二五"我国经济增长方式转变期间政府职能定位的建议。

本文的结构安排如下:第一部分是引言,第二部分是文献评述和理论分析,第三部分是模型设定与数据说明,第四部分是实证研究,第五部分是结论与政策建议。

二 文献评述和理论分析

在研究政府职能与经济增长方式转变的文献中,大部分文献都关注于经济体制和政府管理成本的影响。在吴敬琏(2005)看来,传统的经济增长方式的根源在政府,因此他主张进行政府自身改革,建设有限政府,提高经济效率;黄晓鹏(2006)也指出粗放型增长方式是政府制度安排造成的,因此转换增长方式要求政府改革;龚刚等人(2007)认为财政政策目标应该从需求管理转向供给推动,因为这样更有利于经济增长方式的转变;王小鲁等人(2009)利用1952~2007年的面板数据分析,认为政府行政管理成本的膨胀抑制了经济增长方式转变;王一鸣(2007)强调市场体系和价格体制改革的作用;① 魏杰(2011)也认为转变增长方式的重点是改革现有的政府主导型经济增长方式。② 上述学者虽然从不同层面阐述了政府职能与经济增长方式转变的关系,但是,目前还没有文献系统论述政府财政支出对经济增长方式的影响。

关于政府财政支出的文献,一般是分为财政支出规模和财政支出结构两个层面展开。现有关于财政支出的文献大部分关注它对经济增长的影响,比较经典的有 Mbadigen 等人(2003)的研究结论。他们认为政府支出对经济增长的贡献是积极的。③ 关于财政支出结构对经济增长的影响,比较经典的文献是郭庆旺等人(2003)提出的。他们认为生产性政府支出与经济增长正相关。④

综合分析文献我们可以发现,目前没有文献针对政府财政支出对经济增长方式的影响做过系统的理论分析,虽然有一些文献凭借全国数据做过经验分析,但是研究结论缺乏省级面板的实证检验。基于此,本文考虑财政支出规模和财政支出结构,使用1993~2008年的省级面板数据实证分析其对全要素生产率的影响,并从分区域和分时期的角度进行分解分析,作为对现有研究的一个补充。

三 模型设定与数据说明

(一) 模型设定

全要素生产率的变动作为经济体中经济增长向集约化发展的重要指标,在研究中被广泛用于经济增长方式转变的被解释变量(林毅夫、苏剑,

---

① 王一鸣:《转变经济增长方式与体制创新》,《经济与管理研究》2007年第8期,第5~11页。
② 魏杰:《转变经济增长方式是全面且深入的改革——"政府主导"是模式还是改革对象》,《学术月刊》2011年第8期,第61~69页。
③ Mbadigen, Hgetinta, "Causality between Public Expenditure and Economic Growth: the Turkish case", *Journal of Economic and Social Research*, Vol. 6, No. 1, 2003, pp. 53–72.
④ 郭庆旺、吕冰洋、张德勇:《财政支出结构与经济增长》,《经济理论与经济管理》2003年第11期,第5~13页。

2007；赵彦云、刘思明，2011）[①]，因此本文在这里也用全要素生产率来表示经济增长方式的转变。在全要素生产率的测算上，许和连等人（2006）、郑京海等人（2008）、Guariglia等人（2008）均采用了索洛余值法，本文也采用这种方法测算省级全要素生产率。[②][③]

索洛余值法测算得到的全要素生产率包含了除资本和劳动投入以外，诸如技术进步、制度演进等诸多影响经济增长的要素，我们无法也无必要对所有影响要素一一罗列，因此本文将现有研究结果和中国实际相结合，在考察政府财政支出对全要素生产率影响的同时，选取物质资本存量、人力资本、产业结构和对外开放度这4个关键控制变量。在实证分析中，我们把财政支出规模和结构同时纳入模型，构建实证模型如下：

$$TFP_{i,t} = \beta_0 + \beta_1 G_{i,t} + \beta_2 R_{i,t} + \beta_3 K_{i,t} + \beta_4 H_{i,t} + \beta_5 S_{i,t} + \beta_6 O_{i,t} + a_t + a_i + \varepsilon_{i,t}$$

其中TFP表示全要素生产率，G表示财政支出规模，R表示财政支出结构，K表示物质资本存量，H表示人力资本，S表示产业结构，O表示对外开放度。β_0是常数项，β_1、β_2、β_3、β_4和β_5均是待估计的参数，a_i表示省际效应，a_t表示年度效应，$\varepsilon_{i,t}$是服从独立同分布的误差项。

（二）数据说明

本文以中国29个省为研究对象，未包括西藏和港澳台地区，重庆由于成立时间较晚，我们将其数据并入四川省。鉴于数据的可获得性，本文选取的数据区间为1993～2008年，产出和资本存量均调整为以1978年为不变价的实际值。具体数据说明如下。

（1）全要素生产率。本文用全要素生产率作为经济增长方式转变的解释变量，通过索洛残差法加以计算。

（2）财政支出规模。本文以统计年鉴中的省级政府财政一般预算支出总额表示财政支出规模。

（3）财政支出结构。本文以科教文卫支出占财政支出总额的比例来表

[①] 林毅夫、苏剑：《论我国经济增长方式的转换》，《管理世界》2007年第11期，第5～14页。

[②] 许和连、亓朋、祝树金：《贸易开放、人力资本与全要素生产率：基于中国省际面板数据的实证分析》，《世界经济》2006年第12期，第5～12页。

[③] Guariglia, A. and Poncet, S., "Could Financial Distortions be No Impediment to Economicgrowth After All? – Evidence from China", *Journal of Comparative Economics*, Vol. 3, No. 6, 2008, pp. 633–657.

示财政支出结构，这种变量选择方式被大多数研究所认可（张荣、辛方坤，2011；张淑翠，2011）。①

（4）人力资本。本文以各地区平均受教育年限解释当地人力资本水平，这也被大多数研究所认可（赵彦云、刘思明，2011）。

（5）资本存量。目前官方并未对资本存量进行统计，大多数学者都采用永续盘存法对资本存量进行估算，其中普遍较为认可的是单豪杰（2008）的估计方法。② 本文也完全采用单豪杰所采用的永续盘存法，取10.96%的年折旧率，对1988~2000年各省市的资本存量进行了估算。

（6）产业结构。本文使用各地区第三产业增加值占当年地区生产总值的比重来体现产业结构，这也是较为常见的选择方法。

（7）对外开放度。本文使用各地区进出口总额占当年地区生产总值的比重来体现区域的对外开放程度，这种选择方法在研究中也被广泛采用（杜传忠、曹艳齐，2010）。③ 在进出口总额的计算过程中，本文根据各年份人民币对美元汇率的年度平均价格将美元转换成人民币。

本文的所有数据来源于《新中国69年统计资料汇编》和《中国统计年鉴》，缺失数据由各省市区统计年鉴补齐。

四 实证研究

（一）全样本实证研究

我们首先对1988~2008年全国29个省市所构建的面板数据进行估计。在对模型进行估计之前，考虑到可能存在的变量内生性问题，本文的全部实证研究中所有的解释变量都以滞后一期的形式进入回归方程，并对解释变量与被解释变量都采取了自然对数的形式，设定计量模型如下：

$$\ln(TFP_{i,t}) = \beta_0 + \beta_1 \cdot \ln(G_{i,t-1}) + \beta_2 \cdot \ln(R_{i,t-1}) + \beta_3 \cdot \ln(K_{i,t-1}) + \beta_4 \cdot \ln(H_{i,t-1}) + \beta_5 \cdot \ln(S_{i,t-1}) +$$

---

① 张荣、辛方坤：《财政支出规模、结构与社会福利的动态均衡研究》，《经济问题探索》2011年第8期，第95~101页。
② 单豪杰：《中国资本存量K的再估算：1952~2006年》，《数量经济技术经济研究》2008年第10期，第17~32页。
③ 杜传忠、曹艳乔：《中国经济增长方式的实证分析——基于28个省市1990~2007年的面板数据》，《经济科学》2010年第2期，第13~29页。

$$\beta_6 \cdot \ln(O_{i,t-1}) + a_t + a_i + \varepsilon_{i,t}$$

对于平稳性检验的问题,本文采用共同根统计量 LLC 和不同根统计量 IPS、PP-Fisher 和 ADF-Fisher 等来进行面板单位根检验,通过表 1 本文发现除 ln(K)的 PP-Fisher 检验不通过检验外,其余所有的单位根检验均拒绝"存在单位根"的原假设,由此我们认为变量是平稳的,可以进行回归分析。

表1 面板单位根检验

解释变量	LLC	IPS	ADF-Fisher	PP-Fiser	结论
Ln(TFP)	-11.8108***	-4.60046***	113.775***	171.874**	平稳
LN(G)	-7.50894***	-5.22466***	127.800***	168.136	平稳
LN(R)	-32.5668***	-22.5913***	361.004***	396.747***	平稳
Ln(E)	-13.3447***	-5.41179***	166.362***	226.164***	平稳
Ln(K)	-5.66056***	-1.55926***	137.982***	60.2983	平稳
Ln(H)	-8.34503***	-1.60425**	64.7420*	109.677***	平稳
Ln(O)	-14.4721***	-14.3055***	75.8087**	73.9486**	平稳
Ln(S)	-1.96834**	-1.96834**	69.8865*	157.073***	平稳

注:所有单位根检验均采用含截距项的方法进行分析;*** 表示通过 1% 水平上的显著性检验,** 为通过 5% 水平上的显著性检验,* 为通过 10% 水平上的显著性检验。

表 2 是模型的估计结果。LM 检验与 LR 检验都表明两个面板数据估计比 OLS 更适用;同时,在 1% 的显著水平下,豪斯曼检验显示,固定影响模型可能比随机效应更有效。所以我们的讨论集中在固定效应模型的结果上。从固定效应模型回归的结果上看,除了两个回归系数是在 5% 的显著范围内显著和一个系数在 10% 的显著范围内显著,其余变量都是在 1% 的显著范围内显著,整个模型的回归效果比较好。从回归结果中看,除了财政支出规模的回归系数为负数外,大多数解释变量都是正数,其中人力资本、产业结构、财政支出规模和财政支出结构的解释能力都很强,这在经济意义上和本文的假定是一致的,我们可以从实证结论对中国经济增长方式转变滞后的现状做出部分的解释。

表2　全样本模型(滞后一期)实证分析结果

〔被解释变量:Ln(TFP)〕

变量	OLS Model 估计值	OLS Model 标准差	FEM Model 估计值	FEM Model 标准差	REM Model 估计值	REM Model 标准差
Constant	0.160304***	0.005312	0.227398***	0.067625	0.610954**	0.143547
Ln(G)	−0.041217***	0.006609	−0.045248***	0.005905	−0.051467	0.020529
Ln(R)	−0.040416***	0.004662	0.045357***	0.007329	0.029882	0.020218
Ln(K)	0.011334**	0.030592	0.013422**	0.005527	−0.016461	0.026486
Ln(H)	0.047004	0.030592	0.078810**	0.034491	0.058761***	0.071962
Ln(S)	−0.109112**	0.047170	0.098679*	0.052819	0.317497***	0.103085
Ln(O)	0.008242***	0.002139	0.010754***	0.002502	0.067528***	0.009337
R²	0.234343		0.238970		0.439860	
			P-value for Hausman test:0.00			

注:我们利用 Hausman 检验来考察固定与随机效应模型的优劣,加"*、**、***"分别表示通过了显著性水平为10%、5%、1%的检验。

1. 政府财政支出规模扩大是抑制全要素生产率提高的直接原因

政府财政支出规模大小是政府对经济干预程度的一个重要指标。改革开放以来,我国经济增长较多地依赖于政府投资的拉动,而政府财政支出对非政府资本有明显的挤出效应,非竞争的资本投资环境导致资本运作效率下降,长期来看抑制了全要素生产率的改进,这也不难解释为什么政府财政支出的回归系数为负数。其实瓦格纳法则也指出,在一国工业化发展初期,地方财政支出规模的扩张可以弥补市场失灵等外部性情况以及满足社会成员对公共物品需求的增加。但是,随着工业化的进展,地方政府财政支出的持续扩大虽然有着社会公共物品供给不足的背景,但是它确实影响经济运行的效率,抑制经济增长方式转变。

从表2回归结果上可以看出,政府财政支出指标的系数在所有解释变量中是很大的。在1992~2008年的样本期内,在模型估计的各个系数中,企业家职能的回归系数的大小仅次于人力资本和产业结构,这意味着它在影响全要素生产率中发挥着很大的作用。事实上,样本期内财政支出保持了很快的增长势头,在不考虑财政支出规模增长的同时财政支出结构优化的情况下,政府财政支出规模扩大确实是抑制全要素生产率提高的直接原因。

2. 政府财政支出结构的优化能有效促进全要素生产率改善

在表2的回归结果中,科教文卫支出比重对全要素生产率的改善是显著的。一方面，科教文卫支出作用于基础科学的研发，基础科学的发展是引致技术进步的基础所在；另一方面，科教文卫支出能进一步促进人力资本积累，推动增长路径从要素投入驱动型向生产效率提高型转变。从具体系数上看，政府财政支出规模和政府财政支出结构的系数大小近乎相等，这就意味着在样本期内，财政支出结构的优化能够有效缓解由于财政支出规模扩大引致的全要素生产率抑制，从而避免财政支出对经济增长方式转变的负向影响。

3. 人力资本和产业结构是影响经济增长方式的最重要因素

内生经济增长理论强调了人力资本在与物质资本的结合过程中，可以通过有效提高劳动生产率，并通过其外部性提高资本生产效率，进而提高全要素生产率的功能。从粗放型经济增长方式转变到集约型经济增长方式，其实质是依赖人力资本的内生增长方式，所以人力资本是经济增长方式最为重要的解释表露。根据表2的实证结果，当人力资本每上升1%，全要素生产率平均会上升0.07%，对全要素生产率的促进效果非常明显。

第三产业占比是样本期内回归系数最大的变量，说明了这段时期第三产业比重的提高对全要素生产率的改进有非常积极的效果。从微观角度看，经济增长方式转变是一系列生产函数配置方式由低级向高级的动态性结构演变，是要素创造和要素在产业内及产业间流动与重新配置的综合体现[1]，产业结构的优化对全要素生产率改进有积极影响，这也与 J. Metcalfe 等人（2006）的研究结论是一致的。[2]

4. 其余变量对全要素生产率的影响

对外开放度的回归系数为正，其在样本期内确实对提高全要素生产率发挥着正向的促进作用。资本存量的回归系数为正，同样对应着样本期内中国各省、市物质资本存量大幅攀升的背景，其对全要素生产率正向的贡献是可以得到合理解释的。

（二）分时期的实证研究

本文将样本时间段划分为1993~1999年和2000~2008年，如此划分是基于如下两个原因。

---

[1] 薛白：《基于产业结构优化的经济增长方式转变——作用机理及其测度》，《管理科学》2009年第10期，第112~121页。

[2] J. Metcalfe, J. Foster, R. Ramlogan, "Adaptive EconomicGrowth", *Cambridge Journal of Economics*, Vol. 30, No. 1, 2006, pp. 7-32.

第一,从引言的描述性统计分析我们可以得知,虽然中国财政支出规模一直在不断增加,但财政支出结构在 1999 年开始发生了逆向的变化。1993~1999 年是科教文卫支出占比的下滑期,年平均下降率为 26%;而 1999~2008 年为快速增长期,年平均增长率为 37%。1999 年作为一个转折点,以此划分不同的时间段,从动态角度研究分析,财政支出规模和结构对全要素生产率的影响具有较大的价值。

第二,从中国经济发展的历史来看,我国经济确实在不同时期表现出不同的经济发展特点,研究不同时期内财政支出和规模对全要素生产率的影响也有较大的意义。为了对时间段划分的合理性进行证明,我们采用李富强等人(2008)的研究方法①,建立我国年 GDP 的自回归模型。我们假设 1999 年为分割点,对此进行 Chow 断点检验,结果如表 3 所示。

表 3 Chow 断点检验

F 统计值	P 值	似然统计量	P 值	Wald 统计量	P 值
10.65723	0.0027	16.16429	0.0003	21.31446	0.0000

Chow 断点检验结果表明,在 1% 的显著水平下拒绝"中国经济发展在 1999 年不存在断点"的原假设,而且检验效果极佳,证明了本文以 1999 年为断点划分时间段的合理性。

基于这个思路,本文分别对 1993~1999 年和 2000~2008 年的数据进行分析,表 4 和表 5 是得到的估计结果。

表 4 1993~1999 年模型实证分析结果(被解释变量:ln(TFP))

变量	OLS Model		Panel Data Model			
			FEM Model		REM Model	
	估计值	标准差	估计值	标准差	估计值	标准差
Constant	-0.182074***	0.090657	-0.920768***	0.237002	-0.256228***	0.076797
Ln(G)	0.053452***	0.010170	-0.139188***	0.039820	0.063148***	0.008584
Ln(R)	0.059166***	0.013018	0.080852*	0.032473	0.070507***	0.010989

---

① 李富强、董直庆、王林辉:《制度主导、要素贡献和我国经济增长动力的分类检验》,《经济研究》2008 年第 4 期,第 53~66 页。

续表

变量	OLS Model		Panel Data Model			
			FEM Model		REM Model	
	估计值	标准差	估计值	标准差	估计值	标准差
Ln（K）	-0.017148**	0.008090	0.012205*	0.051153	-0.020985***	0.006975
Ln（H）	0.059435	0.048261	0.054381**	0.123454	0.091903*	0.041026
Ln（S）	-0.049988**	0.066967	-0.382637**	0.175058	-0.048760*	0.057453
Ln（O）	-0.011975***	0.003599	0.051384***	0.018036	-0.013678***	0.003108
R^2	0.220674		0.633944		0.245664	

P-value for Hausman test：0.00

注：我们利用 Hausman 检验来考察固定与随机效应模型的优劣，加"*、**、***"分别表示通过了显著性水平为10%、5%、1%的检验。

表 5 2000~2008 年模型实证分析结果（被解释变量：ln（TFP））

变量	OLS Model		Panel Data Model			
			FEM Model		REM Model	
	估计值	标准差	估计值	标准差	估计值	标准差
Constant	0.108623	0.062953	0.290250	0.201887	0.150913*	0.089976
Ln（G）	0.011944	0.005277	-0.009502*	0.026918	-0.014760**	0.007409
Ln（R）	0.000595	0.006437	0.018822*	0.026023	0.005673*	0.008833
Ln（K）	0.006342	0.004367	0.015815*	0.032280	0.006075	0.006864
Ln（H）	0.087812	0.030429	0.175517*	0.072986	0.109660**	0.043500
Ln（S）	-0.271861	0.051138	0.187733*	0.150557	-0.238824***	0.073613
Ln（O）	0.000866	0.002065	-0.010411*	0.014003	0.000809*	0.003240
R^2	0.240938		0.419280		0.114173	

P-value for Hausman test：0.02

注：我们利用 Hausman 检验来考察固定与随机效应模型的优劣，加"*、**、***"分别表示通过了显著性水平为10%、5%、1%的检验。

从表4和表5我们可知，在分时期的回归结果中，财政支出规模和财政支出结构的回归系数的符号与全样本回归结果是一致的，也证明了回归结果的稳健性。不过虽然回归系数符号一致，但系数大小却存在一定的差异性。1993~1999年的财政支出结构对全要素生产率的回归系数远大于2000~2008年企业家职能对全要素生产率的回归系数，这说明在前一时期财政支出结构的优化对全要素生产率持续改进的效果更为显著。另外，1993~1999年的财政支出规模对全要素生产率的回归系数远大于2000~2008年的回归系数，这说明在前一时期财政规模对全要素生产率的抑制效果更为显著。

物资资本存量在两个样本期均对全要素生产率有正向的影响，而且系数大小变动不多，是全要素生产率较为稳定的影响因素。但是人力资本在1993~1999年的回归系数远小于2000~2008年的回归系数，说明了在后一时期人力资本对全要素生产率改进的效果更好，而且它是这一时期最大的回归系数，人力资本是1999年后对全要素生产率贡献最大的影响因素。

我们发现，其中较为特别的是对外开放度这一变量。在1993~1999年的样本空间中，它的系数为负，对全要素生产率是负向抑制，但是在2000~2008年的样本空间中，其系数为正，促进了全要素生产率的改进。这主要是由于1999年前的这段时期我国对外开放度不高，国外的技术溢出能较容易地转化为技术积累，成为推动全要素生产率改进的重要因素之一；1999年后，总体来说我国对外开放度大幅上升，但是进出口总额中较多的却是低附加值的产品，技术溢出不足，甚至对本国自主技术创新起到抑制效果，所以在这段时期内，对外开放度对全要素生产率产生的是负向影响。

（三）分区域的实证分析

在上文模型的基础上，我们进一步将全国29个省、市分为东、中、西部地区，相应地将样本分成三个子样本，并分别得到三个回归模型，用以比较我国东、中、西三大区域经济增长方式影响因素作用的差异。区域的划分主要基于地理位置的相近性和经济增长水平的相似性，东部地区包括北京、天津、河北、辽宁、上海、江苏、浙江、福建、山东、广东、海南11个省、直辖市，中部地区包括山西、吉林、黑龙江、安徽、江西、河南、湖北、湖南8个省，西部地区包括内蒙古、广西、四川、贵州、云南、陕西、甘肃、青海、宁夏、新疆10个省、自治区。由于数据的可获得性，样本中并未包含西藏，重庆的数据并入四川省，这样的区域划分方法也被很多研究文献所采用（杜传忠、曹艳乔，2010）。模型估计的结果如表6、表7和表8所示。

表6　东部地区实证分析结果〔被解释变量：Ln（TFP）〕

变量	OLS Model 估计值	OLS Model 标准差	FEM Model 估计值	FEM Model 标准差	REM Model 估计值	REM Model 标准差
Constant	-0.175627	0.115293	-0.703592**	0.281868	-0.180235	0.109339
Ln（G）	0.048147**	0.009372	-0.033415*	0.037429	0.048790***	0.008935
Ln（R）	-0.053938**	0.011454	0.044057*	0.035927	-0.055946**	0.010871
Ln（K）	-0.010847*	0.008007	0.098253*	0.053022	-0.010812*	0.007878
Ln（H）	0.036899	0.048811	0.055720*	0.117039	0.039023	0.046742
Ln（S）	-0.021657*	0.112698	0.124570*	0.209114	0.004803*	0.105726
Ln（O）	-0.029486***	0.008210	0.064598***	0.014888	-0.031864***	0.007712
R^2	0.308863		0.482778		0.304147	

P-value for Hausman test：0.00

注：我们利用 Hausman 检验来考察固定与随机效应模型的优劣，加"*、**、***"分别表示通过了显著性水平为10%、5%、1%的检验。

表7　中部地区实证分析结果〔被解释变量：Ln（TFP）〕

变量	OLS Model 估计值	OLS Model 标准差	FEM Model 估计值	FEM Model 标准差	REM Model 估计值	REM Model 标准差
Constant	-0.550784***	0.172781	-0.879875***	0.313829	-0.550784***	0.136708
Ln（G）	0.057433***	0.013407	-0.089570**	0.038083	0.057433***	0.010608
Ln（R）	0.036760*	0.049445	0.033042*	0.046756	0.036760*	0.039122
Ln（K）	-0.002612	0.013483	-0.001239*	0.049139	-0.002612*	0.010668
Ln（H）	0.066523*	0.092532	0.084513*	0.147862	0.066523	0.073213
Ln（S）	-0.185769*	0.107000	0.079438**	0.154219	-0.185769**	0.084661
Ln（O）	-0.036543*	0.013881	0.098862***	0.015113	-0.036543***	0.010983
R^2	0.443376		0.673122		0.443376	

P-value for Hausman test：0.00

注：我们利用 Hausman 检验来考察固定与随机效应模型的优劣，加"*、**、***"分别表示通过了显著性水平为10%、5%、1%的检验。

表8　西部地区实证分析结果〔被解释变量：Ln（TFP）〕

变量	OLS Model 估计值	标准差	FEM Model 估计值	标准差	REM Model 估计值	标准差
Constant	−0.118022	0.109703	−0.679361***	0.224977	−0.339114**	0.152870
Ln（G）	0.027705***	0.007763	−0.103741***	0.039422	0.036585***	0.015035
Ln（R）	−0.039983*	0.030952	0.082946**	0.033088	−0.057383*	0.030677
Ln（K）	−0.009778*	0.008780	−0.033263*	0.043859	−0.021897*	0.016633
Ln（H）	0.073229	0.065357	0.073005*	0.115806	0.194157**	0.091145
Ln（S）	−0.033600*	0.089195	0.085423*	0.215713	−0.153237**	0.133287
Ln（O）	−0.005363***	0.003277	−0.073551***	0.018720	−0.010765**	0.006315
R^2	0.178708		0.393627		0.173807	

P-value for Hausman test: 0.0042

注：我们利用Hausman检验来考察固定与随机效应模型的优劣，加 "*、**、***"分别表示通过了显著性水平为10%、5%、1%的检验。

从表6、表7和表8我们可知，在分区域的回归结果中，财政支出规模和财政支出结构的回归系数的符号与全样本回归结果是一致的，也证明了回归结果的稳健性。但是从东、中、西部区域回归结果对比来看，虽然变量回归的符号一致，但是各地区回归系数大小却存在较大差异性。从地区子样本回归结果我们可以发现，财政支出规模对全要素生产率抑制程度最高的是西部地区，其次是中部地区，最后是东部地区。而财政支出结构对全要素生产率改进程度最高的也是西部地区，其次是东部地区，最后是中部地区。

对于三个区域而言，人力资本依然是影响全要素生产率的重要变量，这和全样本回归结果是一致的，证明了人力资本对于改善全要素生产率的重要性。对外开放度和产业结构也对全要素生产率的改进有积极影响。其中较为特别的是物资资本这一变量，它在东部地区的回归系数为正数，但是在中部和西部地区的回归系数均为负数，而且在西部对全要素生产率的影响程度大于中部地区，说明物资资本对全要素生产率的影响存在较大的地区差异性。这一结果是可以得到解释的，因为西部地区的物资资本投资针对的是资源领域，而这一领域对全要素生产率的提高作用有限，而针对东部地区的物资资本投资比中西部更能吸引到高新科技产业，后者对全要素生产率的改进效果明显强于前者，因此，分地区的模型回归结果是合理的。

五 结论与政策建议

"十二五"规划是我国经济增长方式转变的关键时期,而正确地认识政府部门在经济增长方式转变中的作用是成功实现转变的关键因素和重要支撑力。本文以全要素生产率体现经济增长方式,运用1993~2008年我国30个省、自治区、直辖市的面板数据,实证考察了财政支出规模和财政支出结构对全要素生产率的影响。全样本回归结果显示,财政支出规模抑制了全要素生产率的改进,而财政支出结构的优化促进了全要素生产率的提高;以1997年为断点的分时期回归结果显示,相对于2000~2008年而言,1988 1997年的财政支出规模和财政支出结构均对全要素生产率产生更显著的影响;分区域的回归结果显示,西部地区财政支出规模和财政支出结构对全要素生产率的影响最为显著,其次是中部地区和东部地区。根据前文的分析,我们针对"十二五"时期我国经济增长方式的转变,提出以下政策建议。

第一,加大政府财政支出中科教文卫支出的比重。本文实证分析表明,尽管政府财政支出对全要素生产率有抑制效果,但是科教文卫支出占比却对全要素生产率有明显改善效果。事实上,从1999年开始,全国平均科教卫文支出比重在以37%的速度增长,正是这部分支出极大地促进了经济增长方式的转变,在"十二五"规划期间,这一比重需要持续保持增长势头。

第二,经济不发达地区特别要加强优化财政支出结构。实证研究表明,相较东、西部地区而言,其财政支出结构对全要素生产率的影响最为显著,通过优化财政支出规模促进经济增长方式转变对于西部地区而言是较优的选择,越是不发达的地区越是需要引起重视。

第三,避免政府财政支出过快增长。无论是全样本回归、分时期回归还是分区域回归的结果都显示政府财政支出规模对全要素生产率改善起到抑制效果。我国政府需要进一步避免财政支出规模过快增长,同时通过相关创新政策和措施促进经济增长方式转变。

参考文献

[1] 单豪杰:《中国资本存量K的再估算:1952~2006年》,《数量经济技术经济研

究》2008 年第 10 期。
- [2] 杜传忠、曹艳乔：《中国经济增长方式的实证分析——基于 28 个省市 1990～2007 年的面板数据》，《经济科学》2010 年第 2 期。
- [3] 龚刚、陈琳：《供给推动——论经济增长方式转型中的财政政策》，《南开经济研究》2007 年第 2 期。
- [4] 郭庆旺、吕冰洋、张德勇：《财政支出结构与经济增长》，《经济理论与经济管理》2003 年第 11 期。
- [5] 黄晓鹏：《加快经济增长方式转变关键在政府推动制度变迁》，《中国社会科学院研究生院学报》2006 年第 7 期。
- [6] 李富强、董直庆、王林辉：《制度主导、要素贡献和我国经济增长动力的分类检验》，《经济研究》2008 年第 4 期。
- [7] 林毅夫、苏剑：《论我国经济增长方式的转换》，《管理世界》2007 年第 11 期。
- [8] 卢艳、刘治国、刘培林：《中国区域经济增长方式比较研究：1978～2005》，《数量经济技术经济研究》2008 年第 7 期。
- [9] 王小鲁、樊纲、刘鹏：《中国经济增长方式转换和增长可持续性》，《经济研究》2009 年第 1 期。
- [10] 王一鸣：《转变经济增长方式与体制创新》，《经济与管理研究》2007 年第 8 期。
- [11] 魏杰：《转变经济增长方式是全面且深入的改革——"政府主导"是模式还是改革对象》，《学术月刊》2011 年第 8 期。
- [12] 吴敬琏：《中国增长模式抉择》，上海远东出版社，2005。
- [13] 许和连、亓朋、祝树金：《贸易开放、人力资本与全要素生产率：基于中国省际面板数据的实证分析》，《世界经济》2006 年第 12 期。
- [14] 薛白：《基于产业结构优化的经济增长方式转变——作用机理及其测度》，《管理科学》2009 年第 10 期。
- [15] 张军：《资本形成、工业化与经济增长：中国的转轨特征》，《经济研究》2002 年第 6 期。
- [16] 张荣、辛方坤：《财政支出规模、结构与社会福利的动态均衡研究》，《经济问题探索》2011 年第 8 期。
- [17] 张淑翠：《我国财政支出对经济增长非线性效应——基于省级面板数据的平滑转移模型实证分析》，《财经研究》2011 年第 8 期。
- [18] 赵彦云、刘思明：《中国专利对经济增长方式影响的实证研究：1988～2008 年》，《数量经济技术经济研究》2011 年第 4 期。
- [19] 郑京海、胡鞍钢、Arne Bigsten：《中国的经济增长能否持续——一个生产率的分析视角》，《经济学（季刊）》2008 年第 3 期。
- [20] Guariglia, A and Poncet, S., "Could Financial Distortions be No Impediment to Economic Growth After All? - Evidence from China", *Journal of Comparative*

Economics, Vol. 3, No. 6, 2008, pp. 633-657.

[21] J Metcalfe, J Foster, R Ramlogan, "Adaptive Economic Growth", *Cambridge Journal of Economics*, Vol. 30, No. 1, 2006, pp. 7-32.

[22] Mbadigen, Hgetinta, "Causality between Public Expenditure and Economic Growth: the Turkish Case", *Journal of Economic and Social Research*, Vol. 6, No. 1, 2003, pp. 53-72.

逆城市化及其根源：中国农村工业化地区城市化滞后的一种解释

——以台州市路桥区为例

● 陈雪娟[*]

内容提要：本文以浙江省台州市路桥区为个案，通过具体的调研事实和翔实的数据，从户籍制度的角度，分析了浙江农村工业化地区城市化进程中的逆城市化和滞后城市化现象及其成因。结论认为，要积极有效应对"逆城市化"和"滞后城市化"现象，户籍制度改革首先要解脱依附于户口的诸多利益，使户口和其背后的巨大利益脱钩。

关键词：农村工业化地区　滞后城市化　逆城市化　户籍制度改革

一　引子

城市化是现代社会经济发展的一个重要维度，在当下的中国，面对城乡各方面差距日益拉大的事实，推进城市化更是成为实现普惠式发展的一个关键环节，尤其在当前经济发展方式转型加速的时期。

城市化有多个维度，如人口的城市化、土地的城市化、经济产出的城市化、生活方式的城镇化等，不过，对城市化水平的量化测度，最常用的还是人口指标——城市化率，即城市人口占总人口的比重。该指标的提高，意味着人口向城镇的集中，大致表明城市化程度的提高。从人口指标的城市化率来看，改革开放以来中国的城镇化变迁，城市化速度总体上呈较快增长势头，

---

[*] 陈雪娟，中国社会科学院经济研究所助理研究员。本文为中国社会科学院重点国情调研项目"改革开放30年来中国经济、社会、文化发展变化调研——浙江省台州市经济社会调研"的阶段性成果，感谢课题组胡家勇研究员、裴小革研究员、陈健副研究员、陆梦龙副研究员和杨新铭副研究员对本文的意见和建议。

从1978年的17.9%增加到2010年的49.68%，年均增速接近1个百分点。如表1所示。而从国际比较看，越是后期发展的国家，速度越快，比如，城市化水平从20%提高到40%，英国用了120年时间，法国100年，德国80年，美国40年，日本则只花了30年，而中国则只用了22年左右（1981~2003年），由此，似乎中国的城市化速度存在过快的嫌疑。[①] 不过，只要将时间拉长到新中国成立时期，则过快之说就难以成立了。实际上，新中国成立以来我国的城镇化速度表现出了不同的阶段性趋势：1949~1960年，增速较快，年均增长了近1个百分点；1960~1978年，出现了典型的城镇化滞后倒退现象，城镇化率总体上下降了2个多百分点；1978~1995年，年均增速约为0.5个百分点；1996~2005年，进入比较快速的提高通道，年均增速接近1.5个百分点，2006年后，年均增速下降到不到1个百分点。如图1所示。

表1 1949~2010年的全国城镇人口占比

单位：%

年份	城镇人口比	年份	城镇人口比	年份	城镇人口比
1949	10.64	1980	19.39	1996	30.48
1950	11.18	1981	20.16	1997	31.91
1951	11.78	1982	21.13	1998	33.35
1955	13.48	1983	21.62	1999	34.78
1960	19.75	1984	23.01	2000	36.22
1965	17.98	1985	23.71	2001	37.66
1970	17.38	1986	24.52	2002	39.09
1971	17.26	1987	25.32	2003	40.53
1972	17.13	1988	25.81	2004	41.76
1973	17.20	1989	26.21	2005	42.99
1974	17.16	1990	26.41	2006	43.90
1975	17.34	1991	26.94	2007	44.94
1976	17.44	1992	27.46	2008	45.68
1977	17.55	1993	27.99	2009	46.59
1978	17.92	1994	28.51	2010	49.68
1979	18.96	1995	29.04		

资料来源：1949~2009年的数据直接引自《中国统计年鉴（2010）》，而2010年的数据则根据《2010年第六次全国人口普查主要数据公报》数据填列[②]。

[①] 张妍、黄志龙：《中国城市化水平和速度的再考察》，《城市发展研究》2010年第11期。
[②] 根据国家统计局数据说明，上述数据的口径和来源在不同时期稍有不同，1982年以前的数据为户籍统计数；1982~1989年数据根据1990年人口普查数据进行了调整；1990~2000年数据根据2000年人口普查数据进行了调整；2001~2004年、2006~2008年数据为人口变动情况抽样调查推算数；2005年数据根据全国1%人口抽样调查数据推算，2010年数据为普查数据。

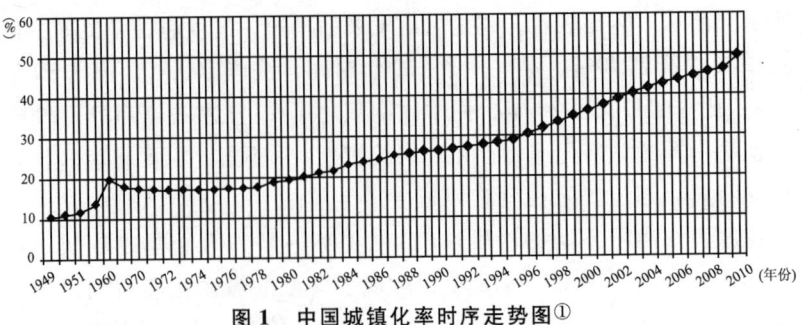

图 1　中国城镇化率时序走势图①

除了人口的远距离乡城流动之外，城市化也可能源于部分农村地区的就地整体城镇化变迁等。需要注意的一个问题是，在统计的新增城镇人口当中，相当一部分是通过行政区划调整、城镇辖区面积扩大实现的。改革开放以来，中国城市数量和结构都有了很大提升。1978~2007 年，全国城市总数从 193 个增加到 655 个，城市总数增加 462 个，平均年增加 15.4 个；建制镇从 1978 年的 2173 个增加到 2007 年的 19249 个，建制镇总数增加 17076 个，平均年增 569 个。② 这种外力推动的城市化，虽然从人口上实现了城市化，但是由于缺乏产业支撑和基础设施的跟进，实际上容易导致虚假城市化，从而夸大城市化水平。此外，新中国成立以来中国城镇人口统计口径频繁变动，总体呈放松趋势，2006 年的城乡划分规定将居住在近郊的农村人口和常住城市外地农民工计入了城镇人口，这部分人口难以享受到城镇的一些福利，显然难以算是实现了完全的城市化，因此按这种统计口径得出的城镇化率在一定程度上也会夸大城镇化的水平。

对于人口基数庞大的传统农业大国——中国而言，因为大城市的资源环境难以再吸纳更多的流入人口，因此，加快发展中小城镇是加速我国城市化推进的一个更具普遍现实性的路径。当然，这一路径并不适合所有农村地区，它更适合的是具有一定的现代产业基础，能为移入人口普遍提供就业和公共服务支撑的地区，这种地区我们称之为农村工业化地区。研究

---

① 根据国家统计局数据说明，上述数据的口径和来源在不同时期稍有不同，1982 年以前的数据为户籍统计数；1982~1989 年数据根据 1990 年人口普查数据进行了调整；1990~2000 年数据根据 2000 年人口普查数据进行了调整；2001~2004 年、2006~2008 年数据为人口变动情况抽样调查推算数；2005 年数据根据全国 1% 人口抽样调查数据推算，2010 年数据为普查数据。

② 资料来源：《中国经济贸易年鉴 2009》，中国国家统计局官方网站。

这类地区的城市化状况、探析其推进因素和阻碍因素，对于推进我国的城镇化目标，有着普遍而直接的意义。

从世界城市化发展的基本历史来看，不同国家、不同地区在不同的时期，城市化推进的动因、方式、速度和进程等，都可能大为不同。根据工业化水平与人口集中意义上的城市化水平的步调关系之不同，有"同步城市化"、"过度城市化"和"滞后城市化"三种情况①。而城市化本身并不是一个直线式的单向推进过程，甚至某些时期可能出现"逆城市化"现象，即由于某些原因，城市人口主动向乡村流动，导致城市化率不升反降。就发达国家的城市化历程来看，大多数情况下是城市化水平与工业化水平同步发展，表现为一种同步城市化，而对于发展中国家来讲，城市化水平比较普遍地落后于工业化和经济发展水平，呈现为一种滞后城市化。

在中国的农村工业化地区，存在逆城市化与滞后城市化并存的现象，使得城市化问题更趋复杂。一方面，关于滞后城市化，理论研究（赵力，2002）和实证研究（陈昭锋，2004；林高榜，2007；李林杰、王金玲，2007；等等）都取得了共识；另一方面，在城市化滞后的同时，还出现了逆城市化现象（王旭，2002），近年来，不仅农业转移人口不愿进城的情况增多，同时一些原城市户籍人口也主动更换农村户籍，呈现出一种主动的滞后城市化。这种人口主动选择导致的逆城市化现象，与发达国家因为过度城市化导致城镇生活质量下降，因而往郊区或乡村流动的逆城市化不同，因为它出现在中国整体城市化水平还有待进一步提高的大背景下。基于以上事实，本文针对农村工业化地区城市化滞后问题，通过逆城市化及其根源的分析，试图寻找中国农村工业化地区滞后城市化的一种解释。

二 样本地区城市化概况：路桥案例

本文选择的样本县是浙江省台州市路桥区，这也是中国社会科学院重点国情调研项目《改革开放 30 年来中国经济、社会、文化发展变化调研——浙江省台州市经济社会调研》的项目县。路桥地处浙江省温台地区，

---

① 刘传江：《中国城市化的制度安排与创新》，武汉大学出版社，1999，第 85 页。

路桥区是浙江省台州市的一个县级市。

路桥本是浙东南一带著名的商埠，素以"百路千桥万家市"而闻名，宋代建镇，属黄岩县。改革开放后，建制几经调整。1994年8月，经国务院批准，路桥从一个建制镇升为县级区，成为台州市主体城区之一。建区之后，路桥工业经济和市场经济迅速崛起，现人均GDP已接近1万美元。农村工业经济发达，非农比重大，民营化程度高，民间金融发达，民资雄厚，集聚的外来流动人口超过常住人口，是路桥经济的几大特点。

但与其经济发展水平相比，路桥的城市化远远滞后。从户籍人口结构看，非农业人口比重不到20%，即使全部街道人口均计入城市人口，这样算下来的城市化率也仅为48%，低于浙江省57%的平均水平。

从城乡格局来看，虽然工业是路桥的主导产业，但路桥的户籍人口构成还是以农民为主。对于路桥的现有研究，往往因为其工业化的主导作用而将其界定为农村工业化地区。路桥工业发展和土地开发极为分散，集聚程度低。受历史原因和农村土地集体所有制的影响，各乡镇、各村呈现一种乡村工业的格局。从人口的产业结构分布来看，各镇、街道的农村非农从业人口比重皆较高。其中最高的是路桥街道（99%），最低的是横街镇（78%）。工业投资在各镇（街道）分布相对均匀，除工业性投资较低的路北街道（28035万元）、螺洋街道（24124万元）和桐屿街道（25132万元）之外，其他街道、镇的工业性投资均在50000万元以上，工业性投资最高的路南街道，分街道工业性投资高达78687万元。乡村工业中技术含量较低，劳动密集型的加工制造业占多数。2008年，路桥拥有工业企业15638个，个体私营企业占绝大多数，为14840个，国有企业1个，集体企业7个。从行业构成来看，路桥规模以上工业主要分布在塑料制品（70个）、金属制品（64个）、通用设备（90个）、交通运输设备（107个）行业；从固定资产投资和全社会工业投资指标来看，农村非农户的投资和农村投资所占比重相当大，投资分散，乡村和城镇之间趋同。有鉴于此，现行对于农村工业化地区的城市化研究，由于其城市化的不完全性，而将其视为一个半城市化过程。[1] 如表2、表3所示。

---

[1] 楼东：《乡村工业化地区半城市化——以台州市路桥区为例》，《经济学家》2008年第6期。

表2 路桥各镇（街道）人口、土地、工业分布格局（2008年）

	人口（人）	土地面积（平方公里）	人口密度（人/平方公里）	农村非农从业人口比重（%）	分镇（街道）工业性投资（万元）
路南街道	30925	17.1	1808	91	78687
路桥街道	57108	9.3	6141	99	50008
路北街道	21605	11.3	1912	96	28035
螺洋街道	24015	20.3	1183	85	24124
桐屿街道	34217	33.3	1028	90	25132
峰江街道	44054	27.1	1626	94	81709
新桥镇	27547	13.8	1996	96	58031
横街镇	28083	14.9	1885	78	57200
金清镇	105675	80.6	1311	94	57640
蓬街镇	66359	45.2	1468	86	55288
合计	439588	272.9	1611		

资料来源：《2009年路桥统计年鉴》。

表3 2008年路桥工业投资和固定资产投资在城乡间的分布

固定资产投资					全社会工业性投资	
限额以上		限额以下			限额以上	
城镇	农村非农户	城镇	农村非农户	农村（含个体）投资	城镇	农村非农户
27%	73%	2%	16%	82%	15%	85%

资料来源：《2009年路桥统计年鉴》。

三 路桥逆城市化问题溯源

"逆城市化"（counter-urbanization）作为术语最早由布莱恩·J.L.贝里提出时，其本义是指西方大城市在城市化"后期阶段"，由于交通拥挤、犯罪增长、污染严重等城市问题的压力增大，城市人口向郊区乃至农村的流动，大城市发展开始趋缓的一种现象。[1]

我国浙江农村工业化地区的逆城市化不同于这种"逆城市化"之处在

---

[1] 王旭：《"逆城市化"论质疑》，《史学理论研究》2002年第2期。

于动力机制，前者为大城市逃避"城市病"，后者为城市居民套取农村户口的政策红利。逆城市化现象又使得城市化滞后问题复杂化，呈现为主动选择的滞后城市化。逆城市化也是农村工业化地区城市化滞后发展的一种解释。

（一）路桥区的滞后城市化

由于衡量城市化和工业化的指标体系不存在内在一致性，因此不可简单地通过两个比例数值的大小来说明。为此，我们在此处借鉴了林高榜（2007）[①] 比较城市化和工业化的做法，对路桥城市化和工业化关系进行一个定量分析。[②] 我们以建筑业产值作为衡量城市化水平的特征指标，从而在指标性质上保持了工业化（以工业产值为特征指标）指标的内在一致性，从而使双方具有经济意义上的可比性。同时，两个指标也较易得，便于进行国际比较、省际比较和市区际比较。下面看一下相关的比较结果。如图2所示。

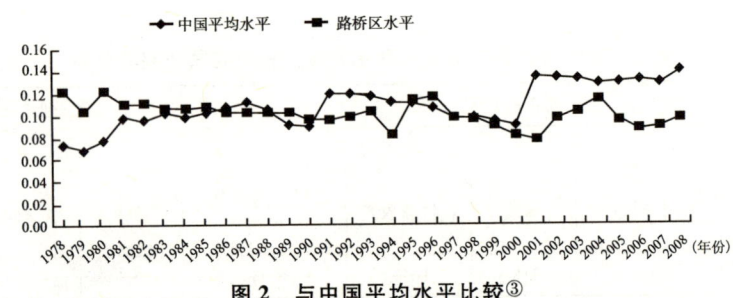

图2　与中国平均水平比较[③]

从全国的时序数据来看，城市化相对于工业化水平，在初期是逐渐提高的，但此后波动式上升。路桥的时序数据呈现了不太一样的变动趋势。在改革开放早期，路桥二者的比值要高于全国平均水平。进入20世纪90年代后，随着工业化的提速，中国城市化滞后问题逐渐显露。此时，作为沿海的先行工业化地区，路桥的工业化发展迅速，但城市化发展并未同步发

[①] 林高榜：《衡量城市化与工业化比较水平的新指标研究》，《数量经济技术经济研究》2007年第1期。

[②] 具体的定量分析请参见《改革开放30年来中国经济、社会、文化发展变化调研——浙江省台州市经济社会调研》，即将出版。

[③] 资料来源：《中国统计年鉴（2009）》。

展。因此，相对于中国平均水平而言，路桥城市化滞后于工业化的程度要显著高于中国平均水平。

如果做省级比较，从2008年各省、市的城市化进程相对于工业化水平来看，浙江和江苏相近，均处于全国平均水平左右。如图3所示。

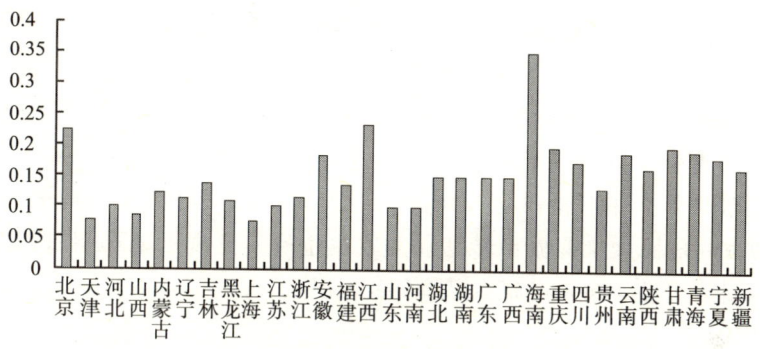

图3　全国分地区情况①

从2009年浙江省各市的城市化相对于工业化的发展程度来看，浙东北与浙西南接近。台州市城市化相对于工业化的发展属于较低水平，仅高于温州市和湖州市，接近宁波市的情况。如表4所示。

表4　2009年浙江省情况

浙东北	杭州市	宁波市	嘉兴市	湖州市	绍兴市	舟山市
0.13	0.13	0.12	0.13	0.11	0.12	0.35
浙西南	温州市	金华市	其中：义乌市	衢州市	台州市	丽水市
0.13	0.11	0.14	0.19	0.21	0.12	0.18

资料来源：《2010年浙江统计年鉴》。

而路桥2009年为0.11，且就历年的比较情况看，它在台州市三区中是最低的，远低于同样行政级别的义乌市。由此我们可以看到，相对于路桥的工业化发展水平，路桥城市化建设还是相对滞后的。以上大致勾勒出路桥建区以来的城市化进程。路桥的城市化进程表现出与全国城市化进程相近的发展趋势，但路桥相对于工业化进程的城市化程度相对较低，加上建区时路桥城市化的初始状态本来就很低（乡镇一级建制），从而导致路桥的

---

① 资料来源：《中国统计年鉴（2009）》。

城市化发展远滞后于其工业化发展。

(二) 逆城市化：对农村工业化地区滞后城市化的一种解释

城乡分割是农村工业化地区滞后城市化的制度根源。改革这种城乡分割体制的思路实际上早在1998年的中央政府有关文件中就开始出现。1998年，国务院批转了公安部《关于解决当前户口管理工作中几个突出问题的意见》，其中明确了我国户籍改革目标。户籍制度改革按实施办法的力度和程度可划分为4个等级：仅对高端人才的改革、采取"准入条件"（或常住户口）的改革、实行"居民户口"改革、实行"准入条件"和"居民户口"同时改革。在户籍制度改革之初，人们担心户籍制度一旦全面放开，将导致农村居民大量向城市转移。实践中也确实出现了如郑州市因户籍制度改革引致大量外来人口而不堪重负的情况。

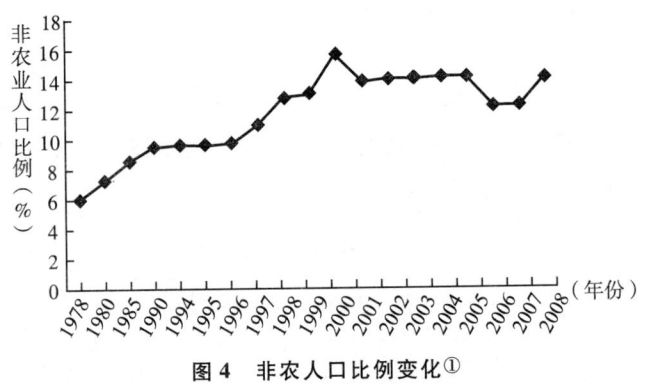

图4　非农人口比例变化①

路桥的户籍制度改革实施办法，从力度和程度上看处于最高等级。2000年11月30日，为了建立起有利于城镇发展的集聚机制和政策环境，提高城镇的人口集聚功能，加快全区城市化进程，中共路桥区委、路桥人民政府根据浙江省人民政府《关于加快推进浙江城市化若干政策的通知》（浙政〔2000〕7号）精神，提出《关于加快推进路桥城市化的实施意见》。

从政策效应来看，在政策实施当年，非农业人口比例达到最高值，但此后回落。2005年起再次回落，至2008年有所回升。由改革开放以来重要年份的城市化指标来看，在路桥城市化发展过程中，出现了一个特殊的现

---

①　资料来源：《2008年路桥统计年鉴》。

象，即逆城市化现象。2000年是浙江省推出加快推进城市化举措的一年。但从政策实施效果可以看到，政策松动对人口集聚的作用在2000年后回落。2005年开始，就有报道浙江省出现城市居民要求回流农村并落户的现象，这种逆城市化现象，在浙江各县市，不仅是路桥，在杭州、义乌等地都存在。

　　逆城市化现象在一定程度上说明路桥的户籍制度改革在实践中并没有促进解决城市化滞后的问题。但在2000年的实施意见当中，路桥区委、区政府实质上已提出了城乡统一的户籍管理制度、农转非、农迁农、人才引进、撤村建居等关键政策，对迁移中所涉及的宅基地置换、集体经济分成、生育指标等问题都做了有利于迁移的宽松处理。比如，它提出逐步实行按居住地登记户口，建立适应社会主义市场经济体制要求的城乡统一的户籍管理制度；农民进入小城镇落户，可保留农村集体土地的承包经营权，同时享有原村级集体资产的权益和集体可分配利益，但要承担相应义务；在全区范围内，允许农民带退宅还耕指标进城镇、中心村，按城市、乡镇统一规划，在城镇、中心村住宅小区内建房或购房；农民进城落户，在办理城镇居民户口前已发给照顾生育二孩指标的，指标继续保留；对小城镇建成区、规划区的农民，可继续享受国家给予农村居民在计划生育、土地承包等方面的现行政策，享受原集体经济的利益分成；以户为单位登记为城镇常住户口的家庭，继续享受国家给予农村居民在计划生育、土地承包等方面的现行政策，享受原集体的利益分成；在城镇落户的原农民，按有关规定参加基本养老保险、失业保险、医疗保险；农民进城镇落户不再受"农转非"指标限制，已转为城镇居民户口的原农民，在教育、就业、兵役、社会保障等方面享有与当地城镇居民同等待遇。

　　也就是说，阻碍农民进入城市的户籍制度开始消融，那为什么农民还不愿放弃自己的农村户口呢？

　　对于路桥这样的农村工业化地区，进入城镇的拉动力不足，城镇户口的利益相对不多。一方面，由于路桥的城市化起点较低，是从一个建制镇发展而来的，因而路桥的基础设施和公用事业发展相对缓慢，很难吸引当地富足的农民进入。相反，同时期杭州等周边发达城市的户籍制度放开，就吸引了部分富足农民迁出。另一方面，当地发达的非农经济是在正规体系之外发展的。乡镇企业的迅速发展，带动了农村剩余劳动力向非农业部门的就地转移，这是其经济发展的动力。而由于这种乡村工业创业门槛低、内部交易成本小、市场适应性强等特点，使得民营经济呈块状集聚。对于乡村乡镇企业来说，农村土地和劳动力等生产要素比较便宜，乡镇企业还可低价使用社区土地，再加上地方税收管制、城市行政管制（工商登记、质量监督等）等相对宽松，可大大节省办企业的成本。与此同时，乡镇企业相应的职工福利和社会保障开支等可打折扣，无须担负体系内企业的社会责任。这种低"区位成本"明显降低了乡镇企业进入产业的"资金壁垒"，但也同时降低了其进城的积极性。①

而从农村自身的角度来看，路桥工业化发展之迅速，加之城市化的加紧推进，使得城市发展空间受限。随着城市化的发展，农村户口——尤其是城乡结合部的农村户籍价值也发生了变化，而引发这一切变化的源头在于这些地区土地的增值。在现行土地管理制度下，只有属于该集体内部的农业户籍才有资格享有农地所带来的增值，且这种收益是以户籍数为分配单位的。户口在农村，可以享受到村集体经济分红、征地补偿、回迁安置房等收益。在这种利益格局的激励下，逆城市化是发达地区在城乡户籍问题上的一个理性选择。

四　结论

逆城市化，是农村工业化地区城市化滞后的一种解释。城乡分割的二元户籍制度安排，既是城市化滞后发展的重要原因之一，也是发达地区逆城市化现象的重要根源之一。

二元的户籍制度安排，在制定当时无疑有其合理性和适用性。但改革开放后，城乡差距的扩大加上制度的滞后，国家并没有对这一制度进行根本性的变革。城乡二元差别的户籍制度，不仅是城乡差别的重要制度基础，也是推进农村城市化的迟滞因素。

浙江省台州市路桥区的逆城市化进一步导致其城市化的滞后发展，这种城镇户籍的逆向选择，在一定程度上说明了农村开始享受城市化所带来的好处，而且市场主体已经开始理性衡量传统户籍制度的利弊。因此，若要破解逆城市化问题，进而推动城市化进程，就必须深化户籍制度改革。政府要将利益从依附户口的格局下解脱出来，只有在户籍改革中使农村户

---

① 邵峰：《转型时期山东沿海农村城市化模式及整合机制研究》，天津大学建筑学院2009年博士学位论文。

口和其背后的巨大利益脱钩，才能积极有效地应对"逆城市化"现象。因此，要解决逆城市化现象，须从二元户籍制度入手，而不是简单地放开获得城市户籍的限制。城市化滞后发展是当前农村工业化地区普遍面对的一个难题。先行农村工业化地区的政府要在这种行政生态环境下，通过制度创新，科学合理地推进地区城市化水平。

参考文献

[1] 中国国家统计局：《中国统计年鉴2010》，中国统计出版社，2010。

[2] 中国经济贸易年鉴社：《中国经济贸易年鉴2009》，中国经济出版社，2009。

[3] 浙江省台州市路桥区统计局：《2009年路桥统计年鉴》，浙江省台州市路桥区档案局，2009。

[4] 张妍、黄志龙：《中国城市化水平和速度的再考察》，《城市发展研究》2010年第11期。

[5] 刘传江：《中国城市化的制度安排与创新》，武汉大学出版社，1999。

[6] 赵力：《城镇化与"二元机构"的破解》，《城市问题》2002年第2期。

[7] 陈昭锋：《我国城市化的困境》，《城市问题》2004年第2期。

[8] 林高榜：《衡量城市化与工业化比较水平的新指标研究》，《数量经济技术经济研究》2007年第1期。

[9] 李林杰、王金玲：《对工业化和城市化关系量化测度的思考》，《人口学刊》2007年第1期。

[10] 王旭：《"逆城市化"论质疑》，《史学理论研究》2002年第2期。

[11] 楼东：《乡村工业化地区半城市化——以台州市路桥区为例》，《经济学家》2008年第6期。

[12] 邵峰：《转型时期山东沿海农村城市化模式及整合机制研究》，天津大学建筑学院2009年博士学位论文。

调整产业结构,跨越"中等收入陷阱"的思考

● 于凤芹[*]

内容提要: "中等收入陷阱"的根本原因是由于经济转型过程中未能寻找新的增长动力而实现产业升级。改革开放以来,虽三次产业结构不断升级,但产业构成比例还不合理,我国产业结构的能源效益差、产业发展模式粗放,污染问题日益突出,主要原因有两个:一是我国正处于资源消耗大、碳排放高的工业化中期,二是我国处于国际产业分工的低端环节。我们要跨越"中等收入陷阱",从产业经济学角度看,就必须加快经济增长方式转变,发展低碳经济,调整产业结构,提升加工贸易档次,大力发展服务业。

关键词: 中等收入陷阱 低碳经济 产业结构 资源约束

"中等收入陷阱"是指当一个国家的人均收入达到中等水平后,由于不能顺利实现经济发展方式的转变,导致经济增长动力不足,最终出现经济停滞的一种状态。按世界银行公布的数据,2008 年的最新收入分组标准为:人均国民收入低于 975 美元为低收入国家,976~3855 美元为中等偏下收入国家,3856~11905 美元为中等偏上收入国家,高于 11906 美元为高收入国家。国家统计局数据显示,2010 年中国 GDP 为 401202 亿元,相当于人均 4400 美元,因此,我国已步入中等偏上收入国家的行列。然而国际经验表明,人均 GDP 在 3000~10000 美元的阶段,经济容易失调,社会容易失序,心理容易失衡,发展容易掉进"中等收入陷阱"。当今世界,绝大多数发展中国家都存在所谓的"中等收入陷阱"。

改革开放使得我国从一个人均 GDP 不足 300 美元的低收入国家,发展

---

[*] 于凤芹,山东财经大学经济学院副教授。

到一个中等收入水平的国家。不过，由于我国正处于工业化、城市化、现代化快速发展阶段，要素成本迅速上升，投入边际效益不断递减，比较优势正在弱化，再加上欧美发达国家大力推进以高能效、低排放为核心的"低碳革命"的挑战，使得传统发展模式难以为继。三十多年来，我国走了一条典型的高强度投入、外延式发展道路，追求超高速增长，直接带来了资源透支、产能过剩、排放过量、生态环境恶化等问题。[①] 因此，产业结构的调整以及技术的革新就成为未来一段时间我国经济发展的重点问题。

虽然我国站上中等收入国家台阶，然而经济发展过程中的土地、资源、能源、劳动力等要素成本迅速上升，投入边际效益不断递减，发展的比较优势正在弱化，这些都可能成为我国掉进"中等收入陷阱"的直接诱因。对于如何突破"中等收入陷阱"的问题，很多学者都从各个角度提出了自己的观点。北京大学副校长、教授刘伟认为我国"中等收入陷阱"发生的根本原因有三个方面：一是需求疲软，特别是内需疲软；二是能源、劳动力成本大幅度上升；三是创新力包括制度创新和技术创新偏弱。中国社会科学院经济所研究员张卓元认为，转方式、调结构是世界上许多中等收入国家面临的共同难题，也是我国避开"陷阱"、再上台阶的现实选择。中国社会科学院人口所原所长田雪原认为"人口陷阱"，尤其是"老龄化陷阱"是一个非常突出的问题。

这些理论为我们探讨突破"中等收入陷阱"的问题，提供了理论支撑。但同时我们看到，这些理论研究往往囿于某一角度、某种需求的局限，对于从发展低碳经济、调整产业结构角度来思考如何突破"中等收入陷阱"，还有待我们进一步发展。

基于上述认识，本文对当前我国"高碳经济"的产业结构进行了认真思考，认为我国要跨越"中等收入陷阱"，必须发展低碳经济，调整产业结构。

一 调整产业结构，跨越"中等收入陷阱"的意义

能不能跨越"中等收入陷阱"，保持可持续发展，关键在于我国产

[①] 《"贫困陷阱"之后中国能否跨过"中等收入陷阱"》，http://news.xinhuanet.com/fortune/2011-07/25/c_121713971_2.htm。

业结构能不能顺利升级。

(一) 基本国情对我国产业结构提出了新的要求

我国是一个人口众多、生态脆弱、人与自然界的平衡状况容易出问题的国家。由于在以往的工业化进程中对能源和自然资源的大量消耗和严重浪费，我国也和历史上的工业化国家一样，付出了环境严重污染、生态系统遭到破坏、生活环境质量下降的代价。到20世纪90年代末，我国的二氧化硫排放量和有机污水排放量已占世界第1位，二氧化碳排放量仅次于美国占世界第2位。① 如果说资源的约束还有可能通过从国外进口得到缓解，那么生态环境受到破坏的代价则使我们更难承受，因此，我国必须转变增长方式。

(二) 后金融危机时期对我国现有产业结构的挑战

由于我国经济已经融合到全球化体系之中，2008年下半年发生的全球金融危机迅速扭转了我国经济的过热趋势。我国的经济特别是一些沿海外向型经济发达的省份，遇到了一些严峻的问题，诸如企业倒闭、出口受阻、就业难等现象。这主要是因为我国的产业对外依存度太大，主要依靠出口和投资拉动经济，当国外的经济出现危机之时就必然会影响到我国的产业发展。在此次国际金融危机当中，我国受冲击最严重、经营状况最困难的，正是那些技术和管理水平粗放、低端、落后的行业和企业。我们必须改变简单地依靠出口和投资拉动经济的发展局面，扩大内需，使产业结构和需求结构相协调。

(三) 需求结构的升级对我国产业结构提出了新的要求

随着收入水平的提高，个人消费需求结构趋向多层次和多样化。多层次的消费结构将会带动多层次的产业结构的递进升级。在农业经济时代，人们的需求以满足生存需要的食物为主，产业结构以第一产业为主；工业经济时代，社会需求结构以生存和基本发展需要的物质产品为主体，整个国民经济以物质生产的工业产业为基础。因此，科学技术研究与开发事业、信息服务与咨询产业、教育与培训产业等专门知识性产业将越来越发达，

---

① 吕政：《我国工业化进程中面临的主要矛盾》，http://kyj.cass.cn/Article/707.html。

并日益在产业结构中占有越来越大的比重,从而把整个产业结构提升到更高的水平。

二 我国产业结构落后,存在可能陷入"中等收入陷阱"的问题及原因

(一) 我国产业结构低下,存在可能陷入"中等收入陷阱"的问题

1. 三次产业间资源配置不合理

我国大量的劳动力从事低水平的农业生产,资源配置极不合理,我们正处于工业快速增长时期,应该说工业对就业的吸纳要大一些,但我国工业对就业的吸纳能力却不大,工业从业绝对人数呈减少趋势,农业剩余劳动力向第二产业转移受阻,有一部分转向了第三产业,但第三产业的发展还很落后。

2. 农业内部结构有待优化

改革开放以来,我国农业和农村经济取得了长足发展,农业产业结构经过不断调整形成了较好的格局。但是,目前的农业产业结构仍存在不少的问题:一是农产品品种、品质结构尚不优化,农产品优质率较低。我国的牛、羊、猪等肉类产品,苹果、梨等水果产品,花卉产品以及水产品等在国际市场上具有明显的价格优势,但面临着品种不优、质量不高的困扰。二是农产品加工业尚处在初级阶段,保鲜、包装、储运、销售体系发展滞后,初级产品与加工品比例不协调。发达国家农产品加工业产值与农业产值之比大都在2:1以上,而我国只有0.43:1。

3. 第二产业特别是工业"大"而不"强"

我国第二产业总量扩张明显,但生产结构不够合理,结构升级较慢,经济增长质量不高,主要表现为产业研发投入不足,技术创新能力差。目前,我国制造业总量规模占全球的6%,而研发投入仅占0.3%。由于研发投入严重匮乏,产业共性技术研究队伍出现严重萎缩,产业创新能力弱,产业升级面临很大困难。许多行业都集中在加工组装领域,处于全球产业链低端。一些规模很大的加工厂,其实只是"生产车间"。产业的技术创新能力差,导致我国对国外核心技术和关键部件高度依赖,企业无法在品质、创新等差异化竞争中取得优势,只能靠低成本维持收益。产品结构不合理,

一般产品相对过剩与技术含量高、附加值大的产品短缺同时并存。在主要工业品中，有80%以上的产品生产能力利用不足或严重不足，同时，国家每年还要花大量外汇进口国内短缺产品。

4. 第三产业发展滞后，内部结构需进一步调整完善

改革开放以来，我国第三产业增长非常快，但第三产业增加值在GDP中所占比重明显偏低。如表1所示。目前，绝大部分发达国家的第三产业比重在70%左右，发展中国家在50%左右，而我国的第三产业比重长期徘徊在40%左右。如表2所示。

表1　2009年我国三次产业就业与GDP比重

单位：%

产业划分	就业比重	GDP比重
第一产业（农业）	30.8	1.3
第二产业（工业）	27.8	46.3
第三产业（服务业）	34.1	43.4

资料来源：《中国统计年鉴（2010）》。

表2　国内生产总值产业构成①

单位：%

国家和地区	第一产业 2000年	第一产业 2008年	第二产业 2000年	第二产业 2008年	第三产业 2000年	第三产业 2008年
世界	3.6	3.0①	29.2	28.0①	67.2	69.0①
低收入国家	32.0	24.8②	24.1	27.7②	44.0	47.5②
中等收入国家	11.0	10.1	35.4	36.9	53.6	53.0
中低收入国家	11.9	10.5	34.9	36.6	53.2	52.9
中国	15.1	11.3	45.9	48.6	39.0	40.1
韩国	4.6	2.6	38.1	37.1	57.3	60.3
新加坡	0.1	0.1	35.6	27.8	64.3	72.2
加拿大	2.3		33.2		64.5	
美国	1.2		24.2		74.6	
俄罗斯联邦	6.4	4.8①	38.0	38.6①	55.6	56.7①

注：①为2006年数据；②为2007年数据。

---

① 资料来源：世界银行WDI数据库。

从第三产业内部结构看，发达国家主要以信息、咨询、科技、金融等新兴产业为主，而我国的商业餐饮、交通运输等传统服务业比重较大，占40%以上；邮电通讯、金融保险等基础性服务业以及信息咨询、科研开发、旅游、新闻出版、广播电视等新兴服务业虽然发展较快，但比重仍然不高，发育仍然不足。

5. 产业结构的能源效益差

在"七五"、"八五"、"九五"三个计划期，我国能源消费量年均增长速度分别是6.5%、6%、-0.07%，能源消费弹性系数始终小于1；而进入"十五"时期以后，我国能源消费速度开始加快，并且逐步超过同期国内生产总值的增长速度，平均能源消费增长速度和平均能源消费弹性分别达到10%和1.03；尤其是2003~2004年，我国能源消费增长均超过15%，远远高于我国GDP增长速度，能源消费弹性系数更是高达1.53和1.60。如表3所示。[①]

表3 1985~2009年我国能源消费

年 份	能源消费比上年增长（%）	国内生产总值比上年增长（%）	能源消费弹性系数
1985	8.10	13.50	0.60
1990	1.80	3.80	0.47
1995	6.90	10.90	0.63
2000	3.53	8.40	0.42
2003	15.28	10.00	1.53
2004	16.14	10.10	1.60
2005	10.56	11.30	0.93
2006	9.61	12.70	0.76
2007	8.44	14.20	0.59
2008	3.90	9.60	0.41
2009	5.20	9.10	0.57

资料来源：根据《中国统计年鉴（2010）》整理。

[①] 参见《发展和改革蓝皮书（No.1）——我国改革开放30年（1978~2008）》中第三节的内容："我国产业结构存在的问题"，http://www.china.com.cn/economic/txt/2008-11/18/content_16786516.htm。

能源消费弹性系数超过1，反映我国经济的高增长是建立在更高消耗基础上的。目前，我国能源消耗主要集中于对煤炭、电力和原油的消费。其中，煤炭消费的主要行业是电力和制造业；原油消费居于首位的是交通运输业；天然气主要用于化工；电力除了自用外，排在首位的是生活，其次是冶炼业和化工业。2005年，全社会能源消耗总量22.2亿吨标准煤，其中工业企业能耗15.8亿吨，占71%；在工业中，钢铁、建材、化工、石油化工、有色金属五大行业又占工业全部能耗的69%。[1] 这种情况显示出我国低能源效益产业比重高。因此，控制高能耗产业，发展高科技产品和第三产业是产业结构调整的主流方向和重要任务。

（二）造成我国产业结构落后，容易陷于"中等收入陷阱"的原因

1. 我国正处于资源消耗大、碳排放高[2]的工业化中期

从工业化进程的评价看，我国整体上已经进入工业化中期阶段，是一个工业经济大国，但还没有成为工业经济强国，还存在一些发展中的问题。

（1）经济增长的集约化程度还很低。20世纪90年代中期以来，我国积极推进经济增长方式转变，收到明显成效。1995~2004年，我国每万元GDP的能源消耗分别为2.21吨标准煤和1.44吨标准煤，下降幅度达34.8%；规模以上工业平均每个从业人员生产的工业增加值分别为1.85万元和8.99万元，增长了3.86倍。然而，我国经济增长的集约化程度与发达国家相比还是存在很大差距。从单位资源的产出效率看，我国单位资源的产出水平大约相当于日本的1/20、美国的1/10、德国的1/6。从资源综合利用率看，我国矿产资源的总回收率为30%，比国际先进水平低20个百分点；我国木材综合利用率约为60%，而发达国家一般都在80%以上。从再生资源利用率看，我国废钢利用量占粗钢产量的比重为26%，而国际先进水平为50%以上；我国工业用水重复利用率不足60%，比国际先进水平低20个百分点左右。

（2）工业产业组织合理化程度低。大企业与小企业之间的分工与协作关系较弱，低水平重复建设、总体产能过剩、单个企业规模小等问题表明我国工业产业组织合理化程度低。在我国一些重要的工业行

---

[1] 参见《发展和改革蓝皮书（No.1）》中第十四章的内容："我国产业结构演变30年"，http://www.china.com.cn/economic/txt/2008-11/18/content_16786516.htm。

[2] 《我国工业化进程中存在的问题》，http://www.china.com.cn/economic/zhuanti/gyhjcbg/node_7032099.htm。

业中，存在低水平重复建设、总体产能过剩，但单个企业规模难以达到经济规模、国际竞争力差等现象，这突出表现出我国工业产业组织合理化程度低的问题。2008年，我国钢铁企业有7392家，当年国内年产量2000万吨以上的钢铁生产企业有6家，我国是一个钢铁大国，但并非一个钢铁强国，集中度太低，钢铁老大上海宝钢在全球钢铁份额仅占7%左右，也就是说国内没有一家钢铁企业能够与全球其他几大钢铁企业相竞争。

（3）产业结构协调性较差。在GDP结构中，我国工业的比重过高而服务业的比重偏低。此外，占主导地位的第二产业还存在以下一些问题。一是占主导地位的工业产品多是一些劳动资源密集型产品，即使一些高新技术产品也多停留在劳动密集型的加工装配环节。二是产业结构趋同问题突出。各级地方政府只注重本行政管辖区的经济发展和利益维护，结果造成区域市场分割和地方政府垄断，重复建设不断，进而更加重了产业在技术内涵、产品档次、规模等方面存在的同构化趋势。三是产业集群化水平偏低。我国工业总体上向各类园区集中的趋势有所加快，但从实际情况看，大多数工业园区内产业混杂，缺乏功能分区，专业化分工不明确，产业配套程度不高，产业链经济不发达，产业配置效率低下，工业园盲目发展。即使是一些大型的特色工业园区，目前也还处于产业集群演进的初级阶段，发展层次较低，企业素质不高，"低、小、散"现象突出。

2. 处于国际产业分工的低端环节

（1）处于全球价值链底端，产业升级面临困难。我国参与国际分工主要集中在技术含量较低的劳动密集型产品的加工或生产环节，即使是高新技术产业中的加工贸易，从事的也主要是劳动密集型生产。在发达国家的产业组织呈现垂直专业化的背景下，国内企业多处于价值链中的低附加值生产环节，从事非核心零部件制造和低档组装等活动，而营销与产品设计等高附加值的活动则控制在跨国公司手中。我国的比较优势在相当程度上是依靠廉价劳动力获得的，这导致行业的竞争优势主要体现在加工组装环节，处于全球价值链底端，产品的附加值难以提高。例如虽然INTEL在我国上海设厂进行芯片封装，广东东莞PC零部件产量已占到世界份额的20%，我国的"珠三角"、"长三角"地区形成了以IT产业零部件制造和组装为主的IT产业聚集带，但这些都是跨国公司和发达国家利用我国劳动密集的比较优势进行生产的例子。改革开放后的三十多年，我国经济高速增长，批量化生产的成本优势使我国获得了"世界工厂"的称号。

（2）国外很多的高耗能、高污染、高碳排放的企业转移我国。随着我国工业化进程加快和对外开放程度的不断提高，我国逐步融入了国际产业分工体系，成为承接国际产业转移最重要的国家之一。产业国际转移的总规律是，先转移劳动密集型产业和轻工业，进而转移资金和技术密集型产业和重工业，一般方向是由发达国家转移到不发达国家。第二次世界大战后，世界经历了约三次大的产业转移：一是20世纪50年代美国将钢铁、纺织等传统产业向日本、西德等国转移，集中力量发展半导体、通讯、电子计算机等新兴技术密集型产业；二是20世纪六七十年代，日本、西德等国转向发展集成电路、精密机械、精细化工、家用电器、汽车等耗能、耗材少，附加价值高的技术密集型产业，并将劳动密集型产业转移到新兴工业化国家和地区（如亚洲"四小龙"等）；三是20世纪八九十年代，伴随全球新一轮以信息技术为核心的高技术发展，出现了美国、日本和欧洲发达国家发展知识密集型产业，并将重化工业和应用型技术大量转向发展中国家的景象。

（3）片面追求高速度，忽视了产业结构的合理化和高度化。我们是一个发展中的大国，面临着许多问题，如就业问题、增加人民收入问题，而这些问题的解决都要依靠较高的经济增长速度来实现。所以我们将经济增长速度看得比较重要。在过去的30年里，我国GDP平均增速大约为9%。按照经济学说法，我国经济平均每8年翻一番，增速为世界之最（美国大约4%，平均每18年翻一番；而日本平均才1%，进入20世纪90年代后，经济增长基本停滞了）。但在追求经济增长速度的同时，我们却忽视了产业结构的协调，即合理化和高度化问题。

尽管近几年我国经济发展正在由粗放型经济向集约型经济快速转变，但是我国经济增长的效率依然不高，环境污染问题严重；为我国创造了60%工作岗位的中小企业大多没有自己的核心技术，只能从事低端产品制造，经济附加值很低。我国过去的经济增长大约有一半是靠出口实现的，（美国仅仅为15%左右）。这个局面可能造成两个严重后果：一是外国对我国产品的涌入深感恐慌，与我国的政治与经济摩擦将不断增加；二是一旦出现全球性经济危机，外国消费者消费能力下降，将对我国经济发展造成重大影响。

三 我国调整产业结构，跨越"中等收入陷阱"的对策思考

跨越"中等收入陷阱"的关键是经济结构调整，特别是产业结构升级，我们可以从以下几方面入手解决我国经济发展中的产业结构调整问题。

（一）加快经济增长方式转变，推动产业结构调整和升级

1. 控制高耗能产业发展

我国是一个资源相对短缺、环境相对脆弱的国家，当前以重化工业为主导的产业结构和粗放的发展模式，对原本就十分紧张的资源和脆弱的生态环境造成了巨大压力，调整产业结构和产业发展模式已成当务之急。

2. 发展高效生态产业

我国要发展有机、生态、高效农业，实现农业可持续发展；大幅度地减少化肥和农药使用量，充分利用农副业剩余物，推广太阳能和沼气技术；用高新技术改造钢铁、水泥等传统重化工业，优化产业结构；大力推广新能源技术的应用和可再生清洁能源替代，引进和开发汽车新技术，开发混合燃料汽车及电动汽车；使用氢燃料等清洁能源或替代能源，减轻交通运输对环境的污染。

3. 着力提升产业层次和技术水平

我国要强化企业在自主创新中的主体地位，加大对企业自主创新的支持，逐步建立以企业为主导，市场为导向，产、学、研相结合的自主创新体系，促进来料加工向研发与自主创新发展；完善自主创新的激励机制，实行支持企业创新的财税、金融和政府采购等政策；改善市场环境，发展创业风险投资，支持中小企业提升自主创新能力；发展高技术和新型技术产业，并在一些重要产业尽快掌握核心技术和提高系统集成能力，形成一批拥有自主知识产权的技术、产品和标准，提高我国的产业结构水平。

（二）建立低碳的生活方式和消费模式，促进产业升级

我国要建立可持续的生产方式和消费模式，鼓励居民购买、使用有节能环保认证标志的绿色家用电器和低碳节能环保新材料和新产品；鼓励各单位优先采购低碳、节能、环保办公设备和用品；引导市民养成节俭理念

的低碳生活方式，使节电、节气、节水、资源回收利用、生活垃圾分类等逐步成为市民的自觉行动。

我国存在严重的浪费现象，讲排场、讲面子、铺张浪费现象相当普遍，因而开展全民节粮活动十分必要。我国应当限制私人小汽车，鼓励绿色出行，民众应尽可能选择高效利用能源和交通资源、少排放污染物、有益健康的出行方式，比如骑自行车、公共交通等。

（三）大力发展服务业，优化国民经济产业构成

发展服务业不仅能够促进国民经济的整体效率，提高整体质量，而且其中的信息、通信和金融等专业部门的发展更能促进生产要素的优化和经济的显著增长。根据库兹涅茨（1971）、赛尔奎因和钱纳里（1989）等人研究得出的各国 GDP 和就业结构变动的一般规律，我国产业结构正处于快速变动期，特别是服务业将处于加速发展的转折点，我们要通过一系列的政策措施促进我国服务业结构优化升级。

（四）提升加工贸易档次，加大加工贸易对国内经济发展的带动作用

我国要充分发挥加工贸易对经济发展的积极作用，增强加工贸易的国内产业配套能力；加大对具有高附加值、高新技术和高创汇特点的加工贸易项目的发展，提高传统加工贸易的产品档次，努力切入更高的产业环节；继续利用加工贸易承接发达国家的产业升级转移，充分吸收国外的先进生产技术、管理经验和设计标准。

（五）积极培育有效竞争环境，提升国内企业的国际竞争力

引进外资企业不仅带来了资本、技术和先进的管理经验，而且促进了我国有效竞争市场的培育过程。但外资企业到我国投资根本上是利益驱动的结果，而一国经济发展将会改变要素禀赋的规律，一旦我国的外在有利条件发生变化，外资企业就会重新进行投资选择。因而，我国应从制度、政策、法律等多个层面积极培育与世界接轨的有效竞争环境，在保持国有力量对战略性物资和领域的有效控制的前提下，加强非公有制经济尤其是私营经济和民营经济的国际化道路，加速国内企业的成长与壮大，增强国内企业参与国际竞争的能力。

（六）加强政府对产业结构调整的管理

政府要主导产业结构调整和经济发展方式转变，加强低碳经济发展的

制度建设，推动科技创新；制定并切实执行行业和产品的国家标准，实行节能减排的管理考核责任制，从国家法律和行业法规的高度，逐步开发、完善各个行业和各种主要工业产品的能源效率标准，建立各行业、企业碳排放标准，在行业、企业之间逐步探索建立"碳排放交易"机制，用经济手段推进行业节能减排。

（七）适时向国外转移低端制造业

中国的产业会转向更高的价值链这是必然趋势。根据世界银行首席经济学家林毅夫预测，在日前的中国制造业中，从事低附加值制造业的人数达到 8500 万人，而在经济不发达的非洲地区，这个领域的就业人口在 800 万~1000 万人。世界银行正在和中国讨论，要帮助这些企业将低附加值的制造企业转移到非洲地区，如果这样，这也是一个不错的选择。

参考文献

[1]《"贫困陷阱"之后中国能否跨过"中等收入陷阱"》，http：//news. xinhuanet. com/fortune/2011-07/25/c_121713971_2. htm。

[2] 吕政：《我国工业化进程中面临的主要矛盾》，http：//kyj. cass. cn/Article/707. html。

[3]《发展和改革蓝皮书（No.1）——我国改革开放 30 年（1978—2008）》，http：//www. china. com. cn/economic/txt/2008-11/18/content_16786516. htm。

[4]《发展和改革蓝皮书（No.1）》，http：//www. china. com. cn/economi c/txt/2008-11/18/content_16786516. htm。

[5]《我国工业化进程中存在的问题》，http：//www. china. com. cn/economic/zhuanti/gyhjcbg/node_7032099. htm。

"刘易斯转折点"的讨论我们忽略了什么?

● 张桂文*

内容提要：学者们对"刘易斯转折点"是否到来难以达成学术共识，其问题的关键在于我们忽略了对二元经济转型基本理论问题的探讨及对中国二元经济转型特殊性的认识。如果我们从动态演进的角度把二元经济转型作为生产技术与组织制度二元性双重转换过程，并充分考虑中国二元经济转型的特殊性，我们就会发现"刘易斯转折点"只是从二元经济向一元经济转型的临界点，进入这一临界点只表明经济发展摆脱了贫穷的恶性循环，完成了经济起飞，工、农两大部门都开始遵循商业化原则，劳动力的竞争性使用导致工资铁律与古典储蓄规则不再适用。把"短缺点"与"商业化点"的间隔界定为刘易斯转折区间，参照中国工业化、城市化、农业现代化与市场化的发展进程，即使不用严格的数理统计与计量检验，我们也可以断定中国已进入了刘易斯转折区间。

关键词：刘易斯转折点 二元经济转型 农业剩余劳动力

中国是一个典型的二元经济国度，劳动力无限供给几乎成了人们对基本国情认识的思维定式。但是进入新世纪以来，先是沿海地区出现了技工荒，继而技工荒又于2004年左右逐步演变成持续数年的民工荒。这一现象引起了学术界与政府部门的高度关注。蔡昉等学者更是把民工荒的出现与"刘易斯转折点"联系起来，连续撰文从人口红利下降、农村剩余劳动力与职工工资变化等角度论证了"刘易斯转折点"的到来。蔡昉等学者的观点引起了近年来学术界对"刘易斯转折点"的激烈争论，这场讨论涉及面之

---

* 张桂文，辽宁大学经济学院教授、博士生导师。本文由国家社科基金重大项目"制度变迁视角下的中国二元经济转型研究"（批准号：11&ZD146）资助。

广、学术观点分歧之大在新中国学术研究史上也是少见的。这一方面说明转折点的研究至关重要，另一方面也表明学者们在转折点的讨论上还存在某些误区。

从讨论的总体情况看，持反对意见者占大多数。这似乎不难理解，毕竟在低端劳动力短缺已成为近十来年经济运行常态的同时，中国社会仍然面临着严重的就业压力，预计未来一二十年之内劳动就业压力依然非常突出，这一中国经济运行中相互矛盾的现象被一些学者称为"刘易斯悖论"（陶然等，2011）。

认真研究了争论双方的学术观点后，笔者认为导致争议双方难以达成学术共识的关键，是我们在"刘易斯转折点"的学术争论中忽略了二元经济转型基本理论问题的探讨及对中国二元经济转型特殊性的认识。

一 没有把二元经济转型作为生产技术与组织制度二元性双重转换过程

根据马克思主义政治经济学，任何社会再生产都是物质资料再生产与生产关系再生产的统一，任何经济活动也必然是人与物的关系和人与人的关系的统一。根据生产力与生产关系的辩证关系，任何两个具有明显生产力发展水平差异的经济体，也必然会存在组织制度方面的明显区别。以此推论，处于从传统农业社会向现代工业社会转型的二元经济，也必然具有生产技术与组织制度双重二元性的特点。以工业为代表的现代部门与以农业为代表的传统部门，不仅在生产力发展水平方面存在巨大差距，其经济运行还遵循着不同原则：前者遵循利润最大化原则，从而实际工资率及相对工资份额由城市劳动力市场竞争性决定（费景汉、古斯塔夫·拉尼斯，2004）；后者信守产量最大化原则，实际工资取决于农业平均产出水平。二元经济转型初期，绝大多数人口在农村从事农业生产，劳动生产率极低，农业产出仅能维持生存，固定土地上的持续人口压力导致农业劳动边际生产率低于农业平均产出。这种"生存农业"的特点，一方面决定了传统农业高度自给自足，农业生产的目标函数是为自己家庭提供赖以生存的生活资料，因此，产量最大化就成为其遵循的行为准则；另一方面也决定了农业部门的实际工资不能由农业劳动边际生产率决定，只能由农业平均产出水平决定。这种由农业平均产出水平决定的工资被称作生存工资或制度工资。称为生存工资是因为这种工资水平仅够其维持生存；称为制度工资是因为这种工资不是按商业化原则取酬，而是在农户家庭内部按分享制原则分配，经济租金的一部分根据以血缘关系为基础的分配原则用于对家庭成员的补偿。因此，传统农业阶段，经济租金在运行层次上并不重要，土地作为一种生产要素无疑是农民的安身立命之本，但却没有可能通过不同形式的商业活动实现资本化收益。可见农业之所以被称为传统部门，不仅是由于其劳动生产率远低于城市非农产业，更是由于其自给自足的生存导向及由血缘关系和分享制所决定的非商品化分配原则。因此，二元经济转型不仅是指突破生产技术二元性，使经济结构从以农业为主转向以非农产业为主，更是指突破组织制度二元性，使农业与非农产业都依据市场化原则运行。

由于二元经济转型是生产技术与组织制度二元性双重转换的统一，因此，"刘易斯转折点"也就具有了生产技术与组织制度二元性双重转换的含义。根据费景汉、古斯塔夫·拉尼斯的定义，"刘易斯转折点"是指劳动边际生产率小于不变制度工资的农业剩余劳动力全部转移到现代工业部门的这一点。从生产技术二元转换的角度看，在"刘易斯转折点"上，农业劳动边际生产率等于生存工资。对于现代工业部门来说，此时实现利润最大化的用工量也在劳动边际生产率等于生存工资这一点上。① 因此，在"刘易斯转折点"上，工农业劳动边际生产率大致相同，这说明到达"刘易斯转折点"后，工、农两部门的生产技术二元转换基本完成。

从组织制度二元转换的角度考察，农业劳动边际生产率等于生存工资水平，说明从"刘易斯转折点"开始，农业部门的收入分配不必再以血缘关系为基础，而是采取分享制原则。而开始遵循商业原则后，农业劳动力工资收入开始由劳动边际生产率决定，与此相适应，农民的市场参与率也大幅度提高，土地开始由农民的生存保障变为商业化资产。因此，我们可以说，"刘易斯转折点"的到来，意味着工、农两大部门组织制度二元转换的基本完成。

我们把生产技术与组织制度二元转换结合在一起分析，可以看出当一个国家或地区二元经济转型进入"刘易斯转折点"时，一方面意味着社会

---

① 实际上这一点包括了劳动力的生存工资加上迁移成本，劳动力的迁移成本又包括在城市生活费用的增量和适应城市生活的心理成本。为了分析方便起见，迁移成本暂且忽略不计。所以做这样一个省略，另一个重要原因是，即使考虑迁移成本也不影响对问题分析的结论。

劳动生产力水平能够满足所有人的基本生活需求；另一方面说明在社会收入分配关系上"工人工资只能等于生存工资"的这一古典工资铁律以及建立在这一工资铁律之上的古典储蓄规则被破除。可见"刘易斯转折点"的到来，只是表明一个国家或地区打破了贫穷的恶性循环，实现了经济起飞。

二 忽略了对二元经济转型动态演进的考察

由二元经济向现代化一元经济转型不是一个瞬时调节过程，而是一个动态演进过程。以往对二元经济转折点的讨论往往局限于对"刘易斯转折点"前后的经济运行做比较静态分析，而没有在二元经济转型的动态演进中把握"刘易斯转折点"的实质。当我们把二元经济转型作为一个动态演进过程来分析时，就会对"刘易斯转折点"的政治经济学含义有更加深刻的认识。

（一）"刘易斯转折点"只是从二元经济向一元经济转型的临界点

通过以上对"刘易斯转折点"的静态分析，我们得出的结论是：在"刘易斯转折点"上，农业与工业部门的劳动边际生产率大致相同，因此，进入"刘易斯转折点"意味着生产技术二元转换基本完成。目前，这一观点已成为学术定论，几乎所有二元经济理论都把"刘易斯转折点"的到来作为二元经济转型完成的标志。但如果把二元经济转型作为一个动态演进过程来分析，我们就不难看出，"刘易斯转折点"只是从二元经济向一元经济转型的临界点，进入这一临界点绝不意味着二元经济转型的结束。

在这一临界点之前，边际生产率低于制度工资的剩余劳动力存在，决定了只要工业部门的工资水平能够补偿农业部门生存工资与乡城迁移成本，就能雇用到所需要的任何劳动力。从这个意义上说，工业部门的工资也属于生存工资。而生存工资是劳动力供给价格的下限，如果实际工资低于这一水平，劳动力再生产就无法正常进行。因此，工业部门的工资水平也不能低于生存工资，低于这一水平将雇用不到任何劳动力。这说明在生存工资水平上劳动力供给具有完全弹性，正是在这个意义上，刘易斯把其称为"劳动力的无限供给"。对于现代部门来说，实现利润最大化的劳动使用量是在劳动边际生产率与生存工资相等的那一点上。总劳动供给大于现代部门雇用量之差就滞留在农业部门，因此，在二元经济转型过程中，农业部门实际上充当了剩余劳动力的蓄水池。而在"刘易斯转折点"上,农业劳动边际生产率等于不变制度工资,在这一临界点上及临界点之前工业部门的工资水平也等于生存工资,如果把迁移成本忽略不计的话二者刚好相等。从动态分析,一旦超过了这一临界水平,工、农两大部门的工资水平就由各自的劳动边际生产率来决定。由于工业部门的聚集效应和规模效应突破了农业部门分散化所引致的低效率,降低了生产成本与交易成本,加之工业部门产品需求弹性大,自然风险与市场风险都要小于农业部门,因此,一般来说工业部门的劳动边际生产率以及工资水平要高于农业部门。由于"刘易斯转折点"来临之后,工、农两大部门的劳动边际生产率并不相等,因而农业劳动力的乡城迁移也远未结束,甚至会出现加速转移的趋势。从各国二元经济转型的实践看,农业劳动力向城市非农产业的大规模迁移一直到农业劳动力占比在10%左右才会基本结束。即便如此,各国政府还不得不通过各种农业补贴来维持农业与非农业收入的大体平衡。

可见,如果把"刘易斯转折点"放在二元经济转型的动态演进过程中来考察,那么,转折点的到来,只是意味着工、农两大部门的劳动边际生产率在生存工资这一点上取得了瞬时平衡,既不能表明劳动力从此由无限供给转为短缺,更不意味着工、农两大部门生产技术二元转换的完成。

(二)"刘易斯转折点"更具有组织制度二元转换的意义

把二元经济转型作为动态演进过程来考察,我们不难发现,虽然进入"刘易斯转折点"并不意味着生产技术二元转换的完成,却可表明农业部门"商业化"过程基本完成。

首先,"刘易斯转折点"的到来,说明农业部门的收入分配由传统分享制转为遵循商业化原则。设"刘易斯转折点"为时间点 T^*,W_A 为农业劳动力工资,IW 为农业部门的制度工资,MPP_A 为农业劳动边际生产率,则"刘易斯转折点"前后农业部门的工资收入、制度工资与劳动边际生产率的关系如下:

$$W_A = \begin{cases} IW > MPP_A & T < T^* \\ MPP_A \geq IW & T \geq T^* \end{cases}$$

当 $T \geq T^*$ 时,则 $MPP_A \geq IW$,说明在转折点上的农业劳动力可以按最低生存标准供养所有人。进入这一临界点后,农业部门的劳动边际生产率将高于生存工资水平,从此时开始农业部门的收入分配遵循商业化原则,即由农业劳动边际生产率决定其工资水平。特别值得人们重视的是,一旦进入"刘易斯转折点",劳动力的竞争性使用,也使得非农产业的工资水平不再受制于农业生存工资。

其次,进入"刘易斯转折点",随着农民市场参与程度的大幅度提升,农业经营的目标函数由产量最大化转为利润最大化。当 $T<T^*$ 时,$MPP_A<IW$,经济租金的一部分会用于对家庭成员的补偿,因此,农户用于市场交易的产品小于经济租金份额,农产品商品率或农民的市场参与率很低。当 $T \geq T^*$ 时,由于 $MPP_A \geq IW$,经济租金不必用于对家庭成员的补偿,可以全部作为剩余产品用于市场交易。由于农业劳动生产率的提高使农民摆脱了生存压力,随着农民市场参与程度的提高,农业经营的目标函数也开始由追求产量最大化转为追求利润最大化。

最后,进入"刘易斯转折点",土地开始由农民的生存保障变为商业化资产。当 $T \geq T^*$ 时,由于 $MPP_A \geq IW$,土地地租也不必用于家庭成员的生活补偿;同时,非农产业发展,又使非农就业的稳定性及工资收入不断增加。上述两个因素共同作用的结果是土地对农民的生存保障作用相对减弱;而农民市场参与程度的提高及对利润最大化的追求,又突出了土地的物质资本属性。进入非农产业就业的农民希望通过土地流转获得地租收入或通过一次性的土地转让实现地租收入的资本化;从事农业经营的农户希望通过农业规模经营获得更多收入,并通过土地抵押等形式获得资金支持。因此,"以往基于安全考虑而一直当作农户财产的土地,如今已作为一种商业化资产进入市场交易……传统主义就这样被农村社会中劳动力和土地资产的商业化所削弱"(费景汉、古斯塔夫·拉尼斯,2004)。

(三) 可把"短缺点"与"商业化点"的间隔界定为刘易斯转折区间

二元经济转型是一个动态演进过程,传统农业部门的剩余劳动力只能逐渐地再配置到现代部门,在这一过程中两大部门的劳动力市场不能同时出现,其工资水平也不能紧随着劳动边际生产率的变动而变动。从这个意义上说,从二元经济向一元经济转折也不会是非常突出的一个时间点,而更有可能是一个时间段。

如果把二元经济转折作为一个时间段来研究,那么这一区间应界定为从"短缺点"到"商业化点"的这一间隔区间。所谓"短缺点"是指劳动边际生产率为零的这部分剩余劳动力转移到非农产业的这一点。在这点之前农业剩余劳动力转移不会影响粮食总产量,从而不会发生粮食短缺;而超过了这一点,边际生产率大于零、小于生存工资的劳动力转移就会减少农业总产量，从而出现粮食短缺。这一点与刘易斯本人最初二元经济模型中的转折点是一个点，学者们通常把这一点作为"刘易斯第一转折点"。所谓"商业化点"就是我们前面所说的劳动边际生产率小于生存工资的这部分剩余劳动力全部转移到现代工业部门的这一点。之所以被称为"商业化点"，是因为达到这一点后农业部门开始商业化了，其经济运行也与工业部门一样遵循市场化原则，"商业化点"通常也被学者们叫做"刘易斯第二转折点"。所以，要把"短缺点"与"商业化点"的间隔界定为刘易斯转折区间，有以下两大方面原因。

第一，进入刘易斯转折区间后，劳动力成本开始上升，劳动力从无限供给变为有限供给。对这一问题学术界有不同的认识，刘易斯最初把劳动边际生产率为零的剩余劳动力转移到工业部门作为二元经济转型完成的标志，认为一旦这部分剩余劳动力全部转移到现代工业部门，农业平均产出就会增加，从而农业部门的生存工资水平就会上涨。农民收入的增加必然要求工业部门提高工资水平，否则，农业劳动力就不会流入到城市非农产业。后来刘易斯接受了费景汉与拉尼斯的观点，认为二元经济转型有两个转折点，但他仍然坚持进入第一转折点工资水平就开始上升（刘易斯，1989）。与刘易斯不同，费景汉与拉尼斯对刘易斯模型进行了修改，在提出二元经济转型的"短缺点"与"商业化点"两个转折点的同时，也论证了只要劳动生产率的提高能够弥补剩余劳动力转移所造成的农业产出的减少，工农业贸易条件就不致恶化，在"商业化点"到来之前，工、农两大部门的工资水平就不会上升。从现有文献资料看，大多数学者在接受费景汉与拉尼斯两个转折点的同时，也接受了"商业化点"到来之前劳动力成本不会上升的观点。

但欠发达国家二元经济转型的实践表明，在"商业化点"之前，也就是说在剩余劳动力仍然存在的条件下，工、农业工资都出现了上涨的情况。出现这一现象的基本原因包括以下方面：一是剩余劳动力向现代工业部门转移，提高了农业平均产出，进而提高了农业部门的生存工资水平，并带动了工业部门的工资上涨；二是劳动边际生产率大于零的剩余劳动力转移，引起了粮食短缺，恶化了工农业贸易条件，导致了工资水平上升；三是农业剩余劳动力大规模转到城市非农产业，扩大了农产品需求，并通过食品价格的上涨带动工资水平上涨；四是开放经济条件下国际农产品价格上涨会带动国内农产品价格上升，并引起工资水平上涨。根据欠发达国家二元经济转型的实际，费景汉与拉尼斯后来也修正了自己的观点，认为在现实世界中，工业实际工资在"商业化点"到来之前可能会缓慢上升，在转折点到来之后只是上升得更快而已。在"商业化点"到来之前，实际工资的增长滞后于农业劳动生产率的增长；而在"商业化点"之后，实际工资的增长与劳动生产率增长相一致。

第二，实现二元经济转型的关键在于如何从"刘易斯第一转折点"进入"刘易斯第二转折点"。这是因为，在"刘易斯第一转折点"之前，劳动边际生产率为零的农业劳动力转移不会影响农业总产出，粮食短缺的情况不会发生，从而不会影响工业部门的现行工资；进入"刘易斯第二转折点"意味着"短缺点"与"商业化点"相重合，也不会出现因粮食短缺而导致的经济停滞。但当二元经济转型进入"刘易斯第一转折点"时，由于边际生产力大于零、小于不变制度工资的劳动力转移会减少农业总产出，平均农业剩余会低于制度工资，则意味着粮食供给不足以按制度工资满足工人的生活需要。如果农业生产率没有大幅度提高，那么就会出现由于食品短缺引致的通货膨胀和非农部门工资的超常上涨，结果在"商业化点"到来之前，工业部门的扩张就会停止。

由此可见，二元经济转型进入到"刘易斯第一转折点"，就进入了二元经济转型最困难也是最关键的阶段。这一阶段不仅由于上述我们所分析的原因，二元经济转型开始进入劳动力成本上升区间，更由于粮食"短缺点"的到来，进入了农业政策调整阶段。但由于边际生产力大于零、小于不变制度工资的剩余劳动力的存在，使工、农两部门都存在严重的就业压力。进入这一阶段，经济发展面临着诸多不易解决的难题。

但从国内外学术界对二元经济转折点的讨论中我们可以看到，学者们对"刘易斯第一转折点"的到来没有给予充分的重视，普遍认为二元经济转型中具有决定意义的是"刘易斯第二转折点"而不是"刘易斯第一转折点"。

（四）二元经济转型是一个国家或地区的工业化、城市化、农业现代化与市场化发展的过程

如果我们不是把二元经济转型作为瞬间调整过程，而是把它作为动态演进过程，我们不难发现二元经济转型的历史过程同时也是一个国家的工业化、城市化、农业现代化与市场化的发展过程。因此，研究二元经济转折点就不能只考虑农业劳动力向城市非农产业的转移，还要把工业化、城市化、农业现代化与市场化的主要经济指标作为重要参考依据。这样做的好处是在二元经济转折点的研究上可以综合考虑经济、政治、人口等多种因素，保证对这一问题认识的科学性，并使之更加符合各国二元经济转型的实际。但迄今为止，学术界对"刘易斯转折点"衡量标准的讨论仍局限于以下几个方面：一是用估算剩余劳动力存在的方法来衡量"刘易斯转折点"是否来临；二是用工资是否明显上涨来论证"刘易斯转折点"是否到来；三是用人口红利的消失来说明"刘易斯转折点"的来临；四是用农业劳动边际生率与制度工资的比较来判断"刘易斯转折点"的到来；五是用居民收入分配的变化来考察"刘易斯转折点"是否来临。应该说上述这些衡量标准都各有其经济学道理，也各有其优点与不足，但据此所得出的结论却大相径庭，甚至同一衡量标准所得出的结论也大不相同。目前还没有学者把二元经济转型作为工业化、城市化、农业现代化与市场化发展过程，并根据这一理念来设计"刘易斯转折点"来临的评价指标体系。这也是学术界对"刘易斯转折点"是否到来难以达成共识的重要原因。

2011年，中国非农产业增加值占GDP比重高达89.9%，农业增加值比重仅为10.01%；城镇常住人口为6.9亿人，城镇化率为51.3%；中国农村人均粮食产量为814.26公斤，农户人均出售粮食为460.46公斤，粮食商品化率约为56.55%。[①] 我们很难想象，非农产业增加值比重近90%，城镇化率与粮食商品化率均超过50%的人口大国，其农业劳动边际生产率仅为零值水平。高铁梅、范晓非（2011）从农业、劳动密集型行业及收入差距等角度建立计量模型，论证和检验了中国劳动力市场的结构模型，结论是中国在2005年进入了"刘易斯第一转折点"。

三　忽略了对中国二元经济转型的特殊性分析

尽管二元经济转型与工业化与城市化进程一样，有着所有国家或地区都必须遵循的一般规律，但由于不同国家的历史传统、二元经济转型的初始条件（人均收入水平、要素禀赋、组织制度特点等）和国际环境的不同，其二元经济转型的路径与方式也不尽相同，因此，其二元经济转折区间所面临的问题也不完全相同。研究二元经济转型问题，就要根据不同国家的

---

① 2011年非农业与农业增加值比重数据来自《中华人民共和国2011年国民经济和社会发展统计公报》；2010年农村人均粮食产量和粮食商品化率根据《中国统计年鉴（2011）》相关数据计算得出。

具体国情和国际环境,不仅要把握转折点到来所面临的共性问题,更要深入探讨不同国家所面临的个性问题。

与其他国家相比,中国二元经济转型最突出的特点是二元经济转型远滞后于现代工业化进程。这是因为其他国家在破除了封建制度启动工业化进程的同时,就开始了二元经济转型过程。而新中国在破除了半殖民地、半封建制度后,却选择了城乡二元经济体制,因此,中国在推进工业化进程的同时却强化了二元经济。中国二元经济转型是伴随着由计划经济体制向市场经济体制转轨才开始启动的,也就是说中国二元经济转型的启动滞后于工业化进程达30年之久。虽然改革开放启动了二元经济转型,但由于受渐进式制度变迁中城乡二元体制变革滞后的影响,中国农业剩余劳动力转移采取了特有的"离土不离乡"和"离乡不定居"的非城市化与半城市化方式,这种二元经济转型的特殊路径,增加了劳动力流动的迁移成本,从而强化了中国二元经济转型的滞后性(张桂文,2011)。中国第一产业的增加值占GDP的比重从1978年的27.9%,下降到2011年的10.1%,第二、第三产业增加值比重已高达89.1%,中国已从一个农业经济大国转变为工业经济大国,但农业劳动力比重仍高达40%左右,农村常住人口仍占总人口的48.7%。因此,二元经济转型的滞后性使中国刘易斯转折区间具有以下特征。

一是劳动就业压力仍然十分严重。王诚(2005)指出,据中国劳动部门的统计和预测,目前及今后十几年,每年在城镇寻找工作的劳动力是2000万~2400万人,而25年来每年能提供的就业岗位平均只有1400万个。这意味着中国经济在总体上每年存在着30%以上的就业缺口。

二是资源环境与市场需求约束问题突出。由于中国二元经济转型滞后于工业化进程,以至于我国已进入工业化中后期发展阶段后,二元经济转型才进入刘易斯转折区间。一方面还有大量的边际生产率大于零、小于制度工资的农业剩余劳动力需要向城市现代工业部门转移;另一方面工业化中后期是由重化工业向高加工度工业的发展阶段,这一阶段具有产业链长、资本有机构成高、中间投入品比重大、能源消耗高等特点,因此,进入这一阶段经济发展的资源与环境约束会更加严重。同时,由于我国还没有进入"商业化点",收入分配差距还没有达到库茨涅曲线的转折点,收入分配差距的拉大使我国市场需求约束更加严重。

三是区域间二元经济转型失衡不容忽视。我国二元经济转型的区域失衡问题十分突出,东部沿海地区已基本完成二元经济转型,而西部一些落后省区还处于二元经济转型初期发展阶段。

四　结论与政策含义

第一,"刘易斯转折点"的来临只是农业劳动边际生产率低于制度工资的剩余劳动力全部转移到城市现代部门的标志,它既不意味着一个国家或地区工农业劳动生产率从此会完全相等,更不能表明劳动力从此由过剩进入短缺。从生产技术二元转换的角度分析,"刘易斯转折点"的到来,只是意味着工、农两大部门的劳动边际生产率在生存工资这一点上取得了瞬时平衡,表明从这时起社会劳动生产力水平能够满足所有人的基本生活需求;从组织制度二元转换的角度分析,"刘易斯转折点"的到来,意味着工、农两部门都开始遵循商业化原则,组织制度二元转换基本完成。"刘易斯转折点"政治经济学含义的核心是进入这一转折点后,社会生产力发展水平可以使人们摆脱贫穷恶性循环,跨越"马尔萨斯陷阱",进入中等收入阶段。而这一生产力发展水平又决定了工资铁律与古典储蓄规则不再适用,劳动力的竞争性使用使劳动者具有了分享经济发展成果的可能性。

第二,当我们不是把二元经济转折点作为生产技术二元性完全消失、劳动力由过剩到短缺的标志,只是把它作为工、农两大部门组织制度二元转换基本完成,走出低水平收入陷阱,完成经济起飞的标志,不是把二元经济转折作为一个孤立的时点,而是把它作为由"短缺点"到"商业化点"的一个转折区间,不只是把劳动力供求关系作为衡量二元经济转折的唯一标准,而是参照工业化、城市化、农业现代化与市场化等主要经济指标,那么,即使不用严格的数理统计与计量检验,我们也可以断定中国已进入刘易斯转折区间。

第三,中国进入刘易斯转折区间,不仅面临着其他国家都会存在的共性问题,还面临着由于我国二元经济转型特殊性所导致的就业压力严重、资源环境与市场需求约束加强及区域经济发展失衡等问题。

一旦二元经济转型进入了劳动力成本上升区间,原有的依靠廉价劳动力和资本积累的粗放型经济发展方式就难以为继,因此,发展方式的转变就成为促进二元经济转型的根本途径。根据中国体制转轨与结构转换的实际情况,实现发展方式转变的关键是政府制度创新与职能转变。而促进梯度产业升级、优化工业区域布局，调整农业经济政策、促进农业现代化发展，加强劳动力市场建设、构建和谐劳资关系，则是促进二元经济转型的有力措施。

参考文献

[1] 蔡昉：《刘易斯转折点——中国经济发展新阶段》，社会科学文献出版社，2008。

[2] 费景汉、古斯塔夫·拉尼斯：《增长和发展：演进观点》，商务印书馆，2004。

[3] 高铁梅、范晓非：《中国劳动力市场结构转型与供求拐点》，《财经问题研究》2011年第1期。

[4] 李朝晖：《"刘易斯第一转折点"尚未来临——兼论中国农业剩余劳动力的供给与发展趋势》，《中国农业观察》2011年第5期。

[5] 刘易斯：《二元经济论》，北京经济学院出版社，1989。

[6] 南进亮：《经济发展的转折点：日本经验》，社会科学文献出版社，2008。

[7] 卿涛、杨仕元、岳龙华：《"Minami准则"下的刘易斯转折点研究》，《中国人口科学》2011年第2期。

[8] 陶然等：《"刘易斯转折点悖论"与中国户籍—土地—财税制度联动改革》，《国际经济评论》2011年第3期。

[9] 王诚：《劳动力供求"拐点"与中国二元经济转型》，《中国人口科学》2005年第2期。

[10] 袁志刚：《关于中国"刘易斯拐点"的三个疑问》，《当代经济》2010年第19期。

[11] 张桂文：《中国二元经济转换的政治经济学分析》，经济科学出版社，2011。

[12] 朱晶、李天祥、李琳：《迁移成本、工资上升与刘易斯转折点——一个对"刘易斯转折点"分析框架的再探讨》，《农业经济问题》2011年第9期。

[13] Huang Yiping and Jiang Tingsong, "What Does the Lewis Turning Point Mean for China? A Computable General Equilibrium Analysis", *China Center for Economic Research Working Paper Series*, NO. E201005, March 17, 2010.

第四篇

缩小收入差距与跨越"中等收入陷阱"

缩小城乡收入差距与跨越"中等收入陷阱"

● 王 询 于秋华[*]

内容提要：中国与拉美和东南亚等一些发展中国家一样，面临着陷入"中等收入陷阱"的风险。而规避风险、跨越陷阱的关键因素，在于把经济增长与公平分配相结合，着力遏制贫富分化的趋势，其中至关重要的是遏制城乡居民收入差距的扩大。我们要在考察城乡收入差距形成的历史原因和政策因素的基础上，寻找缩小城乡收入差距的有效途径。中国只有选择适合本国国情特色的发展道路，充分发掘自身的发展潜力，才能顺利跨越可能面临的"中等收入陷阱"。

关键词：贫富分化　城乡差距　中等收入陷阱

一　问题的提出

所谓"中等收入陷阱"，一般是指当一个国家的人均收入达到中等水平后，由于不能顺利实现经济发展方式的转变，导致经济增长动力不足，最终出现经济停滞的一种状态。世界银行《东亚经济发展报告（2006）》提出了"中等收入陷阱"（Middle Income Trap）的概念，并指出其基本含义是：鲜有中等收入的经济体成功地跻身为高收入国家，这些国家往往陷入了经济增长的停滞期，既无法在工资方面与低收入国家竞争，又无法在尖端技术研制方面与富裕国家竞争。这些国家在从中等收入向高收入迈进的过程中，难以摆脱以往的发展模式，很容易出现经济增长的停滞和徘徊，人均国民收入难以突破1万美元。进入这个时期，经济快速发展积累的矛盾集中爆发，原有的增长机制和发展模式无法有效应对由此形成的系统性风险，

---

[*] 王询，东北财经大学经济学院教授；于秋华，东北财经大学经济学院教授。

从而使经济增长出现大幅度波动或陷入停滞,并长期在中等收入阶段徘徊,迟迟不能进入高收入国家行列。

从世界经济发展史的过程看,自20世纪70年代以来,拉美地区和东南亚一些国家相继陷入了"中等收入陷阱"。譬如巴西、阿根廷、墨西哥、智利、马来西亚等,这些国家在20世纪70年代都先后进入了中等收入国家行列,但至今仍然徘徊在人均GDP 3000~5000美元的发展阶段,看不到持续增长的动力和希望。当然,也有国际上公认的成功跨越"中等收入陷阱"的典型,譬如日本和韩国,就顺利地实现了由低收入国家向高收入国家的转换。日本人均国内生产总值在1972年接近3000美元,到1984年突破1万美元;韩国1987年超过3000美元,1995年达到了11469美元。问题在于,发展水平和条件十分相近的国家,为什么会出现两种不同的发展命运呢?许多学者认为,错失发展模式转换的时机、难以克服技术创新瓶颈、收入差距悬殊导致社会动荡、宏观经济政策偏差和体制变革滞后等,都是导致大部分发展中国家陷入"中等收入陷阱"的重要原因。归结起来,关键在于这些国家未能有效地克服中等收入阶段面临的挑战。事实上,在当今世界,绝大多数国家都是发展中国家,都存在如何防止经济增长速度停滞甚至下滑的问题,也都面临"中等收入陷阱"的风险。

改革开放三十多年来,中国经济保持了相当长时期的高速增长,居民收入也不断提高。中国从一个人均GDP不足300美元的低收入国家,发展成为一个中等收入水平的国家。按照世界银行的标准,2010年中国人均国内生产总值达到4400美元,已经进入中等收入偏上国家的行列。在取得如此成就的同时,我们必须清醒地认识到,三十多年来,尽管中国经济始终保持着高速增长的势头,尽管全社会各群体的绝对收入水平都呈现着提高的态势,尽管受到户籍等制度的限制,中国城市化进程中没有出现拉美等国家那么严重的城市病,尽管中国庞大的人口基数和农村过剩劳动力还具有相当程度的劳动力资源禀赋优势,但中国也同样面临着陷入"中等收入陷阱"的风险。中国经济与世界经济的联系已经越来越频繁和紧密,并且越来越复杂。世界第二贸易大国和第一出口大国的地位,既加大了对外部经济的依赖,也孕育着发展的不确定性。近年来,人们不难看出,学者们所列出的陷入"中等收入陷阱"国家的诸多特征,包括经济增长回落、贫富差距悬殊、官员腐败多发、公共服务短缺、劳动就业困难、社会动荡频发、道德信仰缺失、金融体系脆弱等现象,在中国都日益凸显。这些现象表明,中国同样面临着陷入"中等收入陷阱"的风险,中国必须选择适合自身特点并充分挖掘自身发展潜力的规避措施，才能顺利跨越"中等收入陷阱"。

贫富差距悬殊，是陷入"中等收入陷阱"国家的突出特征。对中国来说，目前出现的各种内外经济不平衡，都与居民收入水平和分配差距相关联。在外需缩减的情况下，扩大内需必然要缩小城乡差距，增加农民收入，启动乡村市场；实现产业结构升级是我国跨越"中等收入陷阱"所面临的巨大挑战和最大风险，而居民收入水平的提高和收入分配差距的缩小，恰是产业结构升级的重要基础；未来中国经济持续增长所需要的稳定的社会发展环境，也必须由缩小收入分配差距和实现公平分配来保障。因此，扭转贫富分化的趋势，遏制收入分配差距扩大直至最终缩小收入分配差距，是我国避免陷入"中等收入陷阱"的首要选择。由于篇幅所限，笔者在此仅就城乡收入差距的成因及政策展开分析。

二　城乡收入差距的成因

毋庸置疑，自改革开放以来，中国的经济发展取得了令世界瞩目的成就，但在发展的过程中也不可避免地暴露出一些问题。由于国情所限，中国的高速增长面临着持续的资源约束。尽管中国有极其丰富的劳动力资源，但中国的人均耕地只是世界人均水平的1/3，人均水资源不足世界人均水平的1/4，人均林地面积仅为世界人均水平的1/5，人均草场面积为世界人均水平的1/3，人均矿产仅为世界人均水平的1/2。中国为了保持高速发展，需要将稀缺的资源配置到发展速度较快、回报率较高的行业和部门中去，由此必然造成资源在城乡、地区、行业间的不平等分配。然而，一味地追求经济增长而漠视资源配置的不均衡，进而导致收入分配的不平等，很可能会造成类似拉美国家那样的社会不同群体之间的贫富差距以及社会底层的心理落差，从而引发社会动荡，反过来又会影响长期经济增长。从统计数据上看，中国的基尼系数早已超过了国际警戒线，中国目前已经成为收入分配问题最为严重的国家之一。而城乡居民之间的收入差距，是中国居民收入差距中最突出的表象。

中国城乡居民收入差距的形成，有其历史原因。自1949年以来，中国政府在促进经济增长进而实现工业化和现代化的道路上进行了不懈的努力。为了摆脱自鸦片战争以来"落后就要挨打"的局面，为了尽快自立于世界民族之林，在苏联快速工业化模式的示范作用启发下，中国政府领导人在20世纪50年代确定了优先发展重工业的赶超型经济发展战略。尽管这一发展战略步骤的实施，基本上形成了中国独立的、比较完整的基础工业和国防工业的体系框架，奠定了中国工业化的初步基础，但这一战略的实施过程也使国民经济的平衡增长付出了巨大的代价。它不仅造成了中国资源禀赋优势的错位，而且导致了产业结构的扭曲。更为严重的是，剥夺农业和农民以加强工业的政策与制度安排，直接加大了城乡居民之间的收入差距，形成了城乡之间不和谐的二元经济结构。中国的基本国情是，人口众多，劳动力资源丰富，资金和技术短缺。而重工业优先发展的战略，恰恰违背了资源禀赋的优势，它需要巨额资金来购买初期建设的技术设备，却只能使用较少的劳动力。在国民经济基本上以工业和农业为主体的情况下，发展重工业的资金来源也只能是依靠剥夺农业来解决。这不仅使农业因剩余被剥夺而难于发展，而且使大量的农业剩余劳动力不能按工业化规律正常转移出来。在计划经济时期，剥夺农民剩余的形式主要有以下三种。一是直接的农业税，仅1952~1978年，政府通过农业税的形式就将农业剩余拿走了大约1000亿元；二是间接的统购统销政策，政府强制性地取消了农产品的自由贸易，并利用工农业产品的价格剪刀差，在1952~1978年将农业的剩余积累拿走了约5100亿元；三是通过城乡分治的户籍壁垒制度，对农民实行非国民待遇，各种公共福利和社会保障只覆盖城镇居民，由此加大了城乡之间的差距。据统计，在整个计划经济时期，城乡收入差距比约为2∶1左右。到改革开放前的1978年，当时全国9.6亿人口中，农村不得温饱的贫困人口约为2.5亿，约占人口总量的26%。

　　改革开放以后，政府的政策发生了很大的变化。自1978年起，以家庭联产承包责任制为核心的农村经济改革开始逐步推行，这种诱导性的制度变迁，极大地调动了农民的生产积极性，使农村生产力得到了解放，农村经济获得了巨大的发展，农民收入也有了较大提高。加之政府通过一系列的强制性的制度变迁，尤其是提高农产品收购价格等政策，有效地提高了农民收入，使改革开放初期城乡居民收入有了明显的缩小。1978~1984年，城乡居民收入差距一度缩小了31%，由2.33∶1缩小为1.6∶1。然而，随着城市经济体制改革的进展，国有企业自主权的扩大，农用生产资料价格相应上涨，导致了农民收入的再次降低。1985~1994年，城乡差距扩大了28%，由1.72∶1扩大为2.80∶1。1997年以后，在各种市场化因素的作用下，城乡收入差距日益加剧，2003年，城乡收入差距为3.23∶1，到

2007年已经扩大到3.3∶1。时至今日，我国城乡收入差距仍呈加速上升趋势。据学者估计，目前基尼系数已经逼近0.50左右。

城乡收入差距不断加大的深层原因，在于市场失灵。首先是劳动力市场失灵。由于各种制度因素的制约，劳动力无法自由流动，我国长期以来实施的户籍制度及其依附在城市户籍背后的各种公共福利保障，是阻止农村劳动力流动的最大障碍。户籍障碍使农村居民难以在城市定居，由此造就了中国特有的约2亿"农民工"流动大军，他们在城市只能寻找那些工作稳定性差、劳动强度大、收入低、无福利、无保障的边缘性职业和岗位。他们难以获得市场均衡劳动力价格，更难以进入到城市正规体制之中，实现与城市主流社会的融合。他们在城市里处于尴尬的地位，其合法权益也得不到应有的保护。其次是土地市场失灵。农村实行家庭联产承包责任制，但土地的产权归国家所有，由政府垄断。地方政府为牟取暴利，凭借公权力和专政机关力量强行征地，以低价收购农民的土地使用权，导致农户实质享有的土地财产权被剥夺，这已经成为地方政府机会主义最严重的表现。失地的背后是失权，土地被征用时只能按照农村土地的原用途给予补偿，而很多地方的征地补偿只相当于农民3~5年的人均收入。土地是目前我国农民最主要的财产，如果农民可以按市场均衡价格转让其土地，则农民收入会大大增加。土地财政的收入大多集中用于城市，由此加剧了城乡之间的差距。最后是金融市场失灵。20世纪80年代中期，国家加强了对农信社的控制，禁止了民间金融。20世纪90年代，国家对国有金融体系进行了以企业化、商业化、股份化、市场化为特征的改革，使得国有金融系统逐渐转向追求利润最大化和规模效应。逐利的本能，使国有商业银行在20世纪90年代大规模撤出了农村地区。为了摆脱自身的经济困境，本来服务于农村经济的农村信用社也出现了业务非农化的倾向。1997年，国家关闭了上千家农村合作基金会，这导致了正规金融系统无意向农村提供融资服务同时，非正规金融体系的发展又受到了政府限制，处于"黑市"状态。我国的金融机构远不能满足农业发展的需求，这不仅制约了农业的发展，也限制了农民的投资以及收入增长。

城乡收入差距不断加大的另一个成因在于政府失灵，主要表现在对再分配收入的"逆向调节"上。在城乡经济二元分割状态下，政府所掌控的公共产品再分配始终贯彻向城市倾斜的政策。政府主导的转移性收入包括离退休金、医疗保障金、失业救济金、最低生活保障、农产品价格补贴、住房公积金、抚恤金、社会福利和社会救济等，主要的对象是城镇居民。

1981~2007年，政府主导的转移性收入占城镇居民转移性收入的比例平均为75%。政府的财政转移支付中存在对城市居民社会群体的明显偏好，对农村居民惠及不多，明显有违公平普惠原则。以教育为例，政府对城乡教育投资的不一致，也是拉大城乡收入差距的重要因素之一。从理论上说，教育投资的回报率很高，边际收益率呈递增趋势，城乡教育投入方面的差距必将阻碍收入差距的收敛。2006年，农村中受过高中教育的只占7.68%，大专及以上学历仅为总人口的0.52%，文盲率高达13.8%；而城镇中受过高中及其以上教育的占38.6%，文盲率仅为5%。同时，城乡义务教育人均教育经费存在很大差别，城乡教育质量和师资队伍也存在很大差距。各级管理部门更多地重视城市教育的发展，有限的教育资源被过多地投入城市，由此造成了城乡受教育机会的不平等。目前，我国农村的义务教育普及率仍不到47%。农村人力资本存量的严重不足，直接导致低素质劳动者收入低下，使城乡收入分配差距拉大。而农民家庭收入的低下，反过来又限制了他们对子女的人力资本投资，进而影响了农民家庭的教育回报率，从而形成了恶性循环。可见，政府在公共资源上的分配不均，甚至长期进行的逆向调节，加大了城乡居民收入的差距。此外，中国农村的养老、医疗、就业等社会保障体系亟待建立，加大各级政府对农村居民转移支付力度，以缩减城乡收入差距将是一个长期的历史任务。

三 结论与政策建议

从总体上看，改革开放以后，我国城乡居民收入差距在经历了波动之后，近年来在不断扩大。过大的城乡差距会对整个社会的和谐稳定造成严重的影响，会严重降低国民的幸福感，甚至会令公众感到绝望而产生反社会心理，扭曲人的行为，由此形成极大的社会稳定成本。过大的城乡差距所引发的消费断层，严重地影响了我国内需市场的扩大，在国际环境不利于出口的条件下，农村市场的启动直接关系到我国经济的持续增长。可见，城乡收入差距如任其发展，必将成为我国经济发展的瓶颈，使中国陷入"中等收入陷阱"。有关的经验分析证明，中国的城乡差距有自我扩张趋势，不可能自动收敛。因此，如何建立起公平与效率的正向相容关系，已经成为中国经济的焦点问题之一。如前所述，我国转轨时期的城乡收入分配差距很大程度上是由于市场失灵和政府失效交织在一起而造成的结果。显然，要解决城乡收入差距过大这一问题,需要建立公平的市场竞争机制,使得城乡居民在机会均等的前提下都能够凭借自己的能力获得应有的报酬。教育的公平程度很大程度上决定了竞争起点的公平程度,城乡教育差距与收入差距互为因果,教育不平等和收入不平等存在代际间传递关系,二者相互作用,会使二者的不公平程度持续扩大。政府城市偏向性的非均衡发展政策会扭曲再分配机制的调节作用。因此,公平城乡收入分配,政府责无旁贷。

首先,要设立农产品价格保护机制,积极推动农业产业化。农产品收入是农民收入的主要来源,提高种植业农产品的利润,是促进农民增收的重要途径之一。农业的产量与自然条件关系密切,生产周期长。农产品的供给弹性远大于需求弹性,农民根据上一年的需求情况决定下一年的种植数量,使农产品的供给与需求很难匹配,容易造成价格波动,造成"谷贱伤农"和"菜贱伤农"的惨剧。农业是弱势产业,农民要承受自然风险和市场风险的双重压力。政府应设立农产品价格保护机制,维持农产品的价格平稳,帮助农民应对自然和市场的双重风险。农业产业化是农业生产通往农村第二产业和第三产业的桥梁,也是农民走向富裕的必由之路,它有利于各种生产要素的合理配置,有利于农村产业结构的优化和农村经济的发展。各级政府应积极促进农业的产业化经营,鼓励农村地区发挥自身的特色和优势,打破城乡二元分割的壁垒,吸收外部资金和技术,增强农业与消费品市场的联系,使资源充分流动并合理配置,形成农村自身的竞争优势。

其次,要完善劳动力市场,加快户籍制度改革的步伐。完善劳动力市场的前提是完善土地流转制度,土地流转制度不完善,农村的土地使用权就不能实现商品化。农民不能完全自主支配和处置土地使用权,就不利于剪断农民对土地的依赖,使农民无法摆脱土地的束缚。同时,政府要强化失地农民的补偿制度,要限制"寅吃卯粮"的土地财政,建立完善的体制,防止地方政府的机会主义行为。政府需要积极创造条件,从根本上改变中国的户口迁移制度,形成国家依法规范、社会市场调节、个人自主选择的迁徙自由局面。户籍管理制度是政府强制实行人口登记并进行属地化管理的依据,依附在户籍制度上的各种行政的、经济的、福利的管理行为,是城乡收入差距不断加大的重要因素。这种人为形成的城乡有别、城乡隔离的二元户籍制度,既不科学,也不公平。政府要加快户籍制度改革的进程,实现城乡一体化的公民统一身份制度,剔除附着在户籍上的种种社会差别功能和附加的社会福利，使城乡居民在发展机会面前人人平等。

再次，要促进再分配机制的正向调节，推进公共资源分配的合理化。政府应加快农村社会保障制度的构建，要实现社会保障体系的城乡一体化，改变目前农村社会保障体系缺位的现状，促进城乡居民在信息、教育、医疗卫生等公共服务受益程度上的均等化。公共资源中最重要的是教育资源，教育资源的公平分配是减少收入不平等的基本因素。市场机制不能保证穷人平等地获得受教育的机会，因而需要政府在这一领域发挥作用。政府应该运用有效的公共教育政策，改善教育资源的分配状况。政府要加大对农村教育的投资力度，特别是对义务教育的投入；要加大对贫困学生的补贴，减少因家庭经济困难而辍学的学生人数；要建立良好的监督机制，保证教育资金运作的透明度。教师队伍的素质往往决定了教育的质量。政府应对农村教师加以补贴，尽量留住优秀教师，避免人才外流；同时，政府应出台特殊优惠的政策，吸引城市教师到农村从事教育工作。政府应借鉴世界其他国家的经验，把义务教育教师纳入国家公务员或地方公务员系列，工资由中央或较高层次的地方财政承担，列入中央或地方预算。

最后，要完善农村金融体制，加大对农村的金融支持。政府要适当控制农村金融资源外流，改变目前正规金融体系服务的城乡歧视和行业歧视；要完善农村金融体系，发展多层次的资本市场；要加强对非正规金融体系的监督，规范非正规金融市场的发展，全面提升农村金融服务质量；要改变民间金融"黑市"的状态，促进民间金融体系正规化，这样既能够促进农村金融市场的发展，满足农村经济发展的需要，又可以减轻农民的利率负担和繁荣农村经济。在防止农村金融资源大量外流的同时，政府应当提高乡镇企业贷款在农村贷款中的比重，重点扶持龙头企业，在农村地区创造更多的就业机会，从而有利于促进农村居民收入的提高和城乡收入差距的缩小。政府要消除各种城乡壁垒，转变城乡之间倾向性的产业政策、金融投资政策、就业政策等，引导城乡之间劳动力和资本等生产要素的自由流动，逐步实现城乡之间要素市场的一体化。

参考文献

[1] 许秀川、王钊：《城市化、工业化与城乡收入差距互动关系的实证研究》，《农业经济问题》2008年第12期。

[2] 曾国安、胡晶：《论中国城市偏向的社会保障制度与城乡居民收入差距》，《湖

北经济学院学报》2008 年第 1 期。

[3] 赵红军、孙楚仁:《二元结构、经济转轨与城乡收入差距分化》,《财经研究》2008 年第 3 期。

[4] 沈坤荣、张璟:《中国农村公共支出及绩效分析——基于农民收入增长和城乡收入差距的经验研究》,《管理世界》2007 年第 1 期。

[5] 张启良、刘晓红、程敏:《我国城乡收入持续扩大的模型解释》,《统计研究》2010 年第 12 期。

[6] 纪江明:《从再分配制度安排剖析我国居民消费差距扩大的原因》,《经济体制改革》2011 年第 2 期。

[7] 丁长发:《"双失灵"下我国收入分配问题研究》,《经济学家》2010 年第 12 期。

金融发展与城乡收入差距

——基于分省面板数据的实证检验

●杨新铭　王　博*

内容提要：改革开放以来，在体制改革逐步打破城乡之间制度障碍与城乡之间市场化进程逐渐完成的背景下，城乡要素差异逐渐演变为城乡收入差距形成并扩大的最重要因素。其中，金融资源差异是导致城乡收入差距形成的重要因素。其传导机制是，当前城乡之间的产业差异以及各种制度性障碍使得非农化与城镇化进程相脱节，农村居民越来越不适应城镇非农产业发展的需要，加之农村第一产业生产效率难以得到提高，因此，城乡收入差距会随着金融发展而逐渐拉大。要扭转这一现象就必须在进一步破除城乡分割的制度壁垒条件下，提高农业给农民带来的经济效益，并要进一步增加对农村居民的人力资本积累，从而实现城镇化与非农化的协同发展。

关键词：金融发展　城乡收入差距　金融资源

改革开放以来，我国城乡居民收入差距除在改革之初出现过小幅下降外，随着改革由农村向城市转移，城乡收入差距又重新回到逐渐上升的轨迹上。在体制改革逐步打破城乡之间制度性障碍与城乡之间市场化进程逐渐完成的背景下，城乡之间要素差异逐渐演变为城乡收入差距形成并扩大的最重要因素。在各种要素中，金融资源的差异是导致城乡收入差距形成的重要因素，本文在梳理国内相关研究基础上，分析了城乡之间金融发展与收入差距形成的传导机制，并通过分省面板数据对该机制进行了实证分析，结果证实了理论分析。

---

* 杨新铭，中国社会科学院经济研究所助理研究员；王博，南开大学经济学院金融系讲师。

一 从金融发展到城乡收入差距的传递机制

对于我国金融发展与城乡收入差距关系的研究始于 21 世纪初,章奇等人（2004）、陆铭等人（2004）、温涛等人（2005）、杨俊等人（2006）、万文全（2006）以及陈志刚等人（2009）对我国金融发展与城乡收入差距的关系进行了较为深入的研究。其中,章奇等人（2004）利用 1978～1998 年中国省际数据的研究结果,认为我国的金融发展对城乡收入差距的拉大是正向作用,并且这种效果在 20 世纪 90 年代表现得尤为突出；陆铭等人（2004）利用省际面板数据得出的研究结论为金融发展水平和城乡收入差距的拉大,二者之间并无必然联系,金融发展对城乡收入水平拉大的影响并不显著；温涛等人（2005）的研究则侧重金融发展对中国农民收入增长的影响,他们利用 1952～2003 年的数据得出的研究结论为中国金融发展对农民收入增长的作用显著为负；杨俊等人（2006）的研究相对比较综合,其利用中国 1978～2003 年的时间序列数据,全面考察了金融发展与全国、城镇、农村以及城乡居民收入分配的关系,得出的研究结论为金融发展不但对全国的收入平等程度,而且对城镇、农村以及城乡居民的收入不平等程度都具有显著的夸大作用；万文全（2006）研究的样本区间为 1978～2003 年,实证结果验证了中国的金融发展和收入分配服从库兹涅茨的倒 U 型假说；陈志刚等人（2009）利用中国 1990～2004 年的省际面板数据得出结论,金融发展在其所研究的样本区间内有助于城乡收入差距的缩小,而人力资本倾向于拉大城乡收入差距,在中国经济增长和城乡收入差距之间呈现出来的是一种正 U 型的关系。现有关于中国金融发展和收入分配的研究大都采用宏观总量视角,只有章奇等人（2004）、陆铭等人（2004）和陈志刚（2009）使用了分省数据。但这些研究的样本区间太早,或采用的计量分析方法略显陈旧。因此,本文运用 1978～2008 年中国 31 个省、自治区、直辖市的面板数据,重新考察中国省级区域金融发展和城乡收入差距之间的关系,对上述理论分析进行验证。

根据我国现实情况,从金融发展与城乡居民收入差距的关系看,二者的传导主要基于以下两个方面。其一,金融部门加速提高资本要素使用效率,将农村储蓄转化为城镇投资,在城镇人力资本投资质量和数量不断提高的背景下,城镇现代经济部门得以快速成长。这一过程的结果虽然使得城镇经济表现出资本偏向的特征,但城镇居民收入却呈现快速增长态势。2009年,我国城镇居民人均可支配收入达到17174.7元,是1978年的50倍。与城镇经济快速增长形成鲜明对比的是农村经济发展远不如城镇,2000年以后城镇比较劳动生产率一直是农村的5倍以上,最高的2003年甚至达到了6.56倍。这一结果使农村经济效率过低,农村居民收入自然增长缓慢。2009年,农村人均纯收入仅为5153.2元,是1978年的38倍,无论是绝对值还是增长速度都明显慢于城镇,由此造成了城乡居民收入差距扩大的经济结构基础。其二,由于农村资本要素缺失,在产业不能得到升级的条件下,对农村人力资本需求不足,农村劳动力人力资本投资滞后。尽管城镇对农村劳动力需求旺盛,但由于城乡分割的制度性障碍依然存在,这种不稳定的流动使农村人力资本投资风险非常高,从而制约了农村劳动力人力资本投资,进而导致农村居民进入城镇只能在非正规部门就业,其收入增长也比较缓慢。另外,政府在城乡之间实行不均等的教育政策,使得农村居民人力资本投资的个人相对成本往往高于城镇,在金融缺失的条件下,这也会严重影响农村居民人力资本投资的动力。基于这两点,我们便可得出金融越发展,城乡居民收入差距就越大的结论。这一传导机制可由图1描述。

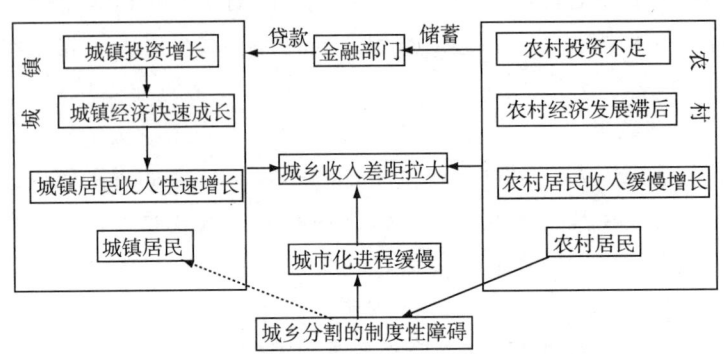

图1 金融发展与城乡之间收入差距的关系

二 计量模型与相关指标选取

1. 计量模型设定

为了考察中国地区金融发展和收入分配的关系,同时考察人力资本因素的作用以及验证Kuznets(1955)关于经济增长和收入分配的倒U型关系假说,我们遵照Beck等人(2004)以及陈志刚等人(2009)的做法,设立计量回归模型，其形式如下：

$$\text{Ln}UR_{it} = \beta_0 + \beta_1 F_{it} + \beta_2 \text{Ln}g_{it} + \beta_3 \text{Ln}g_{it}^2 + \beta_4 H_{it} + \gamma CV_{it} + \mu_{it} \quad (1)$$

（1）式中，下标 i 和 t 分别表示地区 i 第 t 年的相关指标。本部分的样本涉及中国内地 31 个省、自治区和直辖市，时间为 1978—2008 年中国各省份上述各项指标组成的面板数据。如果式中待检验系数 $\beta_2<0$，$\beta_3>0$，则说明 Kuznets（1955）的倒 U 型假说成立。

2. 指标选取

①城乡收入差距指标。在城乡收入差距的测定上，本文遵照章奇等人（2004）、陆铭等人（2004）、陈志刚等人（2009）的做法，选用城乡收入比指标。城乡收入比例的具体测算公式为：

$$UR = \frac{\text{城市人均可支配收入}}{\text{农村居民人均纯收入}} \quad (2)$$

为了保证研究结果的可靠性，我们在实证过程中选择城乡收入差距基尼系数对实证结果的稳健性进行验证，该指标的计算与上文实证过程一致，具体可参见陈宗胜等人（2002）的研究。

②金融发展水平指标。鉴于麦氏指标 M2/GDP 在测算中国金融发展深度方面的种种局限性，本文选用戈氏指标即金融相关性指标。根据定义，金融相关系数是指在某个时点上一国全部金融资产价值与国民财富的比率。由于中国银行主导型金融体制的特点和数据可得性方面的问题，考虑到分省全部金融资产仅包括金融机构的存贷款余额，国民财富仍然用国内生产总值 GDP 来表示。这样中国分省的金融相关系数 FIR 可以用以下公式表示：

$$F = \frac{\text{金融机构的存贷款余额}}{\text{GDP}} \quad (3)$$

③经济增长指标。为了真实刻画一国经济发展的阶段，人们往往采用人均实际 GDP 来衡量一国经济发展水平（Deininger and Squire，1998；Barro，2000），本部分也采用该指标。在实证分析时，本文对人均实际 GDP 取了自然对数形式 LnG 以消除时间序列数据的异方差对实证结果的影响。考虑到经济发展水平与收入分配之间可能存在非线性关系，故本文将人均实际 GDP 自然对数的二次项引入回归模型，以验证 Kuznets 假说在中国是否成立。当然如果倒 U 型假说成立，人均实际 GDP 自然对数平方的回归系数就应该小于 0 并且显著。

④人力资本指标。人力资本是由金融发展到收入差距传递的重要媒介，且众多研究都表明人力资本投资可以有效缓解收入分配的不平等状况。为

了更好地刻画金融发展和收入差距的关系,我们有必要将人力资本的作用从中分离出去。既有研究大都采用政府的教育支出占财政支出的比重来作为衡量人力资本的指标。根据陈志刚等人(2009)的研究,由于人力资本的形成是一个非常复杂的综合过程,不仅包括政府的教育投入,而且还应该包括企业和个人的教育投入。由于目前中国缺乏企业和个人教育支出的统计数据,因此,为了克服单纯以政府的教育支出作为衡量人力资本的局限,本文采用教育年限法来计算中国分省份的人力资本,其计算公式为:

$$H = \frac{\sum_{i=1}^{n} P_i h_i}{P} \quad (4)$$

(4)式中,H为某一年龄及以上人口的平均受教育年限,i为受教育程度,P_i为该年龄及以上人口中第i层次受教育程度的人口数,h_i为第i层次受教育程度的受教育年限,P为该年龄及以上人口的总数。另外,考虑到数据统一性和可得性方面的原因,本文计算的是6岁及以上人口的平均受教育年限,根据中国教育体制的现实情况,将受教育年限的等级划分为文盲和半文盲、小学、初中、高中、大专及以上五个等级,小学到大专及以上各种受教育程度的人口包括在校生、毕业生以及肄业生。按照中国各层次教育的现状,我们将各层次的受教育年限分别定义为2年、6年、8年、12年和16年。

⑤控制变量(CV)。考虑到一国经济结构、城市化程度以及对外开放程度等也都是影响一国经济和居民收入的重要因素,因此,本文将这些因素作为控制变量引入回归方程。其中,I为经济结构指标,用第一产业产值占GDP的比重刻画;Urban为城市化程度指标,用城市人口占总人比重刻画;用进出口总额占GDP的比重(ex)和FDI占当年固定资产投资的比重(fdi)代表对外开放程度。

三 数据说明与检验

1. 数据说明

在本文的金融发展指标中,金融机构的存款余额、金融机构的贷款余额来自《新中国六十年统计资料汇编》;分省城镇居民人均可支配收入和农村居民人均纯收入数据的大部分数据来自《新中国六十年统计资料汇编》,个别缺失数据根据当前的分省统计年鉴予以补齐;城乡收入差距的分组数据则是来自各年份的分省统计年鉴；人力资本的计算数据来自 1996～2009 年的《中国人口统计年鉴》、《中国统计年鉴》和《新中国六十年统计资料汇编》；2000 年采用的是人口普查数据，其他年份均采用1%的抽样调查数据，有些年份还进行了相应的换算处理。

本文涉及的其他未进行特别说明的数据来源于《新中国六十年统计资料汇编》、《中国农村统计年鉴》(1978～2009)、《中国统计年鉴》(1978～2009)、《中国金融年鉴》(1952～1996)、《中国金融年鉴》(1997～1999) 和《中国金融年鉴》(2003～2010)。为了平滑数据，去除经济时间序列数据异方差的影响，我们对相关数据取了自然对数。表1列示了各变量数据的描述性统计。从样本期数据的描述性统计我们可以看出，分省的城乡收入比率、分省的城乡收入差距基尼系数、金融发展水平、人力资本水平、开放程度以及第一产业所占 GDP 的比重等数据在各省之间的差异性都较为明显，这成为我们探究与金融发展水平和人力资本差异有关的各种可能影响城乡收入差距因素的原因。

表1 各变量的统计性描述

变量	ur	gini	F	y	h	ex	fdi	I	urban
均值	2.4368	0.1772	1.7697	2078.4690	7.8236	0.2437	0.0708	0.2419	0.3653
标准差	0.8140	0.0750	0.7526	2277.1450	1.0832	0.4363	0.0883	0.1239	0.1833
最小值	0.2609	0.0001	0.5656	226.7583	4.0172	0.0014	0.0000	0.0082	0.0760
最大值	5.1590	0.3927	5.9720	16818.4900	11.1554	3.7168	0.5937	0.6058	0.8870

2. 变量的平稳性检验

由于时间序列数据可能会因纯数学关系而产生伪回归，即本无关系的两组数据之间由于纯数学关系而实证检验出显著关系，因此，为了避免这一问题，在对模型进行估计之前，我们对面板数据进行了单位根检验以确保回归结果具有无偏性和有效性。由于我国各地区经济发展水平以及经济结构等具有明显的非平衡性特征，我们因此假定各地区的相关变量应该具有不同的单位根。表2给出了面板单位根检验结果，其中，lnur、Lngini 两组变量都通过了 Im-Pesaran-Shin 检验、Fisher-ADF 检验和 Fisher-PP 检验，由此可知城乡居民收入比和城乡居民收入差别基尼系数的自然对数是平稳序列；而 F 通过了 Im-Pesaran-Shin 检验，H 通过了 Im-Pesaran-Shin 检验和 Fisher-PP 检验。在我们关心的变量中，只有代表人均实际经济增长的 y 的自然对数没有通过任何检验，且各检验结果都证明至少存在一个单位根，因此，y是非平稳序列。在对lny取差分后重新进行单位根检验，结果表明lny是平稳的时间序列。综上所述，除人均GDP的自然对数外，其他变量都可以近似地视为平稳的时间序列数据。有了这一结果，我们就可以对金融发展与城乡居民收入差距之间的关系做进一步实证检验了。

表2 面板数据的平稳性检验结果

变量	Im-Pesaran-Shin 检验 W统计量	P值	Fisher-ADF 检验 Chi-square	P值	Fisher-PP 检验 Chi-square	P值
lnUR	-8.6747	0.0000	257.8111	0.0000	186.2057	0.0000
Lngini	-5.3878	0.0000	171.6161	0.0000	168.5676	0.0000
lnF	-7.7143	0.0000	76.8021	0.0977	51.4169	0.8289
Lny	12.1007	1.0000	15.2722	1.0000	8.2173	1.0000
Dlny	-7.1909	0.0000	114.5765	0.0001	406.7426	0.0000
lnH	-3.3602	0.0004	53.4361	0.7725	195.9169	0.0000
lnEx	-2.6343	0.0042	85.6454	0.0250	76.1269	0.1071
Lnfdi	-4.0470	0.0000	34.7593	0.9980	94.7327	0.0047
lnI	6.0247	1.0000	136.2047	0.0000	146.2973	0.0000

四 实证结果及分析

在验证金融发展与城乡收入差距关系的过程中，我们首先运用混合效应模型考察金融发展与经济增长对城乡收入差距的影响，然后运用固定效应模型逐渐引入控制变量以最终确定金融发展、经济增长等对于城乡居民收入差距的作用程度。

在模型（1）的初步回归中，我们采用混合效应分析，仅引入金融发展和经济增长两个指标以大体判断金融发展对于收入分配的作用。实证结果如表3所示。其中，LnF的系数为正，意味着金融发展对中国城乡居民收入差距的存在扩大而不是缩小的作用。Lny的回归系数为负，而$(Lny)^2$为正，这与Kuznets倒"U"的变化轨迹不符，但由于Lny和$(Lny)^2$的回归系数均没有通过显著性检验，因此，我们还很难判断Kuznets倒"U"在我国是否存在。也就是说，根据模型（1）的结果并不能判断城乡居民收入差距随经济增长的变化轨迹。尽管模型（1）作为初步回归结果，还有待进一步研究，但这一结果，特别是金融发展变量LnF的系数为正的结果与章奇等人

(2003) 的结论一致，而与陈志刚等人 (2009) 的结论正好相反。正如前文所分析的，在当前城乡金融系统发展状况的条件下，实证结果符合金融发展与收入差距变化的基本规律，即城乡之间产业以及金融系统效率差异使得金融发展与城乡居民收入差距呈现出同向变化的特征，也就是说，金融越发展，城乡居民收入差距越大。另外，就微观层面来讲，由于金融体制门槛效应的存在，能够获得金融系统资金支持的往往是掌握一定资源或有能力进行投资的人，这就会加大居民之间收入差距。进入20世纪90年代以后，随着我国金融体制改革深入和金融市场不断完善，金融市场进入的门槛也被逐渐放低，越来越多的人能够享受到良好的金融服务。尽管金融部门服务群体的扩大会将一部分穷人囊括在内，但由于绝对和相对数量的变化可能都还很小，为此，金融发展缩小收入差距的作用可能被其扩大作用覆盖，这也就使得微观层面某些个体因金融发展改变其收入状况的现实很难反映在宏观数据的变化中。特别是在经济增长过程中，这种低收入者收入的绝对增长往往让位于其收入的相对下降，也就是高收入者收入的增长速度快于低收入者收入的增长。

为了进一步确定金融与经济发展对于城乡收入差距的作用，我们首先将人力资本指标引入回归方程，并选择固定效应模型进行检验，结果由表3模型（2）给出。从模型回归结果的总体效果看，模型可决系数大幅度提高，由原有的0.074上升到0.497，说明选择变量至关重要，模型效果较好，也就是说城乡居民收入差距的将近50%可由金融发展、经济发展与人力资本三个主要变量解释。我们再来看三个主要变量的作用方向与作用程度。第一，金融发展的作用虽然依然为正，即对城乡居民收入差距依然呈现扩大作用，但其作用程度大大下降，鉴于解释变量与被解释变量都为对数形式，因此，城乡收入差距的金融发展弹性由0.406下降为0.155。第二，经济增长及其平方项回归系数的显著水平提高到1%的水平，不仅如此，回归系数的作用方向也发生了改变，特别是经济增长平方项由正转负，意味着库兹涅茨倒"U"在中国是存在的，即随着经济增长，城乡收入差距会先上升而后平稳，最终逐渐缩小到一个较为合理的水平。这与前文验证宏观变量以及人力资本与收入分配关系中的结果相吻合。第三，人力资本变量的回归系数符号为负，这意味着提高劳动力人力资本水平有助于缩小城乡收入差距，这与大多数学者的观点相一致。根据经典理论，更高的人力资本就意味着更多的人群可以到收入较高的部门工作，那么随着一国人力资本水平的提升，该国的收入分配状况应该会得到改善。尽管回归系数没有通过10%水平的显著性检验,但鉴于显著性水平为14.2%,已经很接近显著,因此在回归方程中予以保留。

为了俘获单纯金融发展对城乡收入差距的真实作用,我们需要对一些影响城乡收入差距的结构性变量进行控制,为此,我们引入了开放程度、金融开放程度以及产业结构等变量。结果由表3模型(3)给出。Hausman检验的统计量为17.76,对应的概率P值为0.023,因此,我们可以认为选择固定效应模型是比较恰当的。从回归结果看,进一步引入结构性控制变量后,较之模型(2),模型(3)中金融发展的作用进一步下降到-0.0107,即金融发展对城乡收入差距的作用为负,但不显著。经济增长的作用在1%的水平上显著,与城乡收入差距依然呈现库兹涅茨倒"U"型变化过程。人力资本显著性进一步下降,但进出口、FDI(对外直接投资)以及产业结构的回归系数都通过了显著性检验。其中,代表开放程度的进出口与城乡收入差距正相关且显著,而代表金融开放程度的FDI和代表产业结构的第一产业比重与城乡收入差距显著负相关。由于我国贸易处于顺差态势,而出口的扩大依赖的是工资低廉的劳动力,这种出口无疑对于劳动力效率提高以及收入提高不会有大的作用。与进出口不同,尽管我国资本项目也处于顺差状态,但资本项目多表现为FDI的增加,作为资本要素的净增加,可以凭借外资的制度和技术双重效率提高劳动力的生产效率,增加其收入。另外,作为资本要素的净增加,可以通过金融渠道使金融的收入分配效应更加显现,所以其有缩小城乡收入差距的作用。由于产业结构使用的指标是第一产业产值占三次产业总产值的比重,这一指标越大,其产业结构越落后。实证结果表明当产业结构优化,也就是第一产业比重下降会拉大城乡收入差距。之所以会出现这一结果,是因为当前非农产业集中在城镇地区,而就业于非农产业的农村劳动力在户籍等制度障碍下不能定居在城镇而成为城镇居民,这就使得劳动力转移在促进城镇经济发展的同时抑制了农村经济的发展,从而使农业向非农业转换的非农化过程在城市化进程缓慢的条件下,不但没有缩小反而拉大了城乡收入差距。要缓解非农化导致城乡收入差距的扩大,政府就必须将城市化与非农化相结合,即在产业转换的过程中完成农村居民向城镇居民的转换,实现城市化;同时,政府还要加大对第一产业以及农村经济的扶植力度,增加农业的产业链与农产品的附加值,从而提高农村居民收入,实现城乡一体化发展。只有通过非农化产业升级与城市化相结合以及城乡一体化进程,才能真正促使城乡收入差距缩小。

由于单纯采用城乡收入比率指标来衡量城乡收入差距可能会带来偏误,

因此,我们有必要对相关解释变量与被解释变量之间关系的稳健性进行检验。在此,我们选择另一国际上通行的衡量收入差距的指标——基尼系数作为被解释变量,来考察各解释变量的作用方向与作用程度,结果由表3的模型(4)、(5)、(6)给出。模型(4)、(5)、(6)分别与模型(1)、(2)、(3)相对应,除被解释变量不同外,估计方法以及解释变量选取均一致。实证结果与模型(1)、(2)、(3)相一致,再加入控制变量以后,金融发展对于城乡收入差距的作用逐渐减小,但不同的是在模型(6)中,金融发展对城乡收入差距的作用依然为正,且接近10%的显著性水平,但在模型(3)中则明显不具有显著性,这说明当前金融发展缩小城乡收入差距的功能尚未发挥。经济增长的作用在加入控制变量后呈现出库兹涅茨倒"U"型变化,控制变量对于城乡收入差距的作用方向以及显著性也没有发生变化。Hausman检验的统计量为107.21,对应的概率P值为0,即选择固定效应模型也是恰当的。

表3　中国城乡收入差距与金融发展关系实证检验结果

变量	(1) lnur	(2) lnur	(3) lnur	(4) lngini	(5) lngini	(6) lngini
C	4.741*** (0.959)	1.071* (0.593)	2.942*** (0.604)	-0.446 (2.088)	-9.614*** (1.441)	-7.226*** (1.591)
lnF	0.406*** (0.124)	0.155*** (0.0375)	-0.0107 (0.041)	0.562** (0.213)	0.175* (0.0926)	0.0238 (0.112)
lny	-0.306 (0.341)	0.797*** (0.146)	0.861*** (0.144)	0.225 (0.734)	2.584*** (0.354)	2.365*** (0.376)
(lny)^2	0.0155 (0.024)	-0.0393*** (0.00888)	-0.056*** (0.009)	-0.0243 (0.0494)	-0.140*** (0.0215)	-0.141*** (0.0241)
lnH		-0.0879 (0.142)	-0.026 (0.134)		0.0139 (0.351)	0.299 (0.355)
lnEx			0.090*** (0.018)			0.120*** (0.0463)
lnFdi			-0.021*** (0.008)			-0.0742*** (0.0209)
lnI			-0.301*** (0.046)			-0.224* (0.126)
Obs	953	402	399	915	389	386
R^2	0.074	0.497	0.588	0.088	0.444	0.477

注:***、**、*分别表示在1%、5%和10%的置信水平下显著,括号里为标准差。

五 结论与政策建议

基于理论与实证分析结果,我们可以得出这样的结论:中国金融发展确实在发挥着拉大城乡收入差距的作用,原因就在于当前城乡之间的产业差异以及各种制度性障碍使得非农化与城镇化进程相脱节,农村居民越来越不适应城镇非农产业发展的需要,加之农村第一产业生产效率难以得到提高,因此,城乡收入差距会随着金融发展而逐渐拉大。值得庆幸的是,随着经济发展,城乡收入差距最终会逐渐缩小,这是因为库兹涅茨倒"U"曲线在我们的计量检验中被证实。但需要注意的是,城乡收入差距随经济增长逐渐缩小并不会自然到来,这需要各方面政策的落实,也需要城镇化、非农化以及城乡一体化的协同发展。只有在逐渐消除城乡二元经济与社会结构的基础上,城乡收入差距才能逐渐缩小,并最终保持在一个合理的水平上。而这无疑需要进一步促进经济增长,但这种增长应区别于改革开放三十余年来以效率优先的增长模式。首先,政府要从两个方面提高农业给农民带来的经济效益。一是要加大对农村经济发展的支持力度,努力摆脱当前落后的农业生产现状,即通过提高农业的生产效率实现农业发展和农民增收;二是通过农村产业升级,对农产品进行深加工以有效延长农业产业链,增加农产品附加值,从而实现农民收入提高的目的。其次,政府要进一步增加对农村居民的人力资本积累。尽管从整体上看人力资本对于城乡收入差距的作用并不明显,但由于当前人力资本积累还主要依赖城镇居民,因此,提高农村居民人力资本积累有利于农村产业升级和农村劳动力非农就业,从而提高农民收入,缩小城乡收入差距。最后,政府要破除城乡分割的制度壁垒,在促进农村劳动力向城市转移的同时实现农民向市民的身份转化,实现城镇化与非农化的协同发展。

参考文献

[1] 陈志刚、诗文明:《金融发展、人力资本和城乡收入差距》,《中南民族大学学报》2008年第3期。

[2] 乔海曙、陈力:《金融发展与城乡收入差距"倒U型"关系再检验》,《中国农村经济》2009年第7期。

[3] 万文全：《中国收入差距与金融发展关系的实证研究》,《江淮论坛》2006年第1期。

[4] 温涛、冉光和、熊德平：《中国金融发展与农民收入增长》,《经济研究》2005年第9期。

[5] 姚耀辉：《金融发展、城市化与城乡收入差距》,《中国农村观察》2005年第2期。

[6] 张立军、湛泳：《金融发展影响城乡收入差距的三大效应分析及其检验》,《数量经济技术经济研究》2006年第12期。

[7] 章奇、刘明兴、陶然：《中国的金融发展与城乡收入差距》,《中国金融学》2004年第1期。

职业分层、中产阶级与收入分配

● 张俊山[*]

内容提要：目前社会上被列为"中产阶级"、"中等收入者群体"的收入基本上是来源于生产领域普通劳动者所创造的剩余劳动产品。因此，在现有的职业与收入结构下，扩大中产阶级或中等收入者群体必然要以广大普通劳动者的收入低下和增长停滞为前提，这与收入分配改革的目的是相违背的。文章从理论上分析了作为解释中产阶级或中等收入者群体的依据——人力资本理论，指出所谓"人力资本"收益不过是在雇佣劳动制度的生产方式下，一部分人能够以物质生产及资本主义竞争所必需的知识为条件，在由社会生产关系决定的具有一定社会经济地位的职业上，利用社会生产关系所赋予的对生产与竞争能力的控制，从社会剩余产品中占有一定份额。要构造"橄榄型"收入分配格局，必须要在初次分配领域提高普通劳动者的收入，使他们能在自己的岗位上达到中等水平的收入。

关键词：收入分配　中产阶级　职业　人力资本

社会职业不仅反映着人们在社会、经济生活中所处的分工角色，而且也带来了人们收入水平和社会经济地位的差距。在论及如何缩小社会成员间收入差距时，不少人提出要通过扩大中等收入者群体来构造"橄榄型"收入分配格局。在当前社会，中等收入群体总是与一定类型的职业相联系的，这些职业的社会成员被称为"中产阶级"。这就需要我们对人们的社会职业与收入分配问题进行深入的思考，进而弄清什么是中等收入者、什么是中产阶级、他们的收入形成源泉及方式、怎样扩大中等收入者群体、能否通过扩大中产阶级来解决中国收入分配差距过大等问题。

---

[*] 张俊山，南开大学经济学院教授，博士生导师，邮编：300071。国家社会科学基金资助项目"马克思主义分配理论与完善我国现阶段分配制度研究"（09BJL003）。

一　职业、分工、阶层与阶级

社会主义市场经济体制的建立，使我国社会经济的所有制结构发生了重大变化，资本关系、劳动力市场的普遍化，使得人们之间的社会经济地位出现很大的差别。这种差别已成为形成当前收入分配重大差距的问题根源之一。

人们的职业差别是呈现在社会表面的造成收入分配差别的直接原因，在不同类型的社会职业上，人们处于不同的收入水平。社会首先是由许多部门、行业形成的社会分工体系，这个体系中不仅包含以物质生产为中心的经济部门，也包含着众多非经济活动的部门，如社会管理、文化教育、体育卫生、科学研究、国防军事等。另外，各个部门内部又是由众多实现这些部门功能的企业、组织机构构成的；各个企业或组织机构内部又有自身的分工体系，这种分工体系最终形成各种职能、内容不同的工作岗位。从最一般的意义来说，各种职业反映着构成人类社会各种活动的内容。表面上这些职业反映的是人们之间的分工，但是从人类社会整体的运动来看，个人间的职业划分实际上从属于社会整体的分工体系，这一分工体系大体可以分为社会管理部门、事业部门、经济部门等多个系统；其中在经济系统中，又分为生产性部门和非生产性的流通部门，无论是生产性还是非生产性部门又由众多经营组织构成；在经营组织内部又有着管理层、技术层、执行操作层之间的分工。因此，社会成员之间的职业分工实际上是从属于这样一个多层次的分工体系的。个人之间因职业不同而形成的收入差别，首先是由职业在这个多层次分工体系中的性质和地位所决定的。由此，我们在考察收入分配问题时，必须要考察人们的各种职业及社会总分工体系中的地位与作用。

人们的职业分工只是说明不同社会成员的工作有着不同的具体活动内容，还不足以说明因工作分工差别所形成的巨大收入差别。在社会、经济必需的各种活动分工形成的各种职业背后，存在着以对生产条件的占有关系为依据的社会生产关系。认识不同类型职业及其收入的性质，需要我们进一步考察职位分工背后隐藏的社会经济关系。马克思主义认为，在构成人类社会的各种关系中，经济关系是各种关系的核心；在经济关系中，生产领域的关系又是各种经济关系赖以形成的基础。生产活动是人类社会存在与发展的物质基础,它创造着人类社会生存与发展所需的物质生活资料,形成社会各种职业收入的最终物质来源;生产领域的经济关系决定了社会产品的初次分配,划分了必要产品和剩余产品,这不仅奠定了社会再生产的物质基础,更重要的是它确定了用以供养社会上各种生产与非生产活动职业人员的物质产品的形成原则、依据及数量。马克思曾指出:"一切不直接参加再生产的社会成员,不管劳动与否,首先只能从首先得到产品的那几个阶级,即生产工人、产业资本家和土地所有者的手中,取得自己在年商品产品中的份额即取得自己的消费资料。"[1] 在高度发展的商品经济中,劳动产品的价值形态掩盖了这一事实,但是却不可能改变这一事实。

  生产领域的经济关系确定了国民收入的基本划分,也就确定了在社会分工体系中各种职业活动的收入源泉及性质。有些职业的收入来自于从事该职业劳动者自身劳动的创造;另一些职业上的收入则是来自于对剩余价值或剩余产品的再分配。收入的性质决定了不同类型相应收入的决定规律,因而在社会表面,不同类型职业呈现出存在差距的不同收入水平的序列。人们根据在不同收入水平序列基础上形成的职业差别,把人群划分为不同等级,当前,人们把这种等级称为"阶层"。可见,所谓"阶层"并不单纯地反映收入的多少,它总是同一定的职业形态相联系,这就形成了根据一定的收入范围及其职业特征所规定的所谓"中产阶级"的提法。所谓"中产阶级",其基本外在标志是他们的收入水平,但是,他们的收入水平是否处于"中产"范畴,又是同一定的职业形态相联系的。他们从事的职业在社会经济关系中处于一定地位,才使他们成为"中产"。因此,要了解这部分社会成员为什么"中产",需要我们对构成"中产阶级"的职业特征、经济地位、收入形成方式进行分析。

  在谈到职业对人们收入状况的影响作用问题时,"阶级"是一个难以回避的问题。在马克思主义理论中,"阶级"是由社会生产关系性质所产生的范畴,它是指根据在私有制为基础的社会生产中,社会成员与生产资料的关系而划分的社会集团。列宁关于阶级有以下论述:"所谓阶级,就是这样一些大的集团,这些集团在历史上一定的社会生产体系中所处的地位不同,对生产资料的关系(这种关系大部分是在法律上明文规定了的)不同,在社会劳动组织中所起的作用不同,因而取得归自己支配的那份社会财富的

---

[1] 马克思:《资本论》(第2卷),人民出版社,2004,第412页。

方式和多寡也不同。所谓阶级，就是这样一些集团，由于它们在一定社会经济结构中所处的地位不同，其中一个集团能够占有另一个集团的劳动。"①"阶级"首先是对经济领域的社会成员所进行的划分，只是在经济领域中，尤其是在生产领域中，社会成员才发生对生产资料以及劳动物质条件的关系，只是在生产领域才形成社会财富以及对必要劳动和剩余劳动的基本分割。生产领域中阶级划分，使工人阶级的劳动力再生产费用成为社会产品总分配的基准和非生产领域劳动者收入的参照系。除经济领域的社会成员以外，社会上还存在大量非经济领域的社会成员，他们不生产物质产品，他们的收入都是在生产领域初次分配及非生产的经济领域再分配基础上获得的。可见，我们并不能把所有社会成员都直接归属于相应的阶级，但是，"阶级"的概念从生产领域划分了社会成员的社会地位和收入来源，奠定了其他社会成员社会经济地位的基础。经济领域以外职业上的社会成员，虽然并不直接属于一定阶级，但他们的收入状况是在经济领域，特别是生产领域阶级划分的基础上形成的，其经济地位也是受到这种划分影响的。在此也需要区分一下"阶级"、"阶层"两个用语。"阶级"是一个从质上反映社会成员地位的范畴。"阶层"在以往通常使用的意义上，是指在同一阶级内部在社会地位上具有量上差别的不同社会成员群体。因此，混淆两个概念，用"阶层"指代在社会经济地位上具有不同性质的社会成员群体，会使我们看不到应该看到的关系。

  从一般意义上来说，一切从事非生产性活动的社会成员的收入都是经过若干再分配环节、来自于社会的剩余劳动产品，因此，各种具体收入首先必须以生产领域所创造的物质产品划分为必要劳动和剩余劳动为前提。在生产资料私有制为基础的阶级社会中，必要劳动与剩余劳动的划分是以生产资料占有阶级对直接劳动者的强制劳动为条件的。在生产资料私有制为基础的社会里，阶级的划分以及由此而来的剥削阶级对劳动人民剩余劳动产品的占有，在社会上起着两方面的作用。一方面，从剩余产品的特殊意义上讲，生产物质条件的占有者凭借对劳动条件的控制，无偿占有劳动者劳动成果用于自身的奢侈性消费甚至是浪费，这样就剥夺了劳动者的劳动力发展，甚至是劳动力的简单再生产的物质条件，阻碍着社会生产力的发展；另一方面，从剩余产品的一般意义上讲，将剩余产品从总产品中分离，客观上为社会管理、文化发展、科学技术等有利于生产与社会进步的

---

① 列宁：《伟大的创举》，《列宁选集》（第4卷），人民出版社，1995，第10页。

活动奠定了物质基础。因此，从一般意义上来说，不能简单地认为凡是收入来源于社会剩余产品的社会成员就属于剥削阶级。在各种社会形态下，无论是在经济领域还是在非经济领域，都存在许多从事一般社会管理、文化事业、科学技术等的各种职业，都存在从事众多在这些职业上工作、以社会剩余产品为收入源泉的社会成员。由于他们的收入直接或间接来自剩余产品，因此，这些收入水平的决定方式有着自身的规律和影响因素，不同于生产领域直接劳动者以及普通劳动者以劳动力价值为收入决定基本依据的方式。在这些规律和因素的作用下，形成了呈现在社会表面的所谓"中产阶级"。

在看到这些职业活动性质的一般性的同时，我们也应看到，以阶级存在为基础的社会中，这些一般性的社会职业也必然与阶级划分联系，受到阶级划分的影响，从而使阶级的因素体现在收入分配之中。"阶级"在各种职业收入形成中的作用在于它对必要劳动和剩余劳动的划分性质的确定。必要劳动和剩余劳动的划分并不是必然以阶级的作用为前提的，不同性质的社会生产关系会使必要劳动和剩余劳动的划分有着不同的性质和数量界限。在以私有制为基础的阶级社会中，以强制劳动为特征的社会生产关系必然使必要劳动和剩余劳动的划分带有对抗性质，剩余产品从总产品中分离必然是以牺牲劳动者的发展为条件的；而在消灭了阶级对抗的社会生产关系中，生产劳动作为社会的基础，必要劳动与剩余劳动是以和谐的方式共同发展的，一方面，进入生产领域劳动者必要劳动的产品数量和种类随着生产的发展而发展，另一方面，社会剩余产品被合理地分配给其他职业上的社会成员，以供养他们从事社会需要的各种非生产性和非经济性质活动。对此，巴兰在他的《增长的政治经济学》中，对"计划的经济剩余"范畴的论述反映了合理社会中社会剩余劳动与必要劳动的关系。

社会上存在众多的所谓"中产阶级"职业，仅从它们自身职业内容来看，是不能断定收入性质、水平及决定方式的，我们必须考虑这些职业借以存在的生产关系基础。如果是以私有制为基础、必要劳动和剩余劳动之间存在对抗性关系的条件下，"中产阶级"和"中产阶级"收入的扩大往往要以牺牲直接生产劳动者以及普通劳动者的收入为条件，其结果并不能真正解决收入分配领域中的差距不合理扩大的问题。只有在和谐劳动、必要劳动与剩余劳动之间不存在对抗性关系、两者可以通过生产的发展而共同提高情况下，"中产阶级"及其收入的增长才能够使社会收入分配朝着缩小差距的合理方向发展。但是，在后一种情况下，问题的提法就发生了变化，不再是扩大中产阶级、增加中产阶级收入，而是在生产发展的基础上实现劳动者收入的普遍提高，使更多的劳动者进入中等收入者（而不是中产阶级）的行列。

二 对中等收入及其原因的认识

目前，人们对构成"中产阶级"的社会成员的称谓存在多种方式，譬如，"中产阶级"、"中等收入者"。人们对于改善收入分配的主张表述也有不同，譬如，有人提"扩大中产阶级"或"扩大中等收入者阶层"，也有人提"提高（扩大）中产阶级收入"或"提高中等收入者收入"等。可见，人们对这一问题并没有给予清楚的认识和表述。为此，我们有必要对于"中等收入者阶层"概念及根据进行更细致的分析。

对于社会上存在的这样一类社会成员，国内目前比较普遍认同的提法是"中等收入者"。但是，"中等收入"并不是指处于社会平均水平的收入，而是处于社会平均水平以上的较高水平的收入。对于"中等收入"的数量也没有一个准确的数量标准，有文章认为，北京地区年收入处于5万~10万元都为"中等收入者"。但是，"中等收入"只是从收入水平来划分和界定收入处于一定数量区间的社会成员，"中等收入者群体"这个概念只是一个反映现象形态的空洞概念，它只是说社会上存在一批收入在整个收入水平序列中处于中上等水平区间的社会成员。那么，这类社会成员的"中等收入"的依据又是什么呢？"中等收入"这样一定的数量区间是如何形成的？它与工作职业性质、工作内容等是怎样的关系？为什么这样的工作职业和工作内容可以使相应的社会成员成为"中等收入者"呢？

收入水平从低到高的数量序列中，不同的收入水平背后存在使之落在某一数量区间的性质依据。人们的收入水平在同一收入区间内的差别和不同收入区间内的差别是由性质完全不同的原因构成的，前者主要由社会成员之间在劳动能力上存在的差别形成，而后者则主要基于不同职业在社会生产关系中所处的经济地位的差别。

我国目前社会主义市场经济体制中并存着多种所有制形式，并且客观存在着雇佣劳动关系，这些关系通过社会上复杂的职业系统体现出来。社会成员因职业的不同而处于社会生产中相应的经济地位，这种经济地位决定着社会收入分配的总体结构。在当前社会条件下，并不是任何职业上的社会成员仅凭在自己工作岗位上的努力都能达到"中等收入",更不用说"高等收入"了。要达到"中等收入"必须跻身于特定职业,使自己成为与一定职业相联系的"中等收入者阶层"。从根本上说,当前社会存在的收入水平重大差距的根本原因不是社会成员的劳动能力不同,而是一定社会生产关系所赋予不同社会成员的社会经济地位。只是在同一社会经济地位上的社会成员间的收入差别,才基本上由劳动能力的不同所致。由职业所体现的社会经济地位差别决定了收入分配的总格局和总的面貌,个人劳动能力的差别则只能是在此基础上发挥作用。

根据目前理论界的认识,中等收入者有以下特征。第一,收入和家庭财产方面。构成"中等收入阶层"的社会成员都有着稳定而较为可观的收入来源。以北京地区为例,一是其年收入在5万~10万元者,或三口之家人均收入在3万~6.5万元被视为中等收入者;二是他们在家庭财产方面拥有相当数量的存款、宽裕的住房,还拥有汽车及各种耐用消费品等。第二,职业特征和工作内容。中等收入者群体一般都从事脑力劳动的职业,根据我国现阶段的职业划分,目前中等收入者主要是国家机关、党群组织、企业事业单位的负责人,专业技术人员及相关人员,此外,办事人员及有关人员、商业服务人员及自由职业者也有可能进入中等收入者群体。第三,社会地位与权力方面。中等收入者一般在其单位都居于较为重要和关键的职务和岗位,具有相应的职业权力,对单位的人员、财产等都拥有一定的支配权。

可见,在现阶段社会成员要处于"中等收入者阶层"是要以职业、权力等方面为前提条件的。这也就给我们提出了以下问题:扩大中等收入群体是不是解决我国收入分配领域贫富严重差距的可取途径呢?在不改变当前社会收入分配与职业结构密切相关的情况下,扩大中等收入者群体只能是通过使更多社会成员进入这类属于中等收入的职业和行业,来把更多的人变成中等收入者。从个人来讲,可以通过提高自己的学历、知识水平改变自己的职业从而跻身于"中等收入者阶层"。但是,从社会整体看,这一途径根本是不可能的。原因就在于它违背了人类社会生存和发展的根本规律。历史唯物主义的基本观点认为,物质生活资料生产是人类社会生存和发展的基础,社会上的其他活动,包括思想文化、科研教育等活动都建立在物质生产领域能够提供足够的剩余产品的前提下。社会根本不可能通过消除普通生产劳动行业和职业,让人们都进入所谓"中等收入"职业。进一步说,从"中等收入"职业的性质来看,这些职业上社会成员的主要组成部分，他们的收入都是以社会剩余产品为源泉的，需要社会上众多生产基本生活用品的普通劳动者提供剩余产品来维持他们的活动与收入。在这样的分配结构上，中等收入群体及其收入的增加只有以从事普通劳动的社会成员提供更大数量和比例的剩余产品为前提，这样，"中等收入"的扩大必然是以普通劳动者行业和职业上的社会成员收入增长停滞为前提。因此，在这种情况下，即使"中等收入者阶层"扩大了，也不能对收入分配问题的解决有积极的作用。

那么，怎样扩大中等收入者群体才是解决我国收入分配领域问题的合理途径呢？要扩大中等收入者群体，从根本上说，必须通过调整社会收入分配结构，使最大多数的普通劳动者所从事的行业和职业进入中等收入区间。因此，要构造所谓"橄榄型"收入分配格局，不改变现有的分配结构是不行的。其根本途径就是要在初次分配领域，即物质生产领域，尤其是生产支撑社会物质生活基本产品的生产领域，进行分配制度的改革，使普通劳动者聚集的行业和职业上的收入水平得到提高，同时，还要控制目前分配结构中的"中等收入"的扩大和提高，有了后一点，才能使生产领域初次分配的压力得到缓解，使普通劳动者的职业有可能进入"中等收入"的区间。

马克思主义认为，分配关系是生产关系的反面，各种收入都是由社会成员在社会生产中的不同地位所决定的，都是由不同社会成员对社会产品的支配能力所决定的。现实社会中人们所处的不同社会经济地位是通过社会成员所从事的职业及其赋予的相应权力，由此所赋予的对社会生产条件、生产过程以及生产成果的直接或间接的控制和影响能力来实现的，同时，也通过对人们社会生活的直接或间接控制影响能力来体现。因此，各种职业的收入就是这种控制影响力在收入分配上的体现。现实社会职业性质所决定的收入水平，一方面是作为社会经济基础的社会生产关系的体现，另一方面也包含人类社会长期社会文化发展中的历史继承性。因此，现实生活中各种职业收入既存在合理成分，也存在不合理成分。社会成员收入差距过分扩大对社会再生产造成严重阻碍的情况、对社会生活正常秩序的干扰，都反映着职业收入结构中存在的不合理成分，这种不合理是生产关系与生产力矛盾在社会表层的体现。在当前社会主义市场经济体制下，收入分配制度的调整既要认识和承认各种职业在收入水平上的历史继承性，又要深入研究和认识当前仍严重存在的对普通劳动者劳动成果大量无偿占有而形成的畸高收入乃至一定范围内的"中等收入"。因此，通过调整各个水平上的不合理收入，增加普通劳动者职业的收入水平，使社会上占最大多数的直接创造社会财富的普通劳动者能够在自己的职业上通过勤奋劳动达到"中等收入"水平，才是在社会主义制度下扩大中等收入者群体的正确途径。

三　扩大中等收入者群体的改革方向与政策

经过前面的分析，我们认识到，中等收入者群体可以有不同的概念，在当前情况下，它仍是与特定类型的社会职业及其收入相联系的，构成中等收入者群体的基本是从事特定职业的人群。但是，仅就"中等收入者群体"这个用语的标志性特征来说，它只是指收入处于社会中上水平从而能有比较优越生活条件的社会成员。我们改革收入分配制度，调整收入分配结构就是为了让大多数社会成员享有由现有生产力所提供的合理生活水平。因此，将收入分配改革的方向确定为扩大中等收入者群体总的来说是正确的。但是，怎样扩大中等收入者群体才能真正地有益于社会、有益于发展却是需要认真分析的。

当前理论界普遍提出的观点基本上是希望把以职业为依据的中等收入者群体作为扩大的对象来构造"橄榄型"收入分配结构，通过扩大相应职业人群数量、增加这些职业人群收入使更多人成为"中等收入者"。这一想法虽然很现实，但是从根本上说却是行不通的。人们并不是在什么职业上就能创造什么水平的收入，马克思主义政治经济学已经就收入的形成源泉、收入分配的一般过程等进行了理论上的说明，根据这些原理，再结合目前构成中等收入者的职业内容来考察，这些职业活动基本上是非生产性的（这样说并不是否定这些职业活动在社会上的重要性），因此，扩大这些职业并不能扩大收入的源泉，相反它们需要以生产性部门为源泉获取收入。如果通过扩大构成"中产阶级"的职业来扩大中等收入者群体，那就必须以生产部门提供更多的剩余产品为前提，为此，必须限制生产部门劳动者的收入提高以使得生产领域创造价值更多地转移到"中产阶级"职业人群。可见，这样做在使中产阶级收入增长的同时，必然控制普通劳动者收入的增长，其结果不是缩小收入差距而是扩大收入差距。因此，通过增加以职业为依据的中等收入者群体来解决收入分配问题，这条路从根本上来说是走不通的。

不仅如此，靠扩大"中产阶级"来扩大中等收入者群体也会在经济发展的一定阶段上设置进一步发展的障碍。这是因为，当处于非生产性职业的社会成员群体占有主要的国民财富时，一方面，中产阶级成员对物质产品的总需求会因边际消费倾向的递减而出现增长停滞；另一方面，为增加中产阶级收入而使低收入人群有支付能力的购买力受到限制，这样就会形成社会总需求不足，使社会进入所谓的"中等收入陷阱"。中产阶级与低收入人群同时扩大，成为发展中的伴生现象，因而社会矛盾必然趋向于加深。

缩小收入差距，扩大中等收入者群体必须走调整收入的职业结构的道路，其基本内容就是要提高占大多数的普通劳动者的职业收入水平，使更多普通劳动者能够在自己的职业上通过努力工作达到中等收入水平。要实现这一点，关键是要在初次分配环节提高普通劳动者的收入水平，对各种不合理的高收入乃至中等收入职业加以限制，以腾出收入增加普通劳动者的收入。靠提高普通劳动者的收入来扩大中等收入者群体的道路是对原有的社会分配结构的根本性改革，它触及既定的社会生产关系所形成的利益结构，需要政府稳妥地处理各相关方面的利益。在这方面改革所遇到的困难肯定会比扩大以中产阶级职业为基础的收入要大得多，但是，只有这样才能够真正扩大中等收入者，而不是增加一部分人收入的同时增大中低收入群体。也只有这样，才能在国民经济增长与收入的增长之间建立起良性互动的机制。

通过调整职业收入结构，增加普通劳动者收入来扩大中等收入者群体，实现收入分配的合理化，是一项涉及对社会原有利益结构进行根本调整的改革，是需要在整个国民收入分配的一些主要环节上进行协调的改革。目前的职业与收入分配结构是以生产领域的社会生产关系为基础的，是由国民收入形成与分配过程所决定的，因此，改革的核心是要在生产领域的初次分配环节确立收入增长的机制。但是，改革的顺序和入手点必须遵循先易后难、先改革管理、再改革结构的顺序。第一，应当从非生产领域节制不必要的开支，精简冗余部门，以此在全社会范围内降低生产领域剩余产品的负担，为增加普通劳动者收入空出资源；第二，合理制定收入增长目标，其基本原则是：在一段时间内，要在全社会保证生产部门收入增长快于非生产部门收入增长，生产部门内部劳动者收入增长快于管理部门收入增长；第三，确立普通劳动者职业收入增长机制，劳动者收入增长要快于管理者收入增长，至少两者要达到同比例增长。为实现上述目标，政府需要研究和制定具体的管理政策，以保证普通劳动者收入能有实质性的增长，最终改变当前收入分配的职业结构。这些政策涉及社会各阶层经济利益的根本性调整，需要在详细的调查研究基础上，审慎地加以制定和推行，以保证在平稳的基础上实现收入分配结构的根本性改变。

参考文献

[1] 马克思：《资本论》（第1、2、3卷），人民出版社，2004。

[2] 列宁：《伟大的创举》，《列宁选集》（第4卷），人民出版社，1995。

[3] 胡学勤：《劳动经济学》，高等教育出版社，2007。

[4] 〔美〕西奥多·W.舒尔茨：《论人力资本投资》，吴珠华等译，北京经济学院出版社，1990。

[5] 杨宜勇等：《收入分配体制改革攻坚》，中国水利水电出版社，2005。

[6] 王开玉：《中国中等收入者研究》，社会科学文献出版社，2006。

[7] 张翼、薛进军：《中国的阶层结构与收入的不平等》，《甘肃社会科学》2009年第1期。

[8] 刁永祚：《中等收入群体的基本分析》，《北京社会科学》2006年第3期。

[9] 何军明：《城乡中等收入群体的划分》，《发展研究》2009年第6期。

[10] 国家发展改革委员会宏观经济研究院课题组：《进一步扩大中等收入者比重》，《红旗文稿》2006年第12期。

破解"中等收入陷阱"的路径选择

——土地收益分配视角

● 杜书云 高 雅[*]

内容提要：我国在改革开放后保持了三十多年的高速经济增长，2001年已成为中等收入国家。但城乡收入差距日益拉大的现实及拉美国家的经验显示，中国正面临着"中等收入陷阱"的挑战。如何缩小贫富差距，跨越"中等收入陷阱"，是一个亟待解决的命题。本文以土地要素收益来源为理论基础，结合河南部分地市新型农村社区建设中土地收益分配的经验，认为破解"中等收入陷阱"的关键在于缩小城乡收入差距，在于推进城乡土地收益分配均等化。

关键词：中等收入陷阱　新型农村社区　土地收益分配

一　问题的提出：中国面临来自"中等收入陷阱"的风险

（一）拉美国家"中等收入陷阱"回顾

"中等收入陷阱"是指一个国家当其人均收入达到中等水平后，由于经济发展自身矛盾难以克服，发展战略失误或受外部冲击，经济增长动力不足，最终出现经济停滞的一种状态。当今许多中等收入国家陷入"中等收入陷阱"而难以进入高收入国家行列的根本原因是收入分配不合理，贫富分化严重。

2006年，世界银行在其东亚经济发展报告中首次明确提出"中等收入陷阱"概念：世界上许多国家人均GDP长期在900~11000美元甚至在

---

[*] 杜书云，郑州大学旅游管理学院院长，郑州大学房地产研究中心主任，经济学教授，博士生导师；高雅，郑州大学旅游管理学院经济学副教授，博士。

3000～5000美元左右徘徊。① 报告同时指出，东亚经济要防止陷入这一陷阱，最重要的就是解决普遍存在的收入差距扩大问题。②

纵观拉美部分国家的发展历程，包括墨西哥、巴西、阿根廷、乌拉圭和哥伦比亚等国家在20世纪六七十年代就已经达到了中等收入水平，但经过三十多年的发展，人均GDP并未有实质性突破，经济长期处于"中等收入陷阱"。在2010年世界银行统计的213个经济体中，拉美在低收入经济体中仅有海地一个国家，而中等收入中有28个国家（其中19个国家为上中等收入经济体，占48个经济体中的40%），占104个经济体的27%，高收入经济体中有4个国家。③ 正是由于拉美国家在中等收入经济体中占比高达27%，因此拉美地区常被视为"中等收入陷阱"的典型，有学者④更是将其等同于"拉美陷阱"⑤。对其发展回顾可知，贫富不均、两极分化是"拉美陷阱"的典型特征，也是"中等收入陷阱"的重要原因所在。

（二）中国面临来自"中等收入陷阱"的风险：城乡收入差距拉大

根据世界银行的统计，中国在2001年人均GDP首次超过1000美元，2010年中国人均GDP达到4428.5美元⑥，已经进入上中等收入国家行列，但中国收入差距扩大的事实以及拉美、亚洲部分国家经济增长停滞徘徊的历史教训告诉我们，中国正面临"中等收入陷阱"的挑战。

图1展示了1978～2010年中国城乡居民收入的对比。从图中我们可以看到，两者呈现逐年扩大的趋势，并且从二者发展的趋势来看（如图2所示），若不及时治理，两者的差距将会进一步拉大。图1也给我们展示了2010年城镇居民和农村居民低收入和高收入者之间的对比，城镇最高收入

---

① 2010年8月，世界银行公布了新的标准：年人均国民收入（GNI，等同于GNP）995美元及以下的为低收入国家，996～12195美元的为中等收入国家（其中，996～3945美元为下中等收入经济体，3946～12195美元为上中等收入经济体），高收入国家的标准则提升至12196美元。GNI和GDP大致相当，例如，中国2010年GNP为403260亿元，GDP为401202亿元。本文为了叙述方便，均以人均GDP代替人均GNI。

② Indermit Gill, Homi Kharas, *An East Asian Renais-sance: Ideas for Economic Growth*, World Bank Publi-cations, 2007.

③ 郑秉文、齐传钧：《拉美黄皮书：拉丁美洲和加勒比发展报告（2010-2011）》，社会科学文献出版社，2011。

④ 贾凤兰：《中等收入陷阱》，《求是》2010年第20期；刘方域、李振明：《中国可以跨过中等收入陷阱》，《人民日报》2010年9月6日第7版。

⑤ 20世纪70年代，拉美国家的贫富不均、两极分化以及城市化失衡造成环境恶化、失业人口较多、公共服务不足等现象。

⑥ 数据来源：世界银行网站，http://data.worldbank.org.cn/country/china。

是最低收入的 8.65 倍,农村高收入是低收入的 7.51 倍,差距还是非常明显的。而《中国居民收入分配年度报告》中也提到,最高收入 10% 的富裕家庭其财产总额占全民财产的 45%,而最低收入 10% 的家庭仅占 1.4%,财富差距达 32 倍。①

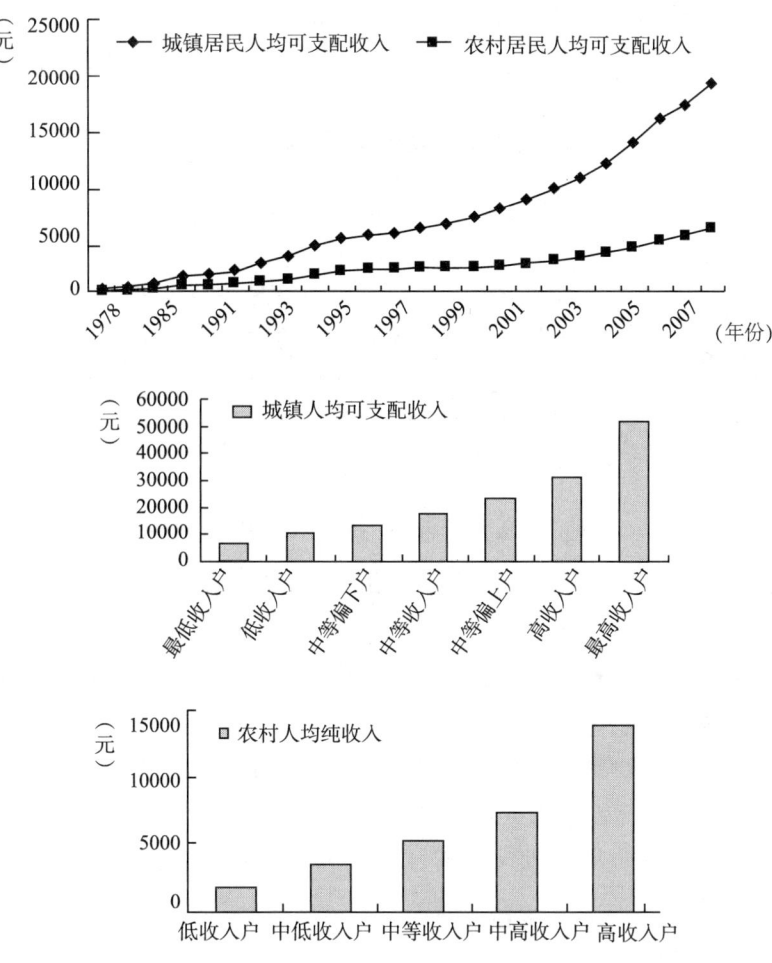

图 1　中国城乡居民收入对比②

---

① 张东生:《中国居民收入分配年度报告》,经济科学出版社,2009。
② 数据来源:《中国统计年鉴》。图 2 同。

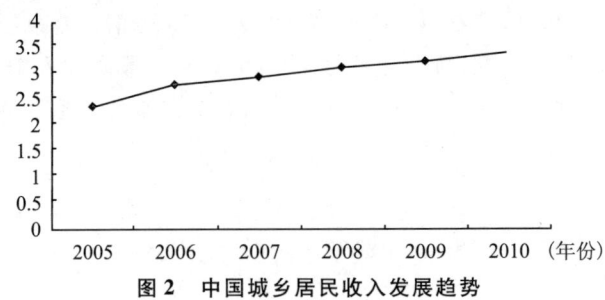

图 2　中国城乡居民收入发展趋势

（三）城乡收入差距的关键：农民财产性收入的缺失

农村居民收入中工资性收入和家庭经营性收入基本接近 90%，近年来随着各项惠农措施的实施，转移性收入也逐年增加，而农民的财产性收入从 2006 年起就一直徘徊在 3% 左右。农民拥有最重要的财产——土地，但却是中国收入最低的群体，是最没有话语权的群体。因此，缩小城乡收入差距最重要的就是要推进城乡土地要素分配均等化，使农村土地参与到农民收益分配中，增加农民的财产性收入。

二　土地要素参与收益分配的理论探讨：土地增值收益的来源

土地是一切生产和一切存在的载体。首先，土地不仅是农业的劳动对象，又是最重要的劳动资料，没有土地就没有农业生产；其次，对于非农行业而言，例如铁路、公路建设和住宅建设，都需要一定数量的土地。因而，土地投入对于产出物的增值是必不可少的，参与收益分配是必然的，而对土地要素参与收益分配的探讨又离不开土地增值收益来源的分析。

（一）土地增值收益形成原理

土地增值收益的形成是一个系统工程，是多种因素共同作用的结果，而这些因素又依托于稀缺、替代和预期三大原理。

1. 稀缺原理：供求增值

稀缺性在人们的经济生活中扮演着极为重要的角色，是无限欲望与有限资源的矛盾表现，土地具有稀缺性，体现在土地供给的有限性和土地需求的无限性上，这可以导致价格上涨、收益增加。如图 3 所示。

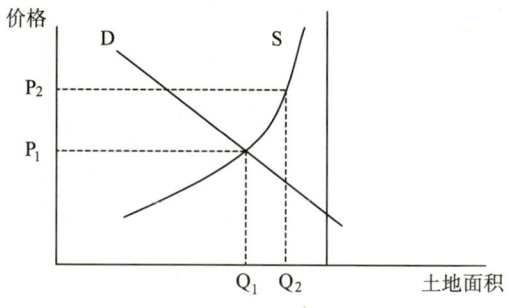

图3 土地供求关系

图3中,D代表土地的需求,S代表土地的经济供给①,垂线代表土地的自然供给②,均衡价格为P_1,均衡数量为Q_1,现在,土地的需求增加到Q_2,则价格上涨到P_2。收益增加,并且由于土地经济供给在达到一个固定的水平之后,受制于自然供给水平,其增加幅度会越来越小,对价格的弹性也就越来越小。随着需求的扩张,其价格上涨的幅度也就越来越大,收益增加值也随之越来越大。

2. 替代原理:用途转换增值

替代原理是指当两种或两种以上的商品具有同样的用途,或者能同样使人满意的时候,人们愿意以购买低价商品来替代对高价商品的购买。替代原理在土地增值收益方面的运用主要体现在以下两个方面:替代原理支配着土地从一种用途转向另一种用途;替代原理促使人们在组织生产时,尽量用同种作用的低价因素来替代高价因素。图4描述了替代原理在土地由农村宅基地转为工业用地增值中的应用。

如图4所示,纵轴 A 为宅基地,横轴 B 为工业用地。曲线 S 为等产量线,且不与坐标轴相交,表示农地 A 与工业用地 B 之间不能完全替代③,但两者之间是可以部分替代的,替代原则是 $\Delta A \cdot P_A = \Delta B \cdot P_B$($\Delta A$

---

① 土地经济供给,指土地在自然供给及自然条件允许的情况下,投入劳动进行开发以后,成为人类可直接用于生产、生活等各种用途土地的供给。由于土地具有多样性,土地利用效益存在差异性,因此,土地经济供给会随土地需求的增长而发生变化。这是一个变量,其曲线具有一定的弹性,但囿于土地自然供给等因素的限制,这一弹性又不可能很大。

② 土地自然供给,指土地天生的可供人类利用的部分,又称为土地的物理供给或实质供给,其数量包括已利用的土地资源和未来一段时间里可供利用的土地资源。由土地的有限性可知,在人类生存期内,只要不发生大的地壳变动,土地的自然供给是相对稳定的,因此它是无弹性的。

③ 即农用地不能完全替代工业用地,而工业用地也不能完全替代农用地,两者同时存在、同时发挥作用。

为 1 单位工业用地 B 对宅基地 A 的替代量，ΔB 为 1 单位农地 A 对工业用地 B 的替代量）。据此原则，在工业用地不足的情况下，ΔB 小于 ΔA，因而，P_B 必然大于 P_A，也就是说，宅基地转为工业用地必将带来单位地价上涨。

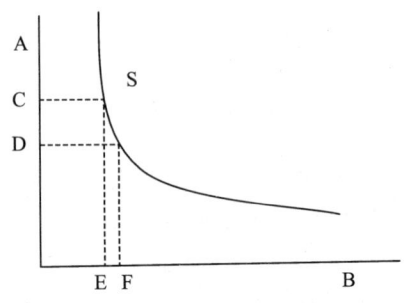

图 4　宅基地与工业用地替代关系

3. 预期原理：期望增值

经济学中的预期，本质上是对同当前决策有关的经济变量的未来值的预测，无论在微观领域还是在宏观领域，预期都对经济生活发挥着巨大作用。对于一块土地，无论其利用方式确定与否，人们都会凭借以往经验以及现有信息，运用各种方法对其未来收益进行判断，而结合土地的稀缺性与可替代性，人们往往会得出多年以后土地收益增加的预期，这种预期又会反过来推动现在土地价格的上升。这种"将来推动现在，现在又作用于将来"的现象在野口悠纪雄的《土地经济学》一书中有明确表述。

当然，这里的土地既包括农用地，也包括非农用地，按照一般理论，非农用地收益往往大于农用地收益，因此，非农用地价格一般高于农用地价格的几十倍甚至上百倍。由此可知，一笔土地买卖成交时，其售价不但包括土地现有价值，而且包括土地将来收益的估计值，并且随着土地供求矛盾的日趋紧张，人们对未来收益的预期会大大看好，导致现期土地价格远远高于其成本，从而带来收益的大幅增加。

（二）土地增值收益的推—拉分析

图 5 从推拉角度展示了土地增值收益的形成机制。

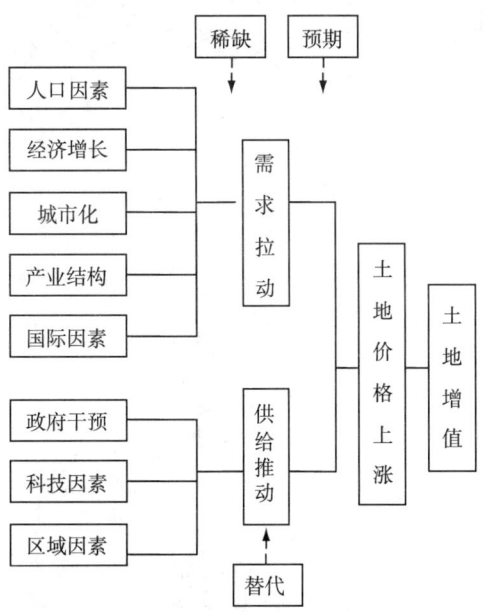

图 5　土地增值收益形成机制

1. 拉：需求拉动

拉力是从需求角度分析，主要涉及人口因素、经济增长、城市化、产业结构以及国际因素等。值得一提的是人口因素，不仅人口的自然增长会相应增加对土地的需求，而且物质、精神层面的享受以及家庭人口构成的分散化也增加了对土地的需求，三股力量共同作用，拉动了土地价格的上涨。

2. 推：供给推动

推力是从供给角度分析的，主要涉及政府对土地利用的行政干预，科学技术进步为扩大和加深土地利用创造条件，使土地利用结构发生变化，再加上土地区域因素，从而形成一股合力，共同推动地价上涨，形成增值收益。

（三）土地增值收益模型

如图 6 所示，O 代表高收益的农村土地，一般而言是指近郊的农用地以及非农用地等；X^* 代表低收益的农村土地，获得绝对地租 R_1（R_1 代表供求关系未发生变化时的绝对地租）。

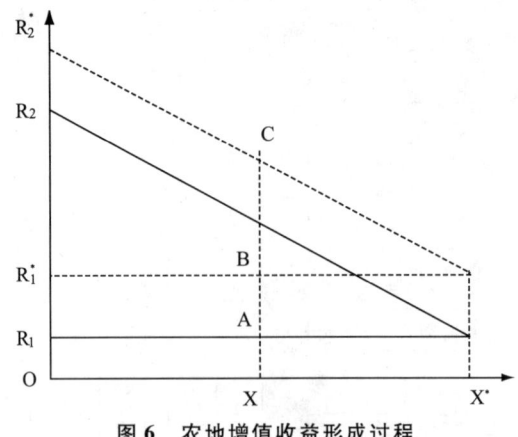

图 6　农地增值收益形成过程

由于社会对土地的需求增加，大量农村土地转为城市土地，导致农村土地相对应的地租相应有所增加，假设增加到 R_1^*，则 X^* 的增值收益为 $R_1^* - R_1$，即绝对地租增值部分；对农村土地 X 而言，其收益为 CX，增加的部分为 AB（即 $R_1^* - R_1$），体现的也是绝对地租增值。

三　实践探索：河南新型农村社区建设中土地收益分配总结

从以上分析可知，土地供求的刚性矛盾可使其大幅增值，按照我国目前的土地所有制——农村土地归农民集体所有，农民对其所有的土地拥有使用、收益、处分等权利，但是在《土地管理法》的严格限制下，农民缺乏对所拥有土地的处分权，如何使土地为农民带来更大收益，实现财产性收入增加，是一个亟待解决的命题，各地对此都进行了积极探索。笔者对河南部分地区做了深入调研，发现新型农村社区建设是一条既可以增加农民土地要素收益，又可促进当地经济发展的双赢途径。

（一）新型农村社区建设的实践

新型农村社区是新型城镇化的重要载体，通过村村合并、宅基地置换等方式整理出大量建设用地，既解决了自身经济发展所需土地，也缓解了城市发展的土地制约，还可带动农村生活环境、生产方式的改变。通过对新乡、漯河、郑州、洛阳的调研，笔者总结出以下建设模式。

第一种是村庄合并型：即由政府引导，以中心镇村为主，对周边村庄进行整合。在调研过程中，笔者发现绝大多数地区采取的是此模式。辉县裴寨新村就是整合周边 11 个行政村联合建设的一个超万人的大型新型农村社区；平顶山郏县冢头镇前王庄中心村由前王庄村、花刘、王寨、倍三郎庙、纪村 5 个行政村合建而成。

第二种是城中村改造型：即由毗邻城乡结合部的村庄进行合并。新乡县张青社区就是由位于城市郊区的小冀镇张青、苗庄、魏庄 3 个行政村合并而成；卫辉将城乡结合部的 30 个行政村整合为 1 个中心集镇和 6 个新型农村社区，其中南张庄社区规划占地 2.67 公顷，建筑面积 7 万平方米。

第三种是产业带动型：即由毗邻产业集聚区的村庄进行合并。延津县王楼乡依托纺织产业集聚区，整合集聚区周边的王楼、任庄、前牛等 8 个村合并为中苑新村，总人口 7605 人；卫辉的唐庄镇依托工业园区完善的基础设施，先后与百威啤酒、北新建材等合作，镇区规划建设 6 层商住楼房 20 栋，规划建筑面积 9 万平方米。

第四种是整体搬迁型：即将散居户从深山、滩区不适宜居住的地方，统一搬迁至条件较好的地方建设新社区。栾川县白土乡椴树村的汇安苑小区就是在扶贫资金的支持下，将散居于山上的居民整体搬迁而成的新社区；焦作市新规划的水彩社区则是在南水北调中线搬迁工程中组合搬迁居民建成的社区；登封市白坪乡为了解决乡镇区域范围内煤矿塌陷区及压煤区群众生产生活问题，进行了整乡搬迁。

新型农村社区的建设在一定程度上规避了空心村，节约了部分土地，长垣县西部的常村镇辖 40 个行政村 48633 口人，全镇规划 8 个新型农村社区，已启动 3 个，按照现有居住方式，该镇户均占地 0.067 公顷（包括道路、公共设施等），建设新型农村社区户均占地不足 0.033 公顷，每户可节约 0.033 公顷以上，8 个社区建成后至少可节约土地 400 公顷。整理出来的土地为农村经济发展提供载体，在一定程度上增加了农民的财产性收入——土地收益。

（二）新型农村社区建设土地收益分配模式

从河南地市的调研情况来看，新型农村社区建设至少可以整理出 40% 的宅基地以及公共基础设施用地，这些新增建设用地的所有者——农民集体积极进行探索，实现土地增值及其增值收益的变现，从而增加农民土地收益。

1. 土地所有权转换：货币补偿或产权调换

土地所有权转换涉及两种情况：公益项目国家征地和城中村改造项目，

前者需要政府进行安置，以房换房，同时给予一定的补偿；后者各地做法稍有不同，但基本上采取的都是货币补偿或产权调换的形式。

从郑州市的情况来看，按照 2007 年公布的《郑州市城中村改造工作流程（试行）》，规定原村民合法住宅的补偿安置以建筑面积为依据，3 层以下的合法建筑面积，选择货币补偿的按市场评估价补偿，选择产权调换的按"拆一还一"标准安置，对 3 层以上建房问题则不做明确规定，由各区政府根据实际情况酌定，目前基本做法有"拆三补一"和"拆五补一"。

2. 土地流转：安置房+土地长期受益（租金、分红）

（1）土地整体流转既包括农地，也包括置换的宅基地，适用于整体搬迁以及产业带动的新型农村社区建设。但两者主导因素不同：前者为政府，目的在于扶贫或者公益项目建设，原有土地增值空间较小；后者为优势产业，目的在于扶持优势产业发展，原有土地增值空间大，农民收入增加大于前者。

郑州上街区的南部山区共有西林子、东林子、营坡顶、杨家沟、老寨河 5 个行政村，1200 多户 4000 多人，约占全区农业总人口的 10%，面积共 1133 公顷，其中建设用地 245 公顷，五村均为省（市）级重点贫困村，位置偏僻，交通不便、上学难、就医难、出行难、增收难、社会经济发展缓慢等问题极大地制约了山区发展。在新型农村社区建设中，该地区实施了整体搬迁，现已顺利搬出 3 个贫困村，村民年均收入净增 2500 元，具体做法如下。

一是完善公共服务设施：财政出资 5600 万元，在安置小区周边配套建设公共服务设施，解决搬迁村民就学、医疗、养老问题；二是确保农民长期获得土地收益：政府出台《搬迁村土地流转收益分配及扶贫资金分配办法》，经过村民代表大会表决，统一分配山区土地流转经营收益，保障搬迁村民享有土地的长期受益权；三是补贴居民置换安置房：政府丈量测算村民自有房屋，进行市场化合理定价，每户给予一定的补贴，然后统一置换为新建安置房；四是完善社会保障："五保"老人除自愿分散供养，在家中享受每人每年 3120 元的补助外，全部纳入敬老院集中供养。

笔者在对济源市玉仙社区进行调研时发现，农村居民搬入新型农村社区后，原先的土地流转出去，每年可收取土地承包金 3000 元，家里 4 口人从土地上转移出来，到社区附近的工厂上班，人均月工资 1000 元，年家庭总收入达 5 万元，翻了 10 倍。

（2）新增建设用地流转涉及置换的宅基地，目前多数地区采取的是租金加分红的形式来实现土地收益分配。

郏县冢头镇陈寨中心村位于冢头镇北3公里,辐射段村、仝村、秦楼3个行政村,1247户5446人,耕地4728亩。被确定为中心村后,该地区开展新型农村社区建设,已建成新民居100多套,绿化面积3000平方米,各项公共设施基本齐备,还积极引导段村、仝村、秦楼向陈寨靠拢。具体做法如下。

该地区依托龙头企业龙湖湾生态园,流转新型农村社区建设中整理出来的宅基地,将其复垦为农地,发展苗圃种植业,建成占地80公顷的龙湖湾苗木生态基地。此基地采取的是合作社形式,农民以土地入股,每亩地折合资金4000元,年最低收入1200元/亩,其中包括固定租金600元/亩和年最低分红600元/亩。如果生态基地效益好,分红随之增加。此外,农民还可在基地工作,获得工资性收入。对村集体而言,目前,该基地每亩每年经济纯收入在3000~5000元,此项可增加收入150万元以上。不仅如此,该村还积极发展烟叶种植业,种植面积突破33公顷,经济收入达200万元。

(3)土地产权不变,用途改变,即城乡建设用地增减挂钩,土地利用与项目区内土地整理项目同步实施,同时也最大化释放土地整理项目的作用。从调研情况来看,采取的均是土地补偿的方式,收入多数用于新型农村社区建设。

新郑市薛店镇把常刘中心村(常刘村、薛集村)和解放北路社区(岗周村、草店村、花庄村)两个项目合二为一,形成城乡增加挂钩项目,计划争取挂钩转指标42.7公顷,其中22.7公顷用于安置区建设(常刘中心村10公顷,解放北路社区12.7公顷),20公顷平移到镇区招商,进行商务开发,获得土地补偿费,然后用于平衡建设资金。卫辉的唐庄镇利用新型农村社区建设整理出的200亩土地进行指标替换,获得600万~700万元的货币收入,用于新型社区的公共基础设施建设。

(三)反思:成绩与问题并存

新型农村社区建设在河南已经开展了一段时间,从现有状况来看,在缩小城乡收入差距方面既取得了较好的成绩,也存在一定的问题。

1. 成绩:增加了农民财产性收入

从图7可知,与全国相比,河南农村居民人均财产性收入占纯收入比重从2006年起持续增加,且均高于同期全国水平。2010年增加为5.07%,高于全国1.65个百分点,在一定程度上表明新型农村社区建设有助于增加农民财产性收入。事实上,新型农村社区建设在增加农民财产性收入的同时,通过土地流转，引进各类项目，实现"离土不离乡，进厂不进城"，还增加了农民的工资性收入。

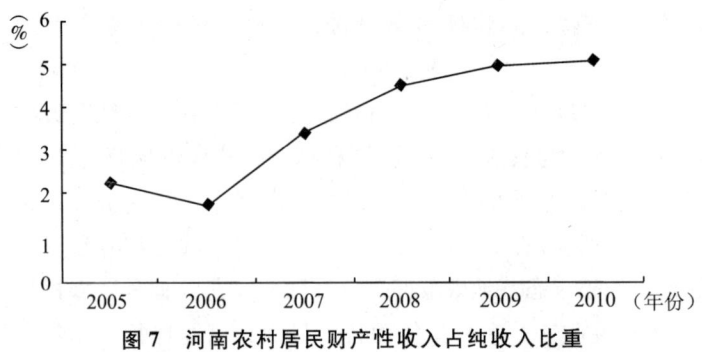

图 7 河南农村居民财产性收入占纯收入比重

图 8 展示了新型农村社区建设较好的地市——新乡城乡居民收入差距与全国同类指标的对比，从中我们可以发现，新乡城乡收入差距呈现出缩小的趋势。2010 年，新乡城镇居民人均可支配收入是农村居民人均纯收入的 2.52 倍，低于同期全国的 3.23 倍。从两者的绝对值差距来看，2010 年，新乡城乡居民收入差为 9511 元，同期全国为 13190.4 元，按照现有趋势，2020 年新乡城乡居民收入绝对差约估为 18607 万元，全国约估为 28349 万元①，新乡低于全国万元左右。

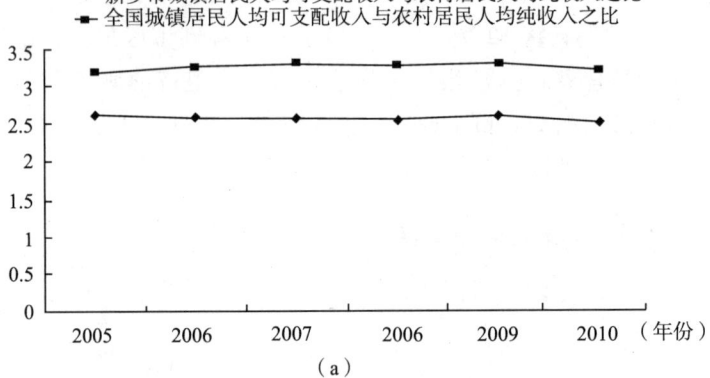

(a)

---

① 该结论利用 EXCEL 中的趋势方程计算而来。新乡城镇居民可支配收入趋势方程 $Y = 1517.4X + 6676.3$，$R^2 = 0.9962$，农村居民人均纯收入趋势方程 $Y = 616X + 2485.7$，$R^2 = 0.9947$；全国城镇居民可支配收入趋势方程 $Y = 30.454X^2 - 24.133X + 970.36$，$R^2 = 0.9833$，农村居民人均纯收入趋势方程 $Y = 108.65X^{1.1815}$，$R^2 = 0.9805$。

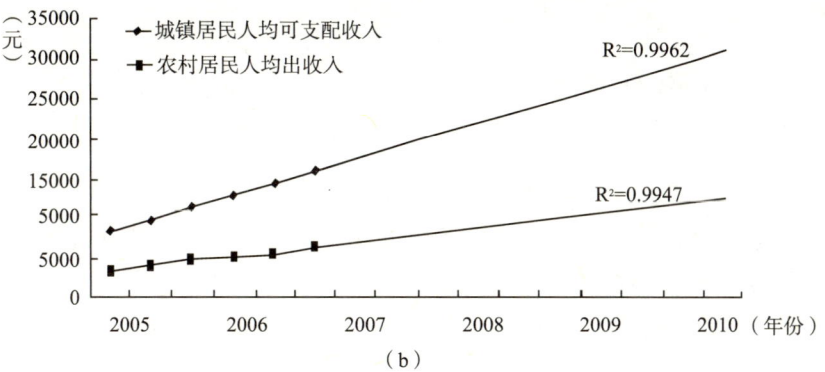

(b)

图8 新乡和全国城镇居民人均可支配收入与农村居民人均纯收入对比

2. 问题：农民的弱势地位

（1）制度约束。现行农村集体土地产权制度的基本框架是所有权和使用权相分离：所有权主体是村农民集体、村内若干个农民集体、乡镇农民集体，使用权主体则按不同的土地类型有不同的主体，宅基地使用权主体是农户，村庄内公共用地主体是集体全体成员。而对所有权而言，农村集体土地所有权是虚置的，法定权利主体的多级性和不确定性、所有权与使用权权能的相互替换、国家对农民集体行使土地所有权超法律限制造成了农村集体土地所有权虚置，直接导致了农村土地实际为少数人所控制，他们以权谋私，侵害了农民的土地权益。

（2）村集体、地方政府对农民利益的侵占。主要表现在以下两个方面：其一，业主和地方政府为了各自的利益压低租金，而农民由于缺乏组织，往往处于弱势地位，不得不接受这一不公平的分配模式；其二，村集体和地方政府对农村集体土地实行强制性流转，并且往往截留、挪用土地增值收益。

（3）土地收益变现困难。受农村宅基地使用政策和房屋产权证发放政策的限制，镇村一体化后，农民到城镇集中居住点或中心村新建的房屋不能发放房产证和建设用地分割使用证，部分农民城市安家后，无法将原有房屋进行变现，实现财产性收入增加。

四 结论与启示：推进城乡土地收益分配均等化，跨越"中等收入陷阱"

跨越"中等收入陷阱"，最重要的在于缩小贫富差距，将货币从边际效用较低的高收入群体转移到边际效用较高的低收入群体，增加社会总效用：一方面可以拉动内需，促进经济增长；另一方面可以增强对弱势群体的扶持，增加话语权，减少社会动荡。

从中国目前情况来看，缩小贫富差距的关键在于缩小城乡收入差距，在于大幅度提高农民收入水平。中国人口众多、农地有限，人均耕地面积0.152公顷（2.28亩），经营性收入增加有限，转移性收入主要是靠政府的财政支持，在目前的情况下，想要大幅度增加也存在一定的困难。对工资性收入而言，随着农民工工资的提高，这一块在农民收入中的比重日益增加，成为农村居民收入增长的主要源泉。然而，我们却自觉不自觉地忽视了农民最重要的一块收入：土地财产收入。

依据前述第二部分的分析，土地是稀缺的，价格处于持续上升通道，从而带来高额收益，这一收益处理得当，会增加农民的财产性收入，进而提高农民总体收入水平。对此，我们认为应该推进城乡土地收益分配均等化，跨越"中等收入陷阱"。具体而言，就是开放农村集体土地市场，农村集体建设用地合法入市，使新型农村社区建设中新增建设用地收益留到农村、留给农民，真正还利于农民，实现农民收入增加。

参考文献

[1] 贾凤兰：《中等收入陷阱》，《求是》2010年第20期。

[2] 刘方域、李振明：《中国可以跨过中等收入陷阱》，《人民日报》2010年9月6日第7版。

[3] 张东生：《中国居民收入分配年度报告》，经济科学出版社，2009。

[4] 郑秉文、齐传钧： 《拉美黄皮书：拉丁美洲和加勒比发展报告（2010—2011）》，社会科学文献出版社，2011。

[5] Indermit Gill, Homi Kharas, *An East Asian Renais-sance: Ideas for Economic Growth*, World Bank Publi-cations, 2007.

跨越"中等收入陷阱"与收入分配创新

● 郭正模[*]

内容提要: 曾经和现在仍陷入"中等收入陷阱"的国家,都有着政治、经济、社会和文化等多方面原因,但都存在没有解决好收入差距扩大、贫富不均的制度安排和机制设计的问题。我国目前还处于新旧体制转型的过程中,企业分配制度、行业所有制结构与财产权利制度是当前保持经济持续增长和实现公平分配的主要障碍。跨越"中等收入陷阱"需要继续深化改革,调整分配关系和创新收入分配制度。

关键词: 收入分配 中等收入陷阱 制度创新

一 形成"中等收入陷阱"的原因与经济学解释

世界经济增长的历程表明,许多的新兴市场经济国家在突破了人均 GDP 1000 美元的"贫困陷阱"后,很快会奔向 1000~3000 美元的"起飞阶段"。但往往到了人均 GDP 3000 美元附近,经济快速发展中长期潜伏积聚的各种矛盾便会集中爆发,使自身体制与机制的更新进入临界。很多发展中国家在这一阶段,经济增长的速度会出现回落或长期陷入停滞状况,即进入所谓"中等收入陷阱"阶段。当今世界的绝大多数国家是发展中国家,都存在所谓的"中等收入陷阱"问题。像巴西、阿根廷、墨西哥、智利、马来西亚等,在 20 世纪 70 年代均进入了中等收入国家行列,但直到 2007 年,这些国家仍然徘徊在人均 GDP 3000~5000 美元的发展阶段。国际上公认的成功跨越了"中等收入陷阱"的国家和地区有日本和"亚洲四小

---

[*] 郭正模,四川省社会科学院经济研究所。

龙"，但就比较大规模的经济体而言，仅有日本和韩国实现了由低收入国家向高收入国家的成功转换。

"中等收入陷阱"（Middle Income Trap）的概念由世界银行在《东亚经济发展报告（2006）》首先提出，其基本含义是指：鲜有中等收入的经济体成功地跻身为高收入国家，这些国家往往陷入了经济增长的停滞期，既无法在工资方面与低收入国家竞争，又无法在尖端技术研制方面与富裕国家竞争。近年来，国内外学术界通过比较分析成功跨越和陷入"中等收入陷阱"这两类国家和地区的经济社会特征，选取一些国家来分析其在经济增长、技术创新、人力资源、收入分配、社会发展、对外依赖等方面的差异性，结果归纳出陷入"中等收入陷阱"的原因主要有以下几个方面。

（1）未能及时调整经济发展模式而失去模式转换的机遇。其典型是一些依靠劳动密集型产品出口拉动经济增长的国家，它们在传统产品成本增加和需求变化后，未能及时调整产品结构和培育出国内市场需求，导致外贸逆差和经济大幅度减速。有的国家通过牺牲环境实现了经济增长，但到了中等收入阶段却陷入环境危机，被迫支付巨额环境治理费用而影响经济增长和收入增加。

（2）未能在经济增长模式转型中突破技术创新的瓶颈。如一些国家的经济在进入中等收入阶段后，低技术含量产品生产的低成本优势逐步丧失，在低端市场难以与低收入国家竞争，但在中高端市场则由于研发能力和人力资本条件制约，又难以与高收入国家抗衡。在这种上下挤压的环境中，这些国家逐步失去经济增长的动力而导致经济发展停滞。其核心原因在于缺乏自主创新的激励机制和国家对人力资本方面的及时投入，未能够培育出新的竞争优势。

（3）政府的宏观经济管理失控和缺乏有效制度框架。如有关国家的产业等政策缺乏稳定性；政府的财政政策失控，依靠赤字维系运转，致使债台高筑，通货膨胀；宏观调控措施失当而造成经济大幅波动。

（4）人口城市化与工业化的推进不协调。在推进城市工业化的过程中，大批低素质农村劳动力和家庭人口流入城市，但缺乏稳定的职业和收入来源，成为城市贫困人口，影响了城市经济活力的形成和产业提升。

（5）人口红利消失和老龄化社会来临的负面影响。人口红利消失意味着新增劳动力的比例下降和绝对数量的递减，人工成本增加；劳动年龄人口的抚养比提高，社会保障支出增加。这些都对依靠投资拉动的传统经济增长进程起减速作用，导致社会人均收入增长放慢。

（6）对新增的社会财富分配不公和对公民自由发展的公平性处理不当。如一些国家对市场竞争形成的收入两极分化未能够及时加以遏制，未能够构建出收入分配的公平制度，形成"强者通吃"的局面，导致社会不同阶层的矛盾加深。

（7）政治体制改革严重滞后，影响经济可持续增长。如拉美国家的政治体制变革受到利益集团羁绊，严重滞后于经济发展。一些所谓精英集团和政党片面追求经济增长和财富积累，反对在社会结构、价值观念和权力分配等领域进行变革，或者把这种变革减少到最低限度。以上这些因素导致经济财富过度集中，利益集团势力强大，造成寻租、投机和腐败现象蔓延，市场配置资源的功能受到严重扭曲。政治结构不尊重低收入阶层的诉求和漠视新兴中产阶级参与政治的意愿，导致社会冲突频发而影响经济的继续增长。

通过观察国际经济社会发展的趋势后我们发现，曾经和现在仍陷入"中等收入陷阱"的国家，虽然都有着政治、经济、社会、文化等多方面原因，但其共同点是没有解决好收入差距扩大、贫富不均的制度安排和机制设计问题。如20世纪70年代拉美国家在进入中等收入阶段后，反映社会收入分配的基尼系数高达0.44～0.66。一些中等收入国家如泰国，还由于城乡贫富悬殊，社会严重分化，引发剧烈的社会动荡，甚至导致政权频繁更迭，对经济发展都造成了严重影响。

上升到经济学理论层次，我们可以对所谓"中等收入陷阱"加以解释。目前有一种观点认为，"中等收入陷阱"是经济资源配置的"均衡陷阱"的一种表现形式。与"人口陷阱"类似，主要反映国家或地区经济增长过程中出现的资源配置的机制失衡对经济与收入增长的限制效应。一个经济体从中等收入向高收入迈进的过程中，由于不能重复又难以摆脱以往由低收入进入中等收入的发展模式，很容易出现经济增长的停滞和徘徊，使人均国民收入难以突破1万美元（蔡昉，2011）。也有观点认为，"中等收入陷阱"的本质是"转型陷阱"，即进入这个时期后，前一阶段经济快速发展所积累的矛盾集中爆发，原有的经济制度以及政治、法律体系等无法有效地应对系统性风险。另外，一些既得利益集团又阻碍进一步变革的进程，使经济制度改革停滞甚至发生倒退，造成社会各方面的利益博弈成本倍增，使经济增长容易出现大幅波动或长期处在中等收入阶段徘徊，迟迟不能进入高收入国家行列（孙立平，2012）。笔者认为，不同国家或地区的主要倾向是有差别的。对于中国这样的制度转型的国家，后者往往是主要的原因。

二 推动公平分配是我国跨越"中等收入陷阱"的当务之急

改革开放以来,我国在社会收入分配的制度安排上发生了重大转型。20世纪90年代初以来,为适应社会主义市场经济体系建设的要求,我国开始了以劳动要素为主体,与资本、技术、管理等生产要素共同参与社会财富初次分配的探索和实践。同时,政府通过财政转移支付、税收等再分配手段,结合社会保障综合体系,调节不同地区、阶层和家庭的收入增长和结构,以实现公平、公正的社会分配和共同富裕的社会发展目标。

按照世界银行的标准,2010年我国人均国内生产总值达到4400美元,已经进入中等收入偏下国家的行列。我国改革开放以来收入分配的制度变迁大体经历了两个阶段。第一阶段(1978~1992年),由农村承包制开始的收入分配改革带动了经济增长,使我国经济初步跨出了"贫困陷阱",但后期出现分配关系的非均衡状况,导致国民经济运行状态的恶化,如1988年的高通货膨胀与随后的经济减速等情况。第二阶段(1993年至今)由邓小平同志南方谈话和社会主义市场经济体制的确立开始,新的分配制度重新促进了经济快速增长,使我国脱离了低收入阶段。但近年来又出现新的分配关系的制度失衡状况,我国需要通过深化改革和分配制度创新来遏制经济减速,最终实现跨越"中等收入陷阱"(冯邦彦、李胜会,2006)。新古典经济学认为,收入分配与经济增长是一种循环促进关系(Robinson,J等人);而新制度经济学则认为经济增长的根本原因是制度的变迁(North,D,C)。20世纪90年代以来,国际上的多数研究都认为较大的收入不均等影响经济增长(Persson等人,1994)。微观制度和企业组织层面的行为模型也表明,企业收入均等程度的提高与利润增长并不存在冲突(M. Altman,2003)。有关研究表明,社会收入分配不均主要通过政治经济不稳定、资本市场不完美、消费需求下降和人力资本投资效率降低等传导机制影响经济增长和人均收入增长(周景彤,2008)。

但是,中国在经济体制方面与几乎所有的其他市场经济国家的不同点在于:中国是一个由强势政府主导的集权化决策的国家,是一个主要经济资源被国有企业集团实行垄断控制的国家,是一个对公权与私权实行不平等财产制度安排的国家。因此,我国在跨越"中等收入陷阱"方面面临的主要问题与其他国家是有区别的。我国虽然维系社会主义的意识形态，强调社会的公平和公正，但缺乏如何在市场经济体制下发展公平性的理论，对如何实现社会公平的具体操作方式、路径等研究和重视不够。如在理论层面上，我国依赖公有制经济实体的存在对分配公平实现的价值主导作用，依赖政府行政手段对公平实现的协调能力和调节效率。而事实上，我国以央企为代表的超大型国有企业同样具有强烈的自我利益追逐倾向，其高层管理人员组成的核心利益集团对企业劳动关系的构建缺乏自我约束的机制。而我国的地方政府和部门管理机构也都具有利益集团的特征，其许多行为往往与社会公平相违背，需要由法律、民主政治与新闻舆论等制度安排来加以约束。近年来，我国在经济体制的变革方面还受到一些既得利益集团的羁绊，改革严重滞后于经济发展，一些改革甚至发生了倒退。一些精英成为利益集团的代言人，片面鼓吹经济增长和财富积累，反对在产权制度、社会结构、价值观念和权力分配等领域进行进一步的变革，或者把一些好的变革异化为利于自身的模式。由于广大弱势群体缺乏话语权和自我博弈的机会，经济财富过度集中，使一些利益集团势力日益强大，造成寻租、投机和腐败现象蔓延，主体经济缺乏竞争下的技术创新动力，市场配置资源的功能受到严重扭曲。在资源短缺约束、人口红利消失、国际市场壁垒等因素的制约下，我国的经济增长在"十二五"和"十三五"期间出现减速已经不言而喻。如果我国不能在收入分配的制度改革上有所突破，势必将使无法跨越"中低收入陷阱"的风险概率大幅度增加。

经过三十多年的经济快速发展，我国的经济总量目前已经位居世界第二，综合国力不断增强。但是我国在人均 GDP 和城乡人均收入水平不断提高的同时，也出现了社会收入差距明显拉大的现象，我国的基尼系数在 2000 年已经达到 0.40 的警戒线以上，2009 年更达到 0.47，我国已成为世界上社会收入差距最为悬殊的国家之一。此外，城乡之间、地区之间、部门之间的收入差距都有进一步扩大的趋势，以银行存款和住宅等不动产为主的社会财富快速地向少数社会成员集中，绝对和相对贫困的家庭覆盖面还从农村向城镇扩散。

我国目前已经进入人均 GDP 4000 美元的经济发展阶段，收入分配引起的社会矛盾和政治冲突将进入高发期，即所谓"中等收入陷阱"。这些都反映出经济增长并不意味着社会福利的同步增进，如果在收入分配上机制不当和制度安排不合理，还有可能进而引发剧烈的社会矛盾和冲突。特别是广大人民群众如果在改革开放的过程中得不到收入增长的实惠，甚至其原有的利益普遍受到损失，那么，加快经济发展就失去了本来的积极意义。因此，在"做大蛋糕"的基础上，如何解决"分好蛋糕"问题，对我国实现经济社会持续发展、构建和谐社会以及政治稳定具有重要的现实意义。关注民生问题在当前的重点就是要体现出社会收入分配的公平和公正性。

三 当前我国收入分配制度存在的若干突出问题

现阶段我国的收入分配还处于制度转型的过渡时期。在新旧体制转型的过程中，一些领域中的传统计划经济分配模式还没有完全消除，与市场经济制度不完全适应的企业分配制度、行业所有制结构与财产权利制度成为经济持续增长和公平分配的主要障碍，与此同时还出现了许多复杂的新情况和新问题。如果这些问题得不到妥善的解决，势必导致改革进程倒退以及前期改革的成果丧失。现阶段，我国社会收入分配存在以下一些突出问题。

（1）企业、劳动者和政府三方博弈的均衡机制和制度还有待完善和构建。以企业收入分配为核心的初次分配是整个社会收入分配的基础和起点。企业层次的分配客观上存在劳动者、企业和政府三方利益主体；企业生产经营所得产生后大体按照工资福利、企业利润和政府税费进行收益分配。在目前我国实行股份制的企业产权制度安排下，普通职工一般不拥有企业利润的分配参与权和分享权，也缺乏成员组织化开展集体工资福利谈判的内生性的均衡机制，因此劳动者往往处于劳动合约与收入谈判的弱势方面。而拥有收入政策制定权、处于强势地位的政府往往有向企业和个人超量征收税费的冲动和行为。中小、微型企业与政府在企业收入分配博弈中也往往处于弱势地位。近年来，我国中央和地方财政收入持续保持在20%以上的高位增长，明显高于企业利润和职工平均工资的增长幅度。一些地方政府往往还在追求经济增长政绩的利益驱动下，偏向投资者的利益保护而限制劳动的合理合法所得。因此，在三方博弈中，劳动者的利益受损是较为普遍的现象。这些因素使我国劳动收入在初次分配中的比重已经下降到不合理的水平。据收入法的GDP，初次分配中劳动报酬占比由1995年的51.4%下降到2010年的39.7%，收入初次分配的整体格局潜伏着爆发社会利益冲突的危机。

(2) 垄断性国有企业的收入分配亟须全面整顿和实行深层次改革。20世纪90年代以来,我国在国有企业产权制度改革的过程中,主要依托国家集权体制,利用行政手段形成了一批垄断企业集团巨头。与多数发达市场经济国家的垄断企业不同的是,我国垄断企业的形成并不来自于市场竞争的机制,而是长期依赖政企不分的体制保护来生存。这些超大型企业集团通过行业垄断的各种特权地位来进行资产扩张和市场控制,其结果是形成了一批新的利益集团,影响政府市场准入、信贷投放、价格调整和税收等方面的决策行为。这不仅违背了市场自由竞争原则,还强化了社会收入分配的不公平性。例如,有关企业通过对资源性产品市场供给的垄断,主要依靠所提供的上游产品的价格调整来保持利润和税收的增长,往往成为物价上涨和通货膨胀的主要推手。由于大量获取垄断性的暴利,又企图通过增加企业内部人员的收入和福利方式来侵蚀全民的收益,这样在行业和有关企业的收入分配机制上就有许多不合理的设计。近年来,我国国有垄断行业与普通竞争性行业的职工收入差距被不合理地拉大。如有的行业长期收入比其他行业高出5倍以上,这在正常的市场经济中是不可想象的。国家有关部门对国有垄断企业高层管理人员的收入也缺乏有效的约束和监管,国有资产经营的代理人具有极不合理的"亦官亦商"身份,他们凭借行政权力获取不合理的高额收入和优厚的福利待遇,其内部收入分配已经超越了"委托—代理人"制度的资产经营者的界限。一些大型国有企业还违背了劳动关系的基本原则和用工制度的规定,如大量滥用劳务派遣工制度。有人大代表在发言中称,某央企有职工150万人,正式合同制人员仅70万人,其余的是劳务派遣工,年工资收入差距在5万元以上。这不仅推卸了国有企业在构建和谐劳动关系方面的社会责任,还进一步扩大了企业内部的收入分配差距,制造出新的带身份歧视性的劳动力市场关系,使公有制经济的社会形象受到极大的损害。

(3) 城乡居民财产性收入的双重规则和标准加深了社会财富两极分化的程度。城乡收入差距悬殊是社会成员收入差距最突出和最普遍的问题。土地和房屋是城乡居民银行存款外的最重要的家庭财产和财产性收入来源。然而在我国土地的国有和集体所有的制度安排下,客观上形成了政府对土地利用方式的歧视性管制和对增值收入的高度垄断,极大地限制了农村集体、居民的财产性收入来源和水平的提高。我国还实行城乡居民家庭的房屋财产所有权的二元性政策,如允许城市居民自由拥有和交易商品性房屋以获取财产性收入,城镇居民可以拥有多套住宅以及相配套的大面积的土地使用权,而广大农村居民则被严格限制为"一户一宅"和不允许进行社区成员以外的私有房屋出让交易。农村集体建设用地也被政策限制进行商品房建设。近年来,由于社会投资渠道不畅、股市低迷和存款长期处于负利率,普通城乡居民财产性收入来源狭窄,增长缓慢。如2006年我国城乡居民的财产性收入为7075亿元,其中利息收入为6365亿元,占财产性收入总数的89%,包括租金在内的其他收入仅仅为386亿元,占4.3%(刘扬、王绍辉,2009)。局限于农村家庭承包地的出租流转来扩大农民财产性收入的措施,缺乏足够的增长潜力。由于对宅基地等农村家庭土地财产权缺乏合理、科学的法律和政策认定,我国限制农村家庭土地的正常出让使其难以转变为定居城镇的资金,因而严重影响农村人口市民化进程。近年来,由农村土地征用和城市房屋拆迁引起的群体性事件频发,充分凸显了土地产权在政府、集体和私人之间不平等地位对收入分配的负面效应。据统计,2011年,我国政府的土地出让收入达到3万亿元,其中绝大多数来自于对集体土地征收后在市场拍卖的收入。不少地方政府的财政收入有60%以上来自于土地收入。因此,在加快工业化和城市化的进程中,我国对弱势群体的私人财产权利的保护问题和法律修正问题已经提到议事日程。

此外,我国现阶段还存在政府部门集权化非透明分配公共财政资源、社会慈善资源行政化分配和单位腐败、制度漏洞造成的非法收入、灰色收入等问题,对此我国政府也应当加以关注并及时纠正。

四 跨越"中等收入陷阱"的收入分配制度创新途径

形成"中等收入陷阱"的原因具有多样性和复合型特征,但是对我国现阶段而言,收入分配制度的创新无疑为当务之急。在推进改革总体思路的前提下,我国政府可以采取以下一些创新途径。

(1)大力完善劳动者和企业之间的分配机制与制度。企业、劳动者和政府是企业的利益攸关者,只有在各自利益协调兼顾的基础上,才能使企业的收益实现最大化。因此,政府要按照平等、合作、互利、协商的原则,推进建立和谐的企业劳动关系,通过劳动合同和协议协调劳动与资本的分配关系,合法保障双方的利益和收入;要通过工会制度改革、法律援助等方式完善企业内部的劳动力市场交易谈判机制,实现工资收入与利润和税收同步协调增长。政府要维护双方的合法权益尤其是农民工等弱势劳动者的权益，要通过保护和增加劳动收入，奠定公平的社会收入分配的坚实基础。

（2）合理约束财政税收增长的幅度，完善财政支出结构。政府要通过减、免、缓中小企业和中低收入者的税费负担和财政补贴等方式，以调节在初次分配中的关系，切实增加城乡居民实际收入；要加快政府财政支出的结构性调整，大幅度增加民生工程建设的开支，实现城乡基本公共服务均等化；要严格控制财政赤字和政府债务规模，积极消除通货膨胀对财富分化的负面效应；要进一步扩大教育、就业、住房、医疗、养老等社会保障的覆盖面和水平，扩大社会救助范围和提高扶持力度；要加强中央和地方财政的转移支付，缩小地区、部门之间的收入差距；要研究改变目前地方政府"土地财政"体制形成的与民争利格局，增加公益性、保障性的土地公共产品供给；政府对超额征收的财政收入可采取向全民分发"红包"、转入养老基金等方式来惠及民生。

（3）加强对国有垄断性企业收入分配的制度建设和监督调控机制。国有企业的资产和收入是全体国民的财富。政府要通过立法等方式对一些国有垄断企业成员集体性侵占全民财富的行为加以遏制，对少数高层管理人员的薪酬和福利要进行规范与监管。当前，政府应全面清理、整顿国有垄断企业的用工制度和收入分配制度，修改产业准入的所有制歧视政策，打破政府行政垄断并尽量消除其对社会收入分配的负面影响。政府近期可以采取征收垄断经营税的手段，实行严格的基础性产品垄断价格管制制度。从长远发展的角度来看，我国应当切实按照市场经济的公平竞争原则，全面开放石油、铁路、通讯、电力、烟草、银行等行业生产经营的所有制限制，加快反垄断立法的进程。

（4）继续加强推进对与公民财产收入制度有关的改革，开辟多种城乡居民的财产性收入来源。我国要建立和完善土地、房产、债券、股票等市场交易制度；政府要严格控制财政赤字规模，切实履行遏制通货膨胀的政府责任；要严格保护私人财产不受侵害，确立公权与私权的平等地位；要进一步深化城乡土地产权制度改革，打破政府对建设用地市场的垄断权，尊重农村集体土地产权并明晰农村家庭的土地财产权和自愿、平等的交易权，通过在城市化和工业化过程中平等、公正地交易土地财产权，使农民家庭能够取得财产性收入并转移和重新优化配置家庭的财产资源，从而缩小城乡居民的收入差距。

(5) 大力推行政府部门财政开支公开制度并接受人民代表大会的审批、监督。我国政府要抓紧进行政府的公益性机构改革，支持和扶持各种民间慈善机构和组织的活动，完善和规范捐赠资金和基金的管理制度；要合理引导有关资源投入到扶贫、公共卫生、医疗、基础教育、就业培训等民生领域；要通过城乡统筹发展和公共服务均等化等方式，缩小社会成员之间的收入差距，扩大中等收入阶层的覆盖面，最终在我国形成"两头小、中间大"的社会成员分配格局。

(6) 加快农民工市民化进程，实现公民权利和公共福利的均等化。我国政府要尽快纠正目前中国的"浅度城市化"格局，让农民工真正实现"市民化"。为此，政府应积极采取有效措施，努力保持城市化与工业化的协调发展。政府应实行积极就业的方针，充分满足广大农民工在城市就业的人力资本投资需求，加强农民工的劳动所得保护并维护其合法权利，开放城镇户籍和定居权利。政府应大力发展以公租房和经济适用房为主的保障性住房，满足新一代城市产业工人的城市定居需求，通过新旧居民的社会保障和福利均等化，以消除大规模低收入流民可能形成的社会冲突风险。

参考文献

[1] 蔡昉：《"中等收入陷阱"的理论、经验与针对性》，《经济学动态》2011年第12期。

[2] 孙立平：《走出转型陷阱》，《经济观察报》2012年2月26日。

[3] 冯邦彦、李胜会：《我国收入分配制度变迁与经济增长的关系研究》，《经济体制改革》2006年第4期。

[4] 周景彤：《收入不均等对经济增长影响的研究述评》，《经济学动态》2008年第2期。

[5] 陈亮、陈霞：《迈过"中等收入陷阱"的战略选择》，《经济学动态》2011年第5期。

[6] 刘扬、王绍辉：《扩大居民财产性收入 共享经济增长成果》，《经济学动态》2009年第6期。

论收入分配调整手段的适用性

● 贾后明[*]

内容提要： 跨过"中等收入陷阱"的一项重要任务是解决收入分配差距不断扩大问题，而市场、经济、行政、税收、法律与道德等手段在解决社会收入分配差距时都有适用性。劳动能力、财产持有、偶然性和地下非法收入等因素都会使收入分配形成差距，每种手段在解决这些因素时各有优点，也有局限性。政府要针对收入分配差距的形成因素进行全面调整，使收入分配差距处于人们可接受的程度。

关键词： 中等收入陷阱　收入分配　调整手段

由中等收入国家向高收入国家迈进中出现的"中等收入陷阱"涉及两个方面问题：一是如何保持经济持续增长，使整个社会的收入水平不断提高，最终步入高收入国家；二是如何保证这一过程中社会的基本稳定。由中等收入国家到高收入国家不仅是收入增长过程，还是社会利益结构调整过程，内在的社会利益结构变化会使外在的收入分配发生变化。收入分配差距保持在人们可接受范围时，人们对社会改革一般不会产生直接抵触情绪；而一旦社会改革带来收入差距迅速扩大，人们往往会对社会改革的价值与意义产生怀疑并加以抵制。因此，"中等收入陷阱"的跨越不仅要保持经济持续增长，还要解决收入分配差距。不过，收入分配差距只是问题表象而不是问题本身，经济变化、社会财富占有与权力结构才是造成收入分配差距的根本原因。调整收入分配差距的各种手段只能在某些领域产生效果，即便政府掌握所有这些手段也不是无所不能。因此，政府要将各种手段配合使用，系统地应对收入分配差距形成的各种情况，才能达到控制收入分配差距的目标。

---

[*] 贾后明，盐城师范学院（新长校区）经济法政学院教授。

一　收入分配调整的手段

收入分配调整从不同角度有不同的认识，从调整的主体角度看，有市场调整、政府调整和社会调整；从调整方式看，有市场、经济、行政、法律和道德等手段；从调整目标看，有总体性与局部性调整，有长期性与阶段性调整；从调整领域看，有针对生产与交换领域的初次分配，针对收入分配结果进行的二次分配和社会慈善等第三次分配。本文主要研究调整方式，综合来看有以下几种收入分配的调整手段。

（一）市场利益博弈手段

这种手段是指政府对市场中的收入分配过程和机制不加干涉，由市场主体通过利益博弈来实现各自利益，从而达到对收入分配的自发调节，主要有劳资谈判和市场交换过程中价格撮合机制等。市场不仅是资源配置机制，也是收入分配实现机制，市场利益博弈形成的价格对双方都形成一定的收入分配。利益冲突的博弈性调整是在微观领域内的调整，是利益主体直接的利益博弈。在市场领域，市场垄断者会利用其地位扩大自身收益，如资方会利用其在劳动力市场中的有利地位对劳方收入进行控制，劳方则可以通过工会组织罢工等方式来争取自己的利益。这种博弈与冲突对于利益主体来说都会直接影响其收入分配，而且往往具有零和博弈的特点，这就决定了这种利益调整的冲突性。但是，这种利益博弈调整也有一定的现实性和根本性，一旦格局形成，双方的力量对比在利益分配中就能得到体现，对利益双方都会形成制约。

（二）扩大经济总量的经济手段

这种扩大经济总量的手段并不直接针对收入分配差距的调整，而是坚持先做大蛋糕，通过提高经济总量来改善整个社会的总体收入水平，使更多群众在收入上都得到提高。提高低收入者的收入，不管是政府供给的福利或是自己在经济活动中提高收入水平，都离不开经济总量的增长。如果总量没有增加，直接进行存量财富的分配，对高收入者征收的财富通过国家福利提供给低收入者，这种做法可能在收入结果上会缩小收入差距，但对整体经济会带来效率损害，低收入者也会产生对政府福利供给的依赖，最终使这种分配方式无法持续进行。要想使社会整体收入水平得到改善，只有促进竞争与创新，使整体经济持续增长。经济总量的增长可以为整个社会提供更多的资源与机会，通过滴漏效应达到改善每一成员收入水平的目标。

强调保持经济增长速度还可以给整个社会发展提供不断改革的动力。因为只有在速度的要求下，人们才会寻求更加有效的手段和方法，不断改进制度体系，力求加大资源利用的效率。没有一定的增长速度，要实现整个社会对经济成长的共享就没有更多条件。

（三）政府对收入分配结果的直接行政调整

这种手段是指政府不依据法律，不通过法定程序而对对象的收入状况进行调整的做法，具体形式有政府对机关事业单位进行的工资改革和对社会财产非市场手段的直接征收或剥夺。目前，社会上许多人的主要观点是，应采用行政手段对明显的收入分配差距进行调整，通过行政手段限高补低来缩小收入分配差距。近些年行政事业单位的绩效工资改革正是以此方式展开的。

由于占有的财产不同，财产经营手段和方式不同，财产性收入正超过劳动收入成为社会收入分配差距的主要因素。一些人提出要对这种财产占有上的差距用行政手段进行直接调整，从根本上消除财产占有不同而产生的收入分配差距。

（四）对存量财产和流量收入的税收再分配手段

税收是一种法律与行政手段相结合的收入分配调整手段，是依据法律规定，通过国家强制力，让社会成员对其持有的财产和获得的收入按一定比例缴纳税收，以此达到调高补低的调节作用。税收主要针对流量性收入，对存量财富的持有与交易也进行征收。

对个人收入差距具有调节功能的税收主要是所得税，包括个人与企业所得税、资本利得税和遗产税等，生产流通领域的增值税等流转税，虽然从征收上看更容易，但对个人收入差距的调节作用很小。从调节收入分配差距、促进分配公平的角度来看，税收调整手段是一种主要的手段。不管是劳动性收入还是财产性收入，包括继承、偶然所得等都可以纳入税收调节体系。[①] 任

[①] 财政部科研所课题组指出，目前我国税制在调节个人收入分配方面过于注重对货币收入的调节，忽视对财富的调节。现行个人所得税扣除额低、级次多、级距小、边际税率高。同时，调节个人财富分配的税几乎没有。

何收入如果没有进入征税系统进行调节，这种收入就会扩大差距并导致收入分配不公平，所有变动性的流量收入都应该按照累进税制进行调节。

（五）规范收入分配秩序的法律手段

法律对收入来源合法与否进行界定，并对其应承担的社会责任加以明确，打击非法收入，对合法收入进行必要调节。在整个收入分配中最难进行调整的是地下经济，包括合法和非法的收入。首先是合法收入，所谓合法的地下经济，是经过正常的市场交换，但不在统计和税收管制下的经济。这部分经济也称"影子经济"，如网上交易、个人的私下现金交易等。税收无法监管这些经济收入活动，也就无法对其进行调节，从而形成一部分的收入差距。其次是非法收入，如受贿、非法毒品交易的收入等。这些收入既然是非法收入，自然不可能通过税收加以调节。在一个正常的管理严格的社会，受贿和非法交易应该控制在一定的限度内，这样其对整个社会的收入差距影响不会巨大。一旦社会无法对这些活动进行严格控制，在这些收入占整个社会的收入分配比重较高的情况下，社会的收入分配体系将在这种活动的影响下走向扭曲，收入分配差距的扩大将是一种普遍现象。① 而要打击非法收入，必须要通过法律对收入来源合法性进行界定，并对非法收入进行严厉的打击。

（六）社会慈善道德的分配手段

不管政府如何管制收入，收入差距必然存在，这来自个体的资源和机会、市场的波动和风险。在经过政府的税收调节后，社会分配的差距可以控制到一定程度，但最高收入者与最低收入者之间的差距依旧令人难以接受。这时，政府在使用完合法手段后再调节就十分困难了。此时要想再对社会收入分配进行调整就不能依靠政府力量，而应该是社会力量。慈善在社会分配中扮演着特殊角色，可以达到政府对收入分配调节难以实现的目标，慈善捐赠对社会收入分配差距的调整和改善作用正在为人们所认识和重视。

---

① 王小鲁推算认为，2005年，全国城镇居民收入中没有统计到的隐性收入可能达到4.8万亿元。在我国城镇高收入居民中存在大量灰色收入，这是导致收入差距扩大的主要因素。包括金融腐败、土地收益流失、企业用于行贿的旅行和娱乐支出、垄断行业灰色收入等已接近3万亿元，占了4.8万亿元遗漏收入的大部分。这说明我国国民收入分配体系存在巨大漏洞和严重的制度缺陷。

二 收入分配调整手段的适用性

应该说，收入分配差距的形成是多方面的，有客观因素，也有主观因素。调整收入分配的手段也有不少，但并不是说这些手段可以随意运用，也不能保证每一种手段都可以实现其目标。手段与目标之间的矛盾在于手段的局限性和目标的复杂性，每一种手段都只能在有限的范围内发挥一定的作用。理解调整手段的适用性对充分有效地发挥这些手段的作用，实现控制实际收入分配差距的目标具有重要意义。

（一）市场博弈

市场分配具有基础性作用，在市场经济中，大部分人的收入来源于市场，市场分配主要是通过利益博弈来实现。市场博弈虽具有这样的地位，但仍然存在以下问题。首先，这种利益博弈是局部性的，只能对市场主体双方进行利益调整，难以达到对整个社会利益格局进行调整，不能改变因社会整体利益分配格局中的力量不对等而引起的分配不公平问题；其次，在利益冲突中的博弈如果缺乏组织性就会陷入个人恩怨之中，最终可能由于个人利益纠缠而难以实现各方利益的均衡；再次，这种利益调整一旦采取组织化、规模化、社会化的方式，就会引起政治力量的参与，从而引发一定范围和意义上的政治事件，最终给社会和经济带来影响和损害；最后，利益冲突的博弈往往需要经过较长时间，给个体和社会都会带来其他方面的损失。

（二）经济总量扩张

经济总量的扩张对社会整体收入水平的提升在经济起飞阶段效果明显，但是在经济由速度向质量转变的过程中，经济总量扩张带来的问题会日益突出。以经济增长速度作为社会发展目标导致了 GDP 至上主义，造成了对环境和资源的过度使用。速度带来的不仅是物质的丰富，还有环境破坏和资源滥用，最终使一般百姓的生存受到威胁，总量提升与民生之间就会越来越背离。在中等收入向高收入发展过程中，经济总量增加会越来越拉大收入差距而不是缩小收入差距。在经济增量带来的收入中，由于结构调整，这一部分收入不再如传统模式下那么容易由没有积累的个体所获得。在技术与资本的双重要求下，增量可能越来越向掌握资本和技术的少数人集中。增量财富向低收入者的流动越来越困难，这正是人们对市场经济持续发展而带来的收入分配差距会不断扩大的担忧。

同时，传统经济增长对资源的过度利用在新的发展阶段已经不能继续延续下去。自然资源受到总量减少和开采环境的约束越来越明显，人力资源的优势也在下降，资源优势必须让位于资本与技术优势，而资本集约利用和技术创新更加依赖制度建设和环境保障。[①]

（三）行政直接调整

其一，由于计划经济下人们的收入分配是由行政直接决定的，所以许多人依旧习惯于用行政手段来解决收入分配差距。但是，市场经济下行政手段能够决定和影响的收入分配领域越来越小，行政手段对高收入者的调整会引发强烈的抵制，要对现有收入分配格局和存量财富进行调整要远远难于在增量中的分配与分享。这是因为存量财富已经成为各个阶层成员现有生存的条件，对其进行调整必然引起其现有生存状况的变化，由此引起的抵制会更加强烈。当政府用行政手段对收入分配进行直接调整时，除非是每一个调整对象都增加了收入，否则会使这一行动面临巨大困难。对利益结构的调整，尤其是存量财产的再调整，必然会引起人们对政治行政权的挑战，对现有政治权力产生无法认同的情绪，进行或明或暗的对抗。财富的直接划转只有在暴力革命时期才全面出现，在和平时期要对存量财富进行直接的行政再分配十分困难，这种做法如果没有充分的理由和法律依据是难以实现的。

其二，不解决资源控制权是无法解决收入分配差距的。在对财富急剧增长的社会成员进行分析时我们就可以发现，资源控制权是这些人在短期内获得高额收益的主要来源。要对这些人进行收入分配调整，就必须解决资源控制权的分配，对资源控制权（包括收益权）的再分配就是对存量财富的再分配，涉及对资源所有权的界定和利益分配机制的重新建立。从社会收入的结构性角度来看，行业收入差距往往比个体能力决定的收入差距更高，对个体收入水平的调整并不能解决行业收入水平的差距。在金融业、国有垄断的电力等行业，这些行业的整体收入水平远高于社会平均水平，

[①] 世界银行出版的《国家的财富在哪里》一书中，在分析国家资本财富问题时，将法治指数作为国家无形资产的重要组成部分——一个中等收入的国家，其无形资产平均有36%取决于教育水平，57%取决于法治程度。

这些行业的收入水平与其垄断地位有关。对这些行业的收入分配进行调整，不能只在收入分配问题上考虑，而是要解决由垄断地位获得的垄断收益。不进行行业改革，单纯地进行收入分配制度改革是不可能取得成功的，而且必然面临着利益集团的巨大压力。

其三，行政手段的信息不对称。行政权力无法了解所调整对象的实际收入是否是其劳动应得以及这种所得是否是合理的。如果是合理劳动所得，政府加以减少会有损劳动积极性并影响社会效率；而给一些收入低的人群增加收入，这种增加如果与其劳动生产率不符，行政调整也会影响效率而产生新的不公平。从这次开展的全国性行政事业单位绩效工资改革来看，在全国基本统一方案的要求下，行政事业单位工作人员的工资分为基础工资和绩效工资，试图把传统僵化的级别工资用更加灵活的绩效工资来代替，但在千差万别的行政事业单位和单位内部工作性质的多样性面前，这种行政上的调整不可能达到有效激励并实现按劳分配，却有可能引起新的矛盾，这就是信息不对称的结果。

（四）税收调整

在当代市场经济国家中，收入分配差距调整的主要手段就是税收，但是要想让税收发挥主要调节作用还存在许多问题。

第一，税制设计与征收中的信息不对称。税制设计者很难确定人们的收入于何时何地形成，因而无法设计合理的税制；有时即便知道收入来源，由于征收成本过高，对这一部分收入也难以征税。

第二，税收设计和征管时过多考虑税收对经济可能出现的损害而使税收体系带有灵活性。政府对某些领域的收入实行低税或免税，并且可以根据不同经济形势采用灵活税率。当税收与经济增长产生矛盾时，税收往往让位于经济增长，通过减免税的方式来促进整个经济的增长。这些做法都会造成税收对收入分配差距调整作用的弱化，形成新的收入分配差距。

第三，国际资本流动和税收竞争的影响。对存量财产转让和流量收入进行征税都会使财产存续和收益增加成本，财产所有者就会降低财产保值增值的预期。当前国际资本流动加剧，国家对资本及其收益控制力不断减弱，一些国家用低税率吸引资本向本国流动，资本所有者采取资本国际转移的方式来减少税负，实现资产保值增值。这使各国在财产税、遗产税和所得税等涉及收入分配的税种设计和征管方面都面临着税收竞争和国际资本流动问题，各国争相出台低税收政策以吸引和保留资本，从而降低了税收对收入分配的调整作用。

第四，新收入的税收控制。在社会流动与经济活动加剧的情况下，各种新的收入增长源不断产生。这些收入增长源在初期并不为人知，只有形成规模，才能为税收部门所了解，而这之前形成的收入由于不是在传统体制内就难以觉察，这样也会导致税收对收入分配调整的失效。

（五）法律手段

法律是调整收入分配的根本手段，但法律手段的实施存在许多困难：首先，法律制定一般周期较长，往往不能应对变化迅速的收入状况；其次，法律制定过程中各方利益表达难以充分，容易使弱势群体的利益无法得到体现；再次，法律制度不健全将会使调整效果不明显；最后，法律执行不严格将使法律手段达不到预期目标。

（六）慈善道德调整

这种手段在西方国家具有显著的效果，但是在当前中国也存在许多困难。首先，慈善文化的缺失。虽然我国这些年对慈善进行了大量宣传，做了许多工作，但慈善在社会中的影响还十分有限，对许多慈善活动的争议和非议还很多。这说明慈善在我国社会中还十分脆弱，其根本原因在于中国缺少慈善文化。其次，慈善组织还不健全。慈善虽然有分配功能，做慈善又是社会组织化的一种形态，不仅要分配还要通过一定的组织来进行分配。但是长期以来，我国对于非政府性慈善组织的地位和功能没有很好地加以明确，这些组织不能得到发展，也就不能实现其对慈善事业的组织，不能有效募集资金并进行分配。最后，慈善相关的法律和制度不健全。慈善要有社会影响力和公信力，需要有法律制度保障。只有这样，才能保证募集的资金安全和有效使用，也才能保证有慈善行为的人可以持续地进行慈善活动。

三 综合运用各种手段，系统调整收入分配

收入分配差距的调整是一个复杂的、系统的长期过程，单一手段无法解决社会分配差距问题，短期内也难以做到收入分配差距的明显缩小。只有使整个社会的收入都纳入调节范围，各种手段共同作用，形成合力，才

能使收入分配差距得到有效控制。如果整个收入分配调节系统存在漏洞，就会使收入分配调整手段难以发挥作用。在经济、行政手段对社会收入分配差距调整日益弱化的情况下，政府应该加强市场、法律和道德建设，保证社会收入分配差距的调整步入规范而自觉的道路。

（一）发挥市场博弈的分配机制

在收入分配上，市场也是一只"看不见的手"，可以实现对收入分配的调整功能。政府应减少对市场直接交换过程中收入分配实现机制的干预，由市场主体自觉地维护自身利益。政府要打破市场垄断地位，不偏向任何利益主体，发挥工会、消费者协会等弱势方利益团体组织的利益维护作用，增强双方博弈力量的对等性，实现公平、合理的市场协商双赢的分配机制。对于利益主体之间直接的冲突博弈，双方应该采用理性化、组织化和法律化的博弈方式，不能任由双方在利益平衡点上使用所有手段进行斗争。

（二）经济总量增长要更加注重民生

保持稳定的经济增长十分必要，但是我国应该摆脱传统的唯GDP做法，把民生作为经济增长的质的标准。经济增长要依靠科技创新、技术进步、资源节约和环境友好，把促进就业、鼓励创业、扩大第三产业和推动内需作为今后经济增长的主要目标，实现经济增长与社会分享相适应。

（三）规范行政权力对收入分配的直接调整

行政权力对收入分配的调整虽然具有直接显著的效果，但往往不具有可预见性，从而使权力神秘化，导致收入分配的调整不能持久。政府应该减少行政权力对收入分配的直接调整，把对收入分配的调整都纳入法律规范内。不论是行政事业单位的工资改革还是针对财产性收入的再分配，都应该有法律依据，使行政权力的行使更加透明、阳光。

（四）提高税收对收入分配调整的作用

政府应加大所得税、遗产税等涉及收入分配的税收在整个税收体系中的比重，调整税收功能，由主要保障政府运行转向保障政府运行和调节收入分配并重的目标。政府应在税收中系统设置收入分配调节税种，减少经济波动对收入分配调节税征收的影响，加大税收征管力度，使税收对收入分配的调整效果不断加大，实现公平税收。

(五) 加强收入分配领域的法律建设

政府采取的涉及收入分配调整的各种做法都应纳入法制化轨道,从而形成一套完整、全面的收入分配调整的法律法规体系。政府要明确社会各主体的收入分配责任,严厉打击各种非法收入和规避税收调节的行为,规范政府和社会组织的分配职能和行为,提供社会收入分配纠纷的法律解决途径,促进社会分配的和谐。

(六) 发挥慈善道德对收入分配的调整作用

只有当慈善道德形成的再分配在整个社会收入分配中占有一定比重时,慈善道德对收入分配的调整作用才能得到实现。而要实现这一目标,不能仅仅依靠个人偶然性的捐赠,而要使慈善行为成为一种生活习惯。我国必须大力发展慈善组织,允许慈善组织独立开展活动,通过法律而不是行政手段来规范其行为。政府要促进群众对慈善活动广泛自觉的参与,使慈善文化成为现代社会文明的重要组成部分。

参考文献

[1] 财政部科研所课题组:《我国居民收入分配状况及财税调节政策》,《税务研究》2003年第10期。

[2] 王小鲁:《灰色收入与居民收入差距》,《中国税务》2007年第10期。

[3] 曾国安:《论政府调节居民收入差距的政策手段的选择》,《经济评论》2000年第5期。

[4] The World Bank, *Where Is the Wealth of Nations? Measuring Capital for the 21st Century?* Washington. DC, The World Bank, 2006.

我国税收调节贫富差距的效果为何不够理想？

● 潘文轩[*]

内容提要： 近年来，我国贫富差距问题比较突出，而税收在缩小贫富差距方面的效果却不够理想，这反映了税收调节贫富差距的能力不足。本文构建了一个"税种设计—税制结构—税收征管"三位一体的理论框架，结合我国税收制度与税收征管现状，对当前税收调节贫富差距能力不足的原因进行了理论分析和现实考察。研究表明：消费税、个人所得税、房产税等税种设计存在缺陷造成税收调节贫富差距的微观能力薄弱；税系结构与税种结构的双重失衡导致税收调节贫富差距的结构能力弱化；税收征管不健全，尤其是直接税征管体系薄弱致使税收调节贫富差距的征管能力被削弱。为此，我国政府应当分别通过改进税种设计、调整税制结构、完善税收征管来增强税收调节贫富差距的微观能力、结构能力、征管能力，使税收更好地发挥缩小贫富差距的作用。

关键词： 税种设计　税制结构　税收征管　贫富差距

一　提出问题：我国税收调节贫富差距的效果为何不够理想？

十多年来，我国经济快速增长的同时，贫富差距扩大问题也开始凸显。世界银行最新报告称，当前中国1%的家庭却掌握了全国41.4%的财富，成为全球两极分化最严重的国家之一。贫富差距过大所导致的社会问题，很可能使我国落入"中等收入陷阱"。为此，我国迫切需要加强对贫富差距的政策调节，抑制贫富差距过度扩大。

---

[*] 潘文轩，上海行政学院经济学部讲师，经济学博士。

税收的收入分配职能是税收的基本职能之一。从各国政策实践看，税收在调节贫富差距方面发挥着重要作用。那么，我国税收调节贫富差距的现状又如何呢？十多年来，我国税收收入持续高增长，但同时基尼系数也在不断上升。据测算，我国总体基尼系数已从2000年的0.4180上升到2009年的0.4815（尹虹潘、刘姝伶，2011）。税收增长与收入分配矛盾突出这一反差现象（孙钢，2011），使学术界开始深入思考我国税收的公平收入分配功能。有学者指出：目前我国个人收入分配的税制调节体系存在很多违背社会公平原则的因素（周全林，2007）。而对税收再分配效应的实证分析表明：我国税收对居民的收入再分配效应十分微弱，甚至存在一定时期、一定程度的逆向调节作用（赵桂芝，2010；童锦治等，2011）。因此，现行税收对收入分配调节的总体效果并不理想（曲顺兰，2011）。

我国税收调节贫富差距效果不理想的原因何在呢？本文认为，税收调节贫富差距效果不佳的实质是税收调节贫富差距的能力不足。所谓"税收调节贫富差距的能力"，是指税收在履行收入分配职能过程中，在调节贫富差距、抑制两极分化、促进社会公平方面表现出的能力高低。税收调节能力决定税收调节效果，税收调节效果是税收调节能力的外在表现。要找出税收调节贫富差距效果不理想的原因，就应探求税收调节贫富差距能力不足的根源。为此，本文拟构建一个分析税收调节贫富差距能力的理论框架，结合我国现行税收制度与税收征管现状，探究当前我国税收调节贫富差距能力不足的主要原因，然后有针对性地提出增强税收调节贫富差距能力的政策建议。

二 税收调节贫富差距能力不足的理论分析

（一）理论框架

如图1所示，本文通过构建一个"税种设计—税制结构—税收征管"三位一体的理论框架来探讨税收调节贫富差距效果不理想，即税收调节贫富差距能力（下文简称税收的"调节能力"）不足的成因。构建该框架的理论依据如下：首先，税种设计、税制结构、税收征管是考察一国税制及其运行状况的三个主要层面；其次，税收对贫富差距的调节机制与能力也可以从税种设计、税制结构、税收征管三个环节来考察。

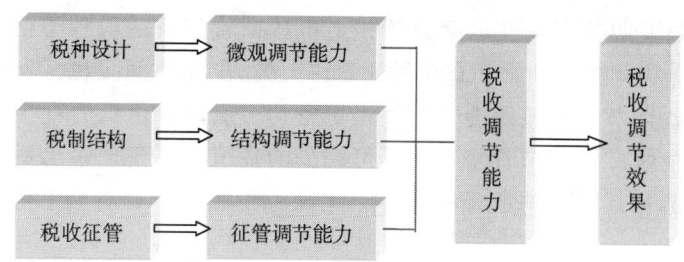

图 1 税收调节贫富差距的能力

1. 税种设计与税收调节贫富差距的微观能力

税种设计是税制的微观基础，同时也是税收调节贫富差距的立足点。税种设计通过规定纳税人、课税对象、税率，形成了各税种的名义税负，在理论上决定着各税种调节贫富差距的能力强弱。一般来说，流转税通常采用比例税率，总体上具有累退性，调节贫富差距的能力较弱；所得税尤其是个人所得税通过采用累进税率，能较好体现量能负担；财产税从财富存量上调整贫富差距，也具有较强的再分配能力。所以，税种设计决定了税收调节贫富差距的微观能力（下文简称税收的"微观调节能力"）。

2. 税制结构与税收调节贫富差距的结构能力

税制结构是税制的核心，同时也是税收调节贫富差距的关键环节。税制结构包括税系结构和税种结构两个层次。税系结构是各个税系的配置和主体税系的选择，按主体税种选择差异，税系结构分为四种模式：以流转税为主体，以所得税为主体，以财产税为主体，以流转税和所得税为双主体。不同税制结构模式调节贫富差距的能力高低不同：最弱的是以流转税为主体的税制结构模式；最强的是以所得税或财产税为主体的税制结构模式。另外，税种结构的选择，即税系内部各税种配置格局也会影响该税系调节贫富差距的能力。以所得税系为例，个人所得税的直接调节对象是个人收入，其收入分配功能强于企业所得税，因而个人所得税占所得税比重越高，所得税调节贫富差距的能力越强。所以，税制结构的选择将决定税收调节贫富差距的结构能力（下文简称税收的"结构调节能力"）。

3. 税收征管与税收调节贫富差距的征管能力

税收征管反映税制运行的实际状况，是税收调节贫富差距的现实落脚点。从征管流程看，税收征管依次包括税源监管、税款征收、税务稽查和处罚三个环节，任何一个环节有纰漏，偷逃税现象就会出现，实际税负就会背离名义税负。此时，即使税种设计与税制结构都很合理，税收在现实中调节贫富差距的实效性也会打折扣。再从征管涉及的税种类型看，税收征管可以分为间接税征管和直接税征管两大类。[①] 相比间接税，直接税征管水平与税收调节贫富差距能力的关系更密切。所以，优良的直接税征管体系是保证税收有效调节贫富差距不可缺少的环节。税收征管水平高低决定了税收调节贫富差距的征管能力（下文简称税收的"征管调节能力"）。

（二）数理分析

各税种的名义调节能力由税种设计所决定，但由于税收征管的漏洞，实际调节能力与名义调节能力会出现差距，征管水平越低则差距越大。各税系的实际调节能力同时取决于该税系中各个税种的实际调节能力大小及其占整个税系税收收入比重的高低。由此，三大税系的实际调节能力分别为：

流转税系的实际调节能力 $F_T = \sum_i w_{Ti} \theta_{Ti} F_{Ti} = w_{T1} \theta_{T1} F_{T1} + w_{T2} \theta_{T2} F_{T2} + w_{T3} \theta_{T3} F_{T3} + \cdots$

F_{Ti}、θ_{Ti}、$\theta_{Ti} F_{Ti}$、w_{Ti} 分别表示增值税、营业税、消费税等各流转税税种的名义调节能力、税收征管水平、实际调节能力、占全部流转税收入的比重。（i=1，2，3…）

所得税系的实际调节能力 $F_I = \sum_j w_{Ij} \theta_{Ij} F_{Ij} = w_{I1} \theta_{I1} F_{I1} + w_{I2} \theta_{I2} F_{I2} + w_{I3} \theta_{I3} F_{I3} + \cdots$

F_{Ij}、θ_{Ij}、$\theta_{Ij} F_{Ij}$、w_{Ij} 分别表示企业所得税、个人所得税、社会保障税等各所得税税种的名义调节能力、税收征管水平、实际调节能力、占全部所得税收入的比重。（j=1，2，3…）

财产税系的实际调节能力 $F_P = \sum_h w_{Ph} \theta_{Ph} F_{Ph} = w_{P1} \theta_{P1} F_{P1} + w_{P2} \theta_{P2} F_{P2} + w_{P3} \theta_{P3} F_{P3} + \cdots$

F_{Ph}、θ_{Ph}、$\theta_{Ph} F_{Ph}$、w_{Ph} 分别表示房产税、车船税、遗产税等各财产税税种的名义调节能力、税收征管水平、实际调节能力、占全部财产税收入的比重。（h=1，2，3…）

税收总的调节能力由三大税系实际调节能力的加权平均决定，即 $F = s_T F_T + s_I F_I + s_P F_P$，$s_T$、$s_I$、$s_P$ 分别表示流转税、所得税、财产税占税收总收入的比重。

[①] 间接税主要是流转税，而直接税包括所得税和财产税。

上面公式中，F_{Ti}、F_{Ij}、F_{Ph}代表税收的微观调节能力；w_{Ti}、w_{Ij}、w_{Ph}和s_T、s_I、s_P代表税收的结构调节能力；θ_{Ti}、θ_{Ij}、θ_{Ph}代表税收的征管调节能力。下文从理论层面来分别探讨税收的微观调节能力、结构调节能力、征管调节能力的水平。

1. 税收的微观调节能力

（1）各流转税税种F_{Ti}的微观调节能力。由于边际消费倾向递减，增值税、营业税具有累退性，收入水平越高的消费者税负越轻。① 因此，增值税和营业税的微观调节能力为负，$F_{T1}<0$，$F_{T2}<0$，即它们对贫富差距产生了逆调节。消费税通过对部分高档消费品和奢侈品征税，能实现对高消费者的收入调节。所以，消费税具有一定的微观调节能力，$F_{T3}>0$。

（2）各所得税税种F_{Ij}的微观调节能力。各所得税税种都具有良好的收入分配功能，因而总有$F_{Ij}>0$。由于个人所得税和社会保障税直接对个人课征，其收入分配功能强于企业所得税，所以$F_{I2}>F_{I1}$，$F_{I3}>F_{I1}$。

（3）各财产税税种F_{Ph}的微观调节能力。财产税具有较强的调节财富存量差距的功能，因此$F_{Ph}>0$。由于房产价值占富人总资产的比重较高，而遗产税是防止贫富差距代际传递的最有效手段，所以F_{P1}和F_{P3}通常较高。

2. 税收的结构调节能力

（1）从税系结构看。由于$F_T<0$，$F_I>0$，$F_P>0$，因此间接税比例s_T越低而直接税比例s_I和s_P越高，则税收的结构调节能力越强。

（2）从税种结构看。在流转税系中，只有消费税的微观调节能力为正（$F_{T3}>0$），因此w_{T3}越高，越能减轻整个流转税的逆向调节效应；在所得税系中，由于$F_{I2}>F_{I1}$，$F_{I3}>F_{I1}$，因而θ_{I2}和θ_{I3}越高，则F_I越大，税收的结构调节能力越强；在财产税系中，因为F_{P1}和F_{P3}较高，所以w_{P1}和w_{P3}越高，则F_P越大，税收的结构调节能力越强。

3. 税收的征管调节能力

流转税对商品的增值额或交易额课税，征管比较简便，技术要求较低，相对容易达到较高征管效率。而所得税和财产税针对收入和财产课税，对纳税人意识、税务机关税源监管、企业与个人收入核算、财产评估等方面的要求较高，征管相对复杂、难度较大。在税收征管水平总体不高的发展中国家，通常有$\theta_{Ti}>\theta_{Ij}$，$\theta_{Ti}>\theta_{Ph}$，其结果是削弱了所得税和财产税的实际调节能力。

---

① 增值税、营业税税负是可以通过价格转嫁的，因此名义上由企业缴纳增值税、营业税，但实际上很大一部分税负将最终由消费者来负担。

(三) 理论推测

根据前文理论分析，我国税收调节贫富差距能力不足可能有以下几方面原因。一是消费税、个人所得税、房产税等税种的设计存在缺陷，造成税收的微观调节能力不足。二是税制结构不合理，导致税收的结构调节能力不足。在税系结构方面，间接税比例偏高而直接税比例偏低；在税种结构方面，消费税占流转税比重偏低，个人所得税和社会保障税占所得税比重偏低，房产税和遗产税占财产税比重偏低。三是税收征管的各个环节存在弊端，实际税负与名义税负出现较大背离。尤其是直接税征管薄弱，降低了税收的征管调节能力。

三 税收调节贫富差距能力不足的现实考察

(一) 税种设计的局限性与缺陷造成税收的微观调节能力薄弱

1. 增值税和营业税的性质特点决定了其逆向调节效果

增值税和营业税的设计因遵循税收中性而采取了比例税率形式，从而具有累退性。尽管出于公平考虑，在两种税种的设计中也纳入了一些调节收入分配的因素——如对部分生活必需品实行13%的增值税低税率等，但这难以从根本上改变增值税、营业税总体上的逆向调节效果。

2. 消费税对高消费者的收入调节力度不够

当前消费税征收范围依然偏窄，某些高档消费品与奢侈品，如高档滋补品、高档皮装等都被排除在外，难以充分发挥对高消费者的收入调节作用。另外，现行消费税的税率结构也不尽合理，部分生活常用品的税率偏高而某些奢侈品的税率却较低。例如，化妆品的税率高达30%，但金银首饰、钻石及钻石饰品的税率仅为5%。这种税率结构削弱了消费税的收入分配调节功能。

3. 个人所得税"调高、扶低、扩中"的调节能力较弱

我国近年来连续3次提高个税免征额，对减轻低收入者税负有一定意义，但这种"小步微调"式改革对改善收入分配的力度并不强。马骁等人（2011）对城镇居民个人所得税缴纳情况的抽样调查结果表明：当前个税对实际收入差距的调节力度十分有限，高收入群体的个税负担过低。所以，尽管改革后的个人所得税发挥了一定的"扶低"作用，但在"调高"和

"扩中"上作用不大。究其原因，主要在于以下几方面的税制设计存在缺陷。

一是分类所得税制模式不合理，无法全面衡量个人纳税能力，导致收入来源多的高收入者税负偏轻，而收入来源单一的普通工薪族税负偏重。二是征税范围欠宽，各种附加福利与资本利得都属于"空白地带"，由于附加福利与资本利得大部分为高收入者所获得，因此对它们不征税不利于"调高"。三是工薪所得扣除标准不科学，存在"一刀切"现象，未考虑家庭赡养人口数量、家庭成员收入状况等因素的差异。四是税率结构设计扭曲，财产性收入税率偏低。在中低收入阶层中，收入差距的主要贡献因素是工资性收入，而在高收入与低收入阶层间收入差距的主要贡献因素是财产性收入差距（李爽，2008）。我国工资薪金所得、个体工商户生产经营所得都适用超额累进税率，两者的最高边际税率分别高达45%和35%，但各类财产性所得却均适用20%的比例税率，这种税率结构不利于调节高收入者的财产性收入。

4. 房产税对个人房产的调节功能严重不足

当前，除上海和重庆正进行个人住房房产税改革试点外，其余地区都将规模庞大的城市私人住房和广大农村的房产排除在房产税征收范围之外，造成了房产税征收范围过于狭窄。此外，即便是纳入征收范围的房产，也是按其原值而非现值或评估值征税，计税依据很不合理。近年来，富人投资房产较为普遍，不少人拥有数套房产并坐享其增值收益，而房产税却不能实现对高收入者私人住房的税收调节，从而使贫富差距进一步扩大。

（二）税制结构的失衡导致税收的结构调节能力弱化

1. 流转税比重过高，而所得税与财产税比重偏低，这种税系结构削弱了税收的分配功能

尽管我国实行双主体税制结构模式，但长期以来，流转税一直在主体税种收入中占据绝对主导地位，而所得税的收入规模则始终偏小，如图2所示。2010年，流转税和所得税占税收总收入的比重分别为55.12%与24.51%，所得税收入仅为流转税的43.82%。而在市场经济发达国家，所得税比重普遍较高，美国甚至达到了63.96%。另外，我国财产税的规模也偏小。2010年，全部财产税收入仅占税收总收入的8.11%。所得税和财产税规模均较小，自然导致了直接税比重偏低。2010年，我国的直接税比重

为32.62%,而发达国家则无一低于50%。具有累退性的流转税比重过高,而再分配功能较强的直接税比重偏低,导致我国税收在调节贫富差距方面显得比较软弱乏力。

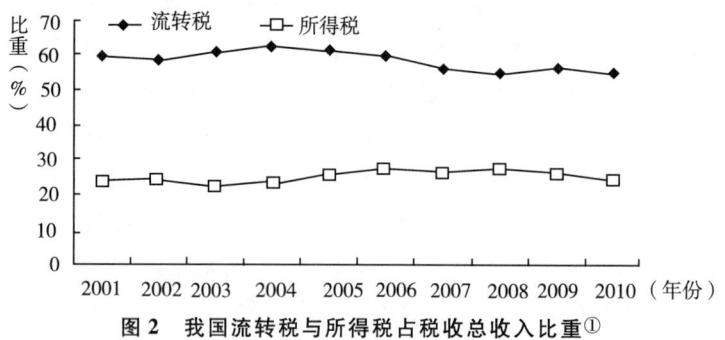

图2 我国流转税与所得税占税收总收入比重①

2. 流转税系中消费税比重偏低,矫正增值税和营业税逆调节的力度较小

在我国流转税系中,增值税占全部流转税收入的比重长期超过50%;营业税的比重也较高,大约占25%。消费税占流转税总收入的比重一直不高,尽管近两年有所上升,但到2010年为止也仅为15%,如图3所示。而在实行"一般商品税为主、特殊商品税为辅"的国内商品税的国家,其特殊商品税占国内商品税的比重多为30%左右(马国强,2004)。与之相比,我国特殊商品税——消费税的占比显然偏低,制约了消费税对高消费者的收入调节作用。

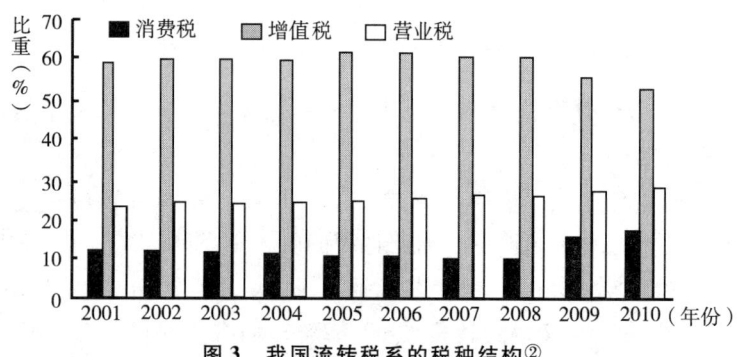

图3 我国流转税系的税种结构②

---

① ② 数据来源于《中国统计年鉴2011》。

3. 所得税系中个人所得税比重较低，且社会保障税未开征，降低了所得税的调节功效

我国的所得税以企业所得税为主，而个人所得税规模偏小，个人所得税占所得税比重在大部分年份低于30%，如图4所示。发达国家的所得税一般都以个人所得税为主，如表1所示。在发展中国家，尽管个人所得税在所得税中的地位不如发达国家那么高，但十多年来其比重也在稳步提升。观察世界上部分主要国家所得税系的税种结构我们可以发现，这些国家的个人所得税比重均较高，大部分都超过了50%，如图5所示。我国所得税中的个人所得税占比偏低，已成为所得税调节居民收入分配的一根软肋。

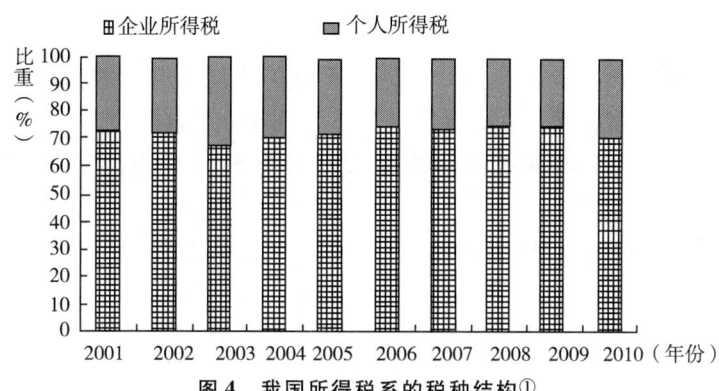

图 4　我国所得税系的税种结构①

表 1　发达国家的税系结构

单位:%

	美国	加拿大	英国	法国	德国	日本	澳大利亚
所得税比重	63.96	61.02	48.44	43.53	52.27	48.69	63.69
财产税比重	14.41	11.42	15.44	17.00	3.55	1.64	9.14
直接税比重	78.37	72.44	63.88	60.53	55.82	50.33	72.83

资料来源：*Government Finance Statistics Yearbook*，IMF，2011。

---

① 资料来源：《中国统计年鉴2011》。

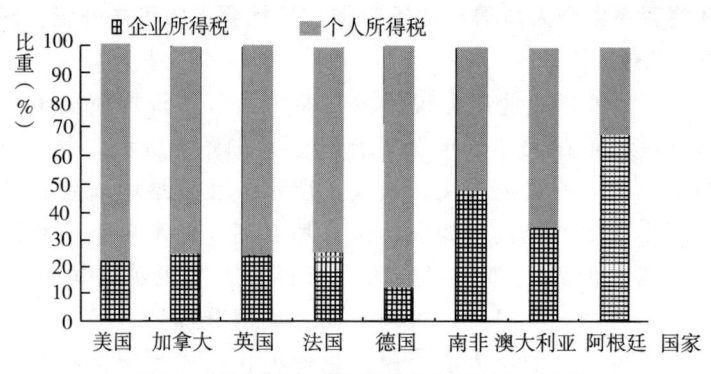

图 5　国外所得税系的税种结构（2010 年）①

另外，我国尚未开征社会保障税，以征收社会保险费形式筹集社保资金存在强制性差、覆盖面小、标准不统一、跨地区统筹难等弊端。社会保障税缺位，使社保资金缺乏稳定性与持久性，不利于为低收入群体的基本生活提供切实保障。

4. 财产税系中各种税种缺乏协调，财产税的"调高"作用未充分发挥

我国财产税不仅总体规模较小，并且税系内部各种税种的搭配也不尽协调。

首先，财产税系中的主体税种不明确。西方税制成熟国家一般将房产税作为财产税的主体税种。但我国财产税系各税种中，占比最高的是契税，其次是城镇土地增值税，接下来才是房产税，并且没有一种税种的收入占比超过 50%。可见，我国财产税系的主体税种模糊，房产税占财产税比重显著过低，这与目前房产税征收范围过窄有关。

其次，财产转让环节的税种存在缺失。我国调节财产转让环节的税种只有契税，而遗产税和赠予税由于各种原因至今未出台。据估计，截至 2010 年年底，我国的千万富豪已达 96 万人，亿万富豪至少 6 万人。② 这些富豪的巨额财产，从长期看必然要反映到财产承袭上来，如果没有遗产税和赠予税的调节，极可能造成贫富差距的代际传递。

---

① 资料来源：*Government Finance Statistics Yearbook*, IMF, 2011.
② 《"中国富豪俱乐部"30 年变迁》，搜狐网 2011 年 5 月 5 日，http://news.sohu.com/20110505/n306812569.shtml。

（三）税收征管不健全致使税收调节贫富差距的征管能力被削弱

1. 税源监管、税款征收、税务稽查和处罚三大环节均存在不足，造成高收入者税收流失多

（1）税源监管环节的不足。目前基层税务机关进行税源监管的主动性不强，对本地区纳税人的税源情况了解不实，很难从源头上防止逃税现象发生。此外，税源监管手段也较落后，税源电子化监管水平还不高，跨部门、跨地区税源信息共享尚不充分，无法及时、全面地掌握税源信息，难以适应高收入者所得来源日益多元化和财富形式愈加多样化的形势，造成高收入者税收大量流失。

（2）税款征收环节的不足。我国税务机关在税款征收过程中执法不严、人为调节税款征收数量或进度的现象较常见。一是依计划征税而非依法征税。在完成年度税收计划的情况下，一些税务机关就倾向于放松征管；反之，若完成计划有困难，就容易发生收"过头税"的现象。二是部分税务人员滥用在纳税人身份认定、税收优惠政策执行等方面的自由裁量权，对与自己关系密切的纳税人，或应收不收，或少收缓收，造成了各种形式的人情税。从实际情况看，通过给予税务人员一些"好处费"，高收入者往往成为"人情税"的最大获益群体。

（3）税务稽查和处罚环节的不足。当前我国税务稽查水平还不是很高，税务机关对偷逃税案件的查获概率很低，一般不超过50%。税务稽查查处率低既导致税收流失，又助长了纳税人偷逃税的侥幸心理（覃庆寅、韦坚，2008）。即使对已经查获的案件，惩处力度也不大。据统计，2006年云南省国税的平均处罚率为14.43%[1]，2007年安徽省地税的平均处罚率为20.51%[2]，处罚率水平显著偏低。

2. 直接税的税收征管体系特别薄弱，使直接税的征管调节能力大为削弱

直接税相比间接税具有更强的调节贫富差距的功能，但直接税的实际调节能力不仅取决于直接税相关税种设计以及直接税所占比重，还取决于直接税的税管水平。长期以来，我国税收征管模式主要是建立在间接税基

---

[1] 《2006年云南国税稽查查补收入突破2亿元》，中国税务信息网2007年1月22日，http://www.chinesetax.net/index/SingleInfoShow.asp?InfoID=47582。

[2] 《2007年全省地方税务工作综述》，安徽省地方税务局网站2010年9月8日，http://61.191.29.215/XxgkWeb/showGKcontent.aspx?xxnr_id=15028。

础上的，更适应于间接税的征管，直接税的征管经验较缺乏。

尽管十多年来我国税收征管水平在不断提升，但它更多体现在对流转税尤其是实施"金税工程"后的增值税的征管方面，而对直接税的征管仍存在许多薄弱环节。首先，由于税收宣传力度不够，缺乏针对性，公众纳税意识不强，影响到个人缴纳直接税的积极性，这在高收入者自行申报缴纳个人所得税方面表现得尤其突出。据统计，国家重点掌控的高收入者纳税人数至少有六七百万人，但 2010 年，年所得 12 万元以上自行申报纳税的人数仅有 270 万人，申报率只有 2/5。其次，直接税征管所需的各项基础条件也不健全。例如，个人纳税人登记号码制度的缺失加大了个人税源监管难度；个人住房信息系统尚未联网，税务机关对个人拥有住房情况掌握不充分。最后，直接税的税款征收方式在实践中也存在诸多漏洞，造成税收流失。例如，发生在个人之间的劳务报酬支付，由于没有代扣代缴义务人，如果收入获得者不自行申报纳税，就会造成税收流失。

四　增强税收调节贫富差距能力的政策建议

结构性减税是 2012 年积极财政政策的重心，当前的结构性减税应该与优化税制相对接，瞄准缩小贫富差距的目标，通过税收有增有减的结构性调整，进一步削减中低收入阶层的税负，同时大力加强对高收入阶层的税收调节，使结构性减税助推收入分配改革。

（一）改进消费税、个人所得税、房产税的税种设计，增强税收的微观调节能力

1. 进一步调整消费税，增强对高消费者的调节力度

我国要适当扩大消费税的征收范围，及时将高档滋补品、高档皮装等高档消费品与奢侈品纳入征收范围。另外，我国还要调整消费税的税率结构，对高档消费品、奢侈品以及对国家实行专卖、价高利大的消费品提高税率，同时降低普通化妆品、摩托车等一般日常生活用品的税率。

2. 深化个人所得税改革，更好地发挥其"调高、扶低、扩中"的功能

我国要尽快实行综合与分类相结合的个人所得税制模式。我国应对工资薪金、劳务报酬、经营性收入等具有连续性的经常性收入进行综合课征，而对利息、股利、红利所得，偶然所得，财产转让所得等不连续或连续性

不强的收入项目，继续实行分类征收。在此基础上，我国政府还应进一步实施以下改革：一是扩大征税范围，逐步对各类附加福利课税；二是调整费用扣除标准，综合所得项目的费用扣除应包括成本费用扣除和生计费用扣除两类，分类所得项目继续按目前标准执行；三是优化税率结构，对综合所得实行5%～40%的超额累进税率，税率档次设置为6级为宜，而对分类所得继续使用比例税率，但可适当提高税率标准。

3. 推进房产税改革，加强对个人房产的税收调节

个人住房房产税改革的着力点应在以下几方面。一是扩大征税范围，除了对属于居民基本生活需要的住房给予免税外，属于个人所有的房产均应征税；二是改变计税依据，按房产的评估价值来计税，使房产税税收与资产增值联系在一起；三是实行差别税率，对普通中小户型住房与高档大户型住房分别采用低税率和高税率。同时，我国应及时总结沪、渝两地改革试点经验，在条件成熟时向全国范围推广。

（二）优化税系结构与税种结构，增强税收的结构调节能力

1. 努力提高所得税与财产税比重，相应降低流转税比重，促进税系结构优化

税系结构优化的重头戏是提高直接税的比重。为此，政府一方面要继续深化个人所得税、房产税等相关税种的改革，扩大这些税种的收入规模；另一方面要及时开征新税种，如社会保障税、遗产税、赠予税等，填补直接税的税种缺失。

2. 重视三大税系内部各税种之间的协调，促进税种结构的优化

（1）流转税系内部的税种协调。在"营改增"过程中，为避免改革后增值税在流转税乃至整个税制中"一税独大"，政府应适当降低增值税税率。此外，政府还要通过进一步改革消费税，提高其在流转税中所占比重。

（2）所得税系内部的税种协调。首先，政府要通过推行综合与分类相结合的个人所得税制模式，并在此基础上扩大征收范围、调整税率结构，逐步提高个人所得税占所得税的比重。其次，政府要及时开征社会保障税，增强社会保障资金来源的稳定性与可持续性。

（3）财产税系内部的税种协调。一方面，政府要明确并培育房产税在财产税系中的主体税种地位。在推进房产税改革、完善房产税税种设计的基础上，逐步提高房产税收入占财产税收入的比重。另一方面，政府要适时开征遗产税和赠予税，改变当前财产转让环节税种过少的现状。

（三）完善税收征管体系，提高税收征管水平，增强税收的征管调节能力

1. 从税源监管、税款征收、税务稽查和处罚三个环节入手，建立高效的税收征管体系

（1）在税源监管环节上。政府要提高税源监管的主动性，加强基层税收管理员的日常巡查和下户走访，及时掌握最新的税源情况；要创新税源监管手段，积极推行税源监管信息化，以计算机网络为依托，逐步实现跨部门、跨地区的联网，形成现代化、全方位的税源监管体系。

（2）在税款征收环节上。政府要正确处理税收法治与税收计划的关系，避免对税收计划任务完成情况的过度考核，防止出现税收计划完成后有税不收、缓收，而计划未完成时收"过头税"的现象。此外，政府相关部门要努力提高税务干部的素质，防止滥用税收自由裁量权的行为，减少各种"人情税"。

（3）在税务稽查和处罚环节上。政府要加强税务稽查工作，推广税务稽查信息化，提高查处率。同时，政府还要加大对涉税违法案件的处罚和打击力度，对税收犯罪行为必须追究刑事责任。

2. 健全直接税税收征管体系，提高对直接税的征管能力

由于当前税收征管体系难以适应直接税的征收要求（高培勇，2010），而税收调节贫富差距的关键又在于直接税，因此，健全直接税征管体系自然成为当务之急。

要加强直接税征管，政府应做好以下几方面工作。一是继续做好税收宣传工作，改进税收宣传方式，尤其要注重对高收入者的税收宣传，增强其纳税意识；二是建立全国统一的个人税收号码制度，所有达到法定年龄的公民都必须领取纳税身份号码并终身不变，个人收入支出信息均在此号码下；三是提高个人收入货币化、信用化程度，缩小现金使用范围，减少直接税征管盲区；四是建立健全个人财产申报登记制度，实现各地区财产登记信息的联网；五是完善个人财产评估机制，建立专业化的、具有公信力的财产评估机构，公平、合理地确定财产的计税基础。

参考文献

［1］高培勇：《"十二五"税改应着力于构建直接税体系》，《第一财经日报》2010年12月30日。

[2] 李爽:《财产性收入差距过大的主要问题》,《理论参考》2008年第1期。
[3] 马国强:《转轨时期的税收理论研究》,东北财经大学出版社,2004。
[4] 马骁、陈建东、蒲明:《我国个人所得税的征收及调节收入差距效果的研究——以2008年四川省和安徽省城镇住户月度调查数据为例》,《财贸经济》2011年第3期。
[5] 曲顺兰:《税收调节收入分配:基本判断及优化策略》,《马克思主义与现实》2011年第1期。
[6] 孙钢:《试析税收对我国收入分配的调节》,《税务研究》2011年第3期。
[7] 覃庆寅、韦坚:《从税务稽查的视角谈我国税收流失问题的治理》,《财会研究》2008年第13期。
[8] 童锦治、周竺竺、李星:《我国城镇居民税收的收入再分配效应变动及原因探析》,《财贸经济》2011年第6期。
[9] 尹虹潘、刘姝伶:《中国总体基尼系数的变化趋势——基于2000—2009年数据的全国人口细分算法》,《中国人口科学》2011年第4期。
[10] 赵桂芝:《中国税收对居民收入差距分类分层调节效应研究——基于城镇居民视角的分析》,《北京工商大学学报》(社会科学版)2010年第3期。
[11] 周全林:《税收公平研究》,江西出版集团·江西人民出版社,2007。

用民主恳谈的方法解决劳资的冲突和矛盾

● 朱圣明[*]

内容提要：劳资双方平等协商和集体合同是市场经济条件下协调劳动关系的重要法律制度。2003年，温岭从新河羊毛衫行业开始，将本地原创的基层民主政治形式——民主恳谈引入行业工资集体协商，使劳资冲突中的核心——劳动定额（工价）问题得到了较好的解决，维护了职工与企业双方的权益，取得了明显的成效。温岭的经验引起了社会各界和各级政府的普遍关注。总结温岭的经验和做法，汲取其养分和质料，可以从中把握行业工资集体协商的一般规律。

关键词：初次分配　劳资关系　行业工资集体协商

在民营经济中，劳资双方作为生产的共同体，既存在共同利益——提高生产率以做大"经济馅饼"，又存在对立冲突——如何分割"经济馅饼"。但在做大"经济馅饼"的同时，由于如何分割"经济馅饼"引起的劳资冲突也日益增多。这强烈地反映出劳资矛盾已成为处于转型期的中国一个备受人们关注的"问题域"，这涉及彼此之间的利益分配，关系到社会的和谐和稳定。

温岭的行业工资集体协商，是劳资双方合作互利的产物，不但使共同的生产物——"经济馅饼"合理切割，而且使共同生产"经济馅饼"的效率不断提高。其时代性和深刻性在于推动了民营企业劳动关系三方协商机制、工资协商共决机制、工资正常增长机制和工资支付保障机制的建立，维护了劳资双方的合法权益，构建了和谐的劳动关系，完善了社会利益协调机制，促进了和谐社会建设。

---

[*] 朱圣明，浙江省温岭市委党校。

一 温岭的行业工资集体协商

2003年,温岭首先从新河羊毛衫行业开始,以"民主恳谈"这一基层民主政治建设的独特载体为平台,使劳资冲突中的核心——劳动定额(工价)问题得到了较好的解决,维护了职工与企业双方的权益,取得了明显的成效。

(一)起步——新河镇羊毛衫行业

总结温岭的经验离不开发生学的研究,温岭的行业工资集体协商为什么首先发生在新河?它又是如何发生的?对此,新河镇羊毛衫行业工会主席陈福清如是说:

我今年60岁,原在新河镇供销社从事工会工作。12年前下岗,下岗之后被新河镇聘用为临时工,兼新河镇工会常务副主席。新河的羊毛衫行业起步于20世纪80年代初,当时只有3~4家,为家庭作坊式的,到了90年代初发展到10多家,至2003年企业迅速增加到113家,年产值达10亿元,生产工人1.2万人,其中外地人占70%以上。羊毛衫行业是青春饭,眼睛要好,对生产技术要求较高。同时羊毛衫生产有很强的季节性,1~3月,工厂基本不开工;4~7月是生产淡季;8~12月,才是全力生产的旺季。

羊毛衫行业实行计件工资制,劳动关系很不稳定,一些老板每月只发生活费,工资到年终时结算,到时候工人并不一定能拿到原来老板许诺的钱,特别是经营不善的企业,拖欠或克扣工资的情况时有发生。每当生产旺季,由于行业内工价并不统一,导致各企业之间相互挖人,工人"跳槽"频繁。在这个时候,很多工人以乡籍抱团,趁机向企业提出加薪要求,企业为了完成生产任务,不得不表面上答应工人的要求,但到旺季过后,企业的承诺往往无法兑现。于是工人以上访、破坏机器、罢工等极端的方式抗争,工人为讨工钱打老板的事情也曾发生过。这样一来,不但工人的合法权益得不到保障,企业的正常生产经营也难以为继。镇政府为处理劳资纠纷的事情感到十分头痛。以2002年下半年为例,羊毛衫行业100人以上集体上访就有3批次,十几人、几十人的上访几乎天天都有,其上访数量占到全镇上访量的一半。在这种情况下,如何平息工人上访,就成为当时镇政府企业工作的一个重点和难点，这迫使镇政府要拿出一套切实可行的办法来解决劳资纠纷，镇政府把这一任务交给了镇工会。

镇工会经过分析发现工价不统一是问题的根本，于是就想到能不能沿用民主恳谈的方式，让工人和老板坐下来共同协商，制订统一的工价标准，这也许能从根本上解决这一问题。其实早在2002年，羊毛衫行业的老板们就成立了行业协会，当时成立行业协会的目的，一方面是为了交流市场信息，另一方面就是为了共同对付工人，在企业之间统一工价标准。但这一老板之间统一的工价标准，一没有工人的参与，二对企业也不具有约束力，所以实际上是名存实亡。

让工人和企业主坐下来恳谈工价，首先碰到的问题是，由谁来做？在这个时候，我主动承担了这一任务。我接受这项任务的原因是：第一，我是新河镇工会的常务副主席，有着20多年基层工会工作的经验；第二，我只是一个镇工会聘用的临时工，要做出点事情来，工作不卖力不行，不卖力随时都有可能回家去；第三，我不怕吃苦，也不怕得罪谁，我不拿老板的钱，可以理直气壮地和老板谈工资，所以只有我去做最合适。

接受任务之后，又应该从哪里着手？我想到应该先将企业的工价表搞到手，然后再去问一问工人对此有何意见。2003年春节过后，我就下到企业去要工价表，当时的情景是"门难进、人难见、话难说"。企业认为，工会是替工人说话的，是来找企业麻烦的，以工价是"商业秘密"为由加以回绝。在这种情况下，光靠镇工会出面，根本无法开展工作，这样尴尬的局面持续了半个月，工作毫无进展。于是，我就将有关情况反映给镇政府。镇政府的支持很及时到位，企业最怕的就是政府，对工会企业可以无动于衷，但政府的话却一定得听，因为企业税收的多少掌握在政府手中，用地指标的安排也离不开政府。在镇政府的组织安排下，企业负责人被召集到镇政府开会，分管工业的一位副镇长讲了工资协商的重要性，要求企业配合我们做好调查摸底工作。经过一番周折，我终于从企业手中拿到了工价表。接着，我将各个企业的工价加以汇总分析，找出差异所在。但这只是老板的工价，劳资双方要达成共识，还得问一问工人对此有何看法。

2003年6月13日，由镇工会出面主持召开了羊毛衫行业职工工资民主恳谈会，13名从不同企业中推选出来的职工代表与20多名企业负责人面对面进行工资协商。为了保证恳谈会能够顺利进行，当时温岭市劳动部门和市总工会的领导也亲临现场指导。我们把工价征求意见表发给参加会议的职工代表，让他们在空格栏填上自己认为合理的工价，进行无记名报价。

结果工人的工资报价只比企业的高出大约10%左右，并没有出现漫天要价的现象。

为了使工价的确定具有科学性和合理性，在市劳动人事社会保障局的指导下，我们将整个羊毛衫行业的全部生产工人划分为横机、套扣、缝纫、熨烫、裁剪五大工种；接着根据工种的技术要求不同，将五大工种分解为59道工序；工种、工序确定以后，以水平最差的职工为例，通过工作日写实进行具体测算，按测算出来的定额计算得出：每个工种、每道工序，8小时正常劳动时间内的工资不少于27元，最低月工资不少于800元，高于当时政府规定的最低工资标准。[①] 就这样经过长达5个月的反复酝酿，先后6次协商，召开10次民主恳谈会，共发放征求意见表500多份，并3次调整了基准工价，最终确定了羊毛衫行业全部工序的最低工价标准。

最低工价标准确定之后，还必须要签订职工工资协商协议书。当时老板一方已经有了行业协会，职工一方需要成立行业工会与之对等，这就产生了行业工会主席由谁来当的问题。当时镇领导问我：你看怎么样？我自告奋勇地说：那就让我来试试吧，镇领导接着说：反正这么长时间，你都一直在做，就由你来当吧。第一届羊毛衫行业工会由9人组成，除了我担任主席之外，另外有8名委员来自各个企业。按理说工会主席是应该由工人公开选举产生的，但由工人来当事实上是有难度的。原因如下：第一，113家企业，不管哪一家当选为行业的工会主席都难以令人信服，都难以担当这一重任；第二，工会主席的工资由谁来支付？谁支付就为谁说话。所以我当工会主席也是当时一种无奈的选择。

2003年8月8日，由我代表行业工会与行业协会签下了新河羊毛衫行业第一份职工工资协商协议书。在签约的当天，还有老板提出要将这一工价作为平均工资，对此我们坚决不同意，如果能上下浮动，那就没底了，如果是这样的话，这半年来的努力不就白费了吗？我明确告诉他：今天的决定是要公布的，你如果不执行的话，工人就会走光，你的工厂就要关门。协议书明确规定：企业支付工资不能少于所定工价，工资每月25～28日发放。如企业一方确实因经营困难不能及时支付，经与工会协商可适当推迟支付时间，但每月必须先支付不得低于国家规定的最低工资标准的工资。集体协商签订的职工工资协商协议书，在经企业职工代表大会审议通过后，还要上报市劳动人事社会保障局备案，作为企业与职工签订劳动合同的

---

① 2003年，温岭市的最低工资标准为670元。

附件。

工资协商协议条款的履行兑现，还必须要有监督保障机制。在镇政府的高度重视和支持下，镇里建立了由镇党政领导牵头，工业办公室、法庭、劳动保障所、行业工会和工商所有关负责同志参加的行业工资集体协商监督组，授权行业工会承担协议执行的情况汇总、综合协调、纠纷调解处理等日常工作。行业工会为此还配备了专职的秘书长具体负责，从而保证工资协商协议条款的落实到位。①

（二）推广——行业的基本情况

通过行业工资集体协商，劳资冲突中的核心——劳动定额（工价）问题得到了较好的解决，消除了以前人为造成的劳资双方、企业与企业之间的冲突。由行业工会代表劳动者就工资问题与企业主进行集体协商，从本质上说是对劳动者权益的一种伸张和表达。对劳动者来说，原来作为分散的个体往往势单力薄，由于没有组织资源，话语权缺失，权益容易受到侵害。签订集体合同之后，无故克扣、拖欠工资的现象得到了有效的制止。

就企业一方而言，稳定了员工队伍，能更好地将劳动力作为总体劳动的构成部分组合进生产系统，使之更加符合生产要素组合的技术要求。与此同时，从社会层面看，避免和减少了劳资纠纷，优化了经济发展环境，有利于区域经济竞争力的提高。更为重要的是，通过工资集体协商，企业主与劳动者实现了进一步沟通，形成了同生存、共发展的良好局面，使双方充分认识到只有通过合作，才能共建和谐的劳资关系，共享和谐的劳动成果。

行业工资集体协商维护了职工与企业双方的权益，取得了明显的成效，温岭市及时对此加以总结推广。至2012年6月底，已有羊毛衫、水泵等16个行业、2315家单建工会企业单独开展工资集体协商，全市16个镇（街道）全部开展了区域性工资集体协商，覆盖8072家企业，惠及45.6万职工。在推广的过程中，各地针对不同行业的特点，都有了不同程度的改进。

1. 泽国的行业工资集体协商

泽国的行业工资集体协商主要在水泵和轴承两个行业进行，这两个行业在泽国起步较早，是传统的基础产业。在借鉴新河经验的基础上，2004年11月，泽国先在水泵行业试点，紧接着2005年在轴承行业进行。泽国的

---

① 根据2010年9月8日采访新河镇羊毛衫行业工会主席陈福清的谈话记录整理。

工资集体协商具有以下几个特点。

（1）"背靠背"。即由代表企业主的行业协会，收集企业一方对工资的意见；由代表职工的行业工会，收集职工一方的意见；再由市劳动人事社会保障局通过工作日写实和测时，分类、分工序测算出每道工序所需的最低劳动定额。这是工资协商的前期阶段，称之为"背靠背"。

（2）"面对面"。即由职工代表与企业主代表直接沟通协商，双方各抒己见，经"三上三下"反复修改，最后表决通过。这是工资协商的后期阶段，称之为"面对面"。

2. 松门船舶行业的工资集体协商

船舶行业是温岭的新兴产业，近年来发展迅速，主要集中在松门沿海一带。松门船舶行业的工资集体谈判从产业的特点出发进行协商，不同之处有以下几个方面。

（1）体现工种的技术含量。船舶行业对技术的要求比较高，所以工资标准的制订要体现工种的技术含量。在协商中，双方先按不同的技术分为13个工种，主要有电焊工、喷砂工、钳工、木工等，再在各工种中根据技术等级分为普通、初级、中级和高级四大级别，然后双方协商共同确定各个级别的最低日工资标准。在2005年第一轮谈判中确定的最低日工资标准为：普工每日不低于70元，初级每日不低于80元，中级每日不低于90元，高级每日不低于100元。

（2）工资按月计酬，每两年协商一次。产业的特点决定了船舶生产作业受气候、环境等因素的影响较大，船舶是一个整体，无法计件。之所以每两年协商一次，是因为劳动关系较为稳定，制订的工价标准劳资双方都感到比较满意，双方都不想花费太多的精力频繁协商。

3. 大溪注塑行业的工资集体协商

注塑是大溪的支柱产业之一，共有200多家大大小小的企业，其最大特点是本地所有企业都统一在"浙江鸿达集团有限公司"的名下，各厂家既属同一集团公司，又分别独立核算、自负盈亏，对外打同一品牌。所以，工资协商既是各家企业之间的协商，又是同一集团内部的协商。他们的具体做法如下。

（1）调查摸底。将各家企业的工价换算成小时工资，看看是否达到最低工资标准。在2006年开始的第一轮协商中，参加调查摸底的39家企业中有3家达不到最低工资标准。

（2）个别协商与集体协商相结合。对达不到最低工资标准的3家企业先进行个别协商，要求其提高工价，达到平均水平，然后在此基础上再集体协商。

4. 城东街道的区域性工资集体协商

2010年9月10日，城东街道召开第一届区域性职工代表大会第一次会议。会议讨论并签订了《城东街道区域性集体合同》和《城东街道区域性工资集体协商协议书》等7份合同、协议书。该街道的工资集体协商的亮点如下：

（1）区域性集体合同全覆盖，通过企业、村（居）、行业、区域性四轮联动，横向到边、纵向到底，实现了本区域范围内职工工资集体协商全覆盖。今后凡在城东街道务工的职工，不论在哪个村、哪家企业，也不论淡季和旺季，只要正常上班和完成生产任务，劳动密集型企业的普通工种每月工资将不会低于1200元，技术型企业的技术工种每月工资将不会低于1350元。[①]

（2）首次将职工最低工资标准、节假日工资报酬比例、工资计算方法及标准等以集体合同形式加以规定。

经过多年坚持不懈的推广与完善，温岭市已形成了"行业协商谈标准、区域协商谈底线、企业协商谈增幅"的长效工资协商模式。

二　成因与基本特征

劳资双方平等协商和集体合同制度是市场经济条件下协调劳动关系的重要法律制度，是经济社会发展阶段变化的客观要求。初次分配的核心在于处理好"经济馅饼"效率与"经济馅饼"切割之间的关系。我们总结温岭的经验和做法，汲取其养分和质料，可以从中把握行业工资集体协商的一般规律。

（一）成因

1. 民营经济的发展，产业集群的形成是开展行业工资集体协商的前提和条件

在改革开放的伟大实践中，利用地处沿海的先机，温岭市通过大力发

---

① 2010年，温岭市的最低工资标准为980元。

展民营经济，形成了摩托及汽摩配件、泵业、鞋革、羊毛衫、注塑、家用炊具、船舶修造和空压机等一批较为成熟的产业集群，现共有民营企业2.6万家，职工人数50多万人，呈现出明显的"块状经济"特征。活跃的民营经济和鲜明的"块状经济"，为组建行业工会和开展行业工资集体协商提供了前提和条件。

2. 民主恳谈的实践是推进行业工资集体协商的重要载体

民主恳谈是温岭原创的基层民主政治实践，自1999年6月诞生以来，随着活动的广泛深入，其活动范围逐渐由镇（街道）、村两级向非公有制企业、社区和市级政府部门延伸。非公有制企业的民主恳谈一般由企业自行组织，参加对象为企业主、工会会员和职工代表，三方人员自由发言、坦诚交流，内容涉及生活福利、劳动保障、生产安全、经营管理及企业发展等各个方面。对于职工提出的问题、意见和建议，企业主要做出明确答复，能解决的当场解决；一时无法解决的提交董事会研究，由工会督促落实。民主恳谈的广泛开展激发了企业主和职工的民主意识和维权意识，为行业工资集体协商提供了有效的对话平台和重要的思想基础。

3. 激烈的劳资冲突、无序竞争的加剧是实施行业工资集体协商的催化剂

在未实行行业工资集体协商之前，劳动者的工资一般由企业主单方面决定，由于缺乏统一规范的劳动定额（工价）标准，没有形成社会必要劳动时间，企业之间用工存在严重的无序竞争，职工的合法权益难以保障，劳动关系的"失范"导致了劳资纠纷的产生。这一现象当时在新河羊毛衫行业尤为突出。

羊毛衫行业属劳动密集型产业，对生产技术的要求较高，且生产和销售受季节性影响突出，职工流动性大。每当生产旺季，行业内企业之间通过抬高工价相互争夺技术工人，在劳资冲突的同时，企业与企业之间由于工资价位也产生了矛盾，劳动纠纷、劳动诉讼案件随之增多。职工认为：同一行业工价参差不齐，在不同的企业所付出的与得到的不一样，同工不同酬；企业主认为：旺季到来时，企业之间的无序竞争，相互抬高工价，扰乱了正常的生产秩序。而劳资的矛盾和冲突往往需要政府去调解，政府屡屡充当"救火队员"，这也使当地政府感到十分"头痛"。所有这一切，归根到底在于工价不统一。于是，通过行业工资集体协商，在同一行业制定统一的工价标准，就成了从根本上化解诸多矛盾和冲突的关键。

（二）基本特征

1. 现实性

温岭的行业工资集体协商，是在解决现实问题的客观需求中产生的。对此陈福清深有体会：这不是想出来的，而是逼出来的。如果工人不集中上访，没有劳资纠纷就不会出现这事。在这一过程中，当地政府的推动发挥了应有的作用。正是由于当地政府的因势利导，才使得劳资双方通过集体协商，及时解决了劳资冲突的核心问题——劳动定额（工价）标准。

2. 原生性

温岭的行业工资集体协商，一开始并没有刻意按有关法律、法规去执行制度，而是在解决日益激化的劳资冲突和矛盾中自发生成制度，在取得明显成效之后，才对照有关法律、法规进一步加以完善。

3. 衍生性

温岭的行业工资集体协商是在多年以来坚持民主恳谈传统的基础上衍生而成的，民主恳谈在民营企业的广泛开展为进行行业工资集体协商奠定了重要的思想基础。通过民主恳谈统一了工人和企业主的思想认识，也通过民主恳谈最终确定了行业内统一的工价标准。

4. 制度性

新河羊毛衫行业的工资集体协商，使职工与企业双方的权益都得到了应有的保障，维护了社会的稳定，取得了明显的成效，温岭市及时对此加以总结推广。2004年6月，温岭市委、市政府转发市劳动人事社会保障局、市总工会、市工业经济局《关于开展非公企业行业工资集体协商的实施意见》，2005年5月又专门下发了《关于大力推广行业工资集体协商制度的实施意见》。由于有了制度的保障，才使得新河的经验在全市其他行业得到推广，并在全国范围产生了广泛的影响。

三　启　示

温岭行业工资集体协商的独特之处在于——当地政府以民主恳谈启动了工资集体协商，民主恳谈为劳资双方提供了一种制度化、组织化的共决途径。

通过民主恳谈进行工资集体协商，其核心在于确定劳动定额（工价）。

工价是集体协商的最后结果，直接涉及"经济馅饼"的切割，合理的工价应考虑如下因素：当地的生活资料零售物价指数；不得低于当地的最低工资标准；劳动者支付社会保险费用的能力；应是劳动者在法定工作时间内提供的正常的平均劳动定额，不应该被加班加点所掩盖；企业要有合理的利润。总之，工价要兼顾双方的利益，既要保证劳动者的收入能满足自身生产和再生产的需要，又要考虑到企业的生产成本和合理的利润。

通过民主恳谈进行工资集体协商，其最大的功能在于使劳资冲突中的核心——劳动定额（工价）问题得到了较好的解决，消除了以前人为造成的劳资双方、企业与企业之间的冲突。以新河镇为例，2002~2003年因工资纠纷而出现的劳动者"上访"投诉事件为11次120人，2003~2004年为2次17人，2004~2005年为1次3人，2006年至今为零。

在中国现实语境下，地方政府的作用十分关键。地方政府在行业工资集体协商中的作用至少应体现在以下几个方面：在启动阶段，如果没有当地政府的强势推动，工资集体协商往往难以展开；在协商阶段，劳动主管部门的工作日写实和测时，为劳资双方劳动定额（工价）的确定提供了依据；签约之后的监管需要当地政府强有力的保障。

温岭的行业工资集体协商，是在解决现实问题的客观需求中产生的。当然，温岭的经验仍需要在实践中加以提高和完善，如将现在的劳动定额（工价）的协商扩大到劳动保护、社会保险、职业培训等各个方面，还可进一步将企业管理、技术创新、市场开拓等事关企业发展的内容纳入其中，从而提高集体协商的质量和水平。

第五篇
国际比较

20世纪50年代以来发展中国家居民收入差距的历史变迁及现状评价

● 曾国安 洪 丽[*]

内容提要：收入差距存在于世界各国，与发达国家相比，发展中国家居民收入差距更大。20世纪五六十年代以来，发展中国家居民收入差距的演变虽然各有其特点，但多数国家居民收入差距呈现出长期扩大的趋势。从居民收入差距的大小来看，不同地区存在着差异，撒哈拉沙漠以南非洲发展中国家收入差距最大，拉美国家次之，亚洲国家相对最小。与发展中国家相比，中国目前的收入差距尚处于中等偏下水平，但并不意味着可以对居民收入差距的扩大采取听之任之的政策。

关键词：发展中国家 居民收入差距 基尼系数 历史变迁

一 引言

第二次世界大战以后，许多发展中国家经历了快速的发展，居民收入水平普遍得到提高，发展中国家人民的生活状况大有改善。但是，相当多的发展中国家在经济增长取得可喜成绩的同时，却出现了收入分配恶化问题，许多发展中国家贫富差距愈来愈悬殊。按照世界银行的标准，人均收入在370美元以下被算作贫困，在275美元以下被列入赤贫，目前，发展中国家大约有1/3的人生活在贫困线以下，1/5左右生活在赤贫线以下。[②] 收入差距及由此引起的贫困问题愈来愈引起人们的关注。

在这样的背景下，本文将以发展中国家为切入点，讨论20世纪50年代以来发展中国家居民收入差距的历史变化趋势及现状，对其居民收入差距

---

[*] 曾国安，武汉大学经济与管理学院教授；洪丽，武汉大学经济与管理学院博士研究生。
[②] 黄卫平：《发展中国家的收入分配问题》，《教学与研究》1992年第2期。

问题分别进行总体和个体的考察、历史与现状的考察，这对中国正确认识、对待、解决居民收入差距问题应具有借鉴意义。

在对发展中国家居民收入差距问题进行分析时，关于收入差距衡量指标的选择，考虑到数据的长期可获得性及指标的代表性，本文主要借助基尼系数及收入五等分（十等分）指标来衡量收入差距的程度。所有数据均来源于世界收入不平等数据库最新修订版 WIID2b（UNU-WIDER World Income Inequality Database，Version 2.0b，May 2007）。根据世界收入不平等数据库中各国数据的理想程度，本文选取了印度、印度尼西亚、马来西亚、南非、墨西哥、肯尼亚、哥伦比亚、哥斯达黎加、委内瑞拉、乌拉圭、巴拿马11个有代表性的发展中国家，来分析其居民收入差距的历史变迁与现状。其中，亚洲发展中国家有3个，包括印度、印度尼西亚和马来西亚；撒哈拉以南非洲发展中国家有2个，包括南非和肯尼亚；拉美发展中国家有6个，包括墨西哥、哥伦比亚、哥斯达黎加、委内瑞拉、乌拉圭和巴拿马。

虽然已有不少文献对发展中国家的居民收入差距问题进行了探讨，不过可能受数据所限，分析跨越时段都不长。得益于世界收入不平等数据库（WIID2b）这一新数据库的获得，使得同口径的连续数据更完善，故本文分析的跨越时段更长，将对20世纪50年代以来发展中国家的居民收入差距进行动态演变与静态比较分析。

二　发展中国家居民收入差距的历史变迁

20世纪五六十年代以来，印度尼西亚、马来西亚、南非、肯尼亚居民收入差距的变化趋势大致相似，总体都呈现"先上升、后下降"的趋势，当然各国收入差距的具体变化速度和幅度不尽相同；20世纪70年代中期以来，哥伦比亚、委内瑞拉和乌拉圭的居民收入差距都呈现"先下降、后上升"的趋势，20世纪70年代中期以前则有所不同；墨西哥和哥斯达黎加则都在20世纪70年代中期以后呈现"先下降、后上升、再下降"的趋势；印度与大多数国家不同，20世纪70年代中期以后，其居民收入差距在波动中上升，之前则在波动中下降，呈现"先下降、后上升"的趋势；巴拿马则从1989年至今收入差距都没有太大变化，略显下降趋势。如表1所示。

表1 11个发展中国家居民收入差距长期变化趋势

国家	居民收入差距长期变化趋势
印度	1951~1999：先波动下降、后波动上升（转折点：1974年） ↘（1951~1974）↗（1974~1999）
印度尼西亚	1976~1999：先上升、后下降、再上升、又下降（短暂上升后在波动中下降） ↗（1976~1978）↘（1978~1987）↗（1987~1996）↘（1996~1999）
马来西亚	1958~1999：先上升、后下降（转折点：1976年） ↗（1958~1976）↘（1976~1999）
南非	1959~1987：先上升、后下降（转折点：1965年） ↗（1959~1965）↘（1965~1987）…（1987~2000）
墨西哥	1958~2004：先上升、短暂下降后再上升、又下降（转折点：1975、1994年） ↗（1958~1975）（1975~1977）（1984~1994）↘（1994~2004）
肯尼亚	1914~1997：先上升、波动下降后再上升、又下降（先上升、后下降） ↗（1914~1950）↘（1950~1964）↗（1964~1971）↘（1971~1976）… ↘（1992~1997）
哥伦比亚	1962~2004：先短暂大幅上升、再下降、又波动上升（转折点：1964、1983年） ↗（1962~1964）（1964~1972）（1976~1983）↗（1991~2000）
哥斯达黎加	1961~2004：先波动下降、后稳中略升、又逐步下降 ↘（1961~1982）…→↗（1989~2000）↘（2001~2004）
委内瑞拉	1976~2004：先逐步下降、后波浪式上升（转折点：1982年） ↘（1976~1982）↗（1982~2004）
乌拉圭	1961~2005：先上升、后下降、又逐步上升 ↗（1961~1976）↘（1976~1987）↗（1989~2004）
巴拿马	1989~2004：先短暂小幅上升、后稳中略降（没有太大变化，略有下降趋势） →↗（1989~1991）→↘（1991~2004）

说明：①↗表示上升趋势，↘表示下降趋势，→表示没有变化，→↗表示稳中略显上升趋势，→↘表示稳中略显下降趋势，…表示数据缺失无法判断趋势变化或不同口径数据变化趋势不一致而无法判断。

②表1系笔者依据各国基尼系数的变化总结整理得到，基尼系数原始数据来自世界收入不平等数据库最新修订版 WIID2b（UNU-WIDER World Income Inequality Database, Version 2.0b, May 2007）。由于各国不同口径和来源的基尼系数较多，而且国家也多，此处不便将所有数据同时列出。分析各国居民收入差距总体变化趋势时，笔者尽量选取同一统计口径和来源的连续数据，因而首先依据同一口径和来源的连续数据最多的基尼系数进行判断。

（一）亚洲发展中国家——印度、印度尼西亚和马来西亚居民收入差距的历史变迁

1. 印度

印度的基尼系数从20世纪50年代初到70年代中期在波动中呈下降趋

势，经过一段稳定期后，从20世纪80年代初开始略显上升趋势，1991年市场化改革启动以后继续上升，基本上经历了一个"先下降、后上升"的趋势，不过上升的速度相对比较缓慢，20世纪90年代末的收入差距要低于20世纪50年代初。

根据笔者从世界收入不平等数据库整理的数据，20世纪50年代至今，基于家庭人均消费（Household per capita, Consumption）计算的印度全国、农村、城市的基尼系数，均呈现"先波动下降、后波动上升"的趋势：印度全国基尼系数1951年为0.354，随后在波动中呈现下降趋势，直到1974年下降为0.289，20世纪70年代中期开始呈波动上升趋势，1992年为0.317；农村基尼系数从1951年的0.337波动下降至1974年的0.285，随后在波动中上升，1997年为0.306，1999年虽在波动中有所下降（0.263），但从长期整体趋势来看，仍然是呈上升趋势的，这与个别年份的向下波动并不矛盾；城市基尼系数同样从1951年的0.4波动下降至1974年的0.308，1977年上升至0.347，1997年上升为0.365，1999年波动下降至0.347。[①]

从印度全国居民收入百分比份额的演变来看，20世纪50年代初至20世纪70年代中期，人均收入最低的20%的人口在总收入中的比重有小幅增加的现象。1951年，人均收入最低的20%的人口在总收入中的比重为7%，到1974年，这一比例增至9%，23年间上升了2个百分点；而人均收入最高的20%的人口在总收入中的比重则呈现下降的趋势，1951年，人均收入最高的20%的人口在总收入中的比重为43%，1974年降至38.1%，23年间下降了近5个百分点，因此，收入不平等程度有所下降。1974年以后，人均收入最低的20%的人口在总收入中的比重略有下降，而人均收入最高的20%的人口在总收入中的比重则开始上升，从1974年的38.1%增至1992年

[①] 全国、农村、城市的基尼系数均直接来源于世界收入不平等数据库最新修订版 WIID2b（UNU-WIDER World Income Inequality Database, Version 2.0b, May 2007），以家庭人均消费（Household per capita, Consumption）为调查内容，其中，全国基尼系数原出自 World Bank, India Database 和 National Sample Survey Round 3～48，数据质量等级为二等；农村基尼系数1951—1992年数据原出自 World Bank, India Database 和 National Sample Survey Round 3～48，1993—1997年数据原出自 Datt 1999 和 National Sample Survey Round 50～53，1999年数据原出自 Sen and Himanshu 2004 和 National Sample Survey Round 55，数据质量等级为二等；城市基尼系数1951—1992年数据原出自 World Bank, India Database 和 National Sample Survey Round 3～48，1993—1997年数据原出自 Datt 1999 和 National Sample Survey Round 50～53，1999年数据原出自 Sen and Himanshu 2004 和 National Sample Survey Round 56，数据质量等级为二等。

的41.1%，18年间上升了3个百分点。① 收入百分比份额的演变也显示出印度的居民收入差距呈现出"先缩小、后扩大"的趋势，转折点大致在20世纪70年代中期出现。

2. 印度尼西亚

印度尼西亚居民收入差距的变化趋势与印度不同，1976~1978年，印度尼西亚的基尼系数有所上升；1978年以后，基尼系数呈下降趋势，在20世纪80年代末90年代初，变化趋势发生转折，呈缓慢上升趋势；1996年以后，基尼系数又呈现较大幅度下降。总体来看，印度尼西亚的基尼系数呈现"先上升、后下降、再上升、又下降"的特点，长期来看，其居民收入差距先是短暂上升，1978年以后在波动中呈下降趋势，总体也可以说呈现"先上升、后下降"的特点。

据世界收入不平等数据库中收录的印度尼西亚统计年报的数据，基于支出（Expenditure）计算的基尼系数，1976年，全国为0.34，农村为0.31，城市为0.35；1978年，全国基尼系数上升为0.37，农村内部的上升为0.34，城市内部的上升为0.38；1978年以后，全国、农村和城市的基尼系数均呈下降趋势，全国基尼系数在1987~1990年降至极低点（0.32），农村基尼系数在1990年降至0.25，城市基尼系数则在1984~1987年降至较低点（0.32）；此后基尼系数变化趋势发生转折，开始缓慢上升，1996年，全国、农村和城市的基尼系数同时升至极高点，全国和城市基尼系数同为0.36，农村基尼系数为0.27，低于城市和全国；1999年，基尼系数又有所下降，全国基尼系数降至0.308，农村基尼系数为0.24，城市基尼系数则降至0.32，城市内部收入差距要大于农村内部及全国。② 这里的全国基尼系数是基于家庭人均支出（Household per capita, Expenditure）计算的，而城市和农村基尼系数是基于每户家庭支出（Household, Expenditure）计算的，没有考虑到家庭规模的影响，如果考虑家庭规模的影响，城市和农村基尼系数将会更大一些。

---

① 数据来源于世界收入不平等数据库最新修订版（WIID2b），以家庭人均消费（Household per capita, Consumption）为调查内容，统计口径及原始出处与上文提到的印度全国基尼系数完全相同。

② 全国、农村、城市的基尼系数均直接来源于世界收入不平等数据库最新修订版（WIID2b）。全国基尼系数与农村、城市基尼系数统计口径略有区别，其中，全国基尼系数以家庭人均支出（Household per capita, Expenditure）为调查内容，农村、城市基尼系数以每户家庭支出（Household, Expenditure）为调查内容，三者原始出处相同：1976~1984年数据原出自Statistical Yearbook，1987~1999年数据原出自Statistics Indonesia website 2004和National Socio-Economic Survey，1976~1981年数据质量等级为三等，1984~1999年数据质量等级为二等。

3. 马来西亚

马来西亚的居民收入差距自20世纪50年代末以来也呈现"先上升、后下降"的趋势，不过具体变化特点与印度尼西亚略有不同，其转折点大致在20世纪70年代中期（1976年）出现。

（二）撒哈拉以南非洲发展中国家——南非和肯尼亚居民收入差距的历史变迁

1. 南非

1959~1987年，南非的居民收入差距也是先上升、后下降，转折点大致在20世纪60年代中期（1965年）出现，收入差距变化趋势与马来西亚相似，只是转折点出现得更早一些。20世纪90年代至今，南非的连续数据非常少，基于家庭人均总收入（Household per capita, Income, Gross）计算的基尼系数有所上升，而基于家庭人均消费（Household per capita, Consumption）计算的基尼系数则呈下降趋势，两种不同口径和来源的基尼系数的变化趋势完全相反。对于不同口径和来源得到的不同分析结果，笔者认为无法进行准确的趋势判断，有待进一步的资料进行验证，故言这一阶段南非收入差距的变化趋势尚不明显。

2. 肯尼亚

肯尼亚自1914年以来居民收入差距呈现"先上升、波动下降后再上升、又下降"的特点，整体来看，呈现"先上升、后下降"的趋势。20世纪初期至20世纪50年代初，肯尼亚基尼系数呈上升趋势；20世纪50年代至60年代中期，基尼系数在波动中呈下降趋势；20世纪60年代下半期至70年代初，基尼系数又开始上升；20世纪70年代上半期，基尼系数略有下降；20世纪下半叶至20世纪90年代初，由于数据资料的缺失，无法明确判断肯尼亚收入差距的变化趋势；1992~1997年，肯尼亚的基尼系数继续呈现下降趋势且幅度较大。

（三）拉美发展中国家——墨西哥、哥伦比亚、哥斯达黎加、委内瑞拉、乌拉圭和巴拿马居民收入差距的历史变迁

墨西哥的基尼系数从20世纪50年代末到70年代中期大致呈现上升的趋势，20世纪70年代下半期有所下降，20世纪80年代中期以后又呈明显上升趋势，1994年达到极高点，20世纪90年代以后呈下降趋势，基本呈现出"先上升、短暂下降后再上升、又下降"的特点。

1962~2004年，哥伦比亚的居民收入差距呈现"先短暂大幅上升、后

下降、再波动上升"的特点。其基尼系数在20世纪60年代初有所上升；20世纪60年代中期至70年代初，基本呈下降趋势；20世纪70~80年代，城市基尼系数先下降、后上升，城市内部居民收入差距先缩小、后扩大，不过全国居民收入差距由于数据的缺失无法准确判断其变化趋势；20世纪90年代以后，全国基尼系数在波动中略有上升。

1961~2004年，哥斯达黎加的居民收入差距呈现"先波动下降、后稳中略升、又逐步下降"的趋势。20世纪60年代至80年代初，哥斯达黎加的基尼系数在波动中呈下降趋势；20世纪80年代末至90年代末，基尼系数基本保持稳定，没有太大变化；进入21世纪，基尼系数先是短暂上升、后又呈下降趋势。

委内瑞拉的居民收入差距从1976年至今大致呈现"先逐步下降、后波浪式上升"的趋势。20世纪70年代中期至80年代初，委内瑞拉的基尼系数逐步下降；经过20世纪80年代上半期的短暂迅速上升后，又于20世纪80年代中期开始逐步缓慢下降，这种下降趋势一直持续到20世纪90年代初；1992年以后，基尼系数开始呈现波浪式上升的趋势，且幅度较大；2002年以后略有下降。整体来看，也可以说委内瑞拉的基尼系数在1982年以后就基本呈现波浪式上升的趋势。

乌拉圭在20世纪60年代初至70年代中期基尼系数呈上升趋势；20世纪70年代下半期到80年代下半期则有所下降；20世纪80年代末至90年代中期，乌拉圭城市基尼系数又呈上升趋势。总体来说，1961年至今，乌拉圭的居民收入差距呈现"先扩大、后缩小、再扩大"的变化趋势。

巴拿马的居民收入差距自1989年以来基本没什么太大的变化，如果将基尼系数的变化放大来看，1989~1991年，其基尼系数略有上升，1991~2004年，基尼系数呈现波动中小幅下降的特点。

从这11个发展中国家收入差距的变化趋势中我们可以发现，各国具体变化趋势各有特点。20世纪90年代以来，特别是进入21世纪以后，一部分国家（印度、哥伦比亚、委内瑞拉、乌拉圭）收入差距在扩大，但多数国家（印度尼西亚、马来西亚、墨西哥、肯尼亚、哥斯达黎加、巴拿马）居民收入差距呈缩小趋势。

三 发展中国家居民收入差距的现状

从最近的基尼系数来看，发展中国家的居民收入差距普遍较大。虽然

20世纪90年代以来,特别是进入21世纪以后,许多发展中国家的居民收入差距呈缩小趋势,但绝对水平仍然很高。

在本文所选的11个发展中国家中,基尼系数为0.3~0.4的国家有2个(印度、印度尼西亚),基尼系数为0.4~0.5的国家有4个(墨西哥、哥斯达黎加、委内瑞拉、乌拉圭),基尼系数在0.5以上(包括0.5)的国家有5个(南非、哥伦比亚、肯尼亚、巴拿马、马来西亚),如表2所示。从本文所选的11个代表性国家来看,大部分发展中国家基尼系数在0.5以上(包括0.5),这类国家的比重达到了45.4%(5/11),还有36.4%(4/11)的国家基尼系数为0.4~0.5,那么,基尼系数超过0.4的国家就占到了81.8%(9/11),只有18.2%(2/11)的国家基尼系数为0.3~0.4。因此,从发展中国家的平均水平来看,基尼系数基本在0.4以上,比经济发达国家的平均水平要高,更是远远高于经济转轨国家。

表2 11个发展中国家居民收入差距的现状比较

序号	国家	年份	收入的定义(调查内容)	最贫困的10%	最贫困的20%	最富裕的20%	最富裕的10%	基尼系数(%)	阿鲁瓦利亚指数(%)	库兹涅茨指数(%)	不良指数1	不良指数2
1	南非	2000	家庭人均消费	1.35	3.47	62.18	44.75	56.51	9.78	62.18	17.90	33.06
		1997	家庭人均总收入	1.32	3.59	66.09	54.31	60.1	10.23	66.09	18.44	41.16
2	哥伦比亚	2004	家庭人均收入	0.84	2.85	60.74	45.11	56.2	9.81	60.74	21.27	53.65
3	肯尼亚	1999	家庭可支配收入	0.76	2.51	59.18	42.72	55.61	9.06	59.18	23.58	56.21
4	巴拿马	2004	家庭人均收入	0.84	2.67	58.88	41.57	54.8	9.36	58.88	22.03	49.30
5	马来西亚	1995	家庭人均总收入	1.58	4.21	55.26	39.08	50.0	12.19	55.26	13.13	24.80
6	墨西哥	2004	家庭人均可支配收入	1.25	3.93	55.00	39.20	49.9	12.36	55.00	14.01	31.39
7	哥斯达黎加	2004	家庭人均货币收入	1.41	4.19	53.06	36.48	47.9	12.76	53.06	12.67	25.94
8	委内瑞拉	2004	家庭人均货币收入	1.47	4.38	50.50	33.88	45.4	13.57	50.50	11.53	23.00
9	乌拉圭	2005	城镇(城市)家庭人均收入	1.77	4.73	50.39	33.76	45.0	13.84	50.39	10.65	19.02

续表

序号	国家	年份	收入的定义（调查内容）	收入百分比份额（%）					居民收入差距的衡量指标				
				最贫困的10%	最贫困的20%	最富裕的20%	最富裕的10%	基尼系数（%）	阿鲁瓦利亚指数（%）	库兹涅茨指数（%）	不良指数1	不良指数2
10	印度	1999	家庭人均消费	3.24	7.66	44.27	28.87	36.0	19.04	44.27	5.78	8.92
11	印度尼西亚	2002	家庭人均消费	3.60	8.40	43.30	28.50	33.9	20.30	43.30	5.15	7.92
		1996	家庭人均总收入	2.69	6.71	47.04	31.76	39.6	17.42	47.04	7.02	11.82

说明：①阿鲁瓦利亚指数指收入最低的40%人口在收入总额中所占的份额；库兹涅茨指数指收入最高（最富裕）的20%人口在收入总额中所占的份额；不良指数1为最富裕的20%人口在收入总额中所占份额与最贫困的20%人口在收入总额中所占份额之比；不良指数2为最富裕的10%的人口在收入总额中所占份额与最贫困的10%的人口在收入总额中所占份额之比。表中基尼系数、阿鲁瓦利亚指数及库兹涅茨指数均采用百分比来表示。

②阿鲁瓦利亚指数越小，表明低收入者所占的收入份额越小，居民收入差距越大，反之，表明居民收入差距越小；基尼系数、库兹涅茨指数、不良指数越大，表明居民收入差距越大，反之，表明居民收入差距越小；不良指数1与不良指数2的差距越大，表明两极人口的贫富差距越大，最高收入者占有的收入份额越大。

③资料来源：表2系笔者依据世界收入不平等数据库最新修订版 WIID2b（UNU-WIDER World Income Inequality Database, Version 2.0b, May 2007）整理得到，11个国家大致按收入差距由高到低的顺序排列（排序时首先依据同口径基尼系数比较判断）。其中，收入百分比份额及基尼系数直接来自世界收入不平等数据库的原始数据，而阿鲁瓦利亚指数、库兹涅茨指数、不良指数1、不良指数2的各项数值系笔者依据世界收入不平等数据库中收入百分比份额的原始数据计算得到。

具体来看，印度和印度尼西亚目前的基尼系数为0.3~0.4，与其他发展中国家相比，收入差距相对较小。以家庭人均消费（Household per capita, Consumption）为调查内容，1999年印度基尼系数为0.36，2002年印度尼西亚基尼系数为0.339，在本文所选的11个发展中国家中，收入差距排名居最后两位。[1] 从世界范围来看，印度和印度尼西亚的居民收入差距略高于加拿大、日本、德国、芬兰、荷兰、瑞典等经济发达国家，与发达国家平均水平相当，也高于经济转轨国家，不过低于新加坡、巴西、阿根廷、智利等几个新兴工业化国家，收入差距在世界范围内处于中等水平，尚不算太大。从收入百分比份额及据此计算的相关收入不平等指标来看，1999年，

---

[1] 数据来源于世界收入不平等数据库最新修订版（WIID2b），文中数据如无特别说明，均来自该数据库。此处印度和印度尼西亚的基尼系数均是基于消费计算的，若以收入为调查内容，则收入差距会更大，基尼系数很可能会超过0.4。

印度最贫困的10%人口所占收入份额为3.24%，最贫困的20%人口所占收入份额高达7.66%，而最富裕的10%人口所占收入份额为28.87%，最富裕的20%人口所占收入份额为44.27%，最富裕的20%人口的收入是最贫困的20%人口收入的5.78倍（不良指数1），最富裕的10%人口的收入是最贫困的10%人口收入的8.92倍（不良指数2）；2002年，印度尼西亚最贫困的10%人口所占的收入份额为3.6%，最贫困的20%人口所占的收入份额高达为8.4%，而最富裕的10%人口所占的收入份额为28.5%，最富裕的20%人口所占的收入份额为43.3%，不良指数1为5.15，不良指数2为7.92。从最贫困人口与最富裕人口的收入份额及不良指数来看，印度和印度尼西亚的贫富差距还不是太大。

墨西哥、哥斯达黎加、委内瑞拉和乌拉圭目前基尼系数为0.4~0.5，2004年，基于家庭人均可支配收入（Household per capita, Income, Disposable）计算的墨西哥基尼系数为0.499，基于家庭人均货币收入（Household per capita, Monetary Income,...）计算的哥斯达黎加和委内瑞拉基尼系数分别为0.479和0.454；2005年，基于城镇（城市）居民家庭人均收入（Urban, Household per capita, Income,...）计算的乌拉圭基尼系数为0.45。在本文所选的11个发展中国家中，这4个国家的居民收入差距处于中等水平，低于南非、哥伦比亚、肯尼亚、巴拿马和马来西亚等5个国家。从收入百分比份额及据此计算的相关收入不平等指标来看，2004年，墨西哥最贫困的10%人口所占的收入份额仅1.25%，最贫困的20%人口所占的收入份额也只是3.93%，而最富裕的10%人口所占的收入份额为39.2%，最富裕的20%人口所占的收入份额为55%，不良指数1为14.01，不良指数2高达31.39。很明显，墨西哥最贫困人口所占的收入份额非常低，导致贫富差距很大，特别是最贫困的10%人口与最富裕的10%人口的收入差距很大。哥斯达黎加、委内瑞拉和乌拉圭也是最贫困人口所占收入份额比较低，最贫困的10%人口所占的收入份额不到2%，不良指数2略低于墨西哥。这4个国家的贫富差距虽然与南非、肯尼亚相比要低得多，不过与印度和印度尼西亚相比，却要高出很多。从世界范围来看，墨西哥、哥斯达黎加、委内瑞拉和乌拉圭四国的居民收入差距要高于经济发达国家及新兴工业化国家中的韩国和新加坡，更是远远高于经济转轨国家，在世界范围内收入差距处于中等偏大的水平。

此外，南非、哥伦比亚、肯尼亚、巴拿马和马来西亚五国目前基尼系数超过了0.5。2000年，基于家庭人均消费（Household per capita, Consumption）计算的南非基尼系数为 0.5651；2004 年，基于家庭人均收入（Household per capita, Income）计算的哥伦比亚基尼系数为 0.562；1999 年，基于每户家庭可支配收入（Household, Income, Disposable）计算的肯尼亚基尼系数为 0.5561；2005 年，巴拿马基于家庭人均收入计算的基尼系数为 0.548；1995 年，基于家庭人均总收入（Household per capita, Income, Gross）计算的马来西亚基尼系数为 0.50。在本文所选的 11 个发展中国家中，这 5 个国家的居民收入差距位居前五名，远高于其他发展中国家。从收入百分比份额及不良指数来看，哥伦比亚、肯尼亚和巴拿马 3 个国家最贫困的 10% 人口所占的收入份额极低，分别为 0.84%、0.76% 和 0.84%，均不到 1%，比基尼系数高居第一名的南非还低；相应地，哥伦比亚、肯尼亚和巴拿马三国的不良指数 1 和不良指数 2 也是最高的，其不良指数 1 分别为 21.27、23.58、22.03，不良指数 2 分别高达 53.65、56.21 和 49.30。显然，如果从不良指数来看，哥伦比亚、肯尼亚和巴拿马的收入差距会更大，贫富差距甚至超过南非。如果根据不良指数来排名，肯尼亚的收入差距将越过南非而高居第一位，其最富裕的 10% 人口的收入是最贫困的 10% 人口收入的 56.21 倍，贫富差距悬殊可见一斑。从世界范围来看，南非、哥伦比亚、肯尼亚、巴拿马和马来西亚五国目前的收入差距不仅在发展中国家中居于前列，在全世界都是收入差距极大的，不仅高于经济发达国家及新兴工业化国家中的韩国和新加坡，更是远远高于经济转轨国家，也要高于阿根廷、智利、墨西哥等拉美国家。总之，南非、哥伦比亚、肯尼亚、巴拿马和马来西亚五国目前的居民收入差距悬殊，特别是贫富差距问题非常突出。

总体来看，当前大部分发展中国家的居民收入差距都很大，贫富差距悬殊。

四 几点评价及结论

第一，发展中国家居民收入差距的演变趋势各有特点，多数国家收入差距的变化符合库兹涅茨"倒 U 假说"。马来西亚、南非、肯尼亚、墨西哥居民收入差距的历史变迁总体上都呈现"先上升、后下降"的趋势，类似倒 U 型曲线，不过各个国家转折点出现时期有所区别。马来西亚 1976 年以前收入差距呈扩大趋势，1976 年之后收入差距逐渐缩小，倒 U 型曲线转折点在 1976 年出现；1959～1965 年，南非的收入差距有所上升，1965～1987

年大幅下降，1987年以后，由于两种不同口径的基尼系数的变化趋势完全相反，因此尚无法准确判断趋势；肯尼亚在1976年以前收入差距呈上升趋势，1992年以后收入差距大幅缩小，1977~1991年数据缺失，不过转折点应该在此间出现；墨西哥收入差距的变化从总体上看也类似倒U型曲线，转折点在1994年出现。此外，1961~2005年，乌拉圭的收入差距总体上呈持续上升趋势，还处于倒U型曲线的前半段（上升阶段），与库兹涅茨"倒U假说"也不矛盾。而印度、哥伦比亚、委内瑞拉居民收入差距的变化则呈现"先下降、后上升"的趋势，类似"U型曲线"。关于"U型曲线"，曾有学者（Pedro Conceicao, James K. Galbraith, 2001）对英国、美国和日本1969—1992年的基尼系数进行分析，提出发达国家收入差距呈"U型曲线"一说，他们认为随着经济的发展，越是后期收入，差距越是扩大。关于发达国家收入差距究竟符合"倒U假说"还是"U型曲线"，有待进一步的理论探讨和实证分析，此处不进行过多评论。而对于印度、哥伦比亚、委内瑞拉等发展中国家收入差距表现出来的"U型曲线"，笔者认为，这未必与发达国家的"U型曲线"相同，因为发展中国家与发达国家所处发展阶段不一样，20世纪六七十年代，发达国家基本都已实现工业化，而发展中国家尚处于工业化过程中，二者不具有直接可比性，从这一点来讲，发展中国家收入差距的变化轨迹更适于用库兹涅茨"倒U假说"来分析。那么，为什么有些发展中国家收入差距的变化未呈现出"倒U型曲线"呢？关于这一点，还需要我们做进一步更深入的研究。

第二，从当前发展中国家的居民收入差距来看，多数国家基尼系数超过了0.4，贫富差距问题非常突出，其中，撒哈拉以南非洲发展中国家收入差距最高，拉美发展中国家次之，亚洲发展中国家相对最小。在南非、哥伦比亚、肯尼亚、巴拿马、马来西亚5个贫富差距问题非常突出的国家中，根据基尼系数排名，南非收入差距高居第一名，如果从最贫困人口与最富裕人口所占收入份额及不良指数来看，则是肯尼亚的贫富差距高居第一名，而南非和肯尼亚均是撒哈拉以南非洲发展中国家。另外3个基尼系数超过0.5的国家中，哥伦比亚和巴拿马属于拉美发展中国家，马来西亚为亚洲发展中国家。墨西哥、哥斯达黎加、委内瑞拉、乌拉圭4个基尼系数为0.4~0.5的国家都属于拉美发展中国家，印度、印度尼西亚两个收入差距相对最小的国家属于亚洲发展中国家。因此，我们可以大致认为，发展中国家地区差距比较明显，撒哈拉以南非洲发展中国家收入差距最高，拉美发展中国家次之，亚洲发展中国家相对最小。

第三，与这些发展中国家相比，中国目前的收入差距尚处于中等偏下水平，但中国自改革开放以来收入差距在持续扩大，对此我们不能听之任之，应采取相关措施缩小居民收入差距。1985 年，中国基尼系数为 0.224，2000 年上升到 0.39，2003 年上升到 0.449[①]，虽然与其他发展中国家相比，目前中国的收入差距比不上南非、肯尼亚、哥伦比亚、巴拿马等撒哈拉以南非洲发展中国家及拉美发展中国家，但从中国收入差距变化的轨迹来看，1978 年中国改革开放以后，收入差距呈持续扩大趋势。虽然库兹涅茨（Kuznets）提出的"倒 U 假说"表明，一国收入分配差距在工业化过程中的长期变动轨迹是"先上升、后下降"，但事实上，库兹涅茨本人并不认为收入差距会无条件地随经济发展而先上升、后下降，相反，他指出这种收入差距变化是当时一系列经济、政治、社会和人口条件造成的，合理的态度是对这些历史条件和影响因素进行深入分析，他不认为发展中国家应当像早期资本主义那样听任收入差距的扩大，他认为累进税制等缩小收入差距的措施是必要的（Kuznets，1955）。因此，对于中国居民收入差距的扩大，我国政府不能采取听之任之的态度，不能期待其自动转为下降，而应采取累进所得税、社会保障等相关措施来缩小中国当前的居民收入差距。

参考文献

[1] 曾国安：《20 世纪 70 年代末以来中国居民收入差距的演变趋势、现状评价与调节政策选择》，《经济评论》2002 年第 5 期。

[2] 曾国安：《20 世纪 80、90 年代世界各国居民收入差距的比较》，《经济评论》2002 年第 1 期。

[3] 陈钊、陆铭：《收入差距扩大现象透析——国际比较及启示》，《世界经济研究》1999 年第 3 期。

[4] 陈宗胜：《改革、发展与收入分配》，上海，复旦大学出版社，1999。

[5] 宫玉松：《试论发展中国家的收入分配问题及对我国的借鉴意义》，《经济评论》1992 年第 4 期。

[6] 黄卫平：《发展中国家的收入分配问题》，《教学与研究》1992 年第 2 期。

[7] 权衡：《中国印度收入状况的比较》，《文汇报》2007 年 9 月 23 日。

---

① 数据来源于世界收入不平等数据库最新修订版 WIID2b，以家庭人均可支配收入（Household per capita, Income, Disposable）为调查内容，数据原出自 Chotikapanich et al. 2005 和 Rural/Urban Household Survey，数据质量等级为三等。

[8] Adelman, I. and Morris, CT, *Economic Growth and Social Equality in Developing Countries*, Stanford Press, 1973.

[9] Donghyun Park, "Trends in the Income Gap Between Developed Countries and Developing Countries", *1960-1995. SABRE Working Papers*, 1999, pp. 1-15.

[10] Li Hongyi, Lyn Squire and Heng-Fu Zou, "Explaining International and Intertemporal Variations in Income Inequality", *Economic Journal*, Vol. 2, No. 8, 1998, pp. 26-43.

[11] Pedro Conceicao and James K. Galbraith, "Toward a New Kuznets Hypothesis: Theory and Evidence on Growth and Inequality", In James K. Galbraith and Maureen Berner, "Inequality & Industrial Change: A Global View", *Cambridge Univ Pr Published*, 2001, pp. 139-160.

[12] Zin, Ragayah Haji Mat, "Income Distribution in East Asian Developing Countries: recent trends", *Asian-Pacific Economic Literature*, Vol. 19, No. 2, 2005, pp. 36-54.

经济结构演进的国际经验比较

——基于 Kohonen 算法的数据探索分析

● 陆梦龙 谢 珣[*]

内容提要：本文旨在通过运用数据探索分析法比较若干新兴工业化国家经济结构的演进轨迹，进而探究其经济结构的时序近似性。研究表明，工业化对于后发国家实施赶超战略是不可或缺的，但仅靠工业化不足以实现经济赶超。成功实现赶超的亚洲国家所推进的工业化往往同出口和投资在经济总量中的高占比紧密相连。另外，尽管拉美国家起步之初的工业产值占比很高，但整体经济的表现并不成功。南欧国家过早的去工业化和人为推动第三产业的发展则拖累了整个经济的持续发展。

关键词：结构演进 产业转型 赶超 Kohonen 算法

一　引言

Chenery（1988）曾经指出："经济重心转变的基本方向是先从初级产品生产转到制造业，而后转到服务业。"大量基于产业转型视角研究成熟经济体发展和结构演进过程的文献也认为，经济发展通常表现为一个线性演进过程，即首先是伴随着城镇化的工业化，然后是伴随着去工业化的三产化（即第三产业总量占比的快速提高）。1929 年的大萧条促使西方工业国家放弃自由贸易和自由放任政策，转而推行凯恩斯主义政策。发展中国家则在第二次世界大战后转而实行结构主义发展战略，即后来广为推行的进口替代工业化战略（ISI 战略）。但到了 20 世纪 70 年代末，债务危机的爆发使 ISI 战略饱受批评。更糟糕的是，成熟经济体经济和政治政策上的转变、利率的提高加重了发展中国家的债务负担，

---

[*] 陆梦龙，中国社会科学院经济研究所副研究员谢珣，中国社会科学院研究生院。

进一步加剧了发展中国家的困境，最终迫使发展中国家放弃了结构主义发展战略，转而引入政府干预主义的发展战略。对制造业的关注点也因此由产业规模转向产业构成和制成品出口量，这就导致政府和经济学界都认为发展中国家的制造业在国民经济中占比下降是理所应当的。但近期的一些研究表明，比照发达国家的历史经验，发展中国家去工业化和三产化的进程并不"正常"。

在此，我们有必要先回顾发展经济学文献考察的一个基本问题，Syrquin（2008）对此总结为："增长与结构演进是密切相关的。一旦我们放弃诸如位似偏好、无系统性产业效应的中性生产率增长、要素自由流动和市场能够即时调整之类的假设，结构演进就会表现为经济发展过程中最显著的特征，并成为解释增长率和增长模式的核心变量。产业演进过于缓慢或选择了错误的方向都会拖累经济发展。"

沿此脉络，本文试图利用贸易（出口占比、制成品出口占比）、人均GDP增长所需投资（投资占比）和经济追速等指标，分析产业转型（工业、农业和服务业的总体经济占比）进程。基于长期数据的可获得性和可比性，依据不同国家的发展水平，本项研究共选择了16个样本国家，具体如表1所示。

表1 样本国家分组及考察期

	国家名	变量名	考察期（年）
拉美国家	巴西	Bra	1965~2004
	智利	Chi	1965~2004
	阿根廷	Arg	1965~2004
	墨西哥	Mex	1965~2004
	哥伦比亚	Col	1965~2004
	委内瑞拉	Ven	1965~2003
东亚及东南亚国家	泰国	Tha	1965~2004
	韩国	Kor	1965~2004
	菲律宾	Phi	1965~2004
	印度尼西亚	Ind	1965~2004
	马来西亚	Mal	1965~2004

续表

国家名		变量名	考察期（年）
南欧国家	意大利	Ita	1971~2004
	西班牙	Spa	1971~2004
	希腊	Gre	1971~2004
	葡萄牙	Por	1971~2004
	土耳其	Tur	1968~2004

各样本国家的考察变量：农业增加值（GDP占比）、出口商品及劳务（GDP占比）、人均GDP（以2000年美元购买力折算）、资本形成总额（GDP占比）、工业增加值（GDP占比）、制成品出口（商品出口总额占比）、劳务等三产增加值（GDP占比）。

资料来源：世界发展指标。

本文以意大利（样本国家中最富裕和最发达的经济体）的人均GDP年均增长率作为计算经济追速和衡量各样本国家经济绩效的标杆。据此，本文将各样本国家的年均经济追速同意大利相比并加以排序，如表2所示。

表2 样本国家的年均增长追速

单位：%

年份 国家	1965~2004	1965~1980	1981~2004	绩效评价
委内瑞拉	-3.4	-3.3	-3.4	欠佳
阿根廷	-1.6	-1.3	-1.8	欠佳
菲律宾	-1.1	-0.5	-1.5	欠佳
墨西哥	-0.7	0.3	-1.3	欠佳
哥伦比亚	-0.6	-0.1	-0.9	欠佳
希腊	-0.2	0.7	-0.6	欠佳
土耳其	-0.2	-1.1	0.3	良好
意大利	0.0	0.7	-0.3	标杆
巴西	0.0	2.5	-1.5	欠佳
西班牙	0.2	0.0	0.3	良好
智利	0.3	-1.3	1.3	良好
葡萄牙	0.4	0.6	0.3	欠佳
马来西亚	1.6	1.5	1.6	良好
印度尼西亚	1.6	1.7	1.6	欠佳
泰国	2.3	1.7	2.6	良好
韩国	3.6	3.1	3.9	良好

注：人均GDP以2000年美元为不变值计算。经济追速按样本国家人均GDP同高收入国家的人均GDP的比率计算。

资料来源：世界发展指标。

表2显示，经济绩效表现良好的国家包括：智利、西班牙、葡萄牙、马来西亚、印度尼西亚、泰国和韩国，经济绩效表现欠佳的国家包括：委内瑞拉、阿根廷、菲律宾、墨西哥、哥伦比亚、希腊和土耳其。需要特别说明的是，巴西是一个临界国家，其整体经济年均追速为0%，但其第二个子期间的年均追速为负值，所以整体经济绩效评估为欠佳。此外，就绝对值来说，各样本国家人均GDP的整体年均增速通常较第二个子期间为低。对于发展中国家来说，国际贸易形势、政治经济环境的变化都是造成20世纪80年代以来经济增速放缓的影响因素（Rada等人，2008）。

表2还显示，所有拉美国家（除了智利）以及菲律宾、希腊和土耳其都表现出对经济赶超路径的偏离。这些国家在考察期整体上偏离赶超路径，在两个子期间或者表现为先收敛、后偏离趋势（大多数国家在1980年经济还表现出上升势头），或者一直表现为偏离趋势。对于表现出偏离趋势的国家，20世纪80年代以来的偏离趋势更为显著。唯一的例外是土耳其，但该国在第二个子时期经济绩效的改善并不足以弥补前一阶段偏离赶超路径所造成的人均GDP下滑额。收敛于经济赶超路径的国家在第二个子时期都表现出经济赶超绩效的提高，也就是说，这些国家自1980年以来实现了更高的经济追速，在整个考察期和两个子时期都表现出收敛趋势。唯一的例外是智利，该国在第一个子时期表现出偏离趋势，在第二个子时期才表现出收敛趋势。

在此对样本国家发展特征的定性描述基础上，下文将采用基于Kohonen算法的仿真神经网络技术，通过对样本国家的特征分组，重新考察产业转型、贸易与投资、经济绩效之间的关联，以求更深入地研究各国经济结构演进的基本特征。

二 各样本国家三产化进程的比较

标准的演进发展过程通常包含三个相互重叠的阶段：城镇化、工业化和三产化。近期的研究指出，过早的去工业化和三产化已经拖累了很多发展中国家的可持续发展（UNCTAD，2003）。Dasgupta等人（2007）也指出，大多数发展中国家开始去工业化和三产化的时间要早于发达国家。经济学家对造成这一现象的原因或经济效应提出了各种解释：Dasgupta等人（2007）认为这是"非整合性"现象；Rada等人（2008）认为这是"反常"

现象；Palma（2005）认为是"下向、上向或逆向的正常去工业化"；Weller（2004）认为是"伪三产化"；Pieper（2000）则认为是"反向去工业化"。

经济学家们认为发展中国家的三产化是反常现象，主要基于以下三个原因。第一，发展中国家的政府过早推动了三产化进程。第二，不同于已观察到的发达国家的特征事实，发展中国家的三产化通常并未伴随各产业增加值份额的收敛过程。Bah（2007）通过比较发达国家和发展中国家的产业转型进程认为，发展中国家和发达国家的经济结构演进路径表现出很大的差异，尤其是某些发展中国家的转型过程会出现经济增长停滞期或衰退期。第三，发展中国家往往在工业化水平还比较低的时候就开始去工业化。

为阐释发展中国家过早去工业化或三产化的运行机制，经济学家首先分析了影响发达国家三产化进程的要素。这些要素可以简要概括为以下几方面。第一，供给方面：技术要素，如果假定制造业部门的生产率相对较高，且制成品是其他产品所无法替代的，那么制造业所采用的技术就决定了各产业部门的生产率增长速度的差异；服务业的资源分配量，该要素会引致Baumol-Bowen效应或导致所谓的成本病（Baumol，1967）。供给方面的其他要素还包括组织要素、（劳务产品的）合同外包、劳动力的产业间分工等。第二，需求方面：如果产品的需求弹性随产业部门的不同而变化，且存在报酬递增，则对服务业产品的需求会不断增加，即所谓的恩格尔定律和瓦格纳定律。第三，贸易或交换方面：在南北方一体化的情形中，当双方在技术要求较高的可贸易服务上实行专业化分工时，"南方"会倾向于专业生产劳动密集型产品，"北方"则更倾向于专业生产高科技产品和提供服务产品。当前研究认为，供给方的因素比需求方的因素和贸易因素更为重要（Boulhol等人，2006）。

但造成发展中国家过早三产化的要素与影响发达国家三产化进程的因素极为不同，具体包括以下方面。

首先，国际环境给国内经济发展带来的困难不同，这些困难会拖累出口业绩与投资绩效，并进而影响国内的工业化进程（Palma，2008；Rada等人，2008）。国际环境变化造成的困难包括国际竞争加剧、限制发展中国家选择其发展战略的WTO规则、金融自由化的发展。此处需要特别强调金融自由化的影响，金融自由化会加快资本流动，并通过以下途径导致物质资本投资的下降：一是更高的实际利率和较低的物质资本投资回报率；二是宏观经济波动带来的更大的不确定性；三是非贸易品需求的增加（即金融自由化的荷兰病)。

其次,Baumol-Bowen效应(BB)、Balassa-Samuelson效应(BS)与荷兰病效应(DD)。虽然这三种效应的作用机理并不相同,但它们对去工业化的影响是类似的,BS效应会造成非贸易部门的通货膨胀,BB效应会造成产业部门发展停滞,DD效应则会造成非制造业部门发展停滞。在一个开放经济体中,这三种效应都意味着实际汇率变动会对经济发展产生实质性影响(Gala, 2008)。

再次,劳动力吸收问题。由于工业部门的劳动力吸收量有限,城乡劳动力的迁移使得服务业部门的就业量迅速增加,从而导致服务业部门的生产率低下,与经济体中其他部门的联系非常脆弱。20世纪80年代以来,发展中国家劳动力市场管制的放松和去工业化进程的加速已经造成大量的非正规就业。所有这些都表现为经济学文献所考察的过度三产化问题。Rada(2007)和Cimoli等人(2006)对由此导致的发展中国家的低生产率和低增长陷阱,从二元经济体系长期存在的视角提出了正式的理论阐释。

最后,同许多发达经济体的结构转型进程相类似,如果服务业部门的扩展能同经济体中的其他部门尤其是制造业部门实现纵向一体化,那么三产化过程就是正向的和正常的,并能够推动经济的可持续发展。印度"服务业导向增长"战略的成功实施就是一个非常好的例证(Dasgupta等人,2005)。

依据上述分析,本文将通过数据探索性分析证明,南欧国家(除希腊以外)和韩国成功实现了正向三产化,而包括阿根廷、巴西、墨西哥和土耳其在内的国家的三产化实际上是伪三产化进程。

三 仿真分析结果

Kohonen算法需要构造多张图谱以检验其结果的稳健性。图1所示是最具广泛性的图谱,它包含了表1所列的全部样本国家和变量。该图谱是一张由 $8 \times 8 = 64$ 个类(class)构成的网格图,首先,我们通过二维图的水平轴(X轴)和纵轴(Y轴)确定各个类的坐标,坐标为(1, 1)的类在图的最左上角,而坐标为(8, 8)的类在图的最右下角;然后,通过层次分类将这64个类归为7个不同的组。例如,组1由下列类所构成:(3, 7)、(4, 7)、(5, 7)、(6, 7)、(4, 8)、(5, 8)、(6, 8)、(7, 8)。各个组所包含的类如表3所示。表的上半部分依据矢量代码值列出了各个组的组特征，矢量代码值依据本组内各个变量的取值计算所得。表的下半部分则列出了各组所包含的样本国家。各组包含了归类于组成该组的全部类的所有国家，与此类似，组内各变量的向量值由组成该组的全部类的同一变量的向量值的平均值计算所得。

如图2所示，在层次分类树中，我们首先根据各个类的近似性将其聚类成7个组，再通过分析各组的邻近性逐步将这7个组归并成两个簇，最后，依据层次分类将各个组编号（1~7）。这就可以得到如下结果：一是确定各组的编号顺序；二是在Kohonen图谱中将各组的关联性直观化。也就是说，在Kohonen图谱中，各组的编号是逐次递减的，而不是呈现出彼此割裂的图像。图谱中由曲线联结起来的各点表示各个类中各变量的矢量值，各点所代表的变量依次为：人均GDP、农业占比、工业占比、服务业占比、出口占比、制成品出口的出口总量占比、资本形成总额占比。

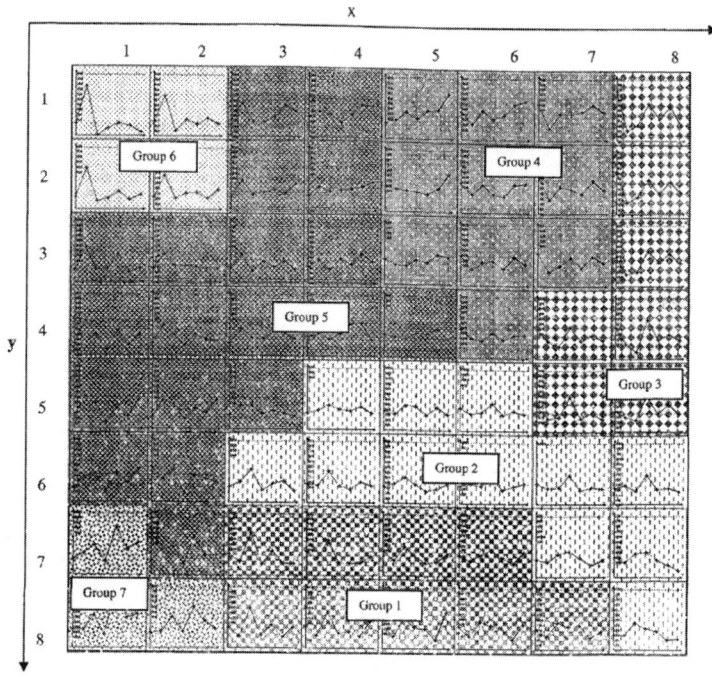

图1　Kohonen 图谱

表 3　组特征及组成员

	Group1	Group2	Group3	Group4	Group5	Group6	Group7
GDP ercapits (cons taot 2 000 US$)	0.16	-0.33	0.30	0.86	-0.73	-0.93	-0.46
Agriculnre, value added (% of GDP)	-0.78	-0.41	-0.84	-0.45	0.70	2.23	-0.22
Industry, value added (% of GDP)	1.29	0.25	-0.86	0.29	-0.09	-1.67	1.15
Services, etc, value added (% of GDP)	-0.26	0.21	1.62	0.23	-0.67	-0.93	-0.75
Exports of goods and scrviccs (% of GDP)	-0.17	-0.56	-0.21	-0.01	0.24	0.72	3.25
Manufachures exports (% of GDP)	-1.03	-0.42	0.74	0.94	-0.01	-1.01	0.76
Gross capital formartior (% of GDP)	0.20	-0.067	-0.33	0.95	0.04	-0.96	0.85
Latin Armerica	Arg 65–84 Chi74, 87–04 Mex79–82 ven 65–82, 84–93, 95–03	Arg85–90, 02–04 Chi65–78, 75–86 Mex65–78, 83–88 Bra 66, 68–95, 01–04, Ven83, 94	Arg91–01 Mex 89–04 Bra96–00	Kor65–67 Col 71–92	Col 65–70		
Soudeas Asia		fnd99, 03		Ind 74–95, 00–02, 04 kor68–86 Kor87–04 Tha89–97	lnd65–73 Tha65–76 Tha98–04 Tha77–88 Mal65–88 pbi70–04	Mal89–04 phi65–69	
southern Europe		Gre87–04 Ita85–04 Por90–04 Spo92–04	Gre71–86 ita71–84 por80–83, 87–89 Spa71–91	por71–79, 84–86			
Turkey		Tur2002–04		Tur81–00	Tur68–80		

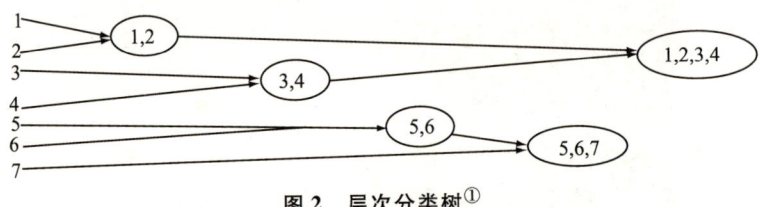

图 2　层次分类树①

1. 组特征

表 3 的上半部分通过各变量取值揭示了各组的组特征。其中，最贫穷的组（人均 GDP 最低）是明显异于其他组的组 6。因为该组在层次分类树的上一层又和另一组聚在一起，如图 2 所示。所以我们先对组 5 和

---

① 图左边所示的组编号（1~7）与图 1 和表 3 中的组编号相对应。

组 6 进行集聚分析以揭示其组特征。第一，两组的共同特征是农业占比很高，而其他变量取值均较低，但组 5 中除农业占比以外的其他变量的取值均高于组 6。因此，组 6 是最置后的组，而且最后没有一个样本国家留在这一组（该组的最后一个样本国家是 1981 年的土耳其）。第二，组 6 以工业、出口额、制成品出口额和投资额占比 4 个变量显示的组特征具有更明显的同质性。第三，组 5 以人均 GDP、农业占比和服务业占比 3 个变量显示的组特征同组 6 相类似，但其他几项变量（工业化、外贸和投资）显示的组特征有别于组 6，这说明这几项变量尤其是取值较高的变量，是解释组 5 所含样本国家动态经济绩效的重要因素。第四，组 5 和组 6 所含样本国家主要是处于早期发展阶段的亚洲国家，也包括土耳其、哥伦比亚和葡萄牙（拉美和欧洲最贫困的 3 个国家）。组 5 还包含 2004 年之前的菲律宾和印度尼西亚，2000 年之前的土耳其。但这些组特征并不能充分反映各个样本国家的经济发展绩效，印度尼西亚就是个特例。相比于组 5 中的其他几个国家，就人均 GDP 而言，该国在经济发展起步阶段的人均 GDP 非常低，尽管它的经济追速增长很快，但该国到 2004 年还是一个相对贫穷的国家。但就其他几项变量而言，印度尼西亚已取得了良好的经济发展绩效。

图 2 还通过层次分析揭示出贫穷组和富裕组的对立，如图 2 所示，层次分类树把 7 个组集聚成两个簇，组 1、2、3、4 对应于组 5、6、7。接下来，我们对组 3 和组 4 进行聚类分析。同组 5 和组 6 相对，组 3 和组 4 是最富裕的组（人均 GDP 最高）。我们可以看到，最富裕的组基本由欧洲国家构成，而最贫穷的组基本由亚洲国家构成。富裕组所含样本国家的农业占比都很低，服务业和制成品出口占比都很高，但工业、出口和投资占比并未显现明显的共同特征。我们所观察到的这一特征同发展经济学的一个论断是高度吻合的，即要真正实现国家富裕就必须推动资源从农业到工业和服务业的重新配置。我们所构建的 Kohonen 图谱（如图 1 所示）也清楚地揭示了这一点。事实上，组 3 基本由 20 世纪 80 年代后半期的欧洲国家构成，在全部的 7 组中，该组各国的人均 GDP 和服务业占比是最高的，农业占比则是最低的，且工业、出口额和投资的占比较低，而制成品出口额占比较高。除了这些晚近时期的欧洲国家，组 3 还包括阿根廷（1991~2001 年）、墨西哥（1989~2004 年）、巴西（1996~2000 年）和土耳其（2001~2004 年），我们将在下文对这几个国家进行更深入的分析。组 4 包括早期欧洲国家、韩国（1987~2004 年）和泰国（1989~1997 年），该组各国的投资占比、制

成品出口总额占比是全部7个组中最高的,人均GDP的矢量值较高,农业占比的矢量值较低,制成品出口总额占比、工业占比、服务业占比的矢量值均为正值,且接近总体平均值。

组1和组2则呈现出很强的同质性。该组群(组1和组2)由拉美国家和印度尼西亚(仅包含1999年和2003年两个年份)组成。该组群的共同特征是:所含各国的农业占比仅高于欧洲组群(根据其所含国家的基本特征,本文将组3和组4命名为"欧洲组群"),制成品出口总额占比和服务业占比较低,工业占比较高。组1和组2的区别主要表现为人均GDP和投资占比:这两个变量的矢量值在组1中均取正值,而在组2中均取负值。相较于组2,组1各国的农业占比和服务业占比远较其为低,出口占比和投资占比远较其为高,制成品出口总额占比则相对较低,这意味着组1比组2的工业化程度更高。就产业部门构成而言,组2和组4的情况类似,但两个组的贸易和投资增长途径并不相同。据此,我们认为,组2和组3所含拉美国家(组3的拉美国家包括阿根廷、墨西哥和巴西)的去工业化进程和三产化进程并未成功促进人均GDP的增长。

组2和组7是全部7个组中的两个特殊组,两组的人均GDP矢量值比较接近,组2是富裕组里最贫穷的组,而组7是贫穷组里最富裕的组。实际上,这两组国家不是按富裕程度分组,而是按各国的结构特征分组。组7仅包含泰国(1998~2004年)和马来西亚(1989~2004年),其主要特征是出口额在国民经济中的占比是7个分组中最高的。另外,该组的工业占比、制成品出口占比和投资占比也相对较高,而农业占比较低。在全部样本国家中,组7各国的经济追速相对较高。我们将在下文看到,组7的这些特点对于理解经济增长绩效非常重要。

2. 演进型式比较

通过组内比较和组间比较回顾各经济体的演进途径有助于更详尽地分析其演进型式,从而更深入地观察各变量如何共同作用以提高新兴经济体的赶超绩效。

表3显示,欧洲国家基本都是先位于组4,然后进入组3。只有葡萄牙是先位于组5,再进入组4然后进入组3。从组4迁移到组3的过程也就是经济结构中服务业比重上升、出口和投资比重下降的过程,这也表明工业占比高同时就意味着较高的投资占比。总体上看,欧洲国家城镇化、去工业化、三产化和成为富裕国遵循了共同的演进途径。从分国别的情况来看,葡萄牙成功地实现了经济赶超,而希腊较早地实现了经济

结构的去工业化和三产化，但相比于其他欧洲国家，希腊的经济增长绩效最糟糕。

除马来西亚以外的其他亚洲国家开始都位于最贫穷的组6，然后进入到组5。大致来说，亚洲国家在经济发展起步阶段的农业占比都非常高，而后都遵循着大规模工业化和城镇化的发展路径。如表3所示，大多数亚洲国家服务业占比的矢量值在考察期末都取负值，说明这些国家的服务业尽管都呈上升势头，但增速仍然较低。韩国的情况比较特殊，它的工业占比从1998年就开始下降，服务业的发展成为该国经济增长最重要的动力。所有亚洲国家的出口占比和制成品出口占比在整个考察期内都呈现显著的增长势头。亚洲国家的投资占比在1997年之前都呈迅速增长势头，但受1997年亚洲金融危机的影响，1998年之后投资占比开始下滑。尽管如此，表3显示，那些经济表现良好的国家的投资占比矢量值仍然取正值，说明这些国家的投资占比依然相对较高。需要指出的是，除了印度尼西亚和菲律宾，金融危机导致的投资占比下降并未造成人均GDP增速放缓。印度尼西亚的高经济追速难以维持主要是因为其发展起步阶段的人均GDP太低。另外，菲律宾则是所有亚洲国家中经济绩效最糟糕、唯一的经济追速为负值的国家。该国的工业化进程发展并不充分，却是亚洲最早开始推进去工业化和三产化的国家，早在1983年，该国的投资占比就开始下降。

土耳其是唯一一个从亚洲组群直接进入欧洲组群的国家，该国先位于组6（1968~1980年），而后进入组5（1981~2000年），然后进入组3（2001~2003年）。该国的人均GDP一直保持增长势头，但始终低于各分类组的平均值（人均GDP矢量值从发展起步阶段的-1到考察期末的-0.1）。该国的城镇化规模是所有样本国家中最大的，如图1和表3所示，其农业占比矢量值从组6中（1，1）分类的3.2降到组3中（8，5）分类的-0.7。需要特别注意的是，土耳其大规模的城镇化主要不是由工业化而是由三产化推动。事实上，该国的工业占比矢量值仅从-2.3上升至-1，同一时期的服务业占比矢量值则从-1.5猛增至1.6。就外贸状况而言，该国的出口占比略有增长，但仍低于各分组的平均值，其矢量值从-1上升至-0.4，但制成品出口的出口总额占比从-1.2迅速升至0.7。

拉美国家的经济结构演进则呈现出明显的非线性特点，无论是组间比较（单个样本国家进入同一组群），还是组内比较（单个样本国家进入同一分类）都表明拉美地区的经济发展相比其他国家表现出更大的不稳定性。

事实上，整个考察期内的所有拉美国家几乎都被归并在两个组，就已经表明拉美国家的发展具有很强的共性。大体来说，拉美国家的农业占比都较低（哥伦比亚除外），工业占比较高，出口占比较低（墨西哥除外），投资占比较低且经常波动（智利除外）。智利是唯一一个保持人均 GDP 增长势头的国家，该国的投资占比也一直保持增长态势，其他变量则维持平稳发展态势。阿根廷（1991~2001年）、墨西哥（1989~2004年）和巴西（1996~2000年）长期位于组3的一个重要原因就是这些国家规模过大的去工业化和三产化。

3. 结构转型与经济绩效

上文的分析表明，经济发展向赶超路径的收敛往往伴随着去工业化、制成品出口占比上升。但要深入分析各变量的相互作用如何促进经济发展收敛于赶超路径，我们必须将基于组特征的静态分析和基于演进型式的动态分析相结合。

我们先集中考察两个极端组（组3和组6）的情形。第一，两组的共同特征如下：一是农业占比和人均 GDP 呈负相关关系，二是工业占比值最低。这两组所含国家在工业化之前均呈现农业化的结构特征，工业化之后则呈现三产化的结构特征。第二，组6显示，首先，很低的制成品出口总额占比通常伴随着很低的人均 GDP，但另一方面我们也应该注意到，除了某些专注于初级产品出口的拉美国家，制成品出口总额占比的增长通常也伴随着人均 GDP 的增长。其次，很低的出口占比和投资占比通常也伴随着较低的人均 GDP。第三，组3显示，晚近时期的欧洲各国的出口和投资占比均呈显著的下降态势。这里要特别指出的是，组2显示，对于拉美国家而言，各国的出口占比都相对较低，但投资占比是解释其经济增长的重要因素。

对主要包含晚近时期欧洲各国的组4的分析则表明，当人均 GDP 达到相对较高水平时，工业、出口和投资占比都开始下降，服务业和制成品出口占比开始上升。但需要说明的是，尽管这些国家的工业、出口和投资占比已经出现了下降态势，但这3项占比仍然保持在较高水平。

我们不难发现，上述分组比较并未表明工业占比、服务业占比同人均 GDP 增长存在明确的相关关系，这说明工业化无疑是推动经济发展实现赶超的必由之路，但一国实现了工业化或三产化并不意味着该国就有很好的经济绩效，工业占比上升是实现维持经济追速上升态势的必要而非充分条件。工业化只有伴以投资占比和出口占比的持续上升才能推动经济发展收敛于赶超路径。事实上，亚洲国家工业化的典型特征就是伴随着出口占比、制成品出口占比和投资占比的迅速上升。韩国通过推行类似欧洲国家的发展战略，已成功进入高收入国家行列。相比而言，尽管拉美国家的工业占比较高，但其出口占比和投资占比总体上都比较低，尤其是制成品出口占比更低，这就导致拉美国家的经济绩效普遍不太理想（智利除外）。

因此，要进一步研究工业占比、服务业占比同人均 GDP 增长之间的关系，我们必须从单个经济体的层面进行更深入细致的分析。

第一，我们可以通过比较人均 GDP 和工业占比指标偏离赶超路径的程度，来分析那些经济结构过早出现三产化国家的经济发展情况。这些国家通常位于组 3，但其发展路径偏离了赶超路径，具体包括阿根廷、墨西哥、巴西和土耳其等国家。这些国家在某些年份尽管位于最富裕的组，但其人均 GDP 增长并不理想。事实上，它们进入组 3 的原因是，在人均 GDP 绝对水平和相对水平相同的情形下，其出口和投资占比较低，但服务业占比很高。这一特征就是我们所说的过度三产化现象。更细致地考察这些国家在组 3 的分类位置我们不难发现，其特征与组特征并不完全匹配。例如，组 3 中的（8，5）分类包含的国家是土耳其（2001～2004 年）、巴西（1996～2000 年）和墨西哥（1985～1995 年、2001～2003 年），这一分类不但没有包含任何一个欧洲国家，而且是组 3 中唯一一个人均 GDP 矢量值为负的分类。与之相比，位于（7，5）分类的阿根廷（1991～2001 年）和位于（8，3）分类的墨西哥（1996～2000 年），其人均 GDP 矢量值均取正值。

第二，我们还要具体分析土耳其、希腊和韩国这 3 个成功实现经济赶超国家的发展路径。土耳其的情形同上述 3 个拉美国家的情形略有不同，该国在第二个子时期维持了较低但持续的经济增长。正是因为土耳其实现了服务业推动型经济增长，或者说实现了经济结构正常的三产化，该国才得以遵循合理的经济发展路径，直接从贫穷国进入富裕国行列。希腊在第一个子时期的工业占比远高于土耳其，并在所有样本欧洲国家中首先进入三产化过程，但该国也是富裕国中经济绩效最差的国家。韩国经济的三产化则一直未偏离赶超发展路径，该国一直注重工业化的充分发展并始终维持着相对较高的投资占比，直到人均 GDP 水平很高的时候才开始推动经济的三产化。

四 结论

本文比较了东亚、东南亚国家同拉美国家截然不同的经济结构演进途径。亚洲各国（除菲律宾以外）遵循了一条稳定的演进路径，除农业占比下降外，其他各项变量都保持稳定上升势头，而拉美各国（除智利以外）则呈现出不稳定的经济演进路径。

考察期内所有样本国家都具有两个结构演进特征：城镇化以及相伴的制成品出口占比上升。对于大多数样本国家来说，这两项特征足以解释人均GDP绝对值的增长，但并不足以解释经济体的赶超进程，即人均GDP相对值的增长。本文对各分类组的聚类分析表明，工业占比上升以及相伴的投资和出口占比上升才能维持经济的持续增长。只有在人均GDP很高的国家，才能逐步降低工业、投资和出口的占比水平。因此，如果一国投资和出口占比低于对应的人均GDP要求，这通常就意味着该国过早进入三产化阶段，偏离了赶超发展路径。通过具体的样本国家分析我们可以看到，除了成功实现经济赶超的亚洲国家，欧洲国家分组中的西班牙和葡萄牙，拉美国家分组中的智利的经济演进路径都表明只有适时推进经济结构的三产化才能维持经济的持续增长，而亚洲国家分组中的菲律宾经济绩效不理想表明，过快三产化会阻碍经济的持续增长。

参考文献

[1] Bah, E.-H., *Structural Transformation in Developed and Developing Countries*, W. P. Carey School of Business, Arizona State University 2007.

[2] Baumol, W. J., "Macroeconomics of Unbalanced Growth: the Anatomy of Urban Crisis", *American Economic Review*, Vol. 57, No. 3, 1967.

[3] Chenery, H. B., Introduction to part 2, in Chenery, H. B. and Srinivisan, T. N. (eds), *Handbook of Development Economics*, Vol. I, Amsterdam, Elsevier, 1988.

[4] Cimoli, M., Primi, A. and Pugon, M., "A Low-Growth Model: Informality As a Structural Constraint", *CEPAL Review*, Vol. 88, 2006.

[5] Cotterell, M., Fort, J. and Pages, G., "Theoretical Aspects of the SOM Algorithm", *Neurocomputing*, Vol. 21, No. 1-3, 1998.

[6] Dasgupta, S. and Singh, A., "Will Services Be the New Engine of Indian Economic Growth"? *Development and Change*, Vol. 36, No. 6, 2005.

[7] Dasgupta, S. and Singh, A., Manufacturing, Services and Premature Deindustrialization in Developing Countries, in Mavrotas, G. and Shorrocks, A (eds), Advancing Development. Core Themes in Global Economics, Basingstoke, Palgave Macmillan and the United Nations University-WIDER, 2007.

[8] Deichmann, J., Eshghi, A., Haughton, D., Sayek, S., Teebagy, N. and Topi, H., "Geography Matters: Kohonen Classfication of Determinants of Foreign Direct Investment in Transition Economies", *Journal of Business Strategies*, Vol. 20, No. 1, 2003.

[9] Gala, P., "Real Exchange Rate Levels and Economic Development: Theoretical Analysis and Econometric Evidence", *Cambridge Journal of Economics*, Vol. 32, No. 2, 2008.

[10] Kaski, S. and Kohonen, T. 1996. Exploratory Data Analysis By the Self-organizing Map: Structures of Welfare and Poverty in the World, In Refenes, A.-P. N., Abu-Mostafa, Y., Moody, J. and Weigend, A. (eds), Neural Networks in Financial Engineering. *Proceeding of the Third International Conference on Neural Networks in the Capital Markets*, London, World Scientific Press.

[11] Kohonen, T. 1995. Self-Organizing Maps. Springer Series in Information Sciences, Vol. 30, Berlin, Heidelberg, New York, Springer.

[12] Palma, J. G. 2005. Four Sources of "De-Industrialization" and a New Concept of the "Dutch disease", in Ocampo, J. A. (eds, .), Beyond Reforms, Structural Dynamics and Macroeconomic Vulnerability, Palo Alto, C. A., Stanford University Press.

[13] Palma, J. G. 2008. Growth after globalization: A "Structuralist-Kaldorian" Game of Musical Chairs? in Ocampo, J. A., Jomo, K. S. and Vos, R. (eds), Growth Divergences: Explaining Differences in Economic Performance, London, Zed Books and the United Nations.

[14] Pieper, U., "Deindustrialization and the Social and Economic Sustainability Nexus in Developing Countries: Cross-Country Evidence on Productivity and Employment", *Journal of Development Studies*, Vol. 36, No. 4, 2000.

[15] Rada, C., "Stagnation or Transformation of a Dual Economy Through Endogenous Productivity Growth", *Cambridge Journal of Economics*, Vol. 31, No. 5, 2007.

[16] Rada, C. and Taylor, L. 2008. Developing and Transitional Economies in the Late 20th Century: Diverging Growth Rate, Economic Structures, and Sources of Demand, in Ocampo, J. A., Jomo, K. S. and Vos, V. (eds), Growth Divergences: Explaining Differences in Economic Performance, London, Zed Books

and the United Nations.

[17] Syrquin, M. 2008. Structural Change and Developments, ch. 5 in Dutt, A. K. and Ros, J. (eds), International Handbook of Development Economics, Cheltenham, Edward Elgar Publishing.

[18] UNCTAD. 2003. Development Strategies in a Globalizing World, UNCTAD/GDS/MDPB, Misc. 15.

[19] Wagner, M. and Hlouskova J., "What's Really the Story with This Balassa–Samuelson Effect in the CEECs"? *University Bern Institute*, No. 4–16, 2004.

[20] Weller, J., "Tertiary Sector Employment in Latin America: Between Modernity and Survival", *CEPAL Review*, No. 84, 2004.

"福利赶超"、政府失灵与经济增长停滞

——"中等收入陷阱"拉美教训的再解释

● 时 磊 刘志彪[*]

内容提要：拉丁美洲国家经济增长停滞的原因可能是这些国家政府在经济发展中角色的失灵，主要表现为政府公共支出结构中消费性公共支出不合时宜地超越经济发展阶段，称之为"福利赶超"。探究"福利赶超"产生的原因，本文发现，严重的收入和经济社会不平等可能是主导因素，部门和阶层之间的对立和割裂加剧了社会冲突，进而吸附绝大部分社会公共支出到非生产性领域。对严重的收入和经济社会不平等现象产生原因进行分析后我们得出结论，制度改革迟滞或缺失导致经济发展陷入要素市场机制提高要素使用效率和收入平均分配之间的矛盾，这种两难冲突恶化了经济政策的制定，使得经济发展陷入"拉美陷阱"或"中等收入陷阱"。在此基础上，我们提出相应政策建议，在当前中国的经济发展过程中，及时有效的制度改革成为化解"中等收入陷阱"的较好选择。

关键词：福利赶超 政府失灵 中等收入陷阱

一 引言

经济发展史中的经济增长可以简单区分为三种：找不到经济增长引擎，陷入"发展陷阱"；找到经济增长引擎，却不能实现增长引擎转换，陷入"中等收入陷阱"；找到经济增长引擎，并实现增长引擎的转换。伴随经济持续增长，推动增长的原有因素边际功效不断衰减，增长动力持续衰竭，因而需要寻找新的动力来源。如何实现经济增长引擎从原有

---

[*] 时磊，扬州大学商学院讲师；刘志彪，江苏社会科学院院长。本文是2012年度教育部人文社会科学研究青年基金项目"模仿到创新：中国跨越'中等收入陷阱'的制度改革研究"（批准号：12YJC790159）的阶段性研究成果。

社会边际收益较高的部门向新的社会边际收益较高的部门转换，是经济发展进入中期后摆脱"中等收入陷阱"的核心问题。相当多的研究证实，后发国家经济成长主要依赖技术模仿获得的生产率提高，先发国家则依赖于研发和创新（Eaton等人，1999；Keller，2001；Xu等人，2005）。Acemoglu等人（2006）认为，模仿和创新需要的适宜制度可能是不同的。企业生产率来源于模仿，将有利于迅速筹集规模资金的非竞争性制度引进，这包括限制经理人市场、促进企业联合、紧密银企关系等；企业生产率来源于创新，则需要采用分散化生产组织方式，提高经济制度灵活性和竞争性。

Acemoglu等人（2006）将经济发展中期企业生产率来源由模仿到创新转变诱发的制度转型称为"格申克龙转换"，Gerschenkron（1962）、刘志彪（2011）也从不同视角阐述了这种制度改革诉求，Meyersson（2009）则指出，如果这种调整不能得到有效实施，将陷入"非收敛陷阱"。对这一制度转型目前在文献中并没有直接提供十分明确的理论思路，时磊等人（2011）通过对新中国经济发展史的总结发现，在经济发展跨越阶段存在阻碍发展机制，而在转换过程中，政府作为一种重要的外部发展机制可以通过内在制度安排和协调缩短寻找转型的痛苦时期，避免经济陷入"发展陷阱"。其他理论文献也有类似的思路，新古典经济学认为，由于投资边际报酬递减，经济发展不可避免将陷入增长停滞；新增长理论则认为由于技术、人力资本投资存在外部性，会在某种程度上克服边际报酬递减，实现经济持续增长。而外部性存在预示着传统完全竞争的瓦尔拉斯均衡不再是完美的经济发展机制，正视政府在经济发展中的作用也许正当其时。林毅夫（2010）也指出，政府在经济发展中若能起到必要的积极作用，可以促进基础设置改进和产业升级。

既然现有文献已经强调并指明政府在摆脱"发展陷阱"和"中等收入陷阱"过程中的重要作用，那么，拉丁美洲国家为什么会长期陷入"中等收入陷阱"或所谓的"拉美陷阱"无法自拔？难道这些国家的政府对国家经济发展困境竟然无动于衷？基于对拉丁美洲经济发展过程和历史的研究，本文提供了一种解释。我们认为，在拉丁美洲经济发展过程中，制度改革迟滞或缺失导致了严重的收入和经济社会不平等，这种社会阶层之间分化和割裂酿就的社会冲突将绝大多数的政府公共支出吸附到非生产性领域，形成超越经济发展阶段的"福利赶超"现象。这种收入不平等与社会冲突诱发的"福利赶超"恶化了政府的财政能力，从而导致经济发展过程中政府功能失灵，而这导致了经济增长过程陷入停滞。毫无疑问，这个故事逻辑是令人沮丧的，拉丁美洲经济社会发展的困境可能并非短期内可以解决，缺乏政府财政能力可能是难以实施根本性改革措施的原因，而制度改革的缺位又让政府进一步陷入怯懦与虚弱的境地，这是一个"多重均衡"式的困境。对这一故事的深入解读显然对收入不平等现象愈演愈烈、社会冲突局部恶化的中国具有重要的启示意义。

二 "福利赶超"：指标测度与成因

政府公共支出根据其经济发展功能可以区分为生产性公共支出和消费性公共支出，生产性公共支出通过基础设施投资促进经济增长，而消费性公共支出则提供公共服务满足消费者效用，无益于经济增长过程（Barro,1990）。不同的经济发展阶段可能需要不同的公共支出结构（生产性公共支出/消费性公共支出），最大化经济增长过程的政府公共支出结构我们称之为"社会最优公共支出结构"，通过政治过程利益表达最终形成的政府公共支出结构，我们称之为"政治最优公共支出结构"。政治最优公共支出结构显然内生于政治体制、政治过程和国家内部社会结构。为了研究的简便，在此我们假设政治体制与政治过程可以有效地反映国家社会结构，这样我们才能集中精力阐述社会分化与割裂的经济影响。经济发展初期生产性公共支出的边际社会效益显然大于消费性公共支出，故发展中国家公共支出结构一般更倾向于生产性公共支出。不过许多拉丁美洲国家却是例外，这种社会公共支出结构中消费性公共支出不合时宜地超越经济发展阶段，我们称之为"福利赶超"。本文将从三个方面来表述这种公共支出结构的"福利赶超"偏向。

（一）社会支出角度

社会支出是消费性公共支出中最为重要的项目，Huber 等人（2008）将之界定为"政府为提升公民的生活质量和社会人力资本基础而花费在社会安全、福利、健康与教育上的支出"。这一界定的争议之处在于教育和健康支出具有长期社会生产效益。Huber 等人（2006）评论道，具有完善的、覆盖广泛的社会福利政策，可以被概念化为"福利国家"的那些国家，除OECD（经济合作与发展组织）国家外只有拉丁美洲地区。比较令人遗憾的是对社会支出的统计界定并没有较为统一的意见,这里引用樊纲等人(2008)提供的数据:1980年,拉美国家中社会支出占GDP比重已经平均达到5%左右且有3个国家超过10%,到20世纪90年代社会支出从占GDP的10%不断上升到2000年左右的13.8%。而以社会支出占公共支出比重来衡量,整个拉美地区平均由1990~1991年的41.8%上升到1998~1999年的47.8%,个别国家社会支出占公共支出的比重达到60%~70%,如巴西60.4%、阿根廷63.6%、智利66.8%、乌拉圭72.5%。以上社会支出还主要指联邦或中央政府的社会支出,如加上地方、省和市的社会支出,这个数字要高出很多。

表1中我们整理了部分拉美国家与东亚国家中央政府或联邦政府的公共支出结构份额,发现拉美国家中央政府公共支出结构与东亚国家存在系统性的差别。在拉美国家中央政府公共支出中,社会保障支出,公共安全、健康和教育支出份额比东亚国家具有统计上显著的优势,而经济事务支出、一般公共服务和交通通信支出份额则具有统计上显著的劣势。根据前文的界定,拉美国家具有优势的公共支出项目可以归结为社会支出或者消费性公共支出,而东亚国家具有优势的公共支出项目则大多可以归结为生产性公共支出。这里需要指出的是,由于各个国家中央与地方支出责任划分往往存在较大的差异,而国际统计中往往很难得到地方政府支出份额数据,因此这里的比较相对而言比较粗糙。不过,这里的比较显然对于理解东亚经济增长奇迹和"拉美陷阱"具有启示意义。研究进一步比较了拉美国家与欧美福利国家公共支出结构后发现,拉美国家福利支出份额虽然比欧美福利国家份额要低一些,但是其社会公共支出生产性份额也是比较低的。

表1 2004年部分拉美国家与东亚国家中央政府公共支出结构比较

单位:%

国家名	一般公共服务	国防	公共安全	交通	健康	教育	社会保障	经济事务
阿根廷	32.6	3.0	4.4	3.8	5.3	5.2	39.9	7.2
玻利维亚	20.3	5.6	6.8	9.6	9.9	21.7	16.2	17.4
智利	7.2	5.6	6.6	8.2	14.8	18.9	32.2	12.6
哥斯达黎加	30.6	0.0	10.8	5.3	2.6	29.9	16.5	7.9
萨尔瓦多	26.9	4.3	14.0	5.4	9.3	18.0	13.5	11.3
危地马拉	28.8	3.1	10.4	9.4	7.1	18.9	0.7	23.9
乌拉圭	41.9	5.1	6.2	2.9	7.5	13.7	19.4	6.2

续表

国家名	一般公共服务	国防	公共安全	交通	健康	教育	社会保障	经济事务
委内瑞拉	43.6	4.7	5.8	1.3	7.0	21.4	6.9	4.1
中国	58.9	11.4	2.0	3.8	0.2	1.3	1.1	19.8
印度尼西亚	78.1	6.9	0.7	2.1	1.5	4.2	0.5	6.6
韩国	21.7	14.7	6.0	9.6	0.6	17.9	6.4	22.1
菲律宾	56.0	4.7	5.9	7.7	1.6	14.2	4.9	11.1
新加坡	10.3	33.0	7.0	7.6	7.2	14.3	3.7	11.3
泰国	23.4	6.8	5.7	5.4	8.5	22.0	11.1	20.3

注：表中数据为中央政府各个支出项目占中央政府总支出份额，数据由作者整理计算而得，政府支出结构数据来自国际货币基金组织 Government Finance Statistics (2007)。

（二）生产性支出角度

公共支出结构"福利赶超"偏向的第二个表现是生产性公共支出的严重短缺。托马斯（2000）指出，巴西和墨西哥作为拉美最大的两个国家，其初等教育滞后令人痛心，故而迫使雇主依赖毫无技能的劳动力[①]。加里菲（1996）痛斥拉美国家基础设施落后，使拉美工业化无法由手工业向制造业转变的核心要素是交通运输技术的落后和高额的关税。首先，现代制造业发展面临的主要障碍是能源供应，拉美只有少数国家拥有煤矿，且大部分煤矿煤质差；所有拉美国家都拥有丰富的水源，但自然状态下的水力常常不稳定，缺乏必要的水利设施必然加剧能源短缺；其次，现代制造业需要运输，在大多数拉美国家铁路时代到来之前，现代工业发展道路上的障碍是难以克服的，即使在铁路时代，单位运输费用仍然高得足以产生地区性垄断；最后，现代制造业需要稳定的原材料供应，但绝大多数拉美国家根本无法满足这一条件，而对进口原材料而言又面临着外汇严重短缺。托马斯（2000）认为，拉丁美洲国家工业部门生产率低下源自电力的短缺、熟练工人的缺少和陈旧机器的使用。郑秉文（2011）发现，陷入"中等收入陷阱"的国家中，一半以上的国家基础设施公共投入都不足，拉丁美洲对基础设施的公共投入在 20 世纪 80～90 年代始终呈下降趋势，从 1988 年占 GDP 的 3% 下降到 1998 年的 1%。

---

① 由于教育和健康支出具有长期生产性，这里将之与其他社会支出相区别。

(三) 财政赤字角度

拉丁美洲国家公共支出的"福利赶超"偏向不仅仅表现为公共支出结构上扩展消费性公共支出和压制生产性公共支出，还表现为对公共支出整体规模的积极拓展冲动。这种不考虑税收能力的积极支出冲动导致了严重的财政赤字现象，而财政赤字规模累积最后又诱发了以铸币税来搜集收入的货币危机，这一逻辑可以很好地解释20世纪70年代以来拉美国家周期性的债务危机和货币危机。表2中我们统计了20个拉美国家在20世纪出现财政赤字的频率、20世纪后半叶出现财政赤字的频率和超出国际警戒线的频率，从数据结果我们可以看出，很多国家每年出现财政赤字的概率高达九成以上，20世纪后半叶很多国家超出国际警戒线也是家常便饭，显然这是理解拉丁美洲国家债务危机频发，进而导致经济危机和社会动荡的基础。研究也统计了恶性通货膨胀的发生概率，基本上可以得出类似的结论。Sachs（1989）以1988年为例指出，1988年，拉美国家通货膨胀超过100%的国家就有4个：阿根廷（372%）、巴西（816.1%）、尼加拉瓜（7778.4%）和秘鲁（1307.1%），位于50%~100%的国家也有4个：厄瓜多尔、墨西哥、多米尼加和乌拉圭。Dornbusch等人（1991）将这种不负责任的财政货币政策系统地称之为"民粹宏观经济学"（Macroeconomic Populism），以区别于凯恩斯主义的财政货币政策。

表2 部分拉美国家20世纪财政赤字频率与
超出国际警戒线频率统计

国家名	样本财政赤字年数	全样本年数	1951~2000年财政赤字年数	1951~2000年样本年数	1951~2000年赤字超标年数
阿根廷	95	101	47	50	19
玻利维亚	90	98	46	49	26
巴西	58	101	17	50	1
智利	68	101	31	50	14
哥伦比亚	77	94	37	50	8
哥斯达黎加	77	101	39	50	9
古巴	38	83	20	37	9
多米尼加	70	96	38	50	6
厄瓜多尔	74	101	38	50	9

续表

国家名	样本财政赤字年数	全样本年数	1951~2000年财政赤字年数	1951~2000年样本年数	1951~2000年赤字超标年数
萨尔瓦多	77	100	38	50	7
危地马拉	77	100	48	50	5
海地	64	82	42	48	19
洪都拉斯	30	31	30	31	24
墨西哥	67	98	47	50	19
尼加拉瓜	66	94	43	50	25
巴拿马	79	91	43	49	16
巴拉圭	43	79	12	44	0
秘鲁	79	101	41	50	22
乌拉圭	77	97	42	50	23
委内瑞拉	43	101	21	50	5

注：本表中超标指财政赤字占国民生产总值的比重超出国际安全标准线（3%），基础数据来自牛津大学拉美研究所数据库，表中数据来自作者计算。

自然而然的逻辑问题就是"是什么原因导致了拉丁美洲国家政府公共支出结构的'福利赶超'偏向"？Huber等人（2008）通过对拉丁美洲18个国家1970~2000年混合时间序列数据进行分析后认为，长期来看，民主制度会促进社会支出项目增长，但政党制度影响并不显著；高度独裁政府会减少健康和教育支出，却并不会减少社会安全支出。Kaufman等人（2005）发现，融入经济全球化对拉美国家1973~1997年整体社会支出具有稳健、显著的负向影响，但政府民众基础和民主制度的影响则是不显著或不稳健的。对社会支出进行分解后，融入经济全球化并通过社会安全转移支付（主要是养老金）产生稳健、显著的负向影响，健康和教育支出是不敏感的；民粹基础政府倾向于保护中产阶级和工会受益的社会安全支出，民主化则有利于受益更广泛的健康和教育支出增长。但Acemoglu等人（2006）发现拉丁美洲国家经历了各种政治制度和民众基础，政党制度甚至也进行了诸多尝试。这些社会内外变动并没有移除社会公共支出"福利赶超"偏向，说明其产生原因可能并不完全如实证文献所回归表明的那样。实证研究的核心缺陷在于只使用拉美地区的数据而缺少样本的时期区域变异性。

三 收入不平等、社会冲突与"福利赶超"

通过对拉丁美洲地区经济社会发展历史的研究，本文发现，拉丁美洲国家在过去一百多年间一个持续的社会经济特征是严重的收入和社会不平等。基于 Deininger 等人（1996）的 WIID2c 数据库提供的基尼系数是测度国家收入不平等的重要指标，该数据库涵盖的国家数目多，跨越时间长，且标明了每个观测数据的质量，被广泛认为是现存的衡量收入不平等的质量最好的数据库，因而在研究中被广泛使用。表3 中报告了部分拉美国家、发达国家和东亚国家基尼系数数值，我们发现，拉丁美洲国家基尼系数数值系统性地高于发达国家和东亚国家，Sachs（1989）发现整个拉丁美洲地区社会收入不平等状况远高于世界其他地区，通过部门和阶层收入差距也可以很好地说明这一点，而且这种收入不平等状况还存在不断恶化的趋势。Cardoso 等人（1991）认为，20 世纪 60 年代的巴西经济增长不均衡地倾向于富人，但 20 世纪 80 年代的经济停滞成本则主要由穷人来承担，经济人口中最富裕的 10% 收入除以最贫穷的 10% 收入的比值，从 1960 年的 22 增加到 1970 年的 40，1980 年只有 41，而 1989 年则为 80。

表3 部分拉美国家、发达国家和东亚国家基尼系数统计

国家	年份	测算基尼系数	报告基尼系数	数据质量
阿根廷	2006	48.8	48.82	2
玻利维亚	2004	50.5	50.45	2
巴西	2005	56.4	56.43	2
智利	2003	54.6	54.56	2
哥伦比亚	2004	56.2	56.24	2
哥斯达黎加	2006	49.2	49.17	3
厄瓜多尔	2006	53.4	53.44	2
萨尔瓦多	2004	48.4	48.39	2
海地	2001	59.2	59.21	2
洪都拉斯	2006	55.3	55.28	2
墨西哥	2005	51.0	51.05	1
巴拿马	2004	54.8	54.82	2

续表

国家	年份	测算基尼系数	报告基尼系数	数据质量
巴拉圭	2005	53.9	53.90	2
秘鲁	2005	47.7	47.69	2
乌拉圭	2005	45.0	44.96	2
委内瑞拉	2005	47.6	47.63	2
澳大利亚	2001	27.5	27.50	2
丹麦	2006	24.0	24.00	1
法国	2006	27.0	27.00	1
德国	2004	26.0	26.06	1
印度	2004	36.8	36.80	3
印度尼西亚	2005	39.4	39.41	2
马来西亚	2004	40.3	40.30	3
菲律宾	2003	44.5	44.53	3
泰国	2002	42.0	41.98	3

注：本表中测算基尼系数和报告基尼系数来源于基于 Deininger 等人（1996）的 WIID2c 数据库，数据质量控制参看数据说明。

那么，收入和经济社会不平等如何影响宏观经济政策选择呢？文献对此进行了较为详细的研究。对长期经济增长问题的研究发现，收入分布上的两极分化不利于经济增长（Easterly 等人，1997；Alesina 等人，1994）。收入两极分化严重的国家似乎更倾向于采用不利于增长的政策，例如，不可持续的财政政策常常导致巨额财政赤字、不稳定的财政支出和增长停滞或崩溃。Woo（2003）认为，由于收入和经济不平等，这些国家不同的社会经济团体在理想的政府政策上存在尖锐的分歧，这很可能会导致政策制定者协调失灵，进而导致采取个体理性但集体低效的政策。为了表达这一理论设想，Woo（2003）建立了一个内生性的财政政策模型。在这个动态博弈模型中，政府公共支出是不同偏好的政策制定者的战略选择。结果显示，在收入分配不均导致的高度两极分化的经济中，收入不平等状况越严重，公共支出财政赤字规模就越大，跨期的财政支出路径也越容易变动。产生这一结果的原因可能是，两极分化的偏好会导致代表不同部门的政策制定者倾向于加大对其所偏好部门的支出，而这样的结果使得政策制定者集体选择进一步扩大财政赤字。计量经济检验证实了这些假设。与我们通常的观察一致，那些经历严重财政不稳定的国家恰恰都是那些以收入不平等指标衡量高度两极分化的社会。

不能否认，Woo（2003）的理论逻辑在政策制定的民主体制中可能更具说服力，那么如果政策制定是非民主体制呢？本文认为这一逻辑仍然是正确的，只是传导路径有所区别而已。非民主体制下的传导路径是社会冲突。收入和经济社会不平等必然表现为部门和阶层之间的利益冲突，这可能加剧社会的动荡不安。要避免社会冲突诱发的经济社会后果，政府公共支出往往不得不加大公共安全和社会福利方面的份额。为了应对部门和阶层之间的对立与冲突，政府很多时候可能不得不采用考虑周全的社会福利计划，而一项考虑周全的社会保险计划一开始就使得政府的支出大于收入，这种制度往往被滥用，从一开始就耗费了政府的资源（纳谷城二等，1996）。

综合以上两点，无论民主体制还是非民主体制，可能都存在收入和经济社会不平等诱发财政政策扭曲的机制，而且这两种机制在每一个经济体中可能都不是泾渭分明的，很多时候二者同时起作用。

上文论述表明，一旦一个经济体陷入较为严重的收入和经济社会不平等，则使宏观经济政策扭曲进而导致政府作用失灵，直至经济增长机制崩溃，这可能是不可避免的，而这也正是本文论述的核心逻辑。一个较为困难的问题是收入和经济社会不平等的临界点在不同的经济体中的表现是什么，对这个问题难以解答并不妨碍我们做出进一步的理论延伸。如果我们可以在经济发展过程中有效阻碍收入和经济社会不平等状况的不断恶化，也许就可以阻碍这一结果诱发宏观经济政策扭曲，从而摆脱所谓的"中等收入陷阱"或"拉美陷阱"。这里本文依据库兹涅茨倒 U 型曲线原理提出一个假说，经济发展过程中社会经济不平等状况恶化的根本原因在于要素市场价格，体制提高要素使用效率与收入平均分配要求之间是不一致的。以资本和劳动为例，经济发展过程中资本的稀缺性要求市场要给予资本以较高的价格，但资本分布远不如劳动分布均匀，而收入平均分配则要求应给予劳动以较高的价格。这种两难冲突势必导致要么限制资本价格，从而进一步加剧资本稀缺以致经济发展停滞，要么收入不平等状况不断恶化，经济发展陷入"中等收入陷阱"。

为纠正这种两难冲突的必要机制，理论文献进行了一些探讨。例如，马克思（1975）认为，如果可以通过"重建个人所有制"方式，不扭曲资源本身使用效率但又共享经济发展的收入分配，那将实现经济持续发展。东亚国家的社会经济实践也提供了纠正这种两难冲突的良好范例。Proto（2007）认为，东亚国家在 20 世纪经济腾飞之前进行的最令人瞩目的社会经济改革就是强政府主导下的土地革命。土地革命将资产重新分配，使得资产和劳动一样分布较为均匀，这样经济发展提高资产价格会使得收入平均分配的要求与提高资源使用效率的要求变得一致，因而有利于经济发展的要素市场化改革得到了广泛的政治支持。另外，降低经济社会不平等的制度改革降低了政府宏观政策扭曲，有效提高了政府经济社会发展建设的能力，成为经济起飞的核心原动力。与之相反的例子则是拉丁美洲国家，这些国家在经济发展过程中，资产和土地一直掌握在少数人手中，而且富裕精英有足够的政治能力抵制资产税收的征收（Kaufman and Stallings, 1991）。收入平均分配的要素价格机制与提高要素使用效率的要素价格机制是不一致的。社会部门和阶层之间的对立导致民粹主义运动的兴起，城市工人阶层要求的经济政策与经济发展的核心要求是背道而驰的，能够在短期内提高城市的实际工资的扩张性财政和货币政策经常被使用，但这显然没有考虑经济社会本身的承受能力。这一整套经济政策被称之为"民粹宏观经济学"。

综上所述，本文认为，拉丁美洲国家经济增长停滞背后的重要原因是这些国家政府在经济发展中角色的失灵，主要表现是在政府公共支出结构中，消费性公共支出不合时宜地超越经济发展阶段，本文称之为"福利赶超"。而探究"福利赶超"现象产生的原因，我们发现严重的收入和经济社会不平等可能是其背后的主导因素，部门和阶层之间的对立和割裂加剧了社会冲突，这也可能体现为社会公共支出偏好的两极分化，社会冲突吸附绝大部分的社会公共支出到非生产性的公共安全和社会福利上来。最后部分通过对经济发展过程中出现的严重收入和经济社会不平等现象产生原因的分析，本文得出结论，制度改革的迟滞或缺失导致了经济发展陷入要素市场机制提高要素使用效率和收入平均分配之间的矛盾，这种两难冲突恶化了经济政策本身的制定，使经济发展陷入"拉美陷阱"或"中等收入陷阱"。

四　结论和政策建议

改革开放以来，伴随中国经济的高速增长，收入和经济社会不平等状况迅速恶化是十分令人忧虑的中国社会经济现象之一。现有研究文献似乎更侧重于收入不平等本身的测度、收入不平等对经济发展的综合作用等方面的研究，但缺乏对其社会经济后果和作用机制深入的探究，本文可以作为对这一理论领域的一种尝试。2010年,中国人均GDP超越4000美元,经济发展阶段进入"中等收入陷阱"深水区。在这种时代背景下,深入研究经济发展中期"中等收入陷阱"现象产生的原因,对清理、解决中国经济发展过程中可能隐藏的风险,成功跨越"中等收入陷阱"具有重要的现实意义。中国经济在高速增长的同时,贫富分化不断加剧、社会冲突在某些层次上激化,这些社会经济现象在拉丁美洲国家经济发展历史上都曾经出现过,因此,深入探讨"拉美教训"对于中国未来的经济社会发展应当具有重要的社会价值。本文采用现代经济学的基本研究方法对拉丁美洲国家社会经济发展史进行重新解读,试图得出有益于中国经济社会发展的经验教训的尝试也是恰逢其时。

在本文分析研究的基础上,我们提出相应政策建议,在当前中国经济发展过程中,采取及时有效的制度改革尤其是要素所有制度改革,例如土地制度改革、国有资产制度改革等,可能是化解"中等收入陷阱"的较好选择。

参考文献

[1] 樊纲、张晓晶:《"福利赶超"与"增长陷阱"——拉美的教训》,《管理世界》2008年第9期。

[2] 〔美〕加里·杰里菲:《制造奇迹——拉美与东亚工业化的道路》,上海远东出版社,1996。

[3] 林毅夫:《新结构主义——重构发展经济学的框架》,《经济学季刊》2010年第1期第10卷。

[4] 刘志彪:《从后发到先发:关于实施创新驱动战略的理论思考》,《产业经济研究》2011年第4期。

[5] 马克思:《资本论》(第1卷),人民出版社,1975。

[6] 〔日〕纳谷城二等:《发展的难题——亚洲与拉丁美洲的比较》,上海三联书店,1992。

[7] 时磊、杨德才:《政府主导工业化:经济发展的"中国模式"》,《江苏社会科学》2011年第4期。

[8] 〔英〕托马斯:《独立以来的拉丁美洲的经济发展》,中国经济出版社,2000。

[9] 郑秉文:《"中等收入陷阱"与中国发展道路——基于国际经验教训的视角》,《中国人口科学》2011年第1期。

[10] Acemoglu、Aghion and Zilibotti, "Distance to Frontier, Selection, and Economic

Growth", *Journal of the European Economic Association*, Vol. 4, No. 1, 2006, pp. 37–74.

[11] Acemoglu、Aghion and Zilibotti, "Growth, Development, and Appropriate Versus Inappropriate Institutions", www.ebrd.com/downloads/research/economics/japan/jrp1.pdf, 2006.

[12] Acemoglu and Robinson, *Economic Origins of Dictatorship and Democracy*, New York: Cambridge University Press 2006.

[13] Alesina and Rodrik, "Distributive Politics and Economic Growth", *The Quarterly Journal of Economics*, MIT Press, Vol. 109, No. 2, 1994, pp. 465–490.

[14] Barro, "Government Spending in a Simple Model of Endogenous Growth", *Journal of Political Economy*, No. 98, 1990, pp. 103–125.

[15] Deininger and Squire, "A New Data Set Measuring Income Inequality", *The World Bank Economic Review*, Vol. 10, No. 3, 1996, pp. 565–91.

[16] Dornbusch and Edwards, "The Macroeconomics of Populism in Latin America", *NBER Books*, *National Bureau of Economic Research, Inc*, number dorn91-1, July.

[17] Easterly and Levine, "Africa's Growth Tragedy: Policies and Ethnic Divisions", *The Quarterly Journal of Economics*, MIT Press, Vol. 112, No. 4, 1997, pp. 1203–50.

[18] Eaton and Kortum, "International Technology Diffusion: Theory and Measurement", *International Economic Review*, Vol. 40, No. 3, 1999, pp. 537–70.

[19] Gerschenkron, *Economic Backwardness in Historical Perspective: a Book of Essays*, Cambridge, Massachusetts, Belknap Press of Harvard University Press, 1962.

[20] Huber、Mustillo and Stephens, "Politics and Social Spending in Latin America", *The Journal of Politics*, No. 70, 2008, pp. 420–436.

[21] Huber、Pribble and Stephens, "Politics and Inequality in Latin America and the Caribbean", *American Sociological Review*, Vol. 71, 2006, pp. 943–963.

[22] Kaufman and Stallings, "The Political Economy of Latin American Populism", In: *The Macroeconomics of Populism in Latin America*, http://www.nber.org/chapters/c8296.pdf, 1991.

[23] Kaufman and Segura-Ubiergo, "Globalization, Domestic Politics and Social Spending in Latin America: A Time-Series Cross-Section Analysis, 1973–1997", *Public Economics, 0504009*, EconWPA, 2005.

[24] Keller, "International Technology Diffusion", *NBER Working Papers 8573*, National Bureau of Economic Research, Inc, 2001.

[25] Meyersson, "Institutions and Nonconvergence Traps", in *The Economics of Growth*, editor by Aghion and Howitt, MIT University Press, 2009.

[26] Proto, "Land and the Transition from a Dual to a Modern Economy", *Journal of Development Economics*, No. 83, 2007, pp. 88–108.

[27] Rodriguez and Rodrik, "Trade Policy and Economic Growth: A Skeptic's Guide to the Cross-National Evidence", *NBER Chapters*, in: NBER Macroeconomics Annual 2000, Vol. 15, pp. 261–338, National Bureau of Economic Research, Inc, 2001.

[28] Sachs, "External Debt, and Macroeconomic Performance in Latin America and Eastern Asia", *Brooking Papers on Economic Activity*, Vol. 2, 1985, pp. 523–573.

[29] Sachs, "Social Conflict and Populist Politics in Latin America", *NBER Working Papers 2897*, National Bureau of Economic Research, Inc, 1989.

[30] Woo, "Social Polarization, Industrialization, and Fiscal Instability: Theory and Evidence", *The Journal of Development Economics*, No. 72, 2003, pp. 223–225.

[31] Xu and Chiang, "Trade, Patents and International Technology Diffusion", *Journal of International Trade and Economic Development*, Taylor and Francis Journals, Vol. 14, No. 1, 2005, pp. 115–135.

附 录

跨越"中等收入陷阱":从中等收入国家迈向高收入国家

——中国政治经济学论坛第十四届年会学术观点综述[①]

● 中国政治经济学论坛组委会

2012年4月23—24日,由中国社会科学院经济研究所主办、山西大学承办的中国政治经济学论坛第十四届年会在山西大学隆重召开,来自中国社会科学院、清华大学、中国人民大学、南开大学、武汉大学、辽宁大学、吉林大学和四川大学等全国科研院所和高等院校,以及《人民日报》、《求是》、《经济学动态》和中国社会科学网等新闻出版单位的100多位专家学者参加了论坛年会。此次论坛年会的主题是"跨越'中等收入陷阱':从中等收入国家迈向高收入国家",论坛年会共收到应征论文90多篇,入选会议交流70篇,专家学者就中国经济社会发展的阶段性特征、转换经济发展方式、缩小收入分配差距和公平发展、政府职能转换、构建和谐劳资关系、资源型经济转型以及跨越"中等收入陷阱"的国际经验等议题展开了广泛和深入的探讨,下面对会议发言和入选论文的学术观点进行综述。

一 关于"中等收入陷阱"的一般理论探讨

自世界银行2006年提出"中等收入陷阱"以来,它便成为分析发展中国家在达到中等收入水平以后经济能否持续增长的一个重要概念,会议代表对这一概念进行了热烈的讨论。

1. 关于"中等收入陷阱"概念的适用性

中国人民大学卫兴华教授出席论坛开幕式并祝贺论坛顺利召开,他指

---

① 山西大学张波、米嘉提供初稿,中国社会科学院经济研究所胡家勇补充、修改、定稿。

出，不仅存在"中等收入陷阱"，还存在"低收入陷阱"和"高收入陷阱"，要科学对待"中等收入陷阱"这一概念。

山西大学杨军教授对世界上100多个国家第二次世界大战后经济发展路径进行分析，认为"中等收入陷阱"是当一个国家人均收入达到中等水平后，由于经济发展方式转变缓慢，持续增长动力不足，而出现经济增长回落或停滞，不能进一步向高收入国家迈进的现象。不过，这并不是每个经济体都必然经历的。是否拥有独立自主的经济体系，能否改变已形成的发展模式，国家能否对经济运行和增长实施良好的控制力以及经济增长的动力机制是否发挥作用，是一个经济体能否跨越"中等收入陷阱"的决定因素。

郑州大学杜书云教授认为，"中等收入陷阱"的本质是经济增长问题，是经济发展特定阶段的一种可能的动态"均衡"状态或"胶着"状态，具有相对性。一个经济体要想跨越"中等收入陷阱"，可以通过采取增加经济发展动力和减小经济发展阻力两方面手段来实现。

武汉大学龙斧教授和王今朝副教授认为，"中等收入陷阱"概念是用资本主义市场经济理论研究发展中国家经济发展模式和特征的产物，也是纯经济方法论、唯GDP论、唯增长论支配下的理论产物。如果中国能够制定科学的经济发展计划与发展战略，国家、企业和个人的利益关系能够不断得到动态调整，就不会出现由于经济的自发性发展所产生的转折点，更不会进入"中等收入陷阱"。不过，中国经济发展可能会面临唯GDP、经济发展不计成本和实际效益、经济结构、政府单纯经济行为、极端私有化等10个方面的陷阱，而非世界银行所提出的"中等收入陷阱"。

天津商业大学王树春教授在分析相关历史数据的基础上，认为"中等收入陷阱"并不具有普遍性。一个国家落入"中等收入陷阱"，是由于它在向高收入国家转变的瓶颈期内未能完成好经济转型的任务，导致经济发展缺乏有效的制度匹配，使得经济发展模式不可持续。

湖南商学院陆远如教授认为，"中等收入陷阱"不是存在与否的问题，而是能否勇于面对的问题，它能够给决策者以警醒。导致"中等收入陷阱"的重要因素是资源与环境的退化，而以人为本、统筹生态发展的重要性更加凸显。

2. "中等收入陷阱"的诱因

吉林大学纪玉山教授认为，一个经济体的持续运行是由其实施的战略、经济运行的动力机制和平衡机制相互作用的结果。产业结构特征、收入结构特征、城市化水平以及人口红利的消失都使我国面临"中等收入陷阱"的风险。

浙江财经学院周冰教授认为，世界近代以来的历史表明，各国经济发展道路上的陷阱和障碍，几乎都是与对市场经济体制的错误认识和排斥联系在一起的。其中，特权因素会直接导致两方面的社会经济后果：一是社会和经济机会的不平等，二是收入分配不公平和社会贫富悬殊。"中等收入陷阱"正是由于不进行彻底和根本性的改革，在特权基础上形成的病态市场经济结果。

长江大学韦鸿教授认为，我们应从经济运行机理来认识收入增长过程中出现"中等收入陷阱"的原因，以政府需求和外国需求为主导的收入增长，在低收入向中等收入过渡阶段非常有效，但到中等收入阶段后，收入差距容易扩大，收入增长与收入的终极意义会偏离，从而出现"中等收入陷阱"。

二 动力转换、结构变迁与跨越"中等收入陷阱"

经过三十多年的快速增长，我国经济社会发展面临新的台阶，需要重构经济发展的动力和变革经济结构，其中居民消费主导、创新、人力资本、人口城市化、现代服务业发展将成为经济增长的重要引擎，会议代表对此进行了热烈讨论。

1. 优化分配结构，推进消费主导

上海财经大学包亚钧副教授分析了社会主义初级阶段的消费特征和社会主义市场经济条件下的消费目标，认为扩大消费基础，构建消费主导型经济发展模式对跨越"中等收入陷阱"有着重要意义。

辽宁省委党校胡亚莲教授认为，我国在经济发展方式转变上应迈出实质性的步伐，消费需求必须成为拉动经济增长的主要引擎，但收入分配结构失衡已成为导致居民消费需求乃至内需不足的主要原因。所以，调整收入分配结构既是转变经济发展方式、提升消费对经济拉动作用的内在要求，也是跨越"中等收入陷阱"的重要途径。

南京审计学院杨淑华教授认为，跨过"中等收入陷阱"，必须强化经济发展的内在动力，扩大内需特别是消费需求，同时鼓励企业自主创新，加快社会保障制度建设和规范，改革税收，增强经济发展的外在推动力。

2. 效率驱动和技术创新

中国社会科学院经济研究所博士后武鹏基于中国 1978—2010 年的省级样本数据，综合利用 SFA 和 DEA 方法计算了改革以来中国经济增长的动力来源，认为资本投入是中国经济持续稳定增长的最主要来源，TFP 提高对中国经济增长的贡献逐渐减低，2002 年以后持续呈现负值。中国经济增长的动力由改革最初的资本、劳动和 TFP 三驾马车式的平衡拉动转换成现阶段的资本投入与 TFP 反向角力态势。中国要想成功跨越"中等收入陷阱"，必须加快实现经济增长动力机制由投资拉动向效率驱动的转变。

扬州大学胡学勤教授认为，要实现经济发展方式的转变，应做到由物本经济转向人本经济，由私人物品转向公共物品，由高碳经济转向低碳经济，由投资驱动转向创新驱动，由以扩大再生产为中心转向以扩大消费为中心，由经济高速增长转向民生工程建设，由非均衡发展转向均衡发展，由依靠低级要素转向依靠高级要素，由技术引进转向自主创新。

山西大学张波博士通过建立修正的 C-P 模型分析资源型地区实现内生增长的机制，认为资源型地区的发展要转到内生经济增长的轨道上来，重点是要培育研发力量、扩大贸易自由度、改造升级制造业以及壮大知识创造部门等。

南开大学博士研究生余泳泽认为，我国经济增长过分依赖生产要素投入和外向型经济，节能减排的压力会逐渐增大。人均收入与节能减排效率之间存在 U 型关系，一个地区的人均 GDP 必须超过一定的"门槛值"，同时政府的激励约束机制也只有超过一定的"门槛值"，技术进步对节能减排的技术效应以及产业结构调整升级对节能减排的结构效应才能够显著体现。

南开大学博士研究生邸玉娜等人对 110 个国家的产品密度指标进行了计算，对 43 个国家的面板数据进行了建模分析，认为高技术产品的密度能够影响一国跨越"中等收入陷阱"所需的时间，面临"中等收入陷阱"的国家可以通过提高基础教育、工业增加值、贸易开放度、居民消费等来提升出口结构转换的能力。

山西大学博士研究生米嘉从经济发展史角度分析审视了巴西和韩国面临"中等收入陷阱"时因在技术创新上选择不同政策和道路，最终导致经济发展差异的经验教训，同时结合中国现实情况认为，国家的科技战略、研发投入以及合理引导民间资金投入技术创新，增强自主创新能力等是跨越"中等收入陷阱"的基础和核心途径。

3. 调整经济结构，转变经济发展方式

辽宁大学张桂文教授认为，中国已进入刘易斯转折区间，促进二元经济转型的关键是实现发展方式的转变，政府制度创新与职能转变是实现发展方式转变的重要制度条件，而促进梯度产业升级，促进农业现代化发展，构建和谐劳资关系是促进二元经济转型的有力措施。

山东财经大学于凤芹副教授认为，中国跨越"中等收入陷阱"，从产业经济学角度看，必须加快发展低碳经济，调整产业结构，提升加工贸易档次，大力发展服务业。

南京陆军指挥学院王仕军副教授认为，加快转变经济发展方式是我国跨越"中等收入陷阱"的必由之路。在这条道路上，我们需要加快经济增长动力的转换，确保经济持续增长，同时营造经济发展方式转变的社会环境，以稳定促转变，并着力扎实推进政治体制改革，夯实转变经济发展方式的体制机制保障。

台州学院张明龙教授认为，以产业链式化转移与承接取代掏空式转移，是实现现阶段区域合作的一种可行模式。链式化转移与承接主要有三种形式：价值链转移与承接、供应链转移与承接以及生产链转移与承接。

中国社会科学网综合编辑室主任孟育建认为，我国积极参与国际区域经济合作，尤其是建设自贸区，会带来贸易增长，促成市场多元化，摆脱对传统市场的依赖，有助于减少消费者的开支，增加消费者的选择，还有利于吸引外资，承接产业转移，带动相关产业的发展，创造新的就业机会。这对我国转换经济增长方式，跨越"中等收入陷阱"具有重要意义。

三 缩小收入差距与跨越"中等收入陷阱"

过大的收入差距是导致"中等收入陷阱"的重要原因之一。会议代表认为，中国目前收入差距过大，不利于维持长期稳定和健康的经济增长，需要政府采取强有力措施加以扭转。代表们还进一步分析了造成收入差距过大和收入调节政策没有起到明显效果的基本原因，提出了缩小收入差距的应对措施。

1. 收入分配差距是"中等收入陷阱"的核心问题之一

四川省社会科学院郭正模研究员认为，曾经和现在仍陷入"中等收入陷阱"的国家都存在共性，即没有解决好缓解收入差距扩大、贫富不均的制度安排和机制设计的问题。推动公平分配是我国跨越"中等收入陷阱"的当务之急，政府应该通过完善劳动者和企业之间的分配机制与制度，合理约束财政税收增长和完善财政支出结构，加强对国有垄断性企业收入分配的制度建设和监督调控机制，大力推行政府部门财政支出公开并接受人民代表大会的审批、监督，实现公民权利和公共福利的均等化等制度创新来跨越陷阱。

武汉大学曾国安教授对20世纪50年代以来发展中国家居民收入差距的历史变迁及现状进行了系统分析，认为收入差距存在于世界各国，与发达国家相比，发展中国家居民收入差距问题非常突出。中国目前的收入差距尚处于中等偏下水平，但不能期待其自动转为下降，政府应采取累进所得税、社会保障等相关措施，缩小居民收入差距。

江苏省委党校孔陆泉教授认为，要跨越"中等收入陷阱"，应该在改革上寻求新突破，而着力点应放在收入分配和利益关系调整上。收入分配改革已成为影响中国经济体制改革整体进程的一个重要环节，也是中国能否摆脱"中等收入陷阱"的关键。

南开大学经济学院张俊山教授认为，"中等收入群体"总是与一定类型的职业相联系的，从目前情况来看，构成"中等收入者群体"或"中产阶级"的职业大多属于非生产性劳动，这些职业的收入来自生产性职业劳动者的创造。因此，要改变当前不合理的收入分配格局，不能简单地通过扩大当前职业意义上的"中等收入者群体"或"中产阶级"来实现，而必须提高普通劳动者的收入水平，使普通劳动者能够通过勤劳努力达到中等收入水平。

江西财经大学廖卫东教授提出，收入分配差距加大是导致"中等收入陷阱"的重要因素，我国应采用提高职工劳动报酬、降低失业率、增加居民财产性收入、完善税收制度等手段跨越"中等收入陷阱"。

盐城师范学院贾后明教授认为，跨过"中等收入陷阱"的一项重要任务是解决收入分配差距不断扩大的问题。政府应该通过增加经济总量，对存量收入分配差距进行行政调整，对流量收入差距进行税收调整，对收入分配差距进行道德慈善调整，对利益冲突下的市场进行博弈调整以及对地下经济收入进行法律调整等手段，使收入分配差距处于人们可以接受的程度。

2. 缩小城乡收入差距

东北财经大学王询教授认为，扭转贫富分化的趋势，遏制收入分配差距过大直至最终缩小收入分配差距,是我国避免"中等收入陷阱"的首要选择。政府应通过设立农产品价格保护机制,推动农业产业化,完善劳动力市场,加快户籍制度改革,促进分配机制正向调节,使公共资源分配合理化以及加大对农村的金融支持等措施来缩小城乡收入差距。

东北师范大学支大林教授利用中国农村1978~2008年的数据,建立了两个独立的模型,提出"一个国家的经济发展倾向于选择既能有利于缩小收入分配差距又能有利于增加农村居民收入"的政策措施或政策变量,而推动城市化进程是既能促进经济效率又能维护社会公平的双优变量。提高农民收入,实现多数农民财富的公平增长,促进农村经济的快速增长,是调整农村居民收入差距的物质基础。

中国社会科学院杨新铭副研究员认为,中国金融发展客观上起着拉大城乡收入差距的作用,原因在于当前城乡之间的产业差异以及各种制度性障碍使得非农化与城镇化进程相脱节,农村居民越来越不适应城镇非农产业发展的需要,农村第一产业生产效率难以得到提高。城乡收入差距的缩小需要各方面政策的落实,也需要城镇化、非农化以及城乡一体化的协同发展。只有在逐渐消除城乡二元经济与社会结构的基础上,城乡收入差距才能逐渐缩小,并最终保持在一个合理的水平。

河南财经政法大学崔朝栋教授认为,根据马克思的分配理论,生产要素本身的分配决定收入分配。中国城乡收入分配差距过大,主要是长期以来城乡之间公共生产要素分配不合理造成的。要缩小城乡收入分配差距,关键是要加大力度实现公共生产要素在城乡之间的合理分配,真正实现城乡一体化,使社会主义公有制及其按劳分配的主体地位真正得到落实。

江西财经大学邵国华副教授提出,我国居民收入的城乡差距、地区差距和行业差距在不断扩大,是经济结构的因素、经济发展的因素和市场机制的因素共同导致了这一结果。缩小国民收入差距,应该发展农村经济,破除二元结构,同时优化国民收入分配制度,健全社会保障制度,强化垄断监管,完善市场机制。

3. 财税制度与收入差距

清华大学高宏和熊柴博士基于VAR模型对我国1990~2010年财政分权、城市化与城乡收入差距之间的动态关系进行了系统研究,认为财政分权在短期内会导致城乡收入差距的扩大,而在长期内能够缩小城乡收入差距,城市化水平的提高会导致城乡收入差距的扩大。我国的经济发展在一定程度上印证了库兹涅茨倒U型假说,而且城市化水平与城乡收入差距之间的关系仍处于倒 U 型的前半部分。

上海行政学院潘文轩博士提出，现行的消费税、个人所得税和房产税等税种设计存在缺陷，税收调节贫富差距的微观能力薄弱。税系结构与税种结构的双重失衡导致税收调节贫富差距的结构能力弱化。税收征管不健全，尤其是直接税征管体系薄弱致使税收调节贫富差距的征管能力被削弱。政府应当通过改进税种设计、调整税制结构和完善税收征管来增强税收调节贫富差距的能力。

四 制度建设与跨越"中等收入陷阱"

完善现代市场经济的支持性制度对于维持中国长期稳定增长至关重要，其中包括切实转换政府职能，进一步改革产权制度特别是土地制度，抑制利益集团的影响，深化分配制度改革，扎实推进金融制度改革等。会议代表对制度建设进行了热烈的讨论。

1. 构建有效的体制机制

武汉大学邹薇教授等通过构建多层次模型考察了"群体效应"影响个体生活水平和区域间收入不平等的动态变化，进而导致我国农村陷入区域性贫困陷阱的路径，认为在经济发展水平较低的地区或时期，政府应采用普适性的扶贫政策，通过"群体效应"达到减贫效果。而随着经济的不断发展，政府则应更多地采用瞄准性的扶贫开发政策，以促进个体能力开发和人力资本积累。

河南大学李晓敏副教授分析了我国企业家"不务正业"的制度根源，认为制度安排及其内生的"游戏规则"决定了企业家的行为选择。在当前的制度环境下，企业家寻租、投机和投资移民既是一种无奈的选择，也是一种理性的选择。改变这种现状的关键在于改善企业家的生产、创新和投资实业的制度环境。

重庆大学刘年康博士提出，正确认识政府职能是成功实现经济增长方式转变的关键因素。政府应提高政府财政支出中科、教、文、卫支出的比重，优化财政支出结构，同时避免财政支出规模过快增长，通过相关创新政策和措施促进经济增长方式的转变。

华南师范大学冯巨章教授认为，我国经济治理机制演化表现出渐进性、利益集团导向性、反复性和收敛性的总体特征。未来我国经济治理机制的演化方向是政府治理的边界不断收缩，但在市场失灵的经济领域仍是主导的经济治理机制；而市场、企业和商会治理的边界将不断扩展，且会成为主导的经济治理机制。

湖南科技大学唐志军博士认为，国家的权力结构决定着国家的治理类型，中国几千年的权力结构变化和社会型态变迁证明了权力结构对一国社会形态的深刻影响。中国要走向一个规则型社会，就需要改变中国的权力结构，依靠分权和制衡来抑制关系型合约的滥用和促进规则型合约治理的发展。

广西大学莫亚琳博士基于一个包含制度变迁的内生经济增长模型，研究了制度变迁促进经济内生增长的机制，认为科技进步、人力资本增加和人口增长能够促进经济的增长。同时，国家政治制度与经济制度只有协同发展，才能更好地促进经济增长。跨越"中等收入陷阱"需要加强以产权制度为核心的市场经济制度建设，也需要加快推进政治体制改革。

江西财经大学肖文海教授认为，发展循环经济的关键在于构建资源环境价格支持可持续发展的体制机制。循环经济的价格支持可以体现在资源投入、产品制造、污染物排放、消费和回收等环节。我们要结合我国国情，选择重点环节与路径，构建"政府调节市场、价格支持循环"的体制机制。

2. 土地制度及土地收益分配

清华大学蔡继明教授认为，中国的城市化与逆城市化都是在政府主导下进行的，这使得被征地农民不能分享城市化带来的土地增值。在不改变土地集体所有性质的前提下，由农民自主开发土地的模式可以保护集体土地权益和农民当家做主的地位。政府应允许集体建设用地进入市场，与国有土地同地、同权、同价。此外，我国还要深化土地产权改革，赋予农民完整的土地产权。

中国社会科学院经济研究所胡家勇研究员通过对地方政府土地财政的调研，认为土地收益分配制度改革的重点不是将土地升值收益收归上一级政府，而是应尽快将土地出让收入纳入正规的地方政府预算管理，提高土地出让收入及其使用的透明度和规范性；而解决地方政府与原土地使用者的利益矛盾，一是要真正确立农民作为土地长期使用者的地位，并真正赋予他们"准所有者"的资格，二是以"资本"看待土地，改变目前的耕地补偿费形成机制，三是更清晰地界定征地过程中的"公共利益"，不能让商业利益侵害农民利益。

清华大学博士研究生李艺铭对我国三种集体用地流转模式进行了分析，认为在现有的法律和制度框架下，集体建设用地流转的不同模式会带来不同程度的土地资本化，但由于《宪法》和《土地管理法》的限制，这种土地资本化是不完善的。土地的有限资本化对村集体的自主城市化进程有着实质性的阻碍作用。

五 跨越"中等收入陷阱"的国际经验比较

跨越"中等收入陷阱"有国际经验可以借鉴。会议代表分析了拉美、韩国、巴西等国经济长期增长的路径，总结出了当一个国家迈入中等收入国家行列以后继续维持经济稳定、较快增长的一些成功做法及其借鉴价值。

中国社会科学院经济研究所杨春学研究员通过分析美国近百年的经济发展历程，认为收入分配的变化并不完全是市场力量自发作用的结果，在讨论收入公平分配问题时，必须为自己的价值观而战斗，而且这种战斗不能依赖于道德观的激愤，思想只有通过影响政治家的决策才能改变现实。

河南师范大学乔俊峰副教授认为，社会不均等会严重威胁社会稳定，进而影响经济的持续增长。韩国在跨越"中等收入陷阱"时，充分发挥了就业、教育、税收和社会保障等一系列与经济发展相适应的社会均等化政策，从而在高速增长的同时实现了社会均等化发展。借鉴韩国的经验，中国也应着力从创造社会流动性、合理分配教育资源、发挥税收和社会保障制度的再分配效应等方面入手，制定社会均等化政策。

中国社会科学院经济研究所陆梦龙副研究员比较了东亚、东南亚国家同拉美国家截然不同的经济结构演进途径，认为考察期内所有样本国家都具有城镇化以及相伴的制成品出口占比上升这两个结构演进特征。工业化对于后发国家实施赶超战略是不可或缺的，但仅靠工业化不足以实现经济赶超。而南欧国家过早的去工业化和人为推动第三产业的发展则拖累了整个经济的持续发展。

山西大学博士研究生田井泉通过对索洛模型的理论分析和日韩模式的检验比较，认为技术进步在经济增长中地位的提高是转变经济增长方式的主要标志，而且内生于经济发展过程中。只有高效的政府、健全的法律、完善的基础设施等配合技术创新，才是迈过"中等收入陷阱"的关键。

扬州大学时磊博士利用经济史数据证实了民粹主义的"福利赶超"是使拉美经济社会发展陷入困境的核心教训，制度改革迟滞或缺失导致的社会冲突是公共支出"福利赶超"偏向产生的原因。要想摆脱经济社会发展"拉美化"困境，推进缓解阶层和部门对抗的有效制度改革势在必行，只有进行有效的制度改革才可能从根本上纠正公共支出"福利赶超"偏向，重启增长引擎。

图书在版编目(CIP)数据

政治经济学研究.2013卷 总第14卷/王振中,胡家勇主编.
—北京:社会科学文献出版社,2013.6
 ISBN 978-7-5097-4447-5

Ⅰ.①政… Ⅱ.①王… ②胡… Ⅲ.①政治经济学-研究
②中国经济-经济发展-文集 Ⅳ.①F0 ②F124-53

中国版本图书馆 CIP 数据核字(2013)第 056754 号

政治经济学研究（2013卷 总第14卷）

主　　编 / 王振中　胡家勇

出 版 人 / 谢寿光
出 版 者 / 社会科学文献出版社
地　　址 / 北京市西城区北三环中路甲29号院3号楼华龙大厦
邮政编码 / 100029

责任部门 / 经济与管理出版中心 (010) 59367226　责任编辑 / 高　雁　梁　雁
电子信箱 / caijingbu@ssap.cn　　　　　　　　　　责任校对 / 岳宗华
项目统筹 / 高　雁　　　　　　　　　　　　　　　责任印制 / 岳　阳
经　　销 / 社会科学文献出版社市场营销中心 (010) 59367081　59367089
读者服务 / 读者服务中心 (010) 59367028

印　　装 / 北京季蜂印刷有限公司
开　　本 / 787mm×1092mm 1/16　　　印　张 / 26
版　　次 / 2013年6月第1版　　　　　　字　数 / 445千字
印　　次 / 2013年6月第1次印刷
书　　号 / ISBN 978-7-5097-4447-5
定　　价 / 89.00元

本书如有破损、缺页、装订错误,请与本社读者服务中心联系更换

版权所有　翻印必究